Folgende Hilfen bietet dir Praxis Sprache:

Checklisten und **Merkkästen** helfen dir an passenden Stellen beim Lösen und Kontrollieren von Aufgaben.

Souffleur
Ein Souffleur liest im Theater die Texte mit und sagt den Schauspielern ihre Texte vor, falls sie einmal etwas vergessen haben.

Die **Hinweise** erklären dir kurz einzelne Wörter oder Begriffe, die für das Verständnis der Seite wichtig sind.

Tipp
Hängt eure Steckbriefe im Klassenzimmer aus. Klebt zuvor noch ein Foto von euch darauf.

Tipps helfen dir oder geben Anregungen zum Weiterarbeiten.

))) **Portal**
WES-122961-001

Die Texte, die mit diesem Symbol gekennzeichnet sind, findest als **Audiodatei** im Internetprotal.
Gib dazu auf der Internetseite *www.westermann.de/webcode* den entsprechenden Mediencode, z. B. *WES-122961-001*, ein.

Portal
WES-122961-007

Im Internetportal erhältst du die mit diesem Symbol gekennzeichneten **Texte** und **Lösungen der Überprüfe-Seiten** zum Ausdrucken.
Gib dazu auf der Internetseite *www.westermann.de/webcode* den entsprechenden Mediencode, z. B. *WES-122961-007*, ein.

Die Mediencodes enthalten zusätzliche Unterrichtsmaterialien, die der Verlag in eigener Verantwortung zur Verfügung stellt.

AT → S. 290f.
Nachschlagen

Über Seitenverweise wirst du an passenden Stellen in das **Arbeitstechniken**-Kapitel verwiesen.

→ S. 26
Vorlesezeichen

Auch **Kapitel** sind miteinander **verknüpft**, sodass du dich dort noch einmal informieren oder weiterarbeiten kannst.

✻ = Sternchen-Aufgabe

W = Wahl-Aufgabe

C/G = zusammenfassende, verbindende (Projekt-)Aufgabe

Die **Aufgaben mit Sternchen** ✻ bieten zusätzliches Übungsmaterial für dich an. Die **Aufgaben**, die mit einem W gekennzeichnet sind, fordern dich zum Wählen zwischen a) und b) auf. Im Anschluss an die Wahl-Aufgaben solltest du dich mit deinen Mitschülern über eure Lösungen austauschen, sodass jeder eine Musterlösung für a) und b) hat. Die mit C/G gekennzeichneten Seiten am Ende mancher Kapitel verbinden verschiedene Kompetenzen miteinander und ermöglichen ein selbstständiges Weiterarbeiten an einem Thema in Form eines kleinen Projektes.

Praxis Sprache 5

Bayern

Sprach- und Lesebuch Realschule

Herausgegeben von	Wolfgang Menzel
Erarbeitet von	Daniel Grassert (Augsburg)
	Markus Gürster (Viechtach)
	Michael Gürster (Taufkirchen)
	Birgit Kern (Regensburg)
	Christian Knüttel (Würzburg)
	Katrin Ruppert (München)
Unter Beratung von	Bernhard Grafenauer
Illustriert von	Konrad Eyferth
	Joachim Knappe
	Anke Schäfer

westermann

westermann GRUPPE

© 2017 Bildungshaus Schulbuchverlage
Westermann Schroedel Diesterweg Schöningh Winklers GmbH, Braunschweig
www.westermanngruppe.de

Mit Beiträgen von
Harald Herzog, Wolfgang Menzel, Regina Nußbaum, Günter Rudolph, Ursula Sassen

Das Werk und seine Teile sind urheberrechtlich geschützt. Jede Nutzung in anderen als den gesetzlich zugelassenen Fällen bedarf der vorherigen schriftlichen Einwilligung des Verlages. Hinweis zu § 52a UrhG: Weder das Werk noch seine Teile dürfen ohne eine solche Einwilligung gescannt und in ein Netzwerk eingestellt werden. Das gilt auch für Intranets von Schulen und sonstigen Bildungseinrichtungen.

Druck A^2 / Jahr 2017
Alle Drucke der Serie A sind inhaltlich unverändert.

Redaktion: Katharina Kreutzmann
Typographisches Konzept: Janssen Kahlert Design & Kommunikation GmbH
Umschlaggestaltung: Janssen Kahlert Design & Kommunikation GmbH
Druck und Bindung: westermann druck GmbH, Braunschweig

ISBN 978-3-14-**122961**-5

Sprechen und Zuhören

 # Lesen – Umgang mit Texten und Medien

8 Mit anderen sprechen

9 Einander kennenlernen
10 Über Wege im Schulgebäude informieren
12 Gesprächs- und Verhaltensregeln vereinbaren
14 Die eigene Meinung darlegen und begründen
15 Ein Anliegen äußern
16 Sich entschuldigen
18 Sprachebenen unterscheiden
20 ↻ Im Klassenrat Vereinbarungen treffen
21 **Überprüfe dein Wissen und Können**

22 Vorlesen und vortragen

23 Beim Vorlesen Pausen machen
24 Beim Vorlesen richtig betonen
25 Einen Text wirkungsvoll vorlesen
  Wolfgang Menzel nach Johann Peter Hebel: Die beiden Radfahrer
27 Einen Sachtext vorlesen und vortragen
28 Mit verteilten Rollen lesen
29 Ein Gedicht wirkungsvoll vorlesen und vortragen
  Monika Seck-Aghte: Das freche Schwein
31 **Überprüfe dein Wissen und Können**

32 Fabeln

33 Die Merkmale und den Aufbau einer Fabel untersuchen
  nach Äsop: Der Löwe und die Maus
36 Die Teile einer Fabel in die richtige Reihenfolge bringen
  Äsop: Die beiden Frösche
37 Eine Fabel als Comic gestalten
38 Eine Fabel als Rollenspiel darstellen
  nach Äsop: Der Fuchs und der Ziegenbock
40 Eine Fabel weiterschreiben
  aus Korea: Der Affe als Schiedsrichter
41 Eine eigene Fabel schreiben
42 ↻ Fabeln sammeln und präsentieren
43 **Überprüfe dein Wissen und Können**

44 Märchen

45 Ein Märchen lesen und verstehen
  Brüder Grimm: Frau Holle
48 Merkmale von Märchen kennenlernen und identifizieren
  Slowakisches Volksmärchen, nacherzählt von Wolfgang Menzel: Der Schmied Butec
54 Ein Märchen mithilfe von Bildern vervollständigen
  Aufgeschrieben und mitgeteilt durch Herrn Dr. Heerwagen: Das Schloss im Wald
58 ↻ Märchen in Szene setzen / Ein eigenes Märchen schreiben
59 **Überprüfe dein Wissen und Können**
  Volksmärchen aus den Pyrenäen: Die drei Wünsche

60 Gedichtwerkstatt

- 61 Ein Gedicht mit einem Sachtext vergleichen
  Ingrid Herta Drewing: Nebel
- 62 Das Reimschema eines Gedichtes erkennen
  Joachim Ringelnatz: Im Park
  Christian Morgenstern: Das Nasobēm
  Heinz Erhardt: Die Schnecke
  Peter Hacks: Der Walfisch
- 64 Die Stimmung und Sprache von Gedichten erforschen
- 65 Verse zu einem Gedicht anordnen
  Erwin Moser: Gewitter
- 66 Lautmalerische und bildhafte Mittel erkennen
  James Krüss: Das Feuer
- 68 Ein Gedicht um eine weitere Strophe ergänzen
  Ilse Kleberger: Sommer
- 69 Aus Wörtern Gedichte entstehen lassen
- 70 Ein Gedicht richtig auswendig lernen und vortragen
  Georg Britting: Goldene Welt
- 72 **C** Einen Poetry-Slam veranstalten
- 73 **Überprüfe dein Wissen und Können**

74 Textwerkstatt

- 75 Einen literarischen Text erschließen
  Astrid Lindgren: Wie Ole seinen Hund bekam
- 77 Handlungsweisen einer literarischen Figur verstehen
  H. B. Cave: Arktisches Abenteuer
- 80 Sich in die Gefühlswelt einer Figur hineinversetzen
  Hannelore Voigt: Der Vater
- 83 Zum Verhalten von literarischen Figuren Stellung nehmen
  Gina Ruck-Pauquèt: Ist ja auch nichts für ein Mädchen
- 85 Eine Geschichte aus zwei Perspektiven lesen
  Erika Krause-Gebauer: Morgens zwischen sieben und acht
- 88 Einen szenischen Text lesen und verstehen
  Otto Waalkes: Die verflixte Rechenaufgabe
- 91 **Überprüfe dein Wissen und Können**

92 Kinder- und Jugendliteratur

- 93 Sich einen ersten Eindruck von einem Buch verschaffen
- 95 Den Anfang einer Lektüre lesen
  Andreas Steinhöfel:
  Rico, Oskar und das Herzgebreche
- 98 Leseerfahrungen festhalten –
  Ein Lesetagebuch führen
- 99 Buchfiguren vorstellen und sich in sie hineinversetzen
  Andreas Steinhöfel:
  Rico, Oskar und das Herzgebreche
- 103 Eine Buchvorstellung planen und ausarbeiten
- 104 Anschauungsmaterialien vorbereiten –
  Das Plakat
- 105 Anschauungsmaterialien vorbereiten –
  Die Lesekiste
- 106 Karteikarten sinnvoll beschriften und richtig einsetzen
- 107 Vor anderen stehen und sprechen
- 109 Bücher in einer Bibliothek suchen und finden
- 112 **C** Eine Klassenbücherei anlegen
- 113 **Überprüfe dein Wissen und Können**

114 Sachtexte

115	Einen Sachtext mit der 5-Schritt-Lesemethode erarbeiten
118	Den inhaltlichen Aufbau eines Textes veranschaulichen
120	Aussageabsichten von Sachtexten unterscheiden
122	Das Textäußere beschreiben
125	↻ Ein Sachbuch gestalten
126	**Überprüfe dein Wissen und Können**

128 Medien

129	Medienangebote und ihre Funktion kennenlernen
131	Eine Umfrage zum Medienverhalten auswerten
132	Über das eigene Medienverhalten nachdenken
134	Medien sinnvoll auswählen
137	Medien zur Informationsbeschaffung nutzen
138	Die Darstellung von Gefühlen in Filmen beschreiben
	Andreas Steinhöfel:
	Rico, Oskar und das Herzgebreche
140	↻ Gefühle filmisch inszenieren
141	**Überprüfe dein Wissen und Können**

 # Schreiben

142 Anschaulich erzählen

143	Eine Erzählung planen
145	Spannend und anschaulich erzählen
147	Eine Erzählung richtig aufbauen: Einleitung und Schluss
149	Zu Sprichwörtern erzählen
152	Eine eigene Erzählung verfassen und überarbeiten
153	**Überprüfe dein Wissen und Können**

154 Tiere beschreiben

155	Einen Tier-Steckbrief anfertigen
156	Eine Tierbeschreibung untersuchen
157	Eine Tierbeschreibung verfassen
160	↻ Ein Fantasietier beschreiben
161	**Überprüfe dein Wissen und Können**

162 Einen persönlichen Brief schreiben

163	Aufbau und Inhalt eines persönlichen Briefes untersuchen
166	Den Empfänger eines Briefes richtig ansprechen
167	Eigene Anliegen in einem Brief begründen
168	Ein Briefkuvert richtig beschriften
169	Einen persönlichen Brief schreiben
170	Eine E-Mail schreiben
171	Mit anderen Menschen in Kontakt treten
173	**Überprüfe dein Wissen und Können**

Sprache und Sprachgebrauch

174 Wortarten

- 175 Nomen und Artikel erkennen und gebrauchen
- 175 Wozu Nomen gut sind
- 176 Nomen kommen im Singular und Plural vor – der Numerus
- 177 Was der bestimmte Artikel mit Nomen zu tun hat – das Genus
- 178 Wie der bestimmte und der unbestimmte Artikel im Text gebraucht werden
- 180 Nomen kommen in vier Fällen vor – der Kasus
- 182 **Überprüfe dein Wissen und Können**
- 183 Pronomen unterscheiden und gebrauchen
- 183 Das Personalpronomen
- 185 Das Possessivpronomen
- 187 Das Demonstrativpronomen
- 189 Das Relativpronomen
- 192 **Überprüfe dein Wissen und Können**
- 192 Verben erkennen und richtig verwenden
- 194 Die Zeitformen (Tempora)
- 194 Präsens – Präteritum – Perfekt
- 197 Das Plusquamperfekt
- 199 Zukünftiges ausdrücken
- 200 Die Zeitformen selbstständig üben
  Alfred Hitchcock und Ben Nevis: Die drei ??? – Todesflug
- 202 **Überprüfe dein Wissen und Können**
- 203 Adjektive erkennen und einsetzen
- 203 Wozu Adjektive gut sind
- 204 Adjektive erkennen und in Texten verwenden
- 206 Mit Adjektiven vergleichen und unterscheiden
- 208 Adverbien
- 210 Numeralien erkennen und richtig verwenden
- 211 **Überprüfe dein Wissen und Können**

212 Wortschatzarbeit

- 213 Durch Zusammensetzungen Wörter bilden
- 216 Durch Ableitungen vom Wortstamm Wörter bilden
- 217 Ableitungen mit Präfixen (Vorsilben)
- 218 Ableitungen mit Suffixen (Nachsilben)
- 220 **Überprüfe dein Wissen und Können**
- 221 Wortfamilien
- 223 Wortfelder aus Verben und Adjektiven
  Josef Guggenmos: Hauchte, wetterte, sprach, brüllte
- 228 Fremdwörter aus dem Englischen
- 230 Die Schreibung von Fremdwörtern
- 231 Mündlichen und schriftlichen Sprachgebrauch unterscheiden
- 233 **Überprüfe dein Wissen und Können**

234 Satzglieder

- 235 Satzglieder ermitteln mit der Umstellprobe
- 236 Satzglieder ermitteln mit der Ersatz- oder Umstellprobe
- 237 Texte mit der Umstell- und Ersatzprobe sprachlich verbessern
- 239 Das Subjekt
- 240 Das Prädikat
- 242 Die Objekte im Dativ und Akkusativ
- 243 Die Adverbiale
- 245 Satzglieder erkennen und einfügen
- 246 **Überprüfe dein Wissen und Können**

248 Satzarten

- 249 Aussagen, Fragen, Ausrufe und Aufforderungen erkennen
- 252 Hauptsätze verbinden: Satzreihe
- 254 Haupt- und Nebensätze verbinden: Satzgefüge
- 257 Nebensätze mit der Konjunktion „dass"
- 259 **Überprüfe dein Wissen und Können**

Rechtschreibung und Zeichensetzung

 # Arbeitstechniken

260	**Aufbau und Schreibung von Wörtern**
261	Vokale und Konsonanten unterscheiden
	James Krüss: Das Räuber-ABC
262	Wörter deutlich mitsprechen
263	Kurze und lange Vokale unterscheiden
264	Einfache und Doppelkonsonanten richtig schreiben
265	Zwei Arten von *h* unterscheiden
265	Das Dehnungs-*h*
266	Das *h*, mit dem wir Silben trennen
267	Wörter mit *ie* und Doppelvokal erkennen
267	*i* oder *ie*
268	Doppelvokale
269	Zwischen *s*, *ß* oder *ss* unterscheiden
271	*ä* und *äu* von *e* und *eu* unterscheiden
272	Vorsilben (Präfixe) richtig schreiben
273	Nachsilben (Suffixe) richtig schreiben
274	Nomen erkennen und richtig schreiben
278	↻ Eine Rechtschreibkartei anlegen
279	**Überprüfe dein Wissen und Können**

290	Im Wörterbuch nachschlagen
292	Wörter berichtigen – berichtigte Wörter üben
293	Lernwörter üben
294	Texte sprachlich überarbeiten
295	Schreibkonferenz
296	Ein Heft ordentlich führen
297	Einen Text am Computer schreiben und gestalten
298	Die 5-Schritt-Lesemethode anwenden
299	Inhalte anschaulich darstellen – das Plakat
300	Diagramme und Tabellen lesen und auswerten
301	Ideen und Gedanken übersichtlich festhalten
302	Rückmeldung geben
303	Ein Rollenspiel vorbereiten und durchführen

280	**Zeichensetzung**
281	Satzschlusszeichen
282	Zeichen der wörtlichen Rede
285	Das Komma bei Aufzählungen
286	Das Komma zwischen Sätzen
	Das Komma zwischen Hauptsätzen
	Das Komma zwischen Haupt- und Nebensatz
289	**Überprüfe dein Wissen und Können**

 # Merkwissen / Lexikon

304	Fachausdrücke Grammatik und Rechtschreibung
312	Fachausdrücke Literatur
315	Quellen
	Texte und Bilder

NEUES ENTDECKEN – EINSICHTEN GEWINNEN

Sprechen und Zuhören

Mit anderen sprechen

Ein neues Schuljahr an eurer neuen Schule beginnt.
Der erste Schultag ist dabei immer besonders aufregend.

Auweia, so groß war unsere Grundschule aber nicht. Und ich muss nachher noch einmal ins Sekretariat. Oh weh.

Ich bin ganz schön aufgeregt. Zum Glück sind wir beide in einer Klasse geblieben.

Schade, dass wir nicht mehr in einer Klasse sind, aber vielleicht liegen unsere neuen Klassenräume ja nah beieinander?!

Bist du auch so gespannt, wie unsere neuen Lehrer so sind? Meine Schwester meinte, die sind hier nett?!

Anna? Gehst du jetzt auch hier auf die Schule? Das ist ja wohl super toll.

Hoffentlich gibt es heute nicht schon so viele Hausaufgaben auf.

 Portal
WES-122961-001

1 Sprecht über die Aussagen im Bild. Geht es euch ähnlich?

2 Tauscht euch über mögliche Wünsche und Erwartungen an eure neuen Lehrerinnen / Lehrer und zum neuen Schuljahr aus.

In diesem Kapitel lernst du (,) …
- wie man über sich und andere Personen informiert.
- wie man einen Weg beschreibt.
- wichtige Gesprächs- und Verhaltensregeln kennen.
- wie man die eigene Meinung darlegt und begründet.
- wie man ein Anliegen äußert.
- wie man sich richtig entschuldigt.
- etwas über Standard-, Umgangs- und Jugendsprache sowie Dialekt.
- den Klassenrat kennen.

Mit anderen sprechen

Einander kennenlernen

Über deine neuen Mitschüler weißt du wahrscheinlich noch nicht viel.
Ihr solltet euch daher zunächst einmal gegenseitig vorstellen,
um euch besser kennenzulernen.

1 Lasst euch vorlesen, wie sich Tobias Lehr seiner neuen Klasse vorstellt, oder hört euch die Audiodatei anhören.

)) **Portal**
WES-122961-002

Hallo, ich heiße Tobias Lehr. Ich bin in Hamburg in die Grundschule gegangen. Geboren bin ich aber in Süddeutschland, in Augsburg. Meine Eltern mussten wegen der Arbeit in den Norden, aber jetzt wohnen wir wieder in der Nähe von Augsburg in einem kleinen Dorf. Das finde ich viel schöner. Mein Geburtstag ist der 12. Juli. Ich habe noch eine kleine Schwester. Die ist vier Jahre alt. Mittwochs gehe ich immer in die Nachwuchsgruppe der freiwilligen Feuerwehr. Das macht mir viel Spaß. Außerdem spiele ich sehr gerne Gitarre. Vielleicht gründe ich einmal eine Band und werde Musiker.

2 Gebt mit eigenen Worten wieder, was ihr über Tobias erfahren habt.

3 Sammelt Fragen, die wichtig sind, um einen neuen Mitschüler kennenzulernen.
- Orientiert euch dabei daran, was Tobias über sich erzählt.
- Vielleicht fallen euch auch noch andere Fragen ein. Notiert auch diese.

4 Wählt nun die Fragen aus eurer Sammlung aus, die ihr für besonders wichtig und interessant haltet.
Gestaltet aus ihnen einen Steckbrief.
Das Beispiel rechts hilft euch dabei.

Steckbrief

Name: _____
Geburtstag: _____
Augenfarbe: _____
Haarfarbe: _____
Das kann ich gut: _____
Hobbys: _____
Freunde: _____

Das mag ich besonders
Unterrichtsfächer: _____
Essen: _____
Farben: _____
Tiere: _____
...

☀ **Tipp**
Ihr könnt für die Gestaltung eurer Steckbriefe auch den Computer benutzen.

AT → S. 297
Computer

W **5** Wählt im Folgenden zwischen a) oder b) aus.
a) Sucht euch einen Partner.
Befragt euch gegenseitig anhand eurer Steckbriefe und füllt sie aus.
Stellt euch anschließend gegenseitig mithilfe der Steckbriefe der Klasse vor.
b) Arbeite alleine. Fülle den Steckbrief für dich aus und stelle dich anschließend mithilfe des Steckbriefes in der Klasse vor.

☀ **Tipp**
Hängt eure Steckbriefe im Klassenzimmer aus. Klebt zuvor noch ein Foto von euch darauf.

1.1. Kurzen Vorträgen Informationen entnehmen und Ergebnisse notieren
1.3. Personen angeleitet befragen und Ergebnisse präsentieren

Sprechen und Zuhören

Mit anderen sprechen

Über Wege im Schulgebäude informieren

))) **Portal**
WES-122961-003

Tobias muss in der großen Pause noch ein Formular im Sekretariat abholen, aber er weiß den Weg dorthin nicht mehr.

Kann einer von euch mir bitte sagen, wie ich zum Sekretariat komme?

Anna, Klasse 8

Tobias, Klasse 5

Das ist kein Problem, wenn du gleich nach der Tür dort vorne links gehst. Am Musiksaal, das hörst du schon von Weitem, weil meine kleine Schwester dort gerade Geige spielt, biegst du rechts ab und dann sind es noch 20 Meter zum Sekretariat.

Klar, einfach dort vorne links, dann wieder links, dann rechts und zum Schluss immer geradeaus.

Simon, Klasse 8

Insa, Klasse 8

Ja, gern. Du läufst hier nach der Glastür gleich links, am Feuerlöscher rechts und dann geradeaus, bis du zu einer großen Grünpflanze kommst. Dann stehst du schon direkt vor dem Sekretariat.

1 Auf der gegenüberliegenden Seite siehst du einen Plan von Tobias' Schule. Begründe, welche Wegbeschreibung Tim wohl am besten an sein Ziel bringen wird. Beziehe dazu auch die Informationen im Merkkasten ein.

1.1. Mitteilungen / Hörtexten Informationen entnehmen – aktiv zuhören   1.2. Adressatenorientiert über einfache Sachverhalte informieren – Vorträge überlegt vorbereiten   1.4. In die Lage realer Personen versetzen

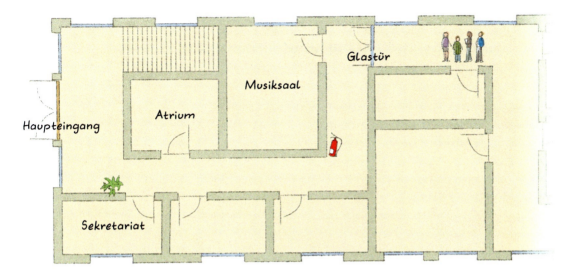

2 Arbeitet zu zweit. Jeder notiert sich stichwortartig von einem Startpunkt den Weg zu einem Zielpunkt in eurer Schule.
Nennt den Startpunkt, verratet aber das Ziel nicht!
a) Beschreibt euch gegenseitig eure Wege anhand eurer Stichwortzettel.
b) Achtet darauf, an welchen Stellen euer Partner Schwierigkeiten hat, eurer Wegbeschreibung zu folgen.
c) Sprecht abschließend über die Gründe für diese Schwierigkeiten.

3 Inszeniert eine kleines Spiel zum Beschreiben eines Weges.
- Zählt dafür zunächst, wie viele Schüler ihr in eurer Klasse seid.
- Sammelt dann gemeinsam halb so viele Orte in eurer Stadt, wie ihr Schüler in der Klasse seid, z. B. den Bahnhof, das Polizeirevier, eine Apotheke, den Sportplatz.
- Notiert die Orte auf kleinen Zetteln und faltet sie. Schreibt dann auf 14 weitere Zettel „Tourist".
- Mischt alle Zettelchen gut durch und verteilt sie unter euch.
- Bildet anschließend Zweierteams aus einem „Ort" und einem „Tourist".
- Stellt nun kurz szenisch dar, wie jemand nach dem Weg zu dem jeweiligen Ort fragt und eine Antwort erhält. Ihr könnt als Tourist natürlich auch nachfragen, wenn ihr etwas nicht genau verstanden habt.
- Hört jedem Team aufmerksam zu.
Bewertet eure Beschreibungen abschließend mithilfe des Merkkastens.

 Tipp

Wenn ihr also 28 Schüler in der Klasse seid, benötigt ihr 14 Orte.

AT → S. 303

Rollenspiel

ⓘ Wege verständlich beschreiben

Deine Wegbeschreibung ist dann verständlich, wenn du
- auffällige **Orientierungspunkte** wählst,
- genaue **Richtungsangaben** verwendest und
- **klar** und **deutlich** sprichst.

Sprechen und Zuhören

Mit anderen sprechen

Gesprächs- und Verhaltensregeln vereinbaren

1 Die Situation auf dem Bild unten kennt ihr bestimmt.
a) Beschreibt, was ihr auf dem Bild seht.
b) Besprecht, was in der Klasse auf dem Bild falsch läuft.

1.2. Angeregt durch Bilder/Erlebnisse/Erfahrungen erzählen und Gedanken zu Fragestellungen artikulieren – Inhalte veranschaulichen 1.3. Gesprächs- und Verhaltensregeln vereinbaren und sich an sie halten

2 Arbeitet zu zweit. Überlegt, welche Regeln ihr aus dem Bild ableiten könnt, die die Schüler im Klassenzimmer in Zukunft beachten sollten.
Notiert euch mindestens vier mögliche Regeln.

3 Stellt nun eure Ergebnisse in der Klasse vor.
a) Diskutiert eure Regeln im Klassenverband und wählt die besten aus.
b) Schreibt eure Auswahl an Gesprächs- und Verhaltensregeln als Klassenregeln auf ein Plakat.
Hängt es anschließend gut sichtbar in eurem Klassenraum auf.

AT → S. 299
Plakat

4 Es ist nicht immer einfach, sich an Gesprächsregeln zu halten.
Ihr könnt das aber in jedem Gespräch trainieren.
a) Legt euch dazu einen Beobachtungsbogen nach folgendem Muster an.

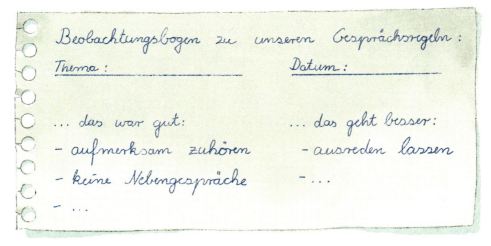

b) Wählt ein Thema aus, das euch aktuell in der Klasse beschäftigt.
Ihr könnt auch über das Thema *Hausaufgaben* oder *Sitzordnung* sprechen.
c) Bestimmt zwei Experten, die während eures Klassengespräches mithilfe des Beobachtungsbogens auf die Einhaltung eurer Klassenregeln achten.
d) Lasst euch anschließend das Ergebnis der Beobachter vorstellen.
Sprecht dann darüber.

1.2. Angeregt durch Bilder / Erlebnisse / Erfahrungen erzählen und Gedanken zu Fragestellungen artikulieren – Inhalte veranschaulichen   1.3. Gesprächs- und Verhaltensregeln vereinbaren und sich an sie halten

Sprechen und Zuhören

Mit anderen sprechen

Die eigene Meinung darlegen und begründen

1 Die Klasse 5a will ihren Klassenraum verschönern. Lies dir ihre Ideen durch.

> Andrea: Wir brauchen unbedingt Poster an den Wänden, dann wirkt der Klassenraum gleich viel wohnlicher.
> Lotte: Ja, und lasst uns auch Pflanzen auf die Fensterbänke stellen!
> Vincent: Die Pflanzen sind mir egal. Hauptsache die Poster sind cool. Am besten wir hängen nur Poster vom FC Bayern auf.

2 Begründe mithilfe des Merkkastens, wer seine Meinung besonders gut vertritt.

3 Lottes Vorschlag mit den Grünpflanzen ist eigentlich gut.
Allerdings fehlt eine überzeugende Begründung.
Erkläre, ob A oder B die bessere Begründung enthält.

A   Wir sollten Grünpflanzen kaufen, weil ich sie doch so gern habe.
B   Wir sollten Grünpflanzen kaufen, weil sie gut für die Raumluft sind.

4 In Klassengesprächen treffen oft unterschiedliche Meinungen aufeinander.
Damit man eine Lösung findet, mit der alle zufrieden sind, ist es wichtig, auf die Beiträge von Mitschülern einzugehen.

a) Bestimme, welche Formulierungen im *Wortspeicher* eine ähnliche und welche eine andere Sichtweise einleiten.
b) Vincent will nur Poster von seinem Lieblingsfußballclub aufhängen. Du weißt aber, dass andere Mitschüler Fans vom FC Nürnberg sind. Formuliere eine Antwort auf seine Meinung.
✱ c) Finde weitere Möglichkeiten, wie du im Gespräch auf andere eingehen kannst.

A   Ich teile deine Meinung, weil …
B   Diesen Hinweis finde ich wichtig, denn …
C   So gesehen hast du recht, aber …
D   Dem kann ich mich nicht anschließen …
E   In vielem bin ich deiner Meinung, in einem Punkt kann ich dir gar nicht zustimmen …

5 Sicher habt auch ihr Ideen, wie euer Klassenzimmer schöner werden kann.
Tauscht euch darüber aus. Bringt dabei eure eigene Meinung ein und begründet sie.

ⓘ Die eigene Meinung darlegen und begründen

Du äußerst deine Meinung am besten, wenn du sie **klar** und **sachlich** formulierst und sie zusätzlich **begründest**, zum Beispiel: *Wir sollten unbedingt Bilder an die Wände hängen, **weil** dann der Raum nicht mehr so kühl wirkt.*

Mit anderen sprechen

Ein Anliegen äußern

1 Hört euch die Audiodatei an oder lest den folgenden Text so vor, dass die Aufforderungen von Tabea, wie sie in den Klammern beschrieben sind, deutlich werden.

🔊 **Portal**
WES-122961-004

Die Schüler stürmen über den engen Schulflur in ihre Klassen. Tabea ist die Schultasche heruntergefallen und aufgegangen. Stifte fliegen umher, eine Apfelsine rollt über den Fuß-
5 boden. Die anderen sind schon in ihrer Klasse. Tabea sammelt ihre Sachen zusammen.
  Da sagt sie zu einem vorbeikommenden Schüler einer anderen Klasse, den sie nicht kennt:

Tabea (fragend):	*Kannst du mir eben mal helfen?*
Tabea (schreiend):	*Eh! Halt! Pack mal meine Sachen mit ein!*
Tabea (befehlend):	*Los, hilf mir mal!*
Tabea (aufgeregt):	*Eh, lauf doch nicht vorbei! Du musst mir doch helfen!*
Tabea (freundlich bittend):	*Hilf mir doch bitte mal, meine Sachen aufzusammeln!*
Tabea (weinerlich):	*Siehst du nicht, was passiert ist?*

2 Entscheidet, bei welchen Aufforderungen ihr Tabea am ehesten helfen würdet. Begründet eure Auswahl. Der Merkkasten unten hilft euch dabei.

3 Stellt euch folgende Situation vor:
Einer von euch soll in eine andere Klasse gehen und dort ein Stück Kreide holen.
a) Besprecht, wie ihr dabei vorgehen würdet.
b) Schreibt euch dafür ein kleines Drehbuch.
c) Spielt eure Szene vor der Klasse.

AT → **S. 303**
Rollenspiel

❗ Anliegen äußern

Deine **Wünsche**, **Vorstellungen** und **Anliegen** äußerst du am besten **höflich** und **freundlich**. **Höflichkeit** erkennt man an der **Sprache** und der **Stimme**.
Neben **Bitte** und **Danke** gibt es auch andere Ausdrücke, die höflich klingen, wie zum Beispiel:
„Könntest du mal …", „Wärst du so nett …", „Würden Sie bitte …", „Wären Sie so freundlich …"
Höflichkeit und Freundlichkeit zeigen sich aber auch in der **Körpersprache**, der **Gestik** (Bewegung) und der **Mimik** (Gesichtsausdruck).
Achte also auch auf deine Körpersprache, wenn du ein Anliegen vorbringst.

1.1. Mitteilungen / Hörtexten Informationen entnehmen – aktiv zuhören
1.3. Anliegen äußern (Wünsche, Vorstellungen …)   1.4. In die Lage realer Personen versetzen

Mit anderen sprechen

Sich entschuldigen

1 Wenn man sich einem anderen gegenüber falsch verhalten hat, dann gehört es sich, dass man sich dafür entschuldigt. Aber das ist manchmal schwer! Warum eigentlich? Sprecht darüber.

))) **Portal**
WES-122961-005

2 Lasst euch den folgenden Text vorlesen oder hört euch die Audiodatei an.

Übermut

Einige Kinder haben gestern mit Müllsäcken, die für die Müllabfuhr aufgestellt worden waren, aus Übermut Fußball gespielt. Dabei platzten die Säcke auf, und der ganze Abfall verteilte sich über einen großen Teil des Gehweges. Die alte Frau, Emilia Lammers, die die Abfälle an den Straßenrand gestellt
5 hatte, bat ihre Nachbarn um Hilfe. Alle waren entsetzt über das Chaos vor ihren Grundstücken. Hausmüll und zerfetzte Plastiksäcke hatten die Straße in eine Müllkippe verwandelt. In mühevoller Arbeit musste die Frau die Straße wieder reinigen. Dabei konnte ihr aber keiner der Nachbarn helfen, weil sie alle zur Arbeit fahren mussten.
10   Als auch Joschis Mutter davon gehört hatte, merkte sie gleich am Gesicht des Jungen, dass etwas nicht stimmte. „Warst du an diesem Unfug etwa beteiligt?", fragte sie. Der Junge druckste herum. Dann musste er zugeben, dass er mit einem Jungen und einem Mädchen aus lauter Übermut mit den Müllsäcken Fußball gespielt hatte. Die Mutter wurde sehr ernst. Sie sagte zu ihrem
15 Sohn: „Du gehst jetzt mit den beiden anderen zu Frau Lammers. Und dann entschuldigt ihr euch bei ihr." Joschi sagte: „Die kommen bestimmt nicht mit!" Darauf erwiderte die Mutter: „Dann gehst du eben allein! Das gehört sich einfach. Und vielleicht fällt dir etwas ein, wie du das wiedergutmachen kannst!"

1.1. Mitteilungen/Hörtexten Informationen entnehmen – aktiv zuhören   1.3. Anliegen äußern (Entschuldigungen)
1.4. In die Lage realer Personen versetzen – Rückmeldung geben

KOMPETENZEN AUFBAUEN, ÜBEN UND ANWENDEN

3 Beantworte zum Gehörten folgende Fragen.
- Womit haben die Kinder Fußball gespielt?
- Wie sah die Straße nach dem „Spiel" aus?
- Welche Reaktion hat dies bei der alten Nachbarin ausgelöst?
- Woran hat Joschis Mutter erkannt, dass er daran beteiligt war?
- Was fordert Joschis Mutter von ihm?

✱ 4 Erkläre in eigenen Worten, was „Das gehört sich einfach." bedeutet.

5 Hier sind die Aussagen der Kinder, die sich bei Frau Lammers entschuldigt haben. Lest sie oder hört euch die Audiodatei an. Entscheidet, welche Entschuldigung Frau Lammers wohl besonders gut gefallen hat und welche nicht so gut. Begründet eure Entscheidung.

))) **Portal**
WES-122961-006

A *„Guten Morgen, Frau Lammers! Ich bin die Laura. Ich wollte Ihnen sagen, dass ich gestern dabei war, als wir mit Ihren Müllsäcken Fußball gespielt haben. Wir haben uns nichts Böses dabei gedacht. Es tut mir ganz schrecklich leid!"*

B *„Frau Lammers, meine Mutter hat gesagt, ich soll mich dafür entschuldigen, dass ich die Müllsäcke kaputt getreten habe."*

C *„Hallo, Frau Lammers! Ich bin Paul. Ich habe gestern mit zwei anderen Kindern den ganzen Müll auf der Straße verstreut. Das haben wir nur so aus Quatsch gemacht. Ich möchte mich bei Ihnen entschuldigen. Vielleicht kann ich Ihnen dafür mal im Garten helfen."*

6 Stellt euch vor, ihr hättet selbst den Unfug mit angestellt und möchtet euch nun bei der Nachbarin entschuldigen.
a) Bereitet ein Rollenspiel vor:
   Ihr braucht jemanden, der die Rolle der älteren Frau übernimmt, und mehrere Kinder. Lest euch den Merkkasten durch und besprecht, wie ihr euch entschuldigen könnt und wie die Frau darauf reagieren könnte.
b) Gebt euch anschließend gegenseitig eine Rückmeldung, wie die Kriterien aus dem Merkkasten umgesetzt worden sind.

AT → **S. 303**
Rollenspiel

AT → **S. 302**
Rückmeldung

ⓘ Sich entschuldigen

Eine Entschuldigung enthält
- den **Vorfall**, für den man sich entschuldigt.
- einen möglichen **Grund**, warum man etwas getan hat.
- eine Aussage darüber, dass es einem **leidtut**.
- ein Angebot zur **Wiedergutmachung**.

1.1. Mitteilungen / Hörtexten Informationen entnehmen – aktiv zuhören   1.3. Anliegen äußern (Entschuldigungen)
1.4. In die Lage realer Personen versetzen – Rückmeldung geben

Mit anderen sprechen

Sprachebenen unterscheiden

Trotz der Vereinbarung von Gesprächs- und Verhaltensregeln kann es manchmal zu Missverständnissen kommen. So geht es auch der Klasse 5a. Sie spricht gerade über das bevorstehende Schulfest. Jede Klasse soll dafür eine Aktion planen.

1 Lest das Gespräch mit verteilten Rollen. Es sprechen 6 Personen.

Andrea: Wer hod a Idee fürs Schuifest?
Ines: Ich nich.
Thorben: Was sagte Andrea?
Niklas: Ich habe eine Idee! Wir könnten bei einer Tombola Sachen versteigern und
5   das Geld dann für die Klassenkasse sammeln.
Vincent: Ach nee! Das macht viel zu viel Arbeit! Möchte doch lieber chillen …
Niklas: Was heißt Arbeit? Aber wir könnten es auch für „Kinder der Welt" spenden.
Vincent: Was sollen wir denn mit dem Geld in der Klassenkasse machen?
Niklas: Vincent, pass doch mal auf! Ich habe doch eben etwas anderes vorgeschlagen.
10 Andrea: A Ruah is! Mia braucha a paar gscheide Vorschläg!
Thorben: Wie bitte?
Lotte: Welche Sachen sollten wir denn in einer Tombola versteigern?
Ines: Und woher kriegen wir das Zeug?
Vincent: Ich bin der Versteigerer!
15 Andrea: Vincent, sei stad! Lotte, wos moanst du?
Lotte: Also, wir könnten zum Beispiel Spielzeug versteigern.
Niklas: Ich könnte mir vorstellen, dass wir …
Vincent: Haustiere! Hunde und Katzen!
Andrea: Wenn olle durchananderredn, kemma mia ned weida.
20 Niklas: Ich meine, Lottes Vorschlag ist gar nicht so schlecht. Wir sollten
         Spielzeug versteigern, das wir nicht mehr gebraucht.
Ines: Alte Teddys, kaputte Puppen … Was für ne bescheuerte Idee!
Lotte: Kannst du das nicht ein bisschen netter sagen, wenn du dagegen bist?
Ines: Könnt ich schon! Is mir halt so rausgerutscht.
25 Andrea: Also, Niklas moant des net a so.
Lotte: Stimmt! Und dafür würden die Leute dann auch Geld ausgeben.
Vincent: Ich hab noch ein altes Fahrrad zu Hause!
Andrea: Vincent, reiß di zam!
Ines: Lotte, was machstn du heut Nachmittag?
30 Lotte: Ich geh zum Reiten. Willst du mit?
Andrea: Zefix! Mia ham imma no koa Ergebnis!
Ines: Cool. Und ich wollt halt noch sagen, dass wir …
Andrea: Oha. Wos moanst?
Ines: Mensch. Jetzt hab ich's vergessen. Aber was ich sagn wollt', war total super.

1.2. Adressatenbezogen/situationsabhängig Standardsprache, Dialekt und andere Sprachvarietäten verwenden
4.1. Zwischen Standard-, Umgangssprache sowie schriftlichem und mündlichem Sprachgebrauch unterscheiden

2 Die Schüler sprechen auf unterschiedliche Art und Weise miteinander.
  a) Nennt Gründe für die Missverständnisse während des Gespräches.
  b) Vergleicht die Sprache von Andrea und Ines mit der der anderen. Bezieht dazu den Merkkasten ein.
  c) Überlegt, welche Sprachebene bei Klassengesprächen angemessen ist. Belegt eure Meinung am Text.
  d) Findet Situationen, in denen es in Ordnung ist, Dialekt und Jugendsprache zu verwenden.

3 Überlege, warum in Gesprächen oft Umgangssprache verwendet wird.
  a) Suche aus den Beiträgen von Ines fünf Stellen heraus, in denen sie nicht die Standardsprache verwendet.
  b) Formuliere Ines' umgangssprachliche Ausdrücke in Standardsprache um. Schreibe sie nach folgendem Muster in eine Tabelle.

Umgangssprache	Standardsprache
Ich nich.	Ich habe keine Idee.
…	…

4 Tauscht euch anhand eurer Ergebnisse darüber aus, worin der Unterschied zwischen Standard- und Umgangssprache liegt.

W **5** Versuche dich nun einmal selbst an den verschiedenen Sprachebenen. Wähle dafür im Folgenden zwischen a) oder b) aus.
  a) Schreibe das, was Andrea sagt, in Standardsprache auf.
  b) Schreibe das, was Niklas sagt, in deinem jeweiligen Dialekt auf. Tausche dich anschließend mit einem Schüler aus, der die andere Aufgabe bearbeitet hat.

 Tipp
Mehr zu diesem Thema findest du auf den Seiten 228–232. Dort erhältst du Informationen über den Gebrauch von Fremdwörtern und den mündlichen und schriftlichen Sprachgebrauch in der deutschen Sprache.

ⓘ Sprachebenen unterscheiden

Standardsprache: Als Standardsprache (Hochsprache) bezeichnet man „richtiges und gutes Deutsch" mit abwechslungsreichem Wortschatz.
Umgangssprache: Umgangssprache verwenden wir häufig in alltäglichen Situationen, wenn wir miteinander sprechen. Man sagt dann z. B. *mal* statt *einmal* oder *kriegen* statt *bekommen* oder lässt einzelne Buchstaben weg, z. B. *ne* statt *nein*.
Jugendsprache: Die Jugendsprache ist eine besondere Form der Umgangssprache. Sie enthält oft (abgeleitete) Ausdrücke aus dem Englischen (*cool, chillen, checken …*). Sie ist sehr schnelllebig.
Dialekt: Der Dialekt weicht oft deutlich von der Standardsprache ab. Für Menschen, die den Dialekt nicht sprechen, ist er häufig nur schwer zu verstehen. In Bayern sind das Schwäbische, Fränkische und Bairische die am weitesten verbreiteten Dialekte.

1.2. Adressatenbezogen/situationsabhängig Standardsprache, Dialekt und andere Sprachvarietäten verwenden
4.1. Zwischen Standard-, Umgangssprache sowie schriftlichem und mündlichem Sprachgebrauch unterscheiden

Mit anderen sprechen

Im Klassenrat Vereinbarungen treffen

 Tipp
Bestimmt auch, wann und wie häufig euer Klassenrat tagen soll.

In einem Klassenrat könnt ihr aktuelle Themen oder Probleme in der Klasse besprechen. Die Themen dafür werden vorab gesammelt und festgelegt.
Während des Klassenrates werden die besprochenen Ergebnisse notiert, um sie beim nächsten Mal zu überprüfen.
An die gefassten Beschlüsse müssen sich alle aus der Klasse halten.

1. Vielleicht kennen einige von euch den Klassenrat bereits aus der Grundschule. Tauscht euch über eure Erfahrungen aus.

2. Beschreibt, welche Aufgabenverteilung auf dem Bild zu erkennen ist. Entscheidet, wer diese Aufgaben in eurer Klasse übernimmt.

3. Es gibt verschiedene Möglichkeiten, um die Themen für den Klassenrat zu sammeln, z. B. in einem Buch oder als Wandzeitung. Sprecht über die Vor- und Nachteile und legt eine Möglichkeit für eure Klasse fest.

AT → S. 299
Plakat

4. Besprecht, welche Gesprächs- und Verhaltensregeln ihr für die Durchführung eures Klassenrates für wichtig haltet. Erstellt ein Plakat mit euren Regeln.

Regeln für den Klassenrat:
1. Jeder schreibt seinen Namen zu seinem Vorschlag.
2. Die Lehrkraft meldet sich auch.
3. …
4. …

 Tipp
Du solltest auch mögliche Einwände von Mitschülern notieren, um darauf reagieren zu können.

5. Euer erster Klassenrat steht bevor.
   - Wählt zunächst ein Thema aus.
   - Nun notiert jeder für sich Argumente für die eigene Meinung.
   - Orientiert euch zur Durchführung eures Klassenrates an der Checkliste unten und an euren Regeln.
   - Sprecht abschließend darüber, wie euer erster Klassenrat verlaufen ist.

EINEN KLASSENRAT DURCHFÜHREN CHECKLISTE

Wir haben …
- ✓ … die Aufgaben (Gesprächsleiter usw.) verteilt und eine Themenauswahl festgelegt.
- ✓ … bei Problemen Lösungsvorschläge gesucht und über sie abgestimmt.
- ✓ … die Ergebnisse und Beschlüsse notiert und für alle in der Klasse als verbindlich erklärt.

1.3. In Gesprächen an gemeinsam vereinbarte Regeln halten – Konflikte lösen – eigene Anliegen und Meinungen begründet äußern

Mit anderen sprechen

Überprüfe dein Wissen und Können

1 Entscheide, welche beiden Bestandteile für eine Wegbeschreibung unerlässlich sind.
   a) Genaue Meterangaben
   b) Richtungsangaben
   c) Orientierungspunkte
   d) Genaue Zeitangaben

2 Bestimme die richtigen Gesprächs- und Verhaltensregeln.
   a) Ich wende mich meinem Gesprächspartner zu.
   b) Ich höre aufmerksam zu.
   c) Ich unterbreche ihn, wenn er zu lange redet.
   d) Ich wiederhole, was er gesagt hat.
   e) Ich bestimme, wie lange wir reden.
   f) Ich wende mich ab, wenn ich nicht seiner Meinung bin.

3 Ordne die folgenden Aussagen nach richtig oder falsch. Schreibe in dein Heft.
   a) In einem Klassengespräch sollte man immer sofort sagen, was man meint.
   b) In einem Klassengespräch sollte man sich zu Wort melden.
   c) In einem Klassengespräch sollte man nicht darüber lachen, wenn einer etwas Falsches sagt.
   d) In einem Klassengespräch sollte man sich nichts gefallen lassen.
   e) In einem Klassengespräch sollte man andere ausreden lassen.

4 Erkläre, was Höflichkeit beim Umgang mit anderen Menschen bedeutet.
   a) Jemanden, den man um etwas bittet, sollte man möglichst mit dem Namen anreden.
   b) Es kommt bei Höflichkeit vor allem auf den freundlichen Ton an.
   c) Eine Aufforderung muss möglichst laut ausgesprochen werden.
   d) Man kann auch ohne „bitte" auskommen, wenn man nur nett zueinander spricht.

5 Schau dir die Szene rechts an.
   - Schreibe eine kurze Erzählung dazu, was dort passiert und wie sich die Kinder verhalten sollten, damit kein Streit entsteht.
   - Nutze dazu wörtliche Reden und dein Wissen aus diesem Kapitel zu einem höflichen, freundlichen und rücksichtsvollen Miteinander.

1.2. Angeregt durch Bilder erzählen
1.3. Konflikte lösen – eigene Anliegen und Meinungen begründet äußern

NEUES ENTDECKEN – EINSICHTEN GEWINNEN

Sprechen und Zuhören

Vorlesen und vortragen

1 Beschreibt die einzelnen Situationen, die auf den Bildern dargestellt werden.

2 Sicherlich wart ihr schon einmal in einer ähnlichen Situation. Erzählt von euren Erfahrungen.

3 Sprecht darüber, welche Schwierigkeiten beim Vorlesen oder Vortragen vor einer Gruppe auftreten können und wie man sie lösen kann.

In diesem Kapitel lernst du, wie man ...
- *Lesepausen,*
- *Betonungen,*
- *Sprechgeschwindigkeit,*
- *Stimmlautstärke* und
- *Stimmfarbe*

einsetzen kann, um einen Text wirkungsvoll und lebhaft vorzulesen und vorzutragen.

Vorlesen und vortragen

Beim Vorlesen Pausen machen

1 Lies den folgenden Text leise Zeile für Zeile durch.

Das Kinderzimmer aufräumen

Carlotta hängt neue Poster auf den Fußboden fegt sie sauber in dem Regal räumt sie auf das Bett schüttelt sie auf die Schultasche stellt sie ordentlich in die Ecke das Papier wirft sie
5 in den Papierkorb und auf den Schreibtisch macht sie Ordnung ganz fürchterlich sah es bei ihr aus aber jetzt fühlt sie sich wieder wohl.

2 Erklärt, warum der Text beim ersten Lesen unsinnig klingt.

3 Lies den Text erneut und finde mithilfe des Merkkastens sinnvolle Pausen für den Text.

W 4 Wähle im Folgenden zwischen a) oder b) aus.
  a) Lies den unteren Text zunächst leise für dich durch. Finde dabei sinnvolle Pausen. Lies den Text dann deiner Klasse vor.
  b) Lies den unteren Text deiner Klasse aus dem Stegreif mit sinnvollen Pausen vor.

Den Keller aufräumen

Das macht Timo heute mit seinem Freund Jan geht er in den Keller er stellt die Fahrräder an die Wand in den Werkzeugschrank räumt er das
5 Werkzeug ein unter der Treppe holt er den Müllsack vor die leeren Flaschen packt er gleich ein in seine Hosentasche steckt er sich eine Zange und Jan findet eine Taschenlampe in seiner Hosentasche ist die viel besser
10 aufgehoben wer weiß ob man sie nicht mal gebrauchen kann.

> ⓘ **Beim Vorlesen Pausen machen**
>
> Ein Text ergibt nur dann beim Vorlesen einen Sinn, wenn du an den richtigen Stellen eine **Pause** machst. Wo du eine Pause machen solltest, erkennst du z. B. oft an den Satzzeichen oder dem Inhalt des Gelesenen.
> Um alle Stellen zu finden, an denen du kurz innehalten solltest, ist es hilfreich, den Text mehrfach zu lesen. Damit du beim Vorlesen an alle Pausen denkst, solltest du sie im Text kennzeichnen. Benutze zu diesem Zweck einen Strich (|).

1.2. Texte strukturiert und angemessen vortragen – auf Gliederungssignale im Text achten und sprachliche Ausdrucksmittel einsetzen

Beim Vorlesen richtig betonen

Vorlesen und vortragen

1 Lies Andrés und Marias kurze Unterhaltung über ihre beiden Hunde.

> <u>Mein</u> Hund kann über den <u>Graben</u> springen.

> Dafür springt <u>mein</u> Hund über den <u>Zaun</u>!

> Mein Hund ist so schnell wie ein Rennrad!

> Mein Hund ist sogar so schnell wie ein Auto!

> Das ist ja noch gar nichts! Mein Hund bringt mir immer die Zeitung!

> Mein Hund schafft das längst! Er bringt mir sogar die Hausschuhe!

> Mein Hund ist größer und stärker als deiner.

> Dafür ist meiner klüger!

2 Beschreibt, was die beiden im Gespräch versuchen.

3 Bereitet zu zweit den Dialog zwischen André und Maria für einen Lesevortrag vor.
 a) Schreibt dazu zunächst den Text ab.
 b) Unterstreicht dann die Wörter, die ihr besonders betonen wollt. Die Beispiele in den ersten beiden Sätzen und der Merkkasten helfen euch dabei.
 c) Kontrolliert, ob eure Unterstreichungen zusammenpassen und einen Sinn ergeben.
 d) Lest den Dialog nun mit verteilten Rollen vor.
 e) Vergleicht die Stellen, die ihr im Text unterstrichen habt, in der Klasse. Sprecht über Unterschiede und die möglichen Gründe dafür.

⚠ Beim Vorlesen richtig betonen

In jedem Satz gibt es ein oder zwei Wörter, die besonders betont werden.
Die **Betonung** ist meistens von dem Satz abhängig, der davor steht.
Durch sie wird die Wichtigkeit eines Wortes hervorgehoben. Du kannst besonders wichtige Stellen unterstreichen, um sie beim Vortrag nicht zu überlesen.

1.2. Texte strukturiert und angemessen vortragen – auf Gliederungssignale im Text achten und sprachliche Ausdrucksmittel einsetzen

Vorlesen und vortragen

Einen Text wirkungsvoll vorlesen

1 Lies dir den folgenden Text zunächst leise durch.

Die beiden Radfahrer

Wolfgang Menzel nach Johann Peter Hebel

Ein Radfahrer | wollte auf einer Brücke | über einen Bach hinüber.||
Zu gleicher Zeit | wollte ein anderer Radfahrer | herüber.||
Mitten auf der Brücke | trafen sie sich. ||
Sie konnten aber nicht aneinander vorbei. ||
5 Der eine klingelte, |
der andere klingelte auch. ||

Der eine sagte: |
„Fahr zurück! | Ich war zuerst auf der Brücke!" ||
Der andere sagte: |
10 „Fahr du doch zurück! | Ich war zuerst da!"
Der erste sagte: |
„Wie soll ich denn zurückfahren? | Ich kann doch hier nicht wenden!" ||
Der andere erwiderte: |
„Dann schieb doch dein Fahrrad rückwärts!" ||
15 Der erste sagte: |
„Das kannst du doch genauso gut tun!" ||

So stritten sie lange miteinander.
Aber keiner wollte nachgeben.
Wutschnaubend schoben sie ihre Fahrräder aufeinander los.
20 Die Räder krachten und die Lenker schepperten.
Da fielen sie beide in den Bach hinunter und wurden platschnass.
Das hatten sie nun davon!

2 Bevor du einen Text wirkungsvoll vorlesen kannst, musst du ihn verstanden haben.
Dabei können insbesondere W-Fragen sehr hilfreich sein.
Beantworte die folgenden W-Fragen zum vorliegenden Text.
- **Wer** handelt in dem Text?
- **Was** machen die beiden Radfahrer?
- **Wann** und **wo** findet die Handlung statt?
- **Warum** streiten die beiden?
- **Wie** wird das Problem gelöst?

Kläre im Zweifelsfall auch die Bedeutung unbekannter Wörter.

1.2. Texte strukturiert und angemessen vortragen – Rückmeldung geben und nutzen, um die Leseleistung zu verbessern
2.2. Literarische Texte lesen und erschließen

WES-122961-008

AT → S. 302
Rückmeldung

3 Bereite den Text nun zum Vorlesen vor.
Nutze dazu die Vorlage im Portal.
a) Ergänze zunächst die fehlenden Vorlesezeichen für Pausen und Betonungen im letzten Absatz des Textes.
b) Im Merkkasten unten findest du noch weitere Möglichkeiten, besonders zu lesende Textstellen hervorzuheben. Wende auch diese Symbole auf den Text an.
c) Übe den Vortrag, indem du den Text halblaut vorliest. Sprich die Wörter deutlich aus und betone die wichtigsten.

 Tipp
Suche im Text nach Signalwörtern, die dir zeigen, welche Stimmung vorherrscht. Adjektive und Verben können dabei besonders hilfreich sein, z. B. „wutschnaubend".

4 Tragt euch den Text gegenseitig gestaltend vor und gebt euch anschließend eine Rückmeldung.
Nehmt dabei Bezug auf die Kriterien für das Vorlesen aus dem Merkkasten.

5 Vergleicht die von euch gesetzten Vorlesezeichen.
Sprecht über Gemeinsamkeiten und Unterschiede und begründet diese.

ⓘ Wirkungsvoll vorlesen mithilfe von Vorlesezeichen

1. Übe den Text, bis du ihn **flüssig lesen** kannst.
2. Setze kurze (|) oder längere **Pausen** (|||), um den Text zu gliedern.
3. **Betone** wichtige Stellen stärker als andere. Unterstreiche diese Stellen.
4. Passe deine **Redegeschwindigkeit** den Ereignissen und der Stimmung an: Sprich schneller (→), wenn sich Ereignisse häufen oder es spannend wird, und langsamer (←), wenn wenig passiert.
5. Unterschiedliche **Stimmungen** eines Textes kannst du besonders gut ausdrücken, indem du deine Stimmfarbe änderst: Du kannst z. B. fröhlich, verstimmt, ängstlich, im Befehlston usw. sprechen.
6. Auch über die **Lautstärke** deiner Stimme kannst du Stimmungen und Ereignisse verdeutlichen. Insbesondere bei wörtlichen Reden solltest du an manchen Stellen die Stimme heben (↗) oder senken (↘).

Grundsätzlich gilt: Zu viele Zeichen können manchmal auch ablenken oder irritieren. Nutze also immer die Zeichen, die dir persönlich bei deinem Vortrag helfen.

Vorlesen und vortragen

Einen Sachtext vorlesen und vortragen

1 Lies dir den nachfolgenden Text leise durch.
Beschreibe, auf welche Art man ihn vorlesen könnte.

12. August 2015, Schönau am Königssee

16-Jährige findet Goldbarren beim Schwimmen

Eine 16-jährige Urlauberin hat beim Baden im Königssee in Oberbayern einen ungewöhnlichen Fund gemacht: Sie stieß in etwa zwei Metern Tiefe auf einen 500 Gramm
5 schweren Goldbarren.

Die junge Frau brachte das wertvolle Stück zur Polizei. Den Angaben zufolge handelt es sich um echtes Gold im Wert von schätzungsweise 16.000 Euro. Polizeitau-
10 cher aus München suchten den Bereich um den Fundort großflächig ab – weitere Goldbarren oder Wertgegenstände wurden aber nicht gefunden.

Wie der Barren in den See kam und wem er gehört, ist noch ungeklärt.
15 Kriminaltechnische Untersuchungen sollen jetzt Klarheit bringen. Eine Nummer, wie sie sonst bei Goldbarren eingraviert ist, sei nicht erkennbar gewesen, heißt es. Spezialisten des bayerischen Landeskriminalamtes sollen nun aber versuchen, die möglicherweise eingravierte Nummer wieder sichtbar zu machen.
20 Wenn sich kein Besitzer finde und der Barren nicht aus einer Straftat stamme, dann dürfe die 16-Jährige das Gold voraussichtlich behalten, sagte ein Polizeisprecher.

2 Hört euch nun die Audiodatei zu diesem Text an.
Tauscht euch anschließend über die folgenden Fragen aus:
- Was hat euch gut bzw. weniger gut gefallen? Warum?
- Welche Wirkung entsteht durch diese Art des Vortragens?
- Habt ihr Verbesserungsvorschläge?

WES-122961-009

3 Bereite den Text nun selbst für einen Lesevortrag vor.
Verleihe ihm dabei etwas mehr Stimmung durch Betonungen, Pausen usw.
Lies ihn anschließend einem Mitschüler vor und lass dir eine Rückmeldung geben.

WES-122961-010

1.1. Verstehend und aktiv zuhören – Rückmeldung geben und nutzen, um die Leseleistung zu verbessern
1.2. Texte strukturiert und angemessen vortragen

Vorlesen und vortragen

Mit verteilten Rollen lesen

1 Das folgende Gespräch müsst ihr mit verteilten Rollen lesen: **A** und **B**.
Beim Lesen mit verteilten Rollen ist es wichtig, dass man darauf achtet, was der Vorredner betont hat, um dann selbst entsprechend sinnvoll zu betonen.
Also: Lesen und gut zuhören! Probiert es aus!

Das Pferd und das Hängebauchschwein

A: Was hast du denn da gemalt?
B: Kannst du das nicht erkennen? Das ist ein Pferd.
A: Das soll ein Pferd sein? Das sieht ja aus wie eine Kuh!
B: Mann, bist du blöd! Hast du noch nie ein geschecktes Pferd gesehen?
5 A: Jedenfalls hab ich noch nie ein Pferd gesehen, das Flecken wie eine Kuh hat.
B: Das ist ein geschecktes Pferd. Sieht doch gut aus. Oder?
A: Na, ich weiß nicht! Ich mag sowieso keine Pferde.
B: Du magst keine Pferde? Warum denn nicht?
A: Pferde sind für Mädchen.
10 B: Da hast du recht. Und was hast du gemalt?
A: Sieht man das nicht?
B: Das sieht aus wie ein Dackel, der zu dick geworden ist.
A: Mensch, das ist ein Hängebauchschwein!
B: Ein was?
15 A: Ein Hängebauchschwein. Müllers haben so eins.
B: Was machen denn Müllers mit einem Bängehauchschwein?
A: Hän-ge-bauch-schwein heißt das! Das lebt in ihrer Wohnung.
B: Igitt! Ein Schwein in der Wohnung?
A: Klar. Und es ist sauber und lustig und sehr intelligent!
20 B: Kann es auch reiten?
A: Spinnst du? Schweine können doch nicht reiten!
B: Schade!
A: Wieso schade?
B: Dann könnten wir dein Hängebauchschwein
25 auf meinem Pferd reiten lassen.
A: Und dein Pferd lässt sich das gefallen?
B: Gemalte Pferde können sich ja nicht wehren.
A: Gut. Dann können wir es ja mal probieren.
B: Und dann nennen wir unser Bild: Gemaltes Hängebauchschwein
30 reitet auf gemaltem Pferd.
A: Und was sagt die Lehrerin dazu?
B: Die sagt bestimmt wieder: Das ist kreativ!

1.2. Texte strukturiert und angemessen vortragen

Vorlesen und vortragen

Ein Gedicht wirkungsvoll vorlesen und vortragen

1 Lies das nachfolgende Gedicht zunächst leise für dich durch.

Das freche Schwein

Monika Seck-Aghte

Der Maulwurf Tom ist jede Nacht
verärgert und sehr aufgebracht.
Ein dickes, freches, altes Schwein
4 quetscht sich in seine Hütte rein.

Da drin ist's mollig, weich und warm.
Tom friert und schlägt deshalb Alarm:
„Dies Haus ist meins! Ich hab's bezahlt!
8 Und auch noch selber angemalt!"

So jammert Tom, es nützt nicht viel:
Das Schwein ist dreist und auch stabil.
Tom klettert auf sein spitzes Dach
12 und hält sich mit der Zeitung wach.

„Lies vor!" So herrscht das Schwein ihn an.
„Was ist passiert, nun sag's schon, Mann!"
Der Maulwurf schluckt, ihm ist nicht gut.
16 Ganz tief im Bauch, da wühlt die Wut.

Das Leben könnte schöner sein,
jedoch nur ohne dieses Schwein.

2 Berichte in eigenen Worten, was dem Maulwurf Tom jede Nacht widerfährt.

3 Beschreibe, wie die Figuren im Gedicht auf dich wirken.
Die Adjektive im *Wortspeicher* helfen dir dabei.
Vielleicht findest du noch weitere Adjektive,
die gut zu den Figuren passen.
Notiere deine Ergebnisse so:

bedrückt – erleichtert –
ängstlich – ruhig –
selbstsicher – verärgert –
unsicher – weinerlich –
ungeduldig – wütend –
verträumt – gelangweilt –
verzweifelt – neugierig

Maulwurf	Schwein
...	...

1.2. Texte strukturiert und angemessen (auch frei) vortragen
2.2. Eigenheiten literarischer Figuren beschreiben

Sprechen und Zuhören

 Portal
WES-122961-011

4 Bereite das Gedicht so vor, dass du es wirkungsvoll vorlesen kannst. Schau dazu noch einmal in den Merkkasten auf Seite 26.

5 Lasst euch jede Strophe jeweils von einem anderen Mitschüler vorlesen. Sprecht dann über eure Vorträge.

→ **S. 70f.**
Ein Gedicht auswendig lernen

Gerade Gedichte lassen sich gut wirkungsvoll und anschaulich vortragen, besonders wenn man sie zuvor auswendig gelernt hat.
Die Tipps unten helfen dir dabei.
Ausführlichere Informationen, wie du ein Gedicht gut auswendig lernen kannst, findest du auf den Seiten 70–71 in der Gedichtewerkstatt.

💡 **1:** Das Gedicht in Abschnitten auswendig lernen.

💡 **2:** Das Gelernte „sich setzen lassen".

💡 **3:** Regelmäßig üben.

💡 **4:** Mit einem Partner gegenseitig abhören.

W 6 Wähle im Folgenden zwischen a) oder b) aus.
   a) Lies deiner Klasse das gesamte Gedicht von Seite 29 gestaltend vor. Vergiss nicht, laut und deutlich zu sprechen.
   b) Suche dir einen Partner. Lernt jeweils zwei Strophen des Gedichtes von Seite 29 auswendig. Tragt das Gedicht dann frei eurer Klasse vor.

AT → S. 302
Rückmeldung

7 Hört euch gegenseitig aufmerksam an und gebt euch anschließend eine Rückmeldung.

EINEN TEXT GUT VORLESEN UND VORTRAGEN ✓ **CHECKLISTE**

Ich habe …
- ✓ … mir den Inhalt erschlossen und die Bedeutung unbekannter Wörter geklärt.
- ✓ … Pausen gesetzt und gekennzeichnet.
- ✓ … wichtige Wörter für die Betonung markiert.
- ✓ … darauf geachtet, dass die Stimmung meines Vortrages zu den Gedanken und Gefühlen, die im Text zum Ausdruck kommen, passt.
- ✓ … im Text zusätzliche Pfeile gesetzt, um an manchen Stellen die Lesegeschwindigkeit und die Stimmfarbe noch genauer anpassen zu können.
- ✓ … wörtliche Reden besonders gekennzeichnet, um sie anschaulich vorzutragen.
- ✓ … darauf geachtet, laut und deutlich zu sprechen.

1.2. Texte strukturiert und angemessen (auch frei) vortragen
2.2. Eigenheiten literarischer Figuren beschreiben

Vorlesen und vortragen

Überprüfe dein Wissen und Können

1 Was ist wichtig beim Vorlesen?
Übernimm die zutreffenden Sätze unverändert und korrigiere
die falschen Aussagen, bevor du sie aufschreibst.
a) Man sollte den Text, den man vorliest, auch inhaltlich gut kennen und verstanden haben.
b) Man sollte den Text auf jeden Fall auswendig können.
c) Ein guter Lesevortrag zeichnet sich auch dadurch aus, dass man Pausen macht und die richtigen Wörter betont.
d) Beim Vorlesen sollte man stets darauf achten, möglichst mit voller Lautstärke zu sprechen.
e) Eine deutliche Aussprache der Wörter ist für das Verständnis der Zuhörer wichtig.
f) Ein möglichst schnelles Lesetempo ist immer empfehlenswert.

2 Erstelle selbstständig eine Übersicht mit den wichtigsten Zeichen,
die man braucht, um einen Text für einen Lesevortrag vorzubereiten.
Gehe dabei zum Beispiel so vor:
|| = lange Pause

3 Der vorletzte Satz der Geschichte „Die beiden Radfahrer" lautet so:
„Da fielen sie beide in den Bach hinunter und wurden platschnass."
Vergleiche die drei folgenden Lösungen miteinander.
Notiere die richtige und begründe deine Auswahl.
a) Da fielen sie beide | in den Bach hinunter und wurden platschnass.
b) Da fielen sie beide in den Bach hinunter | und wurden platschnass.
c) Da fielen sie | beide in den Bach | hinunter und wurden platschnass.

4 So endet die Radfahrergeschichte: „Das hatten sie nun davon."
Schreibe den Satz ab und kennzeichne die Wörter, die du betonen würdest.
Formuliere dann einen Satz, in dem du begründest, warum du dich so
entschieden hast.

5 Auf die drei Fragen von Martin gibt Lukas immer die gleiche Antwort,
doch jedes Mal muss ein anderes Wort betont werden.
Schreibe die Satzpaare ab und unterstreiche sowohl in den Fragen als auch
in den Antworten die zu betonenden Wörter, damit das Gespräch Sinn ergibt.

a) „Ich habe gehört, ihr habt 1:0 gewonnen?"   „Nein, wir haben 3:0 gewonnen."
b) „Ihr habt doch sicher wieder verloren?"   „Nein, wir haben 3:0 gewonnen."
c) „Ich habe gehört, die 5c hat 3:0 gewonnen?"   „Nein, wir haben 3:0 gewonnen."

1.2. Auf Gliederungssignale im Text achten und sprachliche Ausdrucksmittel einsetzen

Lesen – Umgang mit Texten und Medien

Fabeln

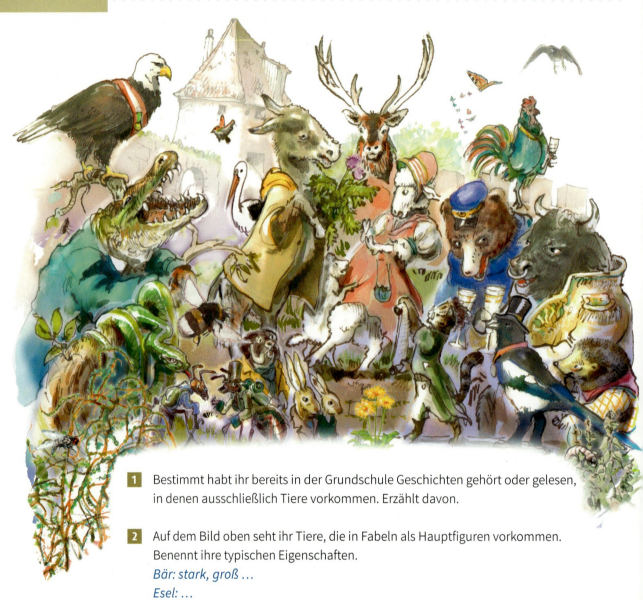

1. Bestimmt habt ihr bereits in der Grundschule Geschichten gehört oder gelesen, in denen ausschließlich Tiere vorkommen. Erzählt davon.

2. Auf dem Bild oben seht ihr Tiere, die in Fabeln als Hauptfiguren vorkommen. Benennt ihre typischen Eigenschaften.
   Bär: stark, groß …
   Esel: …

In diesem Kapitel lernst du (,) …
- die Merkmale und den Aufbau von Fabeln zu beschreiben.
- eine Fabel inhaltlich in die richtige Reihenfolge zu bringen.
- eine Fabel als Comic zu gestalten.
- eine Fabel als Rollenspiel darzustellen.
- eine Fabel zu Ende zu schreiben.
- eine eigene Fabel zu schreiben.
- Fabeln in einem Fabelbuch oder einem Schattenspiel zu präsentieren.

Fabeln

Die Merkmale und den Aufbau einer Fabel untersuchen

1 Lies zunächst nur die Überschrift der folgenden Fabel.
Notiere, welche Eigenschaften du den Tieren zuordnen würdest.
Lies dann die gesamte Fabel.

Der Löwe und die Maus

nach Äsop

Der Löwe lag im Schatten eines Baumes und schlief. Da lief ihm eine Maus über den Leib. Der Löwe schreckte hoch, packte sie mit seinen Pranken und wollte sie fressen. „Ich bitte dich", flehte die Maus, „schone mein Leben, ich will es dir auch gerne mit einem Gegendienst danken." Da lachte der Löwe, weil er sich
5 nicht vorstellen konnte, wie ihm eine kleine Maus behilflich sein sollte, und ließ sie laufen.
    Nach einiger Zeit aber verfing sich der Löwe in den Netzen von Jägern und konnte sich auch mit aller Kraft nicht mehr aus den Schlingen befreien. Die Maus hörte sein Stöhnen und kam herbeigelaufen. Sie nagte eine von den
10 Schleifen entzwei, eine einzige nur, aber dadurch begannen auch die anderen aufzugehen, und der Löwe konnte seine Fesseln zerreißen. So kam es tatsächlich dazu, dass der Löwe durch die Dankbarkeit der Maus gerettet wurde.
    Auch der Schwache kann einmal der Starke sein.

Äsop

Der Grieche Äsop gilt als Begründer der Fabeldichtung. Er soll im 6. Jahrhundert vor Christus als Sklave in Nordasien gelebt haben. „Der Löwe und die Maus" ist eine seiner bekanntesten Fabeln.

2 Erklärt, inwiefern sich die Fabeltiere in der Geschichte anders verhalten, als ihr es vielleicht erwartet habt. Nutzt dazu die Adjektive im *Wortspeicher*.

stark – schwach – hilfsbereit – hilflos – klein – groß – überlegen – unterlegen

3 Fabeln zeichnen sich durch bestimmte Merkmale aus.
Überprüft mithilfe des Merkkastens, welche Merkmale in dieser Fabel enthalten sind.

> ⓘ **Merkmale von Fabeln**
>
> Eine Fabel (*aus dem Lateinischen „fabula" = Erzählung*) ist eine **kurze Erzählung**, in der meistens zwei **Tiere** in einer **Konfliktsituation** aufeinandertreffen und abwechselnd miteinander reden (= **Dialog**). Wir Menschen sollen aus Fabeln eine Lehre für unser eigenes Verhalten gegenüber anderen Menschen ziehen. Daher verkörpern die aufeinandertreffenden Tiere immer sowohl positive als auch negative **menschliche Eigenschaften**, z. B. der *listige* Fuchs, der *dumme* Esel, die *fleißige* Biene, der *kluge* Hase. Die **Lehre** steht häufig in einem Satz **am Schluss** der Fabel. Fehlt eine solche Lehre, soll der Leser selbst überlegen, was er aus der Fabel lernen kann. Fabeln sind meist im Präteritum geschrieben.

2.2. Charakteristische Merkmale epischer Kleinformen kennen und unterscheiden – Eigenheiten, Beziehungen, Handlungsmotive von Figuren beschreiben – Handlungen in Texten mit eigenen Erfahrungen verknüpfen

Lesen – Umgang mit Texten und Medien

4 Tim und Johann sind sich uneinig, was die Lehre „Auch der Schwache kann einmal der Starke sein" bedeuten soll.
- Sprecht über die Aussagen der beiden Jungen.
- Wählt dann die Erklärung aus, die richtig ist. Bergründet eure Wahl.

Ich denke, dass es darum geht, dass Stärke nicht immer etwas mit Kraft und Größe zu tun hat.

Ich glaube, das heißt, dass die Schwachen nur ganz selten mal Stärke zeigen können.

W 5 Wähle im Folgenden zwischen a) oder b) aus.
a) Vielleicht warst du auch schon einmal in einer ähnlichen Situation wie die Maus oder der Löwe. Erzähle davon.
b) Formuliere eine weitere Lehre zu der Fabel.

6 Weist mithilfe des Merkkastens unten die fünf Bausteine einer Fabel an der Fabel „Der Löwe und die Maus" nach.
Lest dazu zu jedem Baustein die entsprechende Textstelle in der Fabel vor.

✱ 7 Überprüfe die fünf Bausteine einer Fabel an einem selbst gewählten Beispiel. Suche dir dazu eine Fabel aus einem Buch oder dem Internet aus, z. B. „Der Fuchs und der Storch".

ⓘ Die fünf Bausteine einer Fabel

1. Die Überschrift
In der Überschrift werden häufig die zwei Tiere genannt, von denen die Fabel erzählt.

2. Ausgangssituation
Zu Beginn der Fabel begegnen sich meist zwei Tiere draußen in der Natur.

3. Konfliktsituation
Oft will ein Tier das andere überlisten, betrügen oder töten.
Es kommt zu einem (Wett-)Streit, in dem die Tiere wie Menschen miteinander sprechen.

4. Lösung / Ergebnis
Nach einer solchen Auseinandersetzung ist das Problem gelöst oder die Situation geklärt. Häufig gibt es dann einen Gewinner oder einen Verlierer.

5. Lehrsatz
Die meisten Fabeln enden mit einem Lehrsatz. Darin steht, was man aus der Fabel lernen kann. Fehlt der Lehrsatz, soll sich der Leser selbst Gedanken machen, welche Lehre er aus der Fabel ziehen kann.

2.2. Charakteristische Merkmale epischer Kleinformen kennen und unterscheiden – Eigenheiten, Beziehungen, Handlungsmotive von Figuren beschreiben – Handlungen in Texten mit eigenen Erfahrungen verknüpfen

8 Begründet, warum es sich bei dem folgenden Text nicht um eine Fabel, sondern um ein Märchen handelt, obwohl Tiere die Hauptrolle spielen. Bezieht dazu die Fabelbausteine sowie die Fabel- und Märchenmerkmale ein.

→ **S. 53**

Märchenmerkmale

Die Bremer Stadtmusikanten

Nacherzählung eines Märchens der Brüder Grimm

Ein Mann hatte einmal einen Esel, der lange fleißig gearbeitet hatte. Als ihm sein Herr kein Futter mehr gab, weil er schwach geworden und ihm nicht mehr von Nutzen war, lief der Esel fort und machte sich auf nach Bremen,
5 um Stadtmusikant zu werden. Bald traf er auf seinem Weg einen erschöpften, alten Hund, dessen Herr ihn hatte totschießen wollen, weil er zur Jagd nicht mehr taugte. Der Esel ermutigte ihn, mit nach Bremen zu gehen und dort sein Glück als Musikant zu versuchen. Kurz darauf trafen
10 sie auf eine traurige Katze, die sich von ihrem Frauchen davongeschlichen hatte, weil diese das alt gewordene Tier ertränken wollte. Auch sie schloss sich dem Esel an, ebenso wie ein Hahn, der damit dem Suppentopf entgehen wollte.

Abends wollten die vier im Wald übernachten. Dabei be-
15 merkten sie ein erleuchtetes Räuberhaus. Durchs Fenster sah der Esel einen reich gedeckten Tisch, an dem Räuber saßen. Die Tiere überlegten, wie sie die Räuber verjagen könnten. Sie stellten sich der Größe nach aufeinander: der Hund auf den Esel, die Katze auf den Hund, der Hahn auf die Katze. Dann fingen sie
20 auf ein Zeichen an, Musik zu machen, und stürzten in die Stube. Die Räuber erschreckten sich so sehr, dass sie in den Wald flohen. Nach einem guten Mahl legten sich die Vier schlafen: der Esel draußen auf den Misthaufen, der Hund hinter die Tür, die Katze auf den Herd bei der warmen Asche, der Hahn flog aufs Dach. Als der Hauptmann sah, dass kein Licht mehr im Hause brannte, befahl er einem Räuber zurückzugehen.
25 Weil er die feurigen Augen der Katze für glühende Kohlen hielt, wollte er an ihnen ein Streichholz anzünden. Da sprang ihm die Katze ins Gesicht und kratzte ihn. Der Räuber wollte durch die Hintertür fliehen, wobei ihn der Hund ins Bein biss. Und als der Räuber dann über den Hof am Misthaufen vorbeirannte, gab ihm der Esel einen tüchtigen Tritt mit dem Hinterfuß und der Hahn rief vom Dach: „Kikeriki!"

30 Der Räuber lief schnell zurück zu seinem Hauptmann. „In dem Haus sitzt eine fürchterliche Hexe, die hat gefaucht und mir mit ihren Fingern das Gesicht zerkratzt. Und vor der Tür steht ein Mann mit einem Messer, der hat mich ins Bein gestochen. Und auf dem Hof liegt ein schwarzes Ungetüm, das hat mich mit einer Keule geschlagen! Und oben auf dem Dach sitzt der Richter und ruft: ‚Bringt mir den Schelm!'"

35 Von nun an trauten sich die Räuber nicht mehr in das Haus. Den vier Bremer Musikanten aber gefiel's dort so sehr, dass sie nie wieder hinaus wollten.

2.2. Charakteristische Merkmale epischer Kleinformen kennen und unterscheiden – Eigenheiten, Beziehungen, Handlungsmotive von Figuren beschreiben – Handlungen in Texten mit eigenen Erfahrungen verknüpfen

Fabeln

Die Teile einer Fabel in die richtige Reihenfolge bringen

1 Bring den Text der folgenden Fabel in die richtige Reihenfolge.
  a) Lies dazu die einzelnen Fabelteile zuerst einmal so, wie sie hier abgedruckt sind.
  b) Notiere dann die Buchstaben der Fabelteile in der richtigen Reihenfolge.
  c) Schreibe die Fabel anschließend mitsamt der Überschrift sauber auf.

Die beiden Frösche

Äsop

A Als sie ihren Durst gestillt hatten und wieder ins Freie wollten, konnten sie es nicht. Die glatte Wand der Schüssel war nicht zu bezwingen, und sie rutschten immer wieder in die Milch zurück.

B Da fühlte er den ersten festen Butterbrocken unter seinen Füßen. Er stieß sich mit letzter Kraft ab und war im Freien.

C Er machte keine Bewegung mehr, glitt auf den Boden des Gefäßes und ertrank.

D Gegen Abend kamen sie in die Kammer eines Bauernhofs und fanden dort eine große Schüssel mit fetter Milch vor. Sie hüpften sogleich hinein und ließen es sich schmecken.

E Sein Gefährte aber kämpfte noch Stunden verzweifelt weiter, bis sich die Sahne der Milch in Butter verwandelt hatte.

F Zwei Frösche, deren Tümpel die heiße Sommersonne ausgetrocknet hatte, gingen auf die Wanderschaft.

G Viele Stunden mühten sie sich nun vergeblich ab und ihre Schenkel wurden allmählich immer matter.

H Da quakte der eine Frosch: „Alles Strampeln ist umsonst, das Schicksal ist gegen uns, ich geb's auf!"

✻ 2 In dem Text findest du vier Fabelbausteine von Seite 34 wieder.
  • Kennzeichne die Bausteine mit einer Klammer am Rand deines abgeschriebenen Textes.
  • Benenne dann die einzelnen Bausteine.

3 Entscheide, welcher der folgenden Lehrsätze am besten zum Inhalt der Fabel passt. Schreibe ihn dann unter deinen Text.
Wer nicht hören will, muss fühlen.   *Wer nicht aufgibt, wird dafür belohnt.*
Wer zuletzt lacht, lacht am besten.   *Wer nicht schwimmen kann, geht unter.*

4 Habt ihr vielleicht schon einmal ein Erlebnis gehabt, zu dem der Lehrsatz passt? Erzählt euch davon.

2.2. Charakteristische Merkmale epischer Kleinformen kennen und unterscheiden –
Handlungsverlauf und Gehalt literarischer Texte erschließen

Fabeln

Eine Fabel als Comic gestalten

Eine Fabel lässt sich auch in Form eines Comics darstellen.
Arbeitet allein oder mit einem Partner.

Die beiden Frösche

① 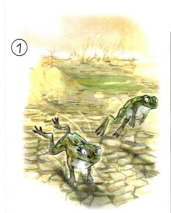	② Die beiden Frösche erreichen einen Bauernhof und finden dort eine große Schüssel mit Milch.	③ Man sieht die Frösche, wie sie fröhlich in der Milch plantschen und ihren Durst stillen.
④ Als die Frösche nicht mehr durstig sind, versuchen sie verzweifelt, an der Wand der Milchschüssel hochzuklettern und aus der Schüssel herauskommen.	⑤ *Sprechblase:* Ich kann nicht mehr!	⑥ Der zweite Frosch strampelt immer weiter, bis er einen ersten Butterbrocken fühlt. An diesem stößt er sich ab und springt aus der Schüssel.

1 Legt – wie in dem Beispiel oben – auf einem großen Blatt Papier im Querformat sechs Felder an und schreibt den Titel der Fabel darüber.

2 Zeichnet die Fabel jetzt als Comic. Was auf Bild 5 zu sehen sein könnte, müsst ihr aus dem Text links erschließen. Haltet euch ansonsten weitgehend an die Beschreibungen oben. Gestaltet eure Comics zusätzlich mit …
- **Geräuschwörtern:** Patsch!
- **Sprechblasen:** „Ich kann nicht mehr!"
- **Gedankenblasen:** „Ich werde das schaffen!"

💡 **Tipps zum Zeichnen von Comics**
- Zeichnet eure Comics zuerst mit Bleistift dünn vor.
- Malt sie anschließend bunt aus. Sprech- und Gedankenblasen bleiben weiß.
- Zieht zum Schluss alle Bleistiftlinien mit einem dünnen schwarzen Filzstift nach.

Lesen – Umgang mit Texten und Medien

Fabeln

Eine Fabel als Rollenspiel darstellen

1 Lies die folgende Fabel.

Der Fuchs und der Ziegenbock

nach Äsop

Der Fuchs war in einen Brunnen gefallen und musste drinbleiben, da er nicht wusste, wie er wieder hinauskommen sollte. Da kam ein Ziegenbock, der großen Durst hatte, zu dem
5 Brunnen. Als er den Fuchs sah, fragte er ihn: „Schmeckt das Wasser dort unten im Brunnen gut?" Der Fuchs lobte das Brunnenwasser sehr. „Es ist das köstlichste Wasser, das ich je aus einem Brunnen trank", erklärte er dem Ziegen-
10 bock. „Spring nur zu mir herunter und koste selbst." Ohne lange zu überlegen, sprang der Ziegenbock in den Brunnen.

Während der Ziegenbock trank, überlegte der Fuchs, wie er es anstellen könnte, aus dem
15 Brunnen wieder hinauszukommen. Da sagte er zum Ziegenbock: „Wenn du deine Vorderbeine an die Wand stemmst und deine Hörner nach oben streckst, kann ich über deinen Rücken nach oben klettern. Bin ich erst einmal oben,
20 dann ziehe ich auch dich heraus."

Der Ziegenbock tat, was der Fuchs ihm gesagt hatte. Aber nachdem der Fuchs oben angelangt war, wollte er sich davonmachen. Da schimpfte der Ziegenbock aus dem Brunnen
25 herauf: „Du hast mich betrogen und hältst dein Versprechen nicht!" Der Fuchs aber drehte sich um und rief in den Brunnen hinunter: „Du Dummkopf! Wenn du so viel Verstand hättest wie Haare an deinem Ziegenbart, dann wärest
30 du erst in den Brunnen gestiegen, nachdem du dir einen Rückweg ausgedacht hättest."

2 Gib den Inhalt der Fabel kurz in eigenen Worten wieder.

2.2. Charakteristische Merkmale epischer Kleinformen kennen und unterscheiden – Texte in unterschiedliche künstlerische Formen umsetzen 1.4. Sich in die Lage literarischer Figuren versetzen – Rückmeldung geben

3 Beschreibe das Verhalten von Fuchs und Ziegenbock mit passenden Adjektiven. Halte deine Ergebnisse in einer Tabelle fest.

Fuchs	Ziegenbock
…	…

4 Wie ihr bereits erfahren habt, haben Fabeltiere oft sehr unterschiedliche Eigenschaften. Erklärt, ob das auch in dieser Fabel der Fall ist.

5 Formuliert für die Fabel eine passende Lehre.

✱ **6** Überlege dir ein anderes Ende der Fabel, sodass auch eine der folgenden sprichwörtlichen Lehren aus dem *Wortspeicher* dazu passen würde.

Des einen Leid ist des anderen Freud.
Wenn zwei sich streiten, freut sich der Dritte.
Es gibt nichts Gutes, außer man tut es.
Was du nicht willst, das man dir tu, das füg auch keinem anderen zu.
Wie gewonnen, so zerronnen.
Hochmut kommt vor dem Fall.
Der Klügere gibt nach.
Wer andern eine Grube gräbt, fällt selbst hinein.

7 Ihr könnt Fabeln ohne großen Aufwand nachstellen. Probiert dies an der Fabel „Der Fuchs und der Ziegenbock" aus.
  a) Bildet Zweiergruppen und entscheidet, wer welche Rolle übernimmt.
  b) Bereitet dann den Text für euer Rollenspiel vor. Macht euch Notizen, was in der Fabel passiert und schreibt die wörtlichen Reden heraus.
  Ein Fuchs sitzt in einem Brunnen,
  ein Ziegenbock kommt dazu.
  Ziegenbock: „Schmeckt das Wasser dort unten im Brunnen gut?"
  Fuchs: „…"
  c) Denkt daran, die Charaktereigenschaften der Fabelfiguren durch Mimik, Gestik, Stimmlage usw. deutlich zu machen. Nutzt dazu eure Notizen aus Aufgabe 3.
  d) Wählt geeignete Requisiten aus, um euren Zuschauern zu zeigen, dass die Tiere in einem Brunnen sitzen.
  e) Führt dann die Fabel als Rollenspiel auf.
  f) Gebt euch abschließend eine Rückmeldung.

> **Tipp**
> Die, die Aufgabe 6 bearbeitet haben, können auch ihre eigene Fabelvariante als Rollenspiel vorstellen.
>
> AT → S. 303
> *Rollenspiel*
>
> AT · S. 302
> *Rückmeldung*

Fabeln

Eine Fabel weiterschreiben

Portal
WES-122961-013

1 Lasst euch den folgenden Fabelanfang vorlesen oder hört euch die Audiodatei an.

Der Affe als Schiedsrichter

aus Korea

Ein Hund und ein Fuchs erblickten gleichzeitig eine große Wurst, die jemand verloren hatte. Nachdem sie eine Weile unentschieden darum gekämpft hatten, kamen sie überein, mit der Beute zum Affen zu
5 gehen. Dessen Entscheidung sollte gültig sein.

Der Affe hörte die beiden Streitenden aufmerksam an. Dann fällte er das Urteil:

„Die Sachlage ist klar. Jedem von euch gehört genau die halbe Wurst!" Damit zerbrach der Affe die
10 Wurst und legte die beiden Teile auf eine Waage. Das eine Stück aber war schwerer. Also biss er hier einen guten Happen ab. Nun wog er die Stücke von Neuem. Aber jetzt senkte sich die andere Schale der Waage und …

2 Sammelt in der Klasse Vorschläge zum Fortgang der Fabel. Klärt die Frage, wer aus der Geschichte als Gewinner und wer als Verlierer hervorgehen könnte.

AT → S. 301
Ideensammlung

3 Schreibe jetzt die Fabel zu Ende.
- Sammle deine Gedanken zunächst in einer Ideensammlung.
- Sortiere sie dann der Reihenfolge nach.
- Formuliere einen Lehrsatz.
Lass in deiner Fortsetzung auch noch einmal die Tiere zu Wort kommen.

AT → S. 294
Texte überarbeiten

4 Tauscht eure Fabelfortsetzungen zur Korrektur mit eurem Sitznachbarn aus. Besprecht eure Anmerkungen und nehmt entsprechende Verbesserungen vor.

→ S. 26
Vorlesezeichen

5 Tragt eure Fabelfortsetzungen abschließend in der Klasse vor.
- Begründet, welche euch am besten gefällt.
- Berücksichtigt dabei auch, ob der Lehrsatz gut zur Fabel passt.

2.2. Produktive Methoden anwenden, um sich Inhalte zu erschließen
3.2. Produktive Schreibformen nutzen, um den Ausgangstext zu erfassen und die Kreativität weiterzuentwickeln

Fabeln

Eine eigene Fabel schreiben

W **1** Schreibe eine eigene Fabel. Wähle dazu im Folgenden zwischen a) oder b) aus.
a) Entscheide dich für eins der folgenden Tierpaare.
*fleißige Biene – fauler Bär,
mächtiger Adler – schwache Maus,
dummes Schaf – listiger Fuchs,
stolzer Pfau – bescheidener Spatz,
langsame Schnecke – flinke Ameise*

b) Wähle aus den folgenden Sprichwörtern eins aus, mit dem deine Fabel enden soll.
Finde außerdem ein gegensätzliches Tierpaar für deine Fabel.
*Wer nicht kommt zur rechten Zeit, der muss seh'n, was übrig bleibt.
Beiß nicht die Hand, die dich füttert.
Wer einmal lügt, dem glaubt man nicht, und wenn er auch die Wahrheit spricht.
Übermut tut selten gut.*

2 Mach dir nun Notizen zu
- der Situation, in der die beiden Tiere aufeinandertreffen,
  z. B. *Ein fauler Bär trifft im Wald auf ein fleißiges Bienenvolk …*
- dem Konflikt oder dem Wettstreit und wer daraus
  als Gewinner oder Verlierer hervorgeht;
- der Überschrift deiner Fabel.

3 Formuliere deine Notizen zu einer Fabel aus.
- Schreibe alles außer den wörtlichen Reden im Präteritum.
- Beachte beim Schreiben die Checkliste unten.

4 Überarbeitet eure Texte in einer Schreibkonferenz.
Schreibt eure Fabeln anschließend noch einmal sauber auf.

AT → S. 295
Schreibkonferenz

EINE FABEL SCHREIBEN ✓ CHECKLISTE
Ich habe …
- ✓ … in der Überschrift die zwei Tiere genannt.
- ✓ … die Tiere wie Menschen handeln lassen.
- ✓ … darauf geachtet, dass die Tiere gegensätzliche menschliche Charaktereigenschaften verkörpern.
- ✓ … die Tiere abwechselnd miteinander in wörtlicher Rede sprechen lassen.
- ✓ … eine Auseinandersetzung oder einen Wettstreit dargestellt, aus dem ein Gewinner und ein Verlierer hervorgehen.
- ✓ … meine Fabel mit einem passenden Lehrsatz enden lassen.

3.2. Eigene erzählende Texte planen, gliedern und schreiben
3.3. Eigene und fremde Texte überarbeiten

Fabeln

Fabeln sammeln und präsentieren

1 Sammelt eure geschriebenen Fabeln in einem Fabelbuch.
- Einigt euch im Vorfeld auf eine einheitliche Gestaltung. Hierfür bietet es sich an, dass jeder seinen Fabeltext am Computer schreibt. Verwendet dabei alle die gleiche Schriftart und -größe (z. B. Times New Roman 12 pt).
- Verziert euer Blatt, indem ihr entweder am Computer passende Cliparts und Bilder einfügt oder selbst passende Bilder und Verzierungen dazu zeichnet.
- Sammelt schließlich eure Texte ein und heftet sie in einer Mappe, eurem „Fabelbuch", ab.

✳ 2 Stelle deine selbst geschriebene Fabel von Seite 41 für euer Fabelbuch als Comic in sechs Bildern dar.

AT → S. 303
Rollenspiel

W 3 Wähle im Folgenden zwischen a) oder b) aus.

a) Finde gemeinsam mit einem Partner eine Fabel und bereitet sie für ein Rollenspiel vor.
Schlüpft dazu in die Rolle der Tiere und stellt ihre Wesensart und Verhaltensweisen dar.
Lasst euch abschließend eine Rückmeldung geben.

b) Bereite deine Fabel für ein Schattenspiel vor. Hierfür benötigst du:
- eine Lichtquelle (z. B. Overheadprojektor oder Taschenlampe),
- Tierfiguren (selbst gebastelt aus Tonpapier und Holzspießen),
- eventuell Kulissen (aus Tonpapier).

💡 Für die Tierfiguren benötigst du die Umrisszeichnungen deiner Tiere. Du findest solche im Internet. Pause die Tiere, die in deiner Fabel vorkommen, mit Transparentpapier ab, übertrage die Konturen auf ein Tonpapier und schneide die Figuren aus oder drucke die Figuren auf Papier aus und schneide diese zu.
Befestige auf der Rückseite der Figuren mit einem Klebeband einen Holzspieß, sodass du die Figuren einfacher halten und bewegen kannst.

💡 Schneide je nach Bedarf noch Kulissen aus dem Tonpapier aus, z. B. Bäume, falls sich die Fabeltiere in einem Wald begegnen, und befestige ebenfalls einen Holzspieß daran.

💡 Wenn du einen Overheadprojektor verwendest, kannst du auch noch einen Rahmen aus Papier ausschneiden, den du auf den Projektor legst. Bei eingeschaltetem Licht werden die Schatten der Figuren an die Wand gestrahlt.

AT → S. 302
Rückmeldung

Nun könnt ihr euch gegenseitig eure Fabeln präsentieren.
Lasst euch abschließend eine Rückmeldung geben.

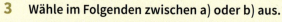

1.4. Die Rolle von literarischen Figuren im Spiel übernehmen – Rückmeldung geben
2.2. Literarischer Texte in unterschiedliche künstlerische Formen umsetzen

Fabeln

Überprüfe dein Wissen und Können

1 Nur zwei der folgenden Aussagen über Fabeln sind richtig. Notiere sie.
  a) Fabeln sind lustige Geschichten für Leser, die Tiere gerne mögen und sich für sie interessieren.
  b) Fabeln sind kurze Texte, in denen Tiere als handelnde Personen auftreten. Fabeltiere sprechen und verhalten sich wie Menschen.
  c) Fabeln wollen den Leser belehren und ihn auf schlechtes menschliches Verhalten aufmerksam machen.
  d) Fabeln sind erfundene Geschichten, die nichts mit den Menschen zu tun haben.

2 Nur einer der folgenden Satzanfänge passt zu einer Fabel. Welcher? Begründe deine Entscheidung.
  a) Es war einmal vor langer Zeit ein Fuchs. Der hatte beim Fressen aus Versehen einen Knochen verschluckt.
  b) Der Fuchs hatte beim Fressen einen Knochen verschluckt. Nun hatte er ihn im Hals stecken.
  c) An einem wunderschönen Sommernachmittag hatte ein Fuchs beim hastigen Fressen einen spitzen Knochen verschluckt.

3 Folgende Fabelbausteine sind durcheinander geraten.
Notiere die Buchstaben der vier Abschnitte in der richtigen Reihenfolge.
Schreibe dann die gekürzte Fabel auf und beschrifte die Bausteine mit der richtigen Bezeichnung am Rand.
  a) Das Schaf entgegnete ihm: „Wenn ich dir einen Schluck Wasser reiche, werde ich deine Nahrung sein, weil du mich dann auffrisst."
  b) Der Wolf war von Hunden gebissen worden, lag krank am Boden und konnte sich selbst keine Nahrung mehr beschaffen. Da sah er ein Schaf.
  c) Der Wolf und das Schaf
  d) Er bat es, ihm einen Schluck Wasser aus dem Fluss zu bringen.

4 Wähle die Lehre aus, die am ehesten zu der Fabel aus Aufgabe 3 passt.
  a) Undank ist der Welten Lohn.
  b) Wer andern eine Grube gräbt, fällt selbst hinein.
  c) Traue niemals Schmeicheleien.
  d) Wer zuletzt lacht, lacht am besten.
  e) Erst denken, dann handeln.
  f) Hochmut kommt vor dem Fall.

5 Beschreibe kurz eine Situation, in welcher der Inhalt der Fabel aus Aufgabe 3 zwei <u>Menschen</u> widerfährt.

2.2. Charakteristische Merkmale epischer Kleinformen kennen und unterscheiden – Handlungen in Texten mit eigenen Erfahrungen verknüpfen 3.2. Eigene erzählende Texte schreiben

NEUES ENTDECKEN – EINSICHTEN GEWINNEN

Märchen

1 Schaut euch die Bilder zu verschiedenen Märchenszenen an.
- Tauscht euch darüber aus, zu welchen Märchen sie gehören und worum es in diesen Märchen geht.
- Sprecht auch darüber, welche Märchen ihr außerdem kennt.

AT → S. 301
Ideensammlung

2 Sammelt euer gemeinsames Wissen über Märchen in einer Ideensammlung.

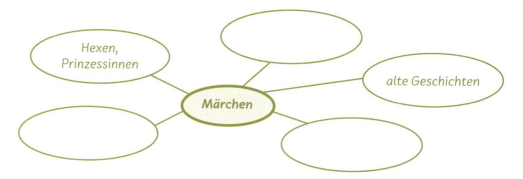

In diesem Kapitel lernst du (,) …
- etwas über die Geschichte von Märchen.
- über das Verhalten von Märchenfiguren nachzudenken und es zu beschreiben.
- die verschiedenen Merkmale von Märchen kennen und zu erkennen.
- Märchen mithilfe von Bildern zu vervollständigen und zu Ende zu schreiben.
- ein Märchen selbst zu schreiben.
- ein Märchen in Szene zu setzen.

Ein Märchen lesen und verstehen

Märchen erzählt man sich überall auf der Welt: bei den Indianern, den Türken, den Inuit, den Chinesen ... Sie wurden ursprünglich nicht aufgeschrieben, sondern mündlich weitergegeben, schließlich konnten früher viele Menschen weder lesen noch schreiben. Die Erzählungen waren nicht nur für Kinder bestimmt, sondern erfreuten auch Erwachsene. Da Märchen von Mund zu Mund weitergegeben wurden, veränderten sich die Geschichten im Laufe der Zeit. Erst ab dem 19. Jahrhundert wurden Märchen aufgeschrieben. Besonders bekannt sind die Märchen von Wilhelm und Jacob Grimm und von dem Dänen Hans Christian Andersen.

Jacob Grimm   *Wilhelm Grimm*   *Hans Chr. Andersen*

„Frau Holle" ist eines der bekanntesten Märchen aus der Sammlung der Brüder Grimm. Es ist in über 900 Abwandlungen weltweit verbreitet. Einige von euch kennen es bestimmt.

1 Lasst euch das Märchen vorlesen oder hört euch die Audiodatei an.
   a) Notiert euch, während ihr zuhört, stichpunktartig, wer die Hauptpersonen sind und was passiert.
   b) Besprecht eure Notizen anschließend in der Klasse.

)) **Portal**
WES-122961-015

Frau Holle

Brüder Grimm

Eine Witwe hatte zwei Töchter, davon war die eine schön und fleißig, die andere hässlich und faul. Sie hatte aber die hässliche und faule, weil sie ihre rechte Tochter war, viel lieber, und die andere musste alle Arbeit tun und das Aschenputtel im Hause sein. Das arme Mädchen musste sich täglich auf die große Straße bei einem Brun-
5 nen setzen und musste so viel spinnen, dass ihm das Blut aus den Fingern sprang. Nun trug es sich zu, dass die Spule einmal ganz blutig war, da bückte es sich damit in den Brunnen und wollte sie abwaschen; sie sprang ihm aber aus der Hand und fiel hinab. Es weinte, lief zur Stiefmutter und erzählte ihr das Unglück. Sie schalt es aber so heftig und war so unbarmherzig, dass sie sprach: „Hast du die Spule hinun-
10 terfallen lassen, so hol sie auch wieder herauf." Da ging das Mädchen zu dem Brun-

Lesen – Umgang mit Texten und Medien

nen zurück und wusste nicht, was es anfangen sollte; und in seiner Herzensangst sprang es in den Brunnen hinein, um die Spule zu holen. Es verlor die Besinnung, und als es erwachte und wieder zu sich selber kam, war es auf einer schönen Wiese, wo die Sonne schien und vieltausend Blumen standen. Auf dieser Wiese ging es fort
15 und kam zu einem Backofen, der war voller Brot; das Brot aber rief: „Ach, zieh mich raus, zieh mich raus, sonst verbrenn ich: Ich bin schon längst ausgebacken." Da trat es herzu und holte mit dem Brotschieber alles nacheinander heraus. Dann ging es weiter und kam zu einem Baum, der hing voll Äpfel und rief ihm zu: „Ach, schüttel mich, schüttel mich, wir Äpfel sind alle miteinander reif." Da schüttelte es den
20 Baum, dass die Äpfel fielen, als regneten sie, und schüttelte, bis keiner mehr oben war; und als es alle in einen Haufen zusammengelegt hatte, ging es wieder weiter. Endlich kam es zu einem kleinen Haus, daraus guckte eine alte Frau; weil sie aber so große Zähne hatte, ward ihm angst, und es wollte fortlaufen. Die alte Frau aber rief ihm nach: „Was fürchtest du dich, liebes Kind? Bleib bei mir, wenn du alle Arbeit
25 im Hause ordentlich tun willst, so soll dir's gut gehn. Du musst nur achtgeben, dass du mein Bett gut machst und es fleißig aufschüttelst, dass die Federn fliegen, dann schneit es in der Welt; ich bin die Frau Holle." Weil die Alte ihm so gut zusprach, so fasste sich das Mädchen ein Herz, willigte ein und begab sich in ihren Dienst. Es besorgte auch alles nach ihrer Zufriedenheit und schüttelte ihr das Bett immer ge-
30 waltig, auf dass die Federn wie Schneeflocken umherflogen; dafür hatte es auch ein gutes Leben bei ihr, kein böses Wort und alle Tage Gesottenes und Gebratenes. Nun war es eine Zeit lang bei der Frau Holle, da ward es traurig und wusste anfangs selbst nicht, was ihm fehlte. Endlich merkte es, dass es Heimweh war, denn obwohl es ihm hier gleich vieltausendmal besser ging als zu Haus, so hatte es doch ein Verlangen
35 dahin. Endlich sagte es zu ihr: „Ich habe den Jammer nach Haus gekriegt, und wenn es mir auch noch so gut hier unten geht, so kann ich doch nicht länger bleiben, ich muss wieder hinauf zu den Meinigen." Die Frau Holle sagte: „Es gefällt mir, dass du wieder nach Hause verlangst, und weil du mir so treu gedient hast, so will ich dich selbst wieder hinaufbringen." Sie nahm es darauf bei der Hand und führte es vor
40 ein großes Tor. Das Tor ward aufgetan, und wie das Mädchen gerade darunterstand, fiel ein gewaltiger Goldregen, und alles Gold blieb an ihm hängen, sodass es über und über davon bedeckt war. „Das sollst du haben, weil du so fleißig gewesen bist", sprach die Frau Holle und gab ihm auch die Spule wieder, die ihm in den Brunnen gefallen war. Darauf ward das Tor verschlossen, und das Mädchen befand sich oben
45 auf der Welt, nicht weit von seiner Mutter Haus; und als es in den Hof kam, saß der Hahn auf dem Brunnen und rief:

„Kikeriki, unsere goldene Jungfrau ist wieder hie."

Da ging es hinein zu seiner Mutter, und weil es so mit Gold bedeckt ankam, ward es von ihr und der Schwester gut aufgenommen.
50 Das Mädchen erzählte alles, was ihm begegnet war, und als die Mutter hörte, wie es zu dem großen Reichtum gekommen war, wollte sie der andern, hässlichen und faulen Tochter gerne dasselbe Glück verschaffen. Sie musste sich an den Brunnen setzen und spinnen; und damit ihre Spule blutig ward, stach sie sich in die Finger und stieß sich die Hand in die Dornhecke. Dann warf sie die Spule in den Brun-

1.1. Hörversionen von Märchen Informationen entnehmen und Ergebnisse notieren   2.2. Eigenheiten literarischer Figuren beschreiben – Handlungen mit eigenen Erfahrungen verknüpfen – fremde Sichtweisen vergegenwärtige

nen und sprang selber hinein.
Sie kam, wie die andere, auf die schöne Wiese und ging auf demselben Pfade weiter. Als sie zu dem Backofen gelangte, schrie das Brot wieder: „Ach, zieh mich raus, zieh mich raus, sonst verbrenn ich, ich bin schon längst ausgebacken." Die Faule aber antwortete: „Da hätt ich Lust, mich schmutzig zu machen", und ging fort. Bald kam sie zu dem Apfelbaum, der rief: „Ach, schüttel mich, schüttel mich, wir Äpfel sind alle miteinander reif." Sie antwortete aber: „Du kommst mir recht, es könnt' mir einer auf den Kopf fallen", und ging damit weiter. Als sie vor der Frau Holle Haus kam, fürchtete sie sich nicht, weil sie von ihren großen Zähnen schon gehört hatte, und verdingte sich gleich zu ihr. Am ersten Tag tat sie sich Gewalt an, war fleißig und folgte der Frau Holle, wenn sie ihr etwas sagte, denn sie dachte an das viele Gold, das sie ihr schenken würde; am zweiten Tag aber fing sie schon an zu faulenzen, am dritten noch mehr, da wollte sie morgens gar nicht aufstehen. Sie machte auch der Frau Holle das Bett nicht, wie sich's gebührte, und schüttelte es nicht, dass die Federn aufflogen. Das ward die Frau Holle bald müde und sagte ihr den Dienst auf. Die Faule war darüber wohl zufrieden und meinte, nun würde der Goldregen kommen; die Frau Holle führte sie auch zu dem Tor, als sie aber darunterstand, ward statt des Goldes ein großer Kessel voll Pech ausgeschüttet. „Das ist zur Belohnung deiner Dienste", sagte die Frau Holle und schloss das Tor zu. Da kam die Faule heim, aber sie war ganz mit Pech bedeckt, und der Hahn auf dem Brunnen, als er sie sah, rief: „Kikeriki, unsere schmutzige Jungfrau ist wieder hie."

Das Pech aber blieb fest an ihr hängen und wollte, solange sie lebte, nicht abgehen.

2 In dem Märchen geht es um zwei Mädchen: Goldmarie und Pechmarie.
Beschreibe die beiden Mädchen mit passenden Adjektiven. Gehe dabei auch auf ihr Verhalten ein.

Goldmarie	Pechmarie
…	…

→ S. 203ff.
Adjektive

3 In die folgenden Aussagen haben sich drei Fehler eingeschlichen.
Stell diese Fehler richtig und gib die entsprechenden Textstellen als Beleg an.
- In der Welt jenseits des Brunnens müssen die Mädchen Brot aus dem Backofen ziehen, Birnen pflücken und die Wohnstube von Frau Holle putzen.
- Die Mädchen werden bei ihrer Rückkehr von einem Hahn begrüßt.
- Ein Mädchen hat keine Lust, sich am Brot die Finger zu verbrennen.
- Die beiden Mädchen sind Stiefschwestern.

w 4 Wähle im Folgenden zwischen Aufgabe a) oder b) aus.
a) Die Stiefmutter von Goldmarie scheint keine nette Frau zu sein.
Schreibe ihr in einem Brief deine Meinung.
b) Wie könnte es nach der Rückkehr der beiden Mädchen bei ihnen zuhause zugehen? Wie wird die Mutter sich verhalten?
Schreibe eine kleine Erzählung darüber.

Märchen

Merkmale von Märchen kennenlernen und identifizieren

Portal
WES-122961-016

1 Lest euch das folgende Märchen in Ruhe durch oder hört euch die Audiodatei an.

Der Schmied Butec

Slowakisches Volksmärchen, nacherzählt von Wolfgang Menzel

Anfangsformel

Es war einmal ein armer, kleiner Mann und seine Frau, die hatten einen merkwürdigen Sohn. Der war nämlich bärenstark, und die beiden wussten nicht, wie es dazu gekommen war. Sie nannten ihn Butec, und als er erwachsen war, ging er in die Welt hinaus,
5 um sein Brot zu verdienen.

Wegen seiner großen Kraft wollte Butec Schmied werden. Doch in der Schmiede schlug er so mächtig auf den Amboss ein, dass der im Boden versank. Das machte seinem Meister Angst, und er wollte Butec nicht behalten. Butec nahm eine lange, schwere Ei-
10 senstange und zog weiter.

Als er durch einen Wald ging, bemerkte er einen Waldarbeiter, der die Fichten mitsamt den Wurzeln aus dem Boden drehte. Butec und der Fichtendreher wurden sogleich Freunde und gingen miteinander weiter. Im nächsten Land trafen sie einen Müller, der
15 riesige Mühlsteine in die Luft warf und sie wieder auffing. Auch der wurde ihr Freund. So zogen die drei starken Männer in die Welt hinaus.

Weiter Weg

Eines Tages führte sie der Weg zu einem alten, grauen Schloss, in dem sie Unterkunft fanden. Weil es dort Gespenster geben soll-
20 te, wollte niemand sonst darin wohnen. Butec und seine starken Freunde aber blieben dort. Sie einigten sich, dass jeden Tag ein anderer von ihnen Essen kochen sollte, während die anderen beiden hinausgingen, um für Nahrung zu sorgen.

Am ersten Tag kochte der Müller. Da kam auf einmal ein Wald-
25 geist vorbei, der sich als Bettler verkleidet hatte, und bat um ein Stück Fleisch. Der Müller gab ihm auch gleich ein Stück, aber der Bettler ließ es auf den Boden fallen und jammerte: „Mein Rücken, mein Rücken! Ich kann mich nicht bücken!" Da bückte sich der Müller, um das Fleisch aufzuheben. Der Bettler aber ergriff die
30 schwere Eisenstange von Butec, schlug damit den Müller halb tot – und verschwand. Als die anderen beiden ins Schloss zurückkamen, sahen sie ihren Freund auf dem Boden liegen und verbanden ihm die Wunden. Der erzählte ihnen, was geschehen war. Doch die beiden hielten ihn für einen Schwächling.

Zauberwesen

Spruch

Gut und Böse

1.1. Hörversionen von Märchen Informationen entnehmen 2.2. Merkmale von Märchen kennen und beschreiben – Eigenheiten literarischer Figuren beschreiben – Handlungsverlauf erschließen

³⁵ Am nächsten Tag ging Butec allein auf die Jagd, und der Fichtendreher kochte das Essen. Wieder kam der Bettler, bat um Fleisch, ließ es fallen und jammerte: „Mein Rücken, mein Rücken! Ich kann mich nicht bücken!" Der Fichtendreher wollte gerade das Fleisch aufheben, als auch er dabei halb totgeschlagen wurde. Als
⁴⁰ Butec aus dem Wald zurückkam, sah er den Fichtendreher am Boden liegen.

Er verband ihm die Wunden. Er sagte aber zu ihm: „Ihr beide taugt nichts, ihr seid zu schwach! Morgen bleibe ich zu Hause, da werdet ihr sehen, wie ich mit dem Alten fertig werde."

⁴⁵ Als Butec am dritten Tag gerade das Fleisch gekocht hatte, kam wieder der Bettler. Er bat um ein Stück Fleisch, ließ es fallen und jammerte: „Mein Rücken, mein Rücken! Ich kann mich nicht bücken!" Butec nahm seine lange, schwere Eisenstange und rief: „Mach, dass du fortkommst!" – und trieb den Waldgeist in
⁵⁰ die Flucht. Der lief entsetzt hinaus und verschwand hinter dem Schloss in einem Loch, als hätte ihn die Erde verschluckt.

Als die anderen beiden wieder auf den Beinen waren, sahen sich die drei Männer das Loch an, in dem der Alte verschwunden war, und sie blickten in einen schaurigen, schwarzen Abgrund. Da
⁵⁵ sie aber wissen wollten, was es mit dem riesigen Loch auf sich hatte, sagte Butec: „Einer von uns sollte an einem Seil hinunterklettern." Und sie knüpften das Seil an einem Felsen fest und banden eine Glocke daran. Bei Gefahr sollte die Glocke läuten, wenn der, der hinabgestiegen war, in Gefahr geriet und am Seil zog.

⁶⁰ Der Müller stieg als Erster hinunter, kam aber zitternd vor Angst bald wieder herauf. Der Fichtendreher ließ sich als Zweiter hinab, aber auch er kam bleich vor Angst wieder herauf. Da kletterte Butec hinunter. Seine lange, schwere Eisenstange nahm er mit.

⁶⁵ Als er unten angekommen war, gelangte er an eine Tür mit einem schweren Riegel. Mit seiner Eisenstange zertrümmerte er sie – und was sah er? Hinter der Tür öffnete sich ein weites, helles Land. Drei Schlösser sah Butec, das eine aus Silber, das andere aus Gold, und das dritte war aus Diamanten und so glänzend, dass der
⁷⁰ Glanz seine Augen blendete.

Butec wollte das erste Schloss betreten, aber eine riesige Schlange bewachte das Tor. Doch Butec versetzte ihr einen Schlag mit seiner Eisenstange, dass sie tot liegen blieb. Dann ging er hinein. Ein wunderschönes Mädchen kam ihm entgegen und begrüß-
⁷⁵ te ihn mit den Worten: „Ich bin verwunschen, und du bist mein Retter!" Und sie erzählte ihm, dass in den anderen beiden Schlössern noch zwei verwunschene Mädchen lebten. Butec führte das Mädchen zurück zu dem Loch, durch das er gekommen war, band

???

Zahl

???

???

Aufgabe

???

1.1. Hörversionen von Märchen Informationen entnehmen   2.2. Merkmale von Märchen kennen und beschreiben – Eigenheiten literarischer Figuren beschreiben – Handlungsverlauf erschließen

sie an das Seil, läutete die Glocke, und sie wurde hinaufgezogen. Dem Müller und dem Fichtendreher oben aber gefiel sie so gut, dass jeder sie gerne zur Frau gehabt hätte.

Unten machte sich Butec auf den Weg in das goldene Schloss. Ein gewaltiges Ungeheuer, das ihn verschlingen wollte, bewachte das Tor. Doch Butec versetzte ihm einen Schlag mit seiner Eisenstange, sodass es tot liegen blieb. Da kam ihm ein noch schöneres Mädchen entgegen und begrüßte ihn mit den Worten: „Ich bin verwunschen, und du bist mein Retter!" Butec führte auch dieses Mädchen zurück zu dem Loch und läutete die Glocke. Das Mädchen gab ihm ein goldenes Schwert, das es bei sich hatte, dann wurde es nach oben hinaufgezogen. Dem Müller und dem Fichtendreher oben gefiel dieses Mädchen noch besser, und sie fingen an, sich zu streiten, wer es bekommen sollte.

Unten steckte Butec das goldene Schwert in seinen Gürtel und machte sich auf den Weg zu dem dritten Schloss. Vor dem Tor lag ein riesiger Lindwurm mit drei Köpfen und versperrte ihm den Weg. Butec versetzte ihm einen mächtigen Schlag mit seiner eisernen Stange, doch diesmal richtete er damit nichts aus. Der Lindwurm stürzte sich auf ihn und wollte ihn verschlingen. Lange kämpften sie erbittert miteinander. In größter Not erinnerte sich Butec an das Schwert, das ihm das Mädchen gegeben hatte. Er zog es aus dem Gürtel und schlug dem Untier damit alle drei Köpfe auf einmal ab. Die Erde erzitterte wie bei einem gewaltigen Erdbeben, als der Lindwurm tot zu Boden sank.

Da erblickte Butec ein Mädchen, das noch viel schöner war als die ersten beiden. Ihre Schönheit war wie der Morgenstern zwischen den anderen Sternen. Sie sahen einander an, und das Mädchen sagte: „Ich bin verwunschen, und du bist mein Retter!" Da führte Butec sie zurück zu dem Loch, band sie am Seil fest, läutete die Glocke, und sie wurde hinaufgezogen. Dem Müller und dem Fichtendreher gefiel dieses dritte Mädchen noch besser als die beiden anderen, und sie begannen sich zu prügeln, denn jeder wollte es zu seiner Frau haben. Als aber Butec nun selbst in die Höhe gezogen werden wollte, ließen die beiden das Seil nicht mehr hinunter, und Butec blieb unten in dem finsteren Loch.

Er wusste erst nicht, was er tun sollte. Dann aber ging er noch einmal der Reihe nach in die drei Schlösser. Aus dem ersten Schloss nahm er alles Silber mit, aus dem zweiten alles Gold. Als er aber in das dritte Schloss mit den strahlenden Diamanten kam, erblickte er in einem Winkel den alten Waldgeist. Der zitterte vor Angst, als er den starken Butec sah. „Sag mir", befahl Butec dem zitternden Waldgeist, „wie ich wieder hinaufkomme in die Welt!" Da zog der Alte einen Schlüssel hervor, übergab ihn Butec und be-

schrieb ihm den Weg. So schnell ihn seine Beine trugen, lief Butec zu einer geheimen Tür, schloss sie mit dem Schlüssel des Waldgeistes auf und gelangte zurück auf die Erde.

Was aber sah er dort oben? Die drei unterirdischen Schlösser standen auf einmal eines neben dem anderen, genau dort, wo das alte, graue Schloss gestanden hatte, in dem die drei starken Männer gelebt hatten. Als er zu den Schlössern kam, liefen ihm die drei Mädchen entgegen, die er gerettet hatte, und auch der Müller und der Fichtendreher kamen ihm voller Reue entgegen.

???

Das erste Mädchen sagte zu Butec: „Verzeih dem Müller, dass er dich nicht hinaufzog. Ich möchte, dass er mein Mann wird." Und Butec konnte nicht anders, als ihm zu verzeihen. Das zweite Mädchen sagte zu Butec: „Verzeih dem Fichtendreher, dass er dich nicht hinaufzog. Ich möchte, dass er mein Mann wird." Und da verzieh Butec auch ihm. Das dritte und schönste Mädchen aber kam ihm entgegen und sagte: „Willst du mein Mann werden?" Da nahm Butec sie in seine Arme und sagte: „Ja!" In diesem Augenblick aber fiel die gewaltige Kraft, die er als Schmied gehabt hatte, von ihm ab, und seine plumpe Gestalt verwandelte sich in einen schönen, schlanken Prinzen.

Drei Tage darauf feierten alle eine große Hochzeit, der Schmied, der nun ein Prinz war, der Müller und der Fichtendreher. Der Müller zog mit seiner Frau in das silberne Schloss, der Fichtendreher mit seiner in das goldene – und Butec, der Prinz, mit dem schönsten der Mädchen in das diamantene Schloss. Dort lebten sie ein Leben lang in Frohsinn und Frieden.

Schlussformel

2 Sprecht darüber, was euch besonders gut oder auch gar nicht an diesem Märchen gefallen hat.
Begründet eure Meinung, indem ihr entsprechende Textstellen einbezieht.

1.1. Hörversionen von Märchen Informationen entnehmen   2.2. Merkmale von Märchen kennen und beschreiben –
Eigenheiten literarischer Figuren beschreiben – Handlungsverlauf erschließen

Lesen – Umgang mit Texten und Medien

W 3 Wähle im Folgenden zwischen Aufgabe a) oder b) aus.

a) Die Figuren dieses Märchens haben sehr unterschiedliche Charaktereigenschaften. Übernimm die folgende Übersicht zu den Figuren in dein Heft und ordne ihnen die passenden Eigenschaften aus dem *Wortspeicher* zu.

Tipp
Stellt euch eure Lösungen von Aufgabe 3 später gegenseitig zum Kopieren zur Verfügung. So hat jeder nachher die Lösung für beide Aufgaben.

Figur	Eigenschaften
Butec, der Schmied	…
Fichtendreher	…
Müller	…
Waldgeist, als Müller verkleidet	…
Die Mädchen	…
Prinz	…

ängstlich – auf seinen Vorteil bedacht – hat Vorurteile Schwachen gegenüber – außerordentlich schön – bärenstark – kämpft mutig mit Ungeheuern – bittet für andere um Verzeihung – brutal – egoistisch – freundlich – gewalttätig – großmütig – hinterhältig – höflich – kann erbittert kämpfen – kann verzeihen – kennt keine Angst – lässt andere im Stich – mitleidsvoll – mutig – reuevoll – schön – schlank – setzt sich für andere ein – sieht Fehler ein – stark – unzuverlässig – verständnisvoll – wunderschön – zittert vor Angst, obwohl er selbst sehr brutal ist – setzen sich für ihre Männer ein

b) Beschreibe die Aufgaben, die Butec auf seinem abenteuerlichen Weg von einem plumpen Jungen zu einem strahlenden Prinzen bewältigen muss. Notiere auch die Zauberdinge, die ihm in großer Not aus der Patsche helfen.

4 Märchen zeichnen sich durch bestimmte Merkmale aus.
Am Rand des Märchens „Der Schmied Butec" sind einige Märchenmerkmale bereits aufgeführt.
Übernimm die Tabelle und notiere mithilfe der Übersicht auf Seite 53:
- das jeweilige Merkmal,
- die dazugehörige Zeilenangabe und
- ein entsprechendes Textbeispiel aus dem Märchen.

Merkmal	Zeile	Textbeispiel
Anfangsformel	Zeile 1	„Es war einmal …"
…	…	…

1.1. Hörversionen von Märchen Informationen entnehmen   2.2. Merkmale von Märchen kennen und beschreiben – Eigenheiten literarischer Figuren beschreiben – Handlungsverlauf erschließen

KOMPETENZEN AUFBAUEN, ÜBEN UND ANWENDEN

Anfangsformel: In vielen Märchen gibt es gleichlautende oder ähnliche Anfänge, wie z. B.:
Es war einmal … Ein Vater hatte zwei Söhne … In alten Zeiten, als das Wünschen noch half …

Sprüche / Zauberformeln: Oft gibt es in Märchen wiederkehrende Sprüche / Zauberformeln:
„Ach, wie gut, dass niemand weiß, dass ich Rumpelstilzchen heiß!"

Aufgaben / Rätsel: Oft muss die Heldenfigur im Märchen drei schwierige Aufgaben oder Rätsel lösen, die besonderen Mut, große Tapferkeit und Klugheit erfordern:
in drei Tagen einen ungewöhnlichen Namen herausfinden; eine tot geglaubte Prinzessin wach küssen; drei goldene Haare vom Haupt des Teufels holen …

Dinge, Tiere und Wesen mit übernatürlichen Kräften: Wundersame Dinge, Tiere und Wesen mit übernatürlichen Kräften sind für viele Heldenfiguren oft die Rettung aus größter Not – oder aber die größte Gefahr:
- *goldener Schlüssel, Spindel, fliegender Teppich, Tarnkappe, Siebenmeilenstiefel …*
- *Goldesel, Fische, Schwäne, Einhörner, Pferde …*
- *Zauberer, Feen, Drachen, Hexen, Elfen, Riesen, Zwerge …*

Wiederkehrende Zahlen:
Drei Söhne, drei Wünsche, drei Schwestern … Sieben Raben, sieben Jahre, sieben Zwerge …

Gegensätze: Die Eigenschaften der Märchenfiguren sind oft sehr gegensätzlich:
gut – böse, klug – dumm, schön – hässlich, feige – tapfer, fleißig – faul, arm – reich …

Verwandlung: In vielen Märchen müssen Figuren aus ihrer Verwandlung befreit werden:
Frosch → Prinz;   Bär → Königssohn;   Taube → Prinzessin

Weiter Weg: Die Heldenfigur muss sich oft auf einen weiten Weg begeben, auf dem sie schwierige Aufgaben lösen und gefährliche Abenteuer bestehen muss.
- *tief hinein in einen dunklen Zauberwald*
- *bis ans Ende der Welt über Sonne, Mond und Sterne*

Schlussformel: In vielen Märchen gibt es gleichlautende oder ähnliche Schlusssätze:
… Und da wurde Hochzeit in aller Pracht gefeiert und sie lebten vergnügt bis an ihr Ende.
… Und wenn sie nicht gestorben sind, so leben sie noch heute.

w **5** Wähle im Folgenden zwischen a) oder b) aus.
  a) Hinter den Fragezeichen **???** neben dem Märchen „Der Schmied Butec"
     verstecken sich ebenfalls Märchenmerkmale.
     Finde sie mithilfe der Übersicht heraus und ergänze sie mit Zeilenangabe und
     Textstelle in deiner Tabelle aus Aufgabe 4.
  b) Geh noch einmal zurück auf die Seiten 45 – 47.
     Auch im Märchen „Frau Holle" lassen sich einige Märchenmerkmale finden.
     Schreibe sie mit einem Textbeispiel auf.

1.1. Hörversionen von Märchen Informationen entnehmen   2.2. Merkmale von Märchen kennen und beschreiben – Eigenheiten literarischer Figuren beschreiben – Handlungsverlauf erschließen

Märchen

Ein Märchen mithilfe von Bildern vervollständigen

1 Das folgende Märchen stammt aus Oberfranken. Lies es dir durch.
Schreibe dabei Wörter heraus, die du nicht kennst oder nicht verstehst.
<u>Achtung</u>: Ab und zu fehlen kleine Teile des Märchens (…),
dafür findest du dort Bilder, die dir zeigen, was passiert.

Das Schloss im Wald

(Aufgeschrieben und mitgeteilt durch Herrn Dr. Heerwagen, Bibliothekar am Germanischen Museum in Nürnberg – leicht verändert)

Es war einmal ein Müller, der hatte drei Töchter, die mussten ihm der Reihe nach die Kühe auf der Weide hüten: am ersten Tag die älteste, dann die zweite, am dritten die jüngste. Es war aber gerade um die Zeit ein dürrer Sommer und die Tiere fanden kein Gras. Da trug es sich zu, dass plötzlich eine schwarze Kuh
5 aus der Herde entwich. Die älteste Tochter aber merkte es und ging ihr nach, tief, tief in den Wald hinein. (…)

Das Mädchen trat voller Neugierde ein und eilte die Stufen zum Eingang des Schlösschens hinauf. Hinter jeder Tür fand sie lauter feine Stuben. In einer von ihnen war ein Tisch gut gedeckt mit den allerfeinsten Speisen und Weinen. Das
10 ließ sie aber alles stehen und sah sich noch weiter um. Schließlich fiel ihr in einem anderen Zimmer auf, dass darin drei feine Betten standen. Da musste sie an ihr schlechtes eigenes Bett zuhause denken. Kurz entschlossen nahm sie das fremde Bett auf ihre Schultern. Als sie zum Fenster hinaussah, merkte sie, dass es höchste Zeit war, aus dem wunderbaren Hause zu gehen, denn eben

1.2. Angeregt durch Bilder anschaulich und spannend erzählen
2.2. Handlungsverlauf erschließen – fremde Sichtweisen vergegenwärtigen

15 marschierte die Kuh satt gefressen zum Tore hinaus. Das Mädchen lief ihr geschwind nach und gelangte, ihr immer folgend, wieder glücklich heim.

Das schöne Bett erregte den stillen Neid der anderen Schwestern, die des gleichen Glücks teilhaftig werden wollten. Als nun die zweite Tochter an die Reihe kam und die Kuh abermals entlief, ging auch diese dem Tiere nach und
20 fand das gleiche vor. Dort, wo das alte Bett gewesen war, stand ein neues. Auch sie eilte glücklich über ihr neues Bett mit der Kuh nach Hause.

Nun ließ sich das jüngste Mädchen auch nicht mehr halten. Es war erst sechzehn Jahre alt, der Vater hatte es besonders lieb und wollte es nicht fortlassen. Er fürchtete um seine Jüngste. Er versprach, ein gleich schönes Bett zu kaufen
25 und ihr zu schenken. Aber sie war nicht zu überreden: „Das habt Ihr schon so oft gesagt", sprach sie und lief der Kuh nach fort in den Wald. Am Schloss angekommen, ließ sie es sich drinnen gut schmecken. Lange saß sie am Tisch, dann suchte sie das neue Bett. Sie nahm es auf ihre Schultern und sah hinaus zum Fenster. Doch sie musste sich wohl verspätet haben: Die Kuh war weit und breit
30 nicht mehr zu erblicken.

Was nun? Allein konnte sie den weiten Weg durch den finstern Wald nicht finden. So stellte sie denn das Bett wieder in das Zimmer und legte sich in Gottes Namen hinein. Als sie hörte, dass es zur Andacht läutete, sprach sie ihr Gebet dazu. Dann lag sie lange wach, ohne einschlafen zu können. (…)

35 („Da täten wir uns auch fürchten und so a jungs Madla – ka ma sich denken!")
(…)

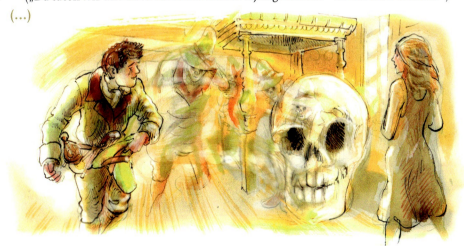

1.2. Angeregt durch Bilder anschaulich und spannend erzählen
2.2. Handlungsverlauf erschließen – fremde Sichtweisen vergegenwärtigen

Lesen – Umgang mit **Texten** und **Medien**

Er erzählte ihr, er sei ein Räuberhauptmann und mit ihm wohnten noch vierzig Gesellen in dem Schloss, das seien alle seine Leute. Bald war das Mädchen eingesperrt und lag gefangen hinter sieben verschlossenen Türen. Da weinte das arme Ding in seinem Elend den ganzen Tag. Zum Glück fasste die alte Frau,
40 die dem Mädchen immer die Suppe zu bringen hatte, Mitleid mit ihr und versprach, sie fortzulassen. Aber sie könne natürlich nicht auf dem gewöhnlichen Wege gehen, sonst sei es um sie beide geschehen.

Schleunig entfloh das Mädchen und erreichte bald darauf im Wald einen Heuwagen. Inständig bat es den Bauern, der den Wagen führte, es im Heu zu
45 verstecken. Aber der fürchtete sich: „Nein, wenn dann die Räuber kommen, laden sie mir mein ganzes Heu ab und dann wird's zu spät, um noch in die Stadt zu kommen!" Voller Angst lief das Mädchen tiefer in den Wald, wo sie einen Backtroghändler mit seinem Wagen traf. Der ließ sie unter den untersten Backtrog kriechen. Kaum war dies geschehen, kamen auch schon die Räuber daher.
50 Sie waren schon lange auf der Suche nach dem Mädchen. Der Händler antwortete keck: „Ich habe nichts gesehen, obwohl ich schon lange durch den Wald fahre." Da griffen die Räuber zu und begannen, Trog für Trog abzuladen. Als sie halb fertig waren, rief einer, weil es ihm zu lange dauerte: „Lasst doch den armen Mann weiterfahren, sonst arbeitet er noch Stunden, bis er alles wieder
55 oben hat!" Das verstanden auch die anderen Räuber und halfen dem Mann sogar beim Wiederaufladen. Da fuhr der Händler schnell davon und hielt erst bei jener Mühle, die dem Vater des Mädchens gehörte.

Er rief den Müller herbei und bot ihm seine Waren an. Die Müllersleute waren aber so traurig über das Verschwinden des Mädchens, dass sie ihm nichts
60 abkaufen wollten. Nach einiger Zeit sah sich der Müller dennoch die Ware des Händlers an. Bedächtig setzte er einen Trog nach dem andern zu Boden und schmunzelte dabei. Unter dem letzten dann kam das Mädchen zum Vorschein: frisch und gesund. Man kann sich denken, was das für eine große Freude auf beiden Seiten war. Auch der Händler fuhr vergnügt über seine gute Tat davon.
65 Allein die Räuber gaben sich damit nicht zufrieden. An einem Sonntagmorgen, als die Müllersfamilie in der Kirche war und nur die Jüngste allein zuhause, um die Suppe zu kochen, kam der Hauptmann und versuchte, die verschlossene Türe aufzubrechen. (…)

1.2. Angeregt durch Bilder anschaulich und spannend erzählen
2.2. Handlungsverlauf erschließen – fremde Sichtweisen vergegenwärtigen

Nach einiger Zeit kam er aber wieder. Er war prächtig gekleidet wie ein Fürst und hielt beim Müller um die Hand seiner schönen Tochter an. Der Vater, der ihn nicht kannte, war so beeindruckt von dem schönen Gewand, dass er zusagte. Doch zuerst wolle er auch noch das Mädchen selbst fragen. Als das Mädchen zur Tür hineinkam, entdeckte sie sofort die Schramme, die sie dem Räuberhauptmann mit der Hacke verpasst hatte. So wiedererkannt musste er schnell wieder fort, damit ihn nicht die Rache des Müllers ereilte.

Da der Räuber also allein nichts ausrichten konnte, kam er den Sonntag darauf mit all seinen vierzig Räubern zur Mühle. Das Mädchen war wieder allein zuhause. Sie versuchten, durch alle Türen ins Haus zu kommen. Zum Glück führte von der Küche aber ein geheimer Gang zum Stall. (...)

Noch bevor die Räuber zum Stall herüber kamen, wurden die Flammen von der Kirche aus gesehen. Alle eilten schnell zum Stall. Sie nahmen die Räuber gefangen und sperrten sie für immer ein. Nun waren alle froh, von den schlimmen Gesellen erlöst zu sein. Am meisten freute sich aber die Müllersfamilie und, wenn sie nicht gestorben sind, leben sie noch heute!

2 Sicherlich waren einzelne Wörter dabei, die euch unbekannt waren.
- Nennt Möglichkeiten, wie man sich die Bedeutung von unbekannten Wörtern erschließen kann.
- Findet dann die Bedeutung der Wörter heraus, die ihr notiert habt.

3 Durch die Bilder weißt du, was an den Stellen passiert ist, an denen der Text fehlt. Schaue dir die Bilder noch einmal aufmerksam an und notiere in Stichworten, was genau auf diesen Bildern gezeigt wird.

W 4 Wählt im Folgenden zwischen a) oder b) aus.
a) Formuliere deine Stichworte zu kurzen Texten aus, die zu den Bildern und dem Märchen passen. Lies sie dann vor.
b) Erzähle anhand deiner Stichworte das Geschehen auf den Bildern mündlich nach.

1.2. Angeregt durch Bilder anschaulich und spannend erzählen
2.2. Handlungsverlauf erschließen – fremde Sichtweisen vergegenwärtigen

Märchen

Märchen in Szene setzen / Ein eigenes Märchen schreiben

W Wählt im Folgenden zwischen **A** oder **B** aus.

→ **S. 88 ff.**
szenischer Text

A Richtig lebendig wird ein Märchen, wenn ihr es als szenisches Spiel darstellt. Überlegt euch zunächst, welches Märchen ihr darstellen möchtet.
- Kopiert den Text und markiert Szenen, die sich für eine Aufführung eignen.
- Beschließt, was spielerisch dargestellt wird und welche Passagen von einem Erzähler vorgelesen werden.
- Schreibt die wörtlichen Reden heraus. Notiert sie wie einen szenischen Text. Fügt auch Regieanweisungen an. Ihr könnt eure Szenen natürlich auch noch mit zusätzlichen wörtlichen Reden anreichern.

Regieanweisung
Anmerkung zu der Art und Weise, wie ein Text gesprochen werden soll

Plant dann euer szenisches Spiel:
- Material, das ihr zur Ausstattung der Bühne verwenden könnt: Pappkartons, Malerfolie, bemalte Betttücher, Pinsel, Zweige, Tische …
- Auch über die richtige Beleuchtung und passende Musik solltet ihr sprechen.
- Das Sprechen der Texte sollte vorher geprobt werden (Betonung, Stimme). Auch Mimik und Gestik (Gesichtsausdruck, Körpersprache …) sind wichtig!
- Überlegt, ob die Figuren eventuell Kostüme oder Masken tragen sollen.
- Wer keine Rolle übernehmen möchte, kümmert sich um die Technik.
- Auch ein Souffleur wird gebraucht, um den Darstellern weiterzuhelfen, wenn sie ihren Text vergessen haben.
- Überlegt, wann ihr euer Spiel präsentieren wollt – beim Schulfest …

→ **S. 26**
Vorlesezeichen

→ **S. 143ff.**
Anschaulich erzählen

B Schreibe ein eigenes Märchen.
- Orientiere dich dafür an den Märchen in diesem Kapitel. Bring gerne auch eigene Erfahrungen, Wünsche, Träume … ein.
- Beachte beim Schreiben die Märchenmerkmale auf Seite 53, die Checkliste, die Hinweise zum anschaulichen Erzählen und zur Ideensammlung.
- Trage dein Märchen wirkungsvoll vor und lass dir ein Feedback geben.

Feedback
engl. für Rückmeldung

Ein eigenes Märchen schreiben ✓ Checkliste

Ich habe …
- ✓ … einen typischen Märchenanfang gewählt.
- ✓ … beschrieben, wie es einem Helden in einer gefährlichen Situation ergeht.
- ✓ … eine wundersame Geschichte erzählt.
- ✓ … typische Merkmale in mein Märchen eingebaut.
- ✓ … treffende Verben, anschauliche Adjektive und wörtliche Reden verwendet.
- ✓ … sinnvolle Satzverknüpfungen gewählt.
- ✓ … im Präteritum geschrieben.

1.4. Im szenischen Spiel die Rolle literarischer Figuren übernehmen
2.2. Eigene Texte gestalten   3.2. Erzählende Texte schreiben

GELERNTES ÜBERPRÜFEN

Märchen

Überprüfe dein Wissen und Können

1 Lies den Anfang des folgenden Märchens und finde die zwei Märchenmerkmale heraus, die in diesem Märchen stecken.

Die drei Wünsche

Volksmärchen aus den Pyrenäen

Es waren einmal ein Mann und eine Frau, die waren sehr arm und beklagten sich unausgesetzt über ihr Schicksal. „Mein Gott! Mein Gott!", sagten sie. „Es gibt Leute, die sind so glücklich! Und wir laufen den ganzen Tag nach Holzkohlen umher."
Das hörte ein Greis, der durch den Wald ging. „Ich sehe, ihr seid mit eurem
5 Schicksal nicht zufrieden. Nun! Ich möchte etwas für euch tun. Wünscht euch drei Dinge; sie sollen in Erfüllung gehen."
Am Abend saß der Köhler mit seiner Frau am Feuer. Sie dachten nach. „Was sollen wir uns wünschen?", fragten sie sich. Plötzlich, beim Anblick der kleinen Holzscheite, die lustig knisterten, rief die gute Frau, ohne im Geringsten daran zu
10 denken, dass sie einen Wunsch äußerte: „Ganz gleich, eine Elle Blutwurst auf dieser guten Kohlenglut, das wäre eine Wohltat!" Augenblicklich fiel eine Elle Blutwurst aus dem Kamin mitten in die Kohlenglut hinein.
Der Mann wurde zornig. „Bist du verrückt, altes Weib? Ist das dein Wunsch? Ich möchte wahrhaftig, dass diese Elle Blutwurst sich an deine Nase hängt!" So-
15 fort geschah, was er sagte. Die Blutwurst hängte sich an die Nasenspitze der alten Frau.
Beide, der Köhler wie seine Frau in ihrer Feuerecke, waren höchst betrübt. „Jetzt haben wir nur noch einen Wunsch." Sie überlegten lange, lange, und die Blutwurst hing immer weiter an der Nase der unglücklichen Frau. Der Mann, von
20 Mitleid ergriffen, fasste einen weisen Entschluss. [...]

Köhler
Ein Köhler stellt Holzkohle her.

Elle
frühere Längeneinheit (etwa 55 – 85 cm)

2 Erkläre, wie es zu diesen Wünschen gekommen ist.
Die Begriffe im *Wortspeicher* helfen dir bei deiner Begründung.

Unachtsamkeit – Wut – Dummheit – Armut – Versehen – Hunger

3 Überlege, welchen weisen Entschluss der alte Mann treffen könnte. Schreibe dann einen Schluss zu diesem Märchen.

4 Wenn du wissen möchtest, wie das Märchen im Original endet, schaue im Portal nach.
  • Vergleiche deinen und den Originalschluss miteinander.
  • Erkläre, was die beiden Alten aus ihrem unüberlegten Verhalten gelernt haben.

 Portal

2.2. Handlungsverlauf erschließen – fremde Sichtweisen vergegenwärtigen
3.2. Ein Märchen zu Ende schreiben – Ausgangstext bewusst erfassen

WES-122961-017

NEUES ENTDECKEN – EINSICHTEN GEWINNEN

Gedichtwerkstatt

1. Erklärt, was in der Maschine mit den Wörtern aus der Wortschlange passiert.

2. Die Maschine ist mit ihrem Arbeitsgang noch nicht ganz fertig.
   a) Ergänzt die fehlenden Teile der Wortschlange in der richtigen Form am Gedichtende.
   b) Tauscht euch über eure Lösungen aus, indem ihr über den Inhalt des entstandenen Gedichtes sprecht.

3. Sicher habt ihr schon einmal Gedichte gelesen oder sogar vorgetragen. Sprecht darüber,
   - welche Gedichte ihr kennt,
   - wie euch die Gedichte gefallen haben und
   - was ihr über Gedichte schon wisst.

In diesem Kapitel lernst du (,) ...
- dich auf verschiedene Art und Weise mit Gedichten auseinanderzusetzen.
- Gedichte und Sachtexte voneinander zu unterscheiden.
- verschiedene sprachliche Besonderheiten und das Reimschema von Gedichten kennen.
- dich auf die Stimmung von Gedichten einzulassen.
- Verse zu Gedichten zu kombinieren und eigene Gedichte zu verfassen.
- Gedichte richtig auswendig zu lernen.

Ein Gedicht mit einem Sachtext vergleichen

1 Lest euch den Text „Herbstnebel" aufmerksam durch.
Gebt dann wieder, wie darin Entstehen und Verschwinden von Nebel beschrieben wird.

Herbstnebel

Nebel entsteht an klaren Herbstabenden über feuchten Wiesen und Flüssen, weil die Feuchtigkeit zu dampfen beginnt. Wie ein feiner Schleier schwebt der Nebel über dem Boden und bedeckt ihn. Wenn am Morgen die Sonne durchbricht, gelingt es ihr, den Erdboden zu erwärmen. Dann löst sich der Nebel langsam von unten her auf, und der blaue Himmel wird sichtbar.

2 Lest nun das Gedicht „Nebel". Tauscht euch im Anschluss daran über die inhaltlichen und äußerlichen Unterschiede zwischen dem Sachtext und dem Gedicht aus.

3 Ordnet mithilfe des Merkkastens die folgenden Satzanfänge den passenden Fortsetzungen zu.

Der Sachtext …   Das Gedicht …

A … erklärt, wie der Nebel entsteht.
B … malt eine Art Bild vom Nebel.
C … ist in Strophen verfasst und enthält Verse, die sich reimen.
D … ist in nüchternen Worten verfasst.
E … ist hintereinander geschrieben.
F … spricht den Leser mit „du" an.
G … will eine schöne Stimmung in uns erzeugen.
H … will unser Wissen über den Nebel erweitern.

Nebel

Ingrid Herta Drewing

Die Nebelgeister stieben
früh morgens um das Haus.
Vom Fluss her, den sie lieben,
4 ziehn sie ins Land hinaus.

Sie legen sich auf Straßen
in dichtem, hellem Grau,
verwischen Kronen, Maße
8 der Bäume ungenau.

Mit ihren feuchten Händen
erfassen sie die Stadt,
ihr trüb' Werk zu vollenden,
12 bis endlich Sonne hat*

mit ihren Strahlenlanzen
sie ganz zurückgedrängt.
Nun darf das Leben tanzen
16 im Licht, das ihm geschenkt.

Tipp
Der Satz mit dem * wird in der nächsten Strophe fortgesetzt.

⚠ Verse, Strophen und Reime

Gedichte unterscheiden sich nicht nur inhaltlich von Sachtexten, sondern auch im Äußeren. So ist ein Gedicht statt in Zeilen und Absätze in **Verse** und **Strophen** unterteilt. Häufig reimen sich in Gedichten die einzelnen Verse am Ende miteinander, z. B. *stieben – lieben* (Vers 1 und 3).

Gedichtwerkstatt

Das Reimschema eines Gedichtes erkennen

1 Bei den drei Gedichten unten handelt es sich um Tiergedichte.
a) Lest euch die drei Gedichte aufmerksam durch.
b) Erklärt, was am Inhalt der Gedichte ungewöhnlich und unerwartet ist.

Im Park

Joachim Ringelnatz

Ein ganz kleines Reh stand am ganz kleinen Baum
still und verklärt wie im Traum.
Das war des Nachts elf Uhr zwei.
4 Und dann kam ich um vier
Morgens wieder vorbei.
Und da träumte noch immer das Tier.
Nun schlich ich mich leise – ich atmete kaum –
gegen den Wind an den Baum
8 und gab dem Reh einen ganz kleinen Stips.
Und da war es aus Gips.

Das Nasobēm

Christian Morgenstern

Auf seinen Nasen schreitet   (a)
einher das Nasobēm,   (b)
von seinem Kind begleitet.   (a)
4 Es steht noch nicht im Brehm[1]. (b)

Es steht noch nicht im Meyer[2].
Und auch im Brockhaus[3] nicht.
Es trat aus meiner Leyer[4]
8 zum ersten Mal ans Licht.

Auf seinen Nasen schreitet
(wie schon gesagt) seitdem,
von seinem Kind begleitet,
12 einher das Nasobēm.

Die Schnecke

Heinz Erhardt

Mit ihrem Haus nur geht sie aus!
Doch heut lässt sie ihr Haus zu Haus,
es drückt so auf die Hüften.
4 Und außerdem – das ist gescheit
und auch die allerhöchste Zeit:
sie muss ihr Haus mal lüften!

2 In einem der Gedichte geht es um ein *Nasobēm*.
a) Überlege, was denn dieses „Nasobēm" sein und wie es aussehen könnte.
b) Gestalte ein Bild davon.

1 = Abkürzung für ein Tierlexikon
2 = Kurzform eines Lexikons
3 = Kurzform eines Lexikons
4 = ein Instrument

2.2. Auffällige Gestaltungsmerkmale literarischer Texte erkennen

KOMPETENZEN AUFBAUEN, ÜBEN UND ANWENDEN

3 Ein typisches Merkmal vieler Gedichte ist der Reim.
Auch die drei Tiergedichte reimen sich.
a) Lest die drei Gedichte noch einmal.
b) Benennt dann, welche Verse sich in den einzelnen Gedichten miteinander reimen.

W **4** Verse, die sich reimen, werden mit denselben Buchstaben gekennzeichnet.
Lies dir den Merkkasten durch. Wähle dann zwischen a) oder b) aus.
a) Schreibe das Gedicht „Das Nasobēm" von Christian Morgenstern mit dem entsprechenden Reimschema auf.
b) Schreibe das Gedicht „Im Park" von Joachim Ringelnatz mit dem entsprechenden Reimschema auf.

5 Im Gedicht „Der Walfisch" sind die Wörter in den kursiv gedruckten Versen durcheinandergeraten.
a) Stellt die Wörter in den Versen so um, dass sich das Gedicht durchgehend reimt und vergleicht eure Lösungen.
b) Klärt, welche Reimschemas in dem Gedicht vorkommen.

Der Walfisch

Peter Hacks

Der Walfisch ist kein Schoßtier,
Ein viel zu groß Tier ist er.
Zweihundert Ellen misst er
4 Und macht gewaltige Wellen.
Er redet nicht, er bellt mehr,
Er stirbt von keinem Schuss.
Durch das Weltmeer rudert er
8 Als Flossenomnibus.

Ein Zaun sind seine Zähne,
'ne Fontäne die Nase,
Der Schwanz sogar ein Plättbrett,
12 *Fett brät man aus seinem Leib.*
Das Wasser kräuselt bläulich
Sich um den schwarzen Kloß.
Abscheulich ist der Walfisch
16 Groß.

ⓘ Reimschema

Die einzelnen Verse von Gedichten können sich auf unterschiedliche Art und Weise miteinander reimen:
1) **Paarreim: a – a – b – b ...**
   z. B. *Duft – Luft – Sonne – Wonne*
2) **Kreuzreim: a – b – a – b ...**
   z. B. *Duft – Sonne – Luft – Wonne*
3) **Umarmender Reim: a – b – b – a ...**
   z. B. *Duft – Sonne – Wonne – Luft*

2.2. Auffällige Gestaltungsmerkmale literarischer Texte erkennen

Lesen – Umgang mit Texten und Medien

))) **Portal**
WES-122961-018

Gedichtwerkstatt

Die Stimmung und Sprache von Gedichten erforschen

1 Lasst euch das folgende Gedicht vortragen oder hört euch die Audiodatei an.

Schulalltag

wecker wecker decke bett
gähnen mama zahnputzset
haargel kamm toilette schminke
4 tasche brote winke winke

schulbus stop hinein hinaus
schule gong treppenhaus
hetzen kinder lehrer schwitzen
8 klassenzimmer schulbank sitzen

mäppchen bücher hefte note stunde stunde pause brote malen singen pause sonne lesen zahlen gong wonne schulbus räder autos stau eltern lehrer supergau nudeln schreibtisch dies und das packen freunde freizeit spaß

→ **S. 203 ff.**
Adjektive

2 Sprecht darüber, wie das Gedicht auf euch wirkt. Beschreibt dann, wie euer Tag vom Aufstehen bis zum freien Nachmittag verläuft.

3 Ordne die letzten beiden Strophen nach dem Muster der ersten Strophen.

4 Beschreibt mithilfe des Merkkastens die sprachliche Gestaltung des Gedichtes.

5 Der Inhalt eines Gedichtes kann auch als Geschichte erzählt werden. Wähle eine Strophe aus und formuliere sie in eine kurze Geschichte um.

→ **S. 23 ff.**
Texte vortragen

6 Tragt euch eure Geschichten abschließend vor.
a) Erratet, welche Strophe jeweils zu einer Geschichte umformuliert wurde.
b) Tauscht euch anschließend darüber aus, wie die Stimmung in den Geschichten und wie im Gedicht vermittelt wurde.

ⓘ Die sprachlichen Besonderheiten von Gedichten erforschen

In Gedichten fallen oft Besonderheiten in der **sprachlichen Gestaltung** auf, z. B. bei der Groß- und Kleinschreibung, der Zeichensetzung oder bei Satzstrukturen. Anhand dieser sprachlichen Besonderheiten soll (wie bei besonderen Ausdrücken auch) eine bestimmte Stimmung oder ein besonderes Gefühl beim Leser erzeugt werden.

2.2. Auffällige Gestaltungsmerkmale epischer und lyrischer Texte unterscheiden – eigene Texte gestalten
3.2. Produktive Schreibformen nutzen

KOMPETENZEN AUFBAUEN, ÜBEN UND ANWENDEN

Gedichtwerkstatt

Verse zu einem Gedicht anordnen

1 In diesem Gedicht sind die Strophen etwas durcheinandergeraten.
a) Lest die beiden fett gedruckten Strophen.
   Sie bilden Anfang und Ende des Gedichtes „Gewitter".
b) Beschreibt, was euch auffällt.

Gewitter

Erwin Moser

Der Himmel ist blau
Der Himmel wird grau
…
…
Himmel noch grau   Es rauscht und klopft   Blitz durch die Stille
Himmel bald blau!   Es braust und tropft   Donnergebrülle

Dann Donner schon fern   Wolken fast schwarz   Wind fegt herbei
Kaum noch zu hör'n   Lauf, weiße Katz!   Vogelgeschrei

Regenwand   Blitze tollen   Zwei Tropfen im Staub
Verschwommenes Land   Donner rollen   Dann prasseln auf Laub

Es plitschert und platscht   Eine Stunde lang   Regen ganz fein
Es trommelt und klatscht   Herrlich bang   Luft frisch und rein

2 Arbeitet zu zweit.
- Lasst das Gewitter heranrollen und wegziehen, indem ihr die übrigen elf Strophen in eine sinnvolle Reihenfolge bringt.
- Probiert aus, was euch logisch erscheint.
- Achtet auf die Stimmung des Gedichtes und wovon es erzählen will.

Tipp

Für die Lösung dieser Aufgabe gibt es viele verschiedene Möglichkeiten. Hier geht es also nicht um richtig oder falsch.

3 Hört euch nun unterschiedliche Ergebnisse an und entscheidet gemeinsam, welches Gedicht das Aufziehen und Vergehen des Gewitters am besten beschreibt.

2.2. Sich in literarische Orte einfühlen und Beziehungen herstellen – auffällige Gestaltungsmerkmale lyrischer Texte erkennen und beschreiben

Gedichtwerkstatt

Lautmalerische und bildhafte Mittel erkennen

1 In dem folgenden Gedicht sind viele lautmalerische Elemente enthalten. Dadurch wird dem Zuhörer das Gefühl vermittelt, selbst am Feuer zu sitzen.
- Lies dir das Gedicht durch und setze für die *???* lautmalerische Wörter aus dem *Wortspeicher* ein. Der Merkkasten hilft dir dabei.
- Achte auch auf den Textzusammenhang und den Reim.

Knistern – brutzlig – blecken – krachen – rauscht – Brodelt

Das Feuer

James Krüss

Hörst du, wie die Flammen flüstern,
Knicken, knacken, *???*, knistern,
Wie das Feuer *???* und saust,
4 *???*, brutzelt, brennt und braust?

Siehst du, wie die Flammen lecken,
Züngeln und die Zunge *???*,
Wie das Feuer tanzt und zuckt,
8 Trockne Hölzer schlingt und schluckt?

Riechst du, wie die Flammen rauchen,
Brenzlig, *???*, brandig schmauchen,
Wie das Feuer, rot und schwarz,
12 Duftet, schmeckt nach Pech und Harz?

Fühlst du, wie die Flammen schwärmen,
Glut aushauchen, wohlig wärmen,
Wie das Feuer, flackrig-wild,
16 Dich in warme Wellen hüllt?

Hörst du, wie es leiser knackt?
Siehst du, wie es matter flackt?
Riechst du, wie der Rauch verzieht?
20 Fühlst du, wie die Wärme flieht?

Kleiner wird der Feuerbraus:
Ein letztes *???*,
Ein feines Flüstern,
24 Ein schwaches Züngeln,
Ein dünnes Ringeln –
Aus.

W 2 Wähle im Folgenden zwischen a) oder b) aus.
a) Schreibe alle lautmalerischen Wörter aus dem Gedicht der Reihenfolge nach auf.
b) Schreibe alle lautmalerischen Wörter aus dem Gedicht heraus und ordne sie dem Brennen und Erlöschen zu.

Brennen	Erlöschen
flüstern	leiser knackt
…	…

ⓘ Lautmalerei

Als lautmalerisch werden Ausdrücke bezeichnet, die, wenn man sie laut ausspricht, einen **ähnlichen Klang** haben **wie die Geräusche, die sie beschreiben**.
Knacken und *knistern* als Beschreibung der Geräusche eines Feuers sind Beispiele dafür oder auch der Ausdruck *Kikeriki* für das Krähen eines Hahnes.

2.2. Sich in literarische Orte einfühlen und Beziehungen herstellen – auffällige Gestaltungsmerkmale lyrischer Texte erkennen und beschreiben

KOMPETENZEN AUFBAUEN, ÜBEN UND ANWENDEN

3 Das Gedicht „Gewitter" auf Seite 65 enthält ebenfalls viele lautmalerische Elemente, die dem Leser das Gefühl geben, das Gewitter tatsächlich mitzuerleben.
   a) Erkläre, inwiefern *prasseln* oder *platschen* Beispiele für solche lautmalerischen Elemente sind.
   b) Schreibe weitere lautmalerische Ausdrücke aus dem Gedicht „Gewitter" auf.
   c) Vergleiche deine Lösungen anschließend mit deinem Sitznachbarn.

4 Im Gedicht „Das Feuer" werden den Flammen teilweise menschliche Eigenschaften oder Handlungsweisen zugeordnet. Auch das ist ein häufig verwendetes Gestaltungsmittel in Gedichten. Dadurch wirken Naturerscheinungen viel lebendiger und kraftvoller.
   a) Erkläre mithilfe des Merkkastens, weshalb der erste Vers des Gedichtes „Das Feuer" ein Beispiel dafür darstellt.
   b) Finde weitere Beispiele im Gedicht, in denen das Feuer handelt wie ein Mensch. Erkläre, welcher Eindruck dadurch jeweils entsteht.
   c) Finde weitere Beispiele für dieses bildhafte Mittel in anderen Gedichten aus diesem Kapitel.

5 Gedichte, in denen lautmalerische und bildhafte Mittel zum Einsatz kommen, eignen sich besonders gut dazu, ihre Stimmung mit Instrumenten noch deutlicher hervorzuheben. Arbeitet zu zweit.
   a) Wählt entweder das Gedicht „Gewitter" oder „Das Feuer" aus.
   b) Überlegt euch, an welchen Stellen und wie man durch bestimmte Instrumente die Stimmung besonders deutlich hervorheben könnte.
   c) Sucht dann in der Schule oder zu Hause nach entsprechenden Instrumenten und setzt eure Ideen musikalisch um.
   d) Probt euer musikalisch interpretiertes Gedicht mehrmals.
   e) Tragt es dann in der Klasse vor.
   f) Sprecht abschließend über eure Darbietungen und gebt euch eine Rückmeldung.

AT → S. 302
Rückmeldung

ⓘ Bildhafte Mittel

Manchmal tun leblose Dinge, Tiere oder Naturerscheinungen etwas in Gedichten, wie es eigentlich nur Menschen können. Sie werden dann **vermenschlicht** (personifiziert). Dadurch wirkt z. B. eine Naturerscheinung viel **lebendiger** und **kraftvoller**.
Beispiel: „Noch träumen Wald und Wiesen" (Mörike)
Eine weitere Möglichkeit, um dem Leser oder Zuhörer ein intensiveres Bild von einer Szene in einem Gedicht zu verschaffen, ist, seine **Sinne anzusprechen**.
So werden ihm z. B. Gerüche, Geräusche oder Temperaturen beschrieben.
Beispiel: „Bald siehst du, wenn der Schleier fällt" (Mörike)

2.2. Sich in literarische Orte einfühlen und Beziehungen herstellen – auffällige Gestaltungsmerkmale lyrischer Texte erkennen und beschreiben

Gedichtwerkstatt

Ein Gedicht um eine weitere Strophe ergänzen

1 In diesem Gedicht könnt ihr den Sommer mit allen Sinnen erleben.
- Lasst euch das Gedicht vorlesen oder hört euch die Audiodatei an.
- Sammelt alle Gerüche, Geschmäcker und Geräusche, die im Gedicht vorkommen.

Sommer

Ilse Kleberger

Weißt du, wie der Sommer riecht?
Nach Birnen und nach Nelken,
nach Äpfeln und Vergissmeinnicht,
4 die in der Sonne welken,
nach heißem Sand und kühlem See
und nassen Badehosen,
nach Wasserball und Sonnenkrem,
8 nach Straßenstaub und Rosen.

Weißt du, wie der Sommer schmeckt?
Nach gelben Aprikosen
und Walderdbeeren, halb versteckt
12 zwischen Gras und Moosen,
nach Himbeereis, Vanilleeis
und Eis aus Schokolade,
nach Sauerklee vom Wiesenrand
16 und Brauselimonade.

Weißt du, wie der Sommer klingt?
Nach einer Flötenweise,
die durch die Mittagsstille dringt,
20 ein Vogel zwitschert leise,
dumpf fällt ein Apfel in das Gras,
ein Wind rauscht in den Bäumen,
ein Kind lacht hell, dann schweigt es schnell
24 und möchte lieber träumen.

*Mückenstich – trocken – kühlt –
Arm – locken – heiß – schwitzen –
nasser – Hitze – juckt – Eis –
Haut – Wasser – fühlt – feucht –
warm – weich – Wind – spielt*

2 Nenne das Reimschema. Reimen sich wirklich alle Verse miteinander?

3 Verfasse eine vierte Strophe zu dem Gedicht.
Beschreibe darin, was man im Sommer alles fühlen und ertasten kann.
Die (Reim-)Wörter im *Wortspeicher* helfen dir dabei.

1.1. Hörversionen von Gedichten Informationen entnehmen
2.2. Gestaltungsmittel lyrischer Texte erkennen – eigene Texte gestalten

Gedichtwerkstatt

Aus Wörtern Gedichte entstehen lassen

1 Gedichte können ganz unterschiedliche Formen haben.
   a) Seht euch die folgenden Beispiele erst einmal nur an, ohne sie zu lesen, und beschreibt ihre äußere Form.
   b) Lest die Gedichte dann und begründet, welches euch am besten gefällt.

Akrostichon
Parade
Friese
Edel
Reiten
Dressur

Elfchen
Schimmel
Das Tier
mit weißem Fell
Es sieht edel aus.
Wunderschön!

Haiku
Aus dem Stall heraus.
Über Feld und Wiesengrün
reiten wie der Wind.

2 Jedes der Gedichte zeichnet sich durch bestimmte Merkmale aus.
   a) Ordne den drei Gedichtformen je zwei der *Merkmale* von unten zu.
   - *Das Gedicht besteht insgesamt aus elf Wörtern.*
   - *Bei dem Gedicht ist die Silbenzahl wichtig.*
   - *Jeder Vers enthält nur ein Wort, das zum Thema passt.*
   - *Der erste Vers besteht aus einem Wort, der zweite aus zwei, der dritte aus drei, der vierte aus vier und der fünfte wieder aus einem Wort.*
   - *Die Anfangsbuchstaben der einzelnen Verse ergeben ein Wort, das zum Thema passt.*
   - *Die Verse enthalten folgende Silbenzahl: fünf – sieben – fünf.*

   b) Halte dein Ergebnis nun fest, indem du die folgenden Merksätze vervollständigst.
   Bei einem Akrostichon ergeben …
   Ein Elfchen besteht aus …
   Bei einem Haiku ist es wichtig, dass …

3 Verfasse selbst ein Akrostichon, ein Elfchen oder ein Haiku zu deinem Lieblingstier.
   a) Lege dazu zunächst eine Ideensammlung an, um deine Einfälle zu sammeln.
   b) Formuliere aus deinen Ideen dann ein Gedicht.
   c) Trage dein Gedicht vor und lass deine Mitschüler erraten, welches Lieblingstier und welche Gedichtform du gewählt hast.

AT → S. 301
Ideensammlung

Gedichtwerkstatt

Ein Gedicht richtig auswendig lernen und vortragen

Bevor man ein Gedicht wirkungsvoll vorlesen kann, muss man den Inhalt und die Stimmung des Gedichtes erfasst haben.

1 Lies dir das Gedicht in Ruhe durch. Notiere dir dann jeweils einen Satz zum Thema und zur Stimmung des Gedichtes.

Goldene Welt

Georg Britting

Im September ist alles aus Gold:
Die Sonne, die durch das Blau hinrollt,
Das Stoppelfeld,
4 Die Sonnenblume, schläfrig am Zaun,
Das Kreuz auf der Kirche,
Der Apfel am Baum.
Ob er hält? Ob er fällt?
8 Da wirft ihn geschwind
Der Wind in die goldene Welt.

2 Bereite das Gedicht nun für einen wirkungsvollen Vortrag vor. Gehe dabei nach den folgenden Schritten vor.

💡 **1:** Schreibe das Gedicht auf einem Blatt auf: Beim Abschreiben wirst du auf bestimmte Wörter aufmerksamer, als wenn du sie nur mit den Augen liest. Achte darauf, dass du kein Wort vergisst oder hinzufügst.

→ S. 26
Vorlesezeichen

💡 **2:** Bereite dein Gedicht anschließend mithilfe des Merkkastens auf Seite 26 für einen wirkungsvollen Vortrag vor. Denk daran, dass in Gedichten die Stimmung eine besonders wichtige Rolle spielt.

💡 **3:** Überlege dir auch, ob du passende Gesten während deines Vortrags einsetzen möchtest, um die Wirkung zusätzlich zu verstärken.

1.2. Texte strukturiert und angemessen (auch frei) vortragen – Rückmeldung geben

KOMPETENZEN AUFBAUEN, ÜBEN UND ANWENDEN 71

4: Lerne das Gedicht in Abschnitten auswendig. Übe das „Einsprechen".
Jeder Schauspieler hat dafür eine andere Technik. Eine wäre:

Hinstellen oder umhergehen.
Das Blatt in der Hand halten.
Mit halblauter Stimme ablesen.
↓
Auswendig sprechen.
Nur dann aufs Blatt schauen,
wenn du etwas vergessen hast.
↓
Das Ganze mehrere Male wieder-
holen: den Text „einsprechen".
↓
Das Blatt auf den Tisch legen.
Sprechen, ohne hinzuschauen.
Zum Tisch gehen und nachschauen,
wenn du etwas durcheinander-
gebracht hast.
↓
Gesten einsetzen: mit Händen, Armen,
Beinen … sprechen.

5: Wenn du auf diese Weise etwa eine Viertelstunde geübt hast,
dann solltest du das Gelernte „sich setzen lassen" – wie man so sagt.
Also: Buch zu oder Blatt weg – und etwas ganz anderes tun!
Der Text ist jetzt schon recht gut in deinem Gedächtnis gespeichert.

6: Damit du das Gelernte aber auch wirklich lange und dauerhaft
im Gedächtnis behalten kannst, solltest du in bestimmten Abständen
immer wieder üben! Besser öfter und kurz – als länger und selten!
Nimm dir also vor, vielleicht für den Abend und dann
für den nächsten Tag, das Ganze zu wiederholen,
bis der Text vollständig sitzt. Erst dann hat er sich so richtig
in deinem Gedächtnis festgesetzt.

7: Arbeite dann mit einem Partner oder mit einer Partnerin zusammen.
Hört euch gegenseitig ab. Wie im richtigen Theater kann dabei euer
Partner auch als Souffleur aushelfen und dann und wann
ein Stichwort sagen, wenn ihr ins Stocken kommt und nicht weiterwisst.

Souffleur

Ein Souffleur liest im Theater die Texte mit und sagt den Schauspielern ihre Texte vor, falls sie einmal etwas vergessen haben.

3 Hört euch nun ein paar Gedichtvorträge in der Klasse an.
Gebt den Vortragenden anschließend eine Rückmeldung.

AT → **S. 302**

Rückmeldung

1.2. Texte strukturiert und angemessen (auch frei) vortragen – Rückmeldung geben

Gedichtwerkstatt

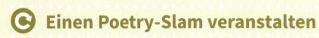 Einen Poetry-Slam veranstalten

Ein Poetry-Slam ist ein Dichterwettstreit, der seinen Ursprung in Amerika hat. Bei diesem Wettstreit geht es darum, selbst geschriebene Texte wirkungsvoll vor einem Publikum vorzutragen. Poetry-Slams bestehen meist aus zwei Runden: In der ersten Runde tragen alle angemeldeten „Slammer" ihren Text vor. In der zweiten Runde treten dann die Sieger aus der ersten Runde noch einmal mit einem weiteren Text gegeneinander an. Danach wird von den Zuhörern oder einer Jury der Sieger ausgewählt.

**1 Selbst verfasste Gedichte sind etwas sehr Persönliches.
Man möchte sie darum nicht immer mit anderen teilen.**
Entscheidet euch deshalb zuallererst, ob ihr nur fremde, nur eigene oder sowohl fremde als auch eigene Gedichte für euren Poetry-Slam verwenden wollt.

→ S. 109ff.
Ein Buch finden

2 Wählt nun zwei Gedichte für euren Vortrag aus.
Nutzt Gedichte, die ihr während der Arbeit an diesem Kapitel selbst geschrieben oder gelesen habt oder schreibt ganz neue Gedichte. Ihr könnt natürlich auch in eurer Schulbücherei in Gedichtbänden oder im Internet nach Gedichten suchen, die euch so gut gefallen, dass ihr sie vortragen möchtet.

**3 Wenn ihr eine Auswahl getroffen habt, müsst ihr euch genau überlegen, welches Thema und welche Stimmung die Gedichte jeweils haben.
Nur so könnt ihr euren wirkungsvollen Vortrag richtig vorbereiten.**

→ S. 26
Vorlesezeichen

4 Bereitet eure Gedichte nun für euren Vortrag vor.
- Nutzt Vorlesezeichen, Notizen usw., um euch bestmöglich vorzubereiten.
- Entscheidet, welches Gedicht ihr zuerst vortragen wollt und welches, wenn ihr in die zweite Runde kommt.
- Denkt auch an die Möglichkeit, eure Gedichte auswendig zu lernen.
So könnt ihr während eures Vortrags zusätzlich noch Gesten einsetzen.
- Übt dann eure Vorträge, z. B. vor dem Spiegel oder mit einem Freund.

5 Plant nun den Ablauf eures Poetry-Slams.
- Ihr benötigt einen Moderator, der die Slammer und ihre Gedichte ankündigt.
- Entscheidet, ob ihr gemeinsam als Publikum oder über eine Jury die Gewinner auswählen möchtet.
- Denkt darüber nach, wie die Auswahl ablaufen soll (Vergeben von Noten o. Ä.). Legt außerdem Kriterien für die Auswahl fest (Lautstärke, Stimmung …).
- Vielleicht möchtet ihr auch andere an eurem Wettbewerb teilhaben lassen. Überlegt, ob ihr euren Poetry-Slam mit einem Schulfest o. Ä. verbinden könnt.

Viel Erfolg und viel Spaß bei euren Vorträgen!

1.2. Texte strukturiert und angemessen (auch frei) vortragen
2.2. Eigene Texte gestalten – Texte bewusst auswählen

Gedichtwerkstatt

Überprüfe dein Wissen und Können

1 Begründe, welcher der beiden folgenden Sätze aus einem Sachtext und welcher aus einem Gedicht stammt.

a) Es sitzen drei Finken auf einem Ast, die haben zur Herbstzeit den Abflug verpasst.
b) Der Buchfink legt sein Nest meist niedrig in Astgabeln von Büschen oder in niedrigen Bäumen an.

2 Ordne den folgenden Erklärungen die Begriffe aus dem *Wortspeicher* richtig zu. Nicht alle Begriffe lassen sich sinnvoll zuordnen.

- Mit diesem Begriff wird eine Zeile in einem Gedicht beschrieben.
- Es handelt sich um ein Reimschema, bei dem sich der erste und der dritte sowie der zweite und der vierte Vers reimen.
- So heißt ein Gedicht, bei dem die Anfangsbuchstaben jedes Verses, der nur aus einem Wort besteht, von oben nach unten gelesen, ein Wort ergeben, das in den Versen beschrieben wird.
- Verse, die eine abgeschlossene Einheit im Gedicht bilden, werden so genannt.

Vers – Absatz – Stimmung – Gedicht – Roman – Strophe – Kreuzreim – Überschrift – Paarreim – Geschichte – umarmender Reim – Akrostichon – Elfchen

3 Bilde aus den Wörtern unten
- einen Paarreim: a – a – b – b;
- einen Kreuzreim: a – b – a – b und
- einen umarmenden Reim: a – b – b – a.

Mitternacht – lustiger Traum – aufgewacht – Purzelbaum

4 Schreibe ein Elfchen, ein Haiku oder ein Akrostichon zum Thema Gewitter. Das Bild kann dir dabei als Inspiration dienen.
a) Sammle deine Ideen zunächst in einer Ideensammlung.
b) Markiere dann alle Wörter, die dir besonders wichtig sind.
c) Verdichte deine Wörtersammlung schließlich zu einem Elfchen oder zu einem Haiku.

NEUES ENTDECKEN – EINSICHTEN GEWINNEN

Lesen – Umgang mit Texten und Medien

Textwerkstatt

1 Seht euch das Bild aufmerksam an.
   a) Beschreibt, wie sich die Kinder wohl fühlen.
   b) Stellt Vermutungen über die Auslöser ihrer Gefühle an.

2 Tauscht euch darüber aus, ob es euch beim Lesen eines Buches oder Textes schon einmal ähnlich erging.

In diesem Kapitel lernst du (,) …
- das Verhalten literarischer Figuren nachzuvollziehen und dazu Stellung zu nehmen.
- dich in literarische Figuren hineinzuversetzen und deren Gefühle zu verstehen.
- verschiedene Perspektiven zu unterscheiden.
- szenische Texte zu erkennen und zu verstehen.

Einen literarischen Text erschließen

1 Erarbeite dir den Inhalt der Erzählung mit der 5-Schritt-Lesemethode im Merkkasten.

Wie Ole seinen Hund bekam

Astrid Lindgren

Ole hat keine Geschwister. Aber er hat einen Hund (…). Der Hund heißt Swipp. Jetzt will ich erzählen, wie es zuging, dass Ole Swipp bekam, so wie er selber es uns erzählt hat. Mitten zwischen Bullerbü und Storbü wohnt ein Schuhmacher, der heißt Nett. Er heißt Nett, aber er ist kein bisschen nett, wirklich kein bisschen. Nie
5 hat er unsere Schuhe fertig, wenn wir kommen und sie abholen wollen, auch wenn er es ganz bestimmt versprochen hat, dass sie fertig sein sollten. Das kommt davon, weil er so viel trinkt, sagte Agda. Ihm hat Swipp früher gehört. Er war nie nett zu Swipp, und Swipp war der schlimmste Hund, den es im ganzen Kirchspiel gab. Immer war er an der Hundehütte angebunden, und wenn man mit den Schuhen
10 zu Nett wollte, kam Swipp aus der Hundehütte herausgestürzt und bellte böse. Wir hatten Angst vor ihm und wagten gar nicht, zu ihm hinzugehen. Wir hatten auch vor dem Schuhmacher Angst, denn er sagte immer: „Kinder sind eine Rasselbande, sie müssen jeden Tag Prügel kriegen."

Swipp bekam auch oft Prügel, obwohl er ein Hund war und kein Kind. Nett fand
15 vielleicht, Hunde müssten auch jeden Tag Prügel kriegen. Und wenn Nett betrunken war, vergaß er, Swipp etwas zu essen zu geben.

ⓘ Literarische Texte mit der 5-Schritt-Lesemethode erschließen

1. Schritt: Erste Vermutungen formulieren
- Lies die Überschrift und den Namen des Autors.
- Überlege, worum es in dem Text gehen könnte.

2. Schritt: Unbekannte Begriffe klären
Lies den Text gründlich und kläre Begriffe, die du nicht verstehst (Wörterbuch).

3. Schritt: Verständnisfragen formulieren – Schlüsselstellen notieren
Formuliere Fragen zum Text, z. B.:
- **Ort:** Welches ist der zentrale Ort, an dem die Geschichte spielt?
- **Zeit:** Wann spielt die Geschichte? Ist dies für die Handlung bedeutsam? Wieso?
- **Hauptfiguren:** Wer sind die Hauptfiguren? Wie stehen die Figuren zueinander? Welche Gedanken, Gefühle oder Probleme haben die Figuren?
Notiere die entsprechenden Antworten (Textstellen oder Zeilenangaben).

4. Schritt: Wichtiges zusammenfassen
- Gliedere den Text in Abschnitte, die inhaltlich eng zusammengehören.
- Formuliere zu jedem Abschnitt eine Überschrift.
- Notiere zu jeder Überschrift in Stichworten die wichtigsten Informationen aus dem Text.

5. Schritt: Den Inhalt wiedergeben
Gib den Inhalt des Textes wieder. Nutze dazu deine Notizen. Äußere zum Schluss deine Meinung zum Text: Was hat dir gefallen, was nicht? Was findest du interessant und was macht dich nachdenklich?

2.1. Altersangemessene Texte sinnbezogen zum Wissenserwerb lesen – Techniken und Strategien zum Leseverstehen einsetzen 2.2. Handlungen fiktionaler Texte mit eigenen Erfahrungen verknüpfen

Zu der Zeit, als Swipp noch bei dem Schuhmacher war, fand ich immer, er wäre ein grässlicher Hund. Er war so schmutzig und zerzaust und knurrte und bellte in einem fort. Jetzt finde ich, er ist ein freundlicher und hübscher Hund. Dazu hat Ole ihn gemacht. Ole selbst ist ja auch immer so freundlich.

Als Ole einmal mit seinen Schuhen zum Schuhmacher wollte, kam Swipp wie gewöhnlich aus der Hundehütte gestürzt und kläffte und sah so aus, als ob er beißen wollte. Ole blieb stehen und sprach mit ihm und sagte, er wäre ein guter Hund, nur er dürfte nicht so bellen. Er stand natürlich etwas entfernt, sodass Swipp nicht an ihn herankommen konnte. Swipp war genauso boshaft wie immer und bellte und riss an der Kette. Als Ole kam, um seine Schuhe abzuholen, brachte er für Swipp einen Knochen mit. Swipp knurrte und kläffte, aber er war so hungrig, dass er sich sofort auf den Knochen stürzte und ihn zerbiss. Während er fraß, stand Ole die ganze Zeit ein kleines Stück entfernt und sagte immer zu Swipp, er sei ein guter Hund. Ole musste ja oftmals hin, um nach seinen Schuhen zu fragen.

Denn sie waren doch nie fertig. Und immer brachte er Swipp irgendetwas mit. Und schließlich knurrte Swipp ihn nicht mehr an, sondern bellte nur, wie Hunde bellen, wenn sie einen Menschen sehen, den sie gut leiden können. Da ging Ole zu Swipp hin und streichelte ihn, und Swipp leckte ihm die Hand. Eines Tages fiel der Schuhmacher hin und verstauchte sich den Fuß und er kümmerte sich nicht darum, ob Swipp etwas zu essen bekam.

Ole tat es leid um Swipp. Deshalb ging er zu Nett und fragte, ob er für Swipp sorgen dürfe, solange Nett den schlimmen Fuß hätte. Dass er das gewagt hat! Aber Nett sagte nur: „Das möchte ich mal sehen! Der fährt dir an die Kehle, wenn du nur in seine Nähe kommst."

Ole ging zu Swipp hinaus und streichelte ihn, während der Schuhmacher am Fenster stand und zusah. Da sagte er, Ole könne gern für Swipp sorgen, solange er selbst es nicht könne.

Ole machte die Hundehütte sauber, legte frisches Heu hinein, wusch Swipps Trinknapf aus, füllte ihn mit frischem, sauberen Wasser und gab Swipp eine ganze Menge zu essen. Hinterher nahm er ihn mit auf einen langen Spaziergang bis zu uns nach Bullerbü. Swipp hüpfte und sprang und bellte vor Freude, denn er war so lange angebunden gewesen, dass es ihm schrecklich über war.

Die ganze Zeit, während Nett den kranken Fuß hatte, holte Ole Swipp jeden Tag ab und spielte mit ihm. Wir spielten auch mit ihm, aber Swipp mochte Ole am liebsten leiden. Als Netts Fuß wieder gut war, sagte er zu Ole: „Jetzt aber Schluss damit! Der Hund ist ein Wachhund. Er muss wieder an die Kette."

Swipp dachte, er dürfe wie gewohnt mit Ole spazieren gehen, sodass er hüpfte und sprang und bellte. Als Ole fortging, ohne ihn mitzunehmen, heulte Swipp und war schrecklich traurig, sagte Ole. Ole war auch traurig. Schließlich konnte sein Vater es nicht länger mit ansehen, wie traurig er war, und da ging Oles Vater zu Nett und kaufte Swipp für Ole.

2 Berichtet von euren eigenen Erfahrungen mit Tieren.

2.1. Altersangemessene Texte sinnbezogen zum Wissenserwerb lesen – Techniken und Strategien zum Leseverstehen einsetzen 2.2. Handlungen fiktionaler Texte mit eigenen Erfahrungen verknüpfen

Textwerkstatt

Handlungsweisen einer literarischen Figur verstehen

1 Schau dir zunächst nur die Überschrift des Textes und das Bild an.
Notiere dann Vermutungen dazu, worum es in der Erzählung gehen könnte.

2 Lest nun die Erzählung „Arktisches Abenteuer" von H. B. Cave oder hört euch die Audiodatei an.

))) **Portal**
WES-122961-021

Arktisches Abenteuer

H. B. Cave

Am dritten Tage des Hungers dachte Noni an den Hund. Auf der schimmernden Eisinsel mit ihrer Lagune gab es nichts Lebendes außer ihnen beiden.

Als das Wetter so plötzlich umschlug, hatte Noni seinen Schlitten, sei-
5 ne Lebensmittel, seinen Pelz und sogar sein Messer verloren. Nur Nimuk hatte er gerettet, einen großen, ihm treu ergebenen Polarhund. Und nun beobachteten sich die beiden auf dieser Eisinsel Gestrandeten mit wachsamen Augen aus sicherer Entfernung.

Nonis Liebe für Nimuk war echt, sehr echt sogar – so echt wie Hunger,
10 kalte Nächte und der bohrende Schmerz in seinem verletzten Bein, das notdürftig mit der selbst verfertigten Schiene eingebunden war. Aber die Männer seines Dorfes töteten zumeist ihre Hunde, wenn das Futter knapp wurde.

Oder nicht? Ja, ohne auch nur ein zweites Mal daran zu denken. Auch
15 Nimuk, das musste er sich selber sagen, würde sich Nahrung suchen, wenn er einmal hungrig war.

Einer von uns beiden wird bald den andern auffressen, dachte Noni. Daher ...

Er konnte den Hund nicht mit bloßen Händen töten. Nimuk war stark
20 und noch frischer als er. Eine Waffe war daher unerlässlich.

Er zog seine Fellhandschuhe aus und band die Schiene vom Bein los. Als er sich vor wenigen Wochen das Bein verletzt hatte, da hatte er die Schiene aus Teilen eines Zuggeschirrs und zwei dünnen Eisenstäben verfertigt. Einen davon steckte er in eine Eisspalte und begann, den andern mit festen,
25 langsamen Zügen dagegenzureiben.

Nimuk beobachtete ihn mit gespannter Aufmerksamkeit, und es schien Noni, als glühten die Augen des Hundes stärker, nun, da sich die Nacht herabsenkte. Er fuhr fort zu schleifen und versuchte, nicht daran zu denken, warum er dies tat. Der Stab hatte nun schon eine Kante. Langsam begann
30 er, Form anzunehmen. Bei Tagesanbruch hatte er die Arbeit vollendet.

1.1. Hörversionen von Erzählungen Informationen entnehmen
2.2. Orte und Handlungsmotive beschreiben – mittels produktiver Methoden fremde Sichtweisen vergegenwärtigen

Noni zog das fertige Messer aus der Eisspalte und befühlte mit dem Daumen seine Schärfe. Der Glanz der Sonne, die davon zurückgeworfen wurde, blendete ihn.

Noni gab sich einen Ruck. „Hierher, Nimuk!", rief er weich.

35 Der Hund beobachtete ihn misstrauisch.

„Komm her!", rief Noni.

Nimuk kam näher.

Noni sah die Furcht in des Tieres Blick. Er spürte Hunger und Mitleid in dem mühsamen Atmen des Hundes und seinem ungeschickten, schlep-
40 penden Ducken. Sein Herz schrie. Er hasste sich selbst und kämpfte dagegen.

Nimuk kam näher und beobachtete seinen Herrn argwöhnisch.

Noni fühlte einen Druck in der Kehle. Er sah die Augen des Hundes: Sie waren Abgründe tiefer Qual.

45 Jetzt! Das war der Augenblick zuzustoßen!

Ein tiefer Seufzer erschütterte Nonis am Boden knienden Körper. Er verfluchte das Messer, schwankte wie blind und warf die Waffe hinter sich. Mit leeren, ausgestreckten Händen stolperte er hin zu dem Hund und fiel nieder.

50 Das Tier jaulte jämmerlich, als es den Körper des Jungen vorsichtig umkreiste. Und nun fürchtete sich Noni zu Tode. Durch das Wegwerfen des Messers war er waffenlos geworden. Er war zu schwach, um danach zu kriechen. Er war Nimuks Gnade ausgeliefert. Und Nimuk war schrecklich hungrig.

55 Der Hund hatte jetzt Noni umkreist und schlich ihn von hinten an. Noni hörte das wilde Röcheln in der Kehle. Er schloss die Augen und betete inständig, der Angriff möge rasch vorbeigehen. Er fühlte die Füße des Hundes an seinem Bein und die heiße Wärme von Nimuks Atem an seinem Nacken. In der Kehle des Jungen bildete sich ein Schrei.

60 Dann fühlte er die Zunge des Hundes sein Gesicht liebkosen. Noni öffnete die Augen und starrte ungläubig um sich. Dann schluchzte er leise auf, legte seinen Arm um den Hals des Hundes und zog dessen Kopf ganz nahe zu sich heran.

1.1. Hörversionen von Erzählungen Informationen entnehmen
2.2. Orte und Handlungsmotive beschreiben – mittels produktiver Methoden fremde Sichtweisen vergegenwärtigen

Das Flugzeug erschien eine Stunde später aus dem Süden.

Sein Pilot, ein junger Mann der Küstenpatrouille, schaute hinunter und erblickte das große, schwimmende Eisfeld mit dem Eisberg in der Mitte.

Dann sah er etwas flimmern.

Es war die Sonne, die auf einen glitzernden Gegenstand schien, der sich bewegte. Die Neugierde des Piloten war geweckt. Er wendete mit dem Flugzeug, stieß tiefer hinab und landete in einer Lagune offenen Wassers.

Er fand zwei Lebewesen – einen Jungen und einen Hund.

Der Junge war bewusstlos, lebte aber noch. Der Hund winselte kläglich, war aber zu schwach, um sich bewegen zu können. Der glitzernde Gegenstand, der die Aufmerksamkeit des Piloten erregt hatte, war ein grob geformtes Messer, das mit der Spitze voran nur wenig entfernt im Eis steckte und sich leicht im Winde bewegte.

3 Begründe, was dich an dieser Geschichte besonders beeindruckt hat.

4 Beschreibe, wie du dir den Ort vorstellst, an dem Noni und sein Hund leben. Beziehe die folgenden Fragen in deine Überlegungen ein:
- Was erfahrt ihr über den Ort im Text?
- Wie sieht es dort aus?
- Wie wirkt der Ort auf euch?

5 Erkläre, weshalb Noni dazu entschlossen ist, den Hund zu töten. Lies dazu die entsprechende Textstelle (Zeile 1–13) noch einmal.

6 Lest in den Zeilen 34–45 nach.
a) Erklärt, warum Noni den Hund am Ende doch nicht töten kann.
b) Sprecht darüber, womit ihr als Leser eigentlich gerechnet hattet.

7 Das Messer hat für das Überleben der beiden eine besondere Bedeutung. Beschreibe, welche Rolle es bei der Rettung spielt.

W 8 Wähle im Folgenden zwischen a) oder b) aus.
a) Verfasse eine kurze Geschichte dazu, wie du dir das Zusammenleben der beiden nach der Rettung vorstellst.
Deine Geschichte könnte so beginnen:
Noni schlief nach seiner Rettung sehr, sehr lange. Als er aufwachte, befand er sich in einer Hütte in seinem Heimatdorf. Er blickte sich ungläubig um. …
b) Verfasse einen persönlichen Brief an Noni. Stelle dich zunächst vor und erzähle von dir und deinem Zuhause. Stelle Noni anschließend Fragen zu seiner Heimat, seinem Hund Nimuk, seinen Hobbys, aber auch zu dem, was er erlebt hat und wie er sich in der Situation verhalten hat.

→ **S. 169**
Persönlicher Brief

1.1. Hörversionen von Erzählungen Informationen entnehmen
2.2. Orte und Handlungsmotive beschreiben – mittels produktiver Methoden fremde Sichtweisen vergegenwärtigen

Textwerkstatt

Sich in die Gefühlswelt einer Figur hineinversetzen

1 Lies den folgenden Text.

Der Vater

Hannelore Voigt

Florian sitzt auf dem Elternbett und schaut zu, wie sein Vater Koffer packt. Beim Kofferpacken hat er ihm schon oft zugeschaut. Der Vater muss viel verreisen, das liegt an seinem Beruf, aber länger als zwei Wochen war er nie weg. Florian kann ganz gut raten, ob sein Vater drei Tage bleibt oder sechs
5 oder mehr. Für ihn ist es ein Spiel, das sogar einen Namen hat. Es heißt das Wie-lange-bleib-ich-Spiel.

Florian überlegt, wer auf die Idee kam, er oder sein Vater. Er erinnert sich nicht. Florian und sein Vater haben viele Spiele miteinander, die nur sie beide kennen, niemand sonst.

10 „Gut, dass du ein großer Junge bist", sagt der Vater. „Weißt du noch, was wir gestern Abend besprochen haben?"

„Dass du eine Zeit lang nicht mehr kommst", sagt Florian. „Und dass du in einer anderen Stadt wohnst."

„Und?"

15 „Dass sich für mich nicht viel ändert."

Der Vater nimmt seine Hemden aus der Kommode. Alle. Es sind drei Stapel, mit denen der größte Koffer bis oben hin voll wird. Dann öffnet er den Kleiderschrank – die Tür knarzt wie immer – und holt seine Hosen heraus. Es sind auch die alten Jeans dabei, die er sonst nie mitgenommen hat. Um
20 die Taschen herum sind sie ganz abgeschabt.

„Und?", fragt er.

„Mehr weiß ich nicht."

„Wird dir schon noch einfallen", sagt der Vater und zieht eine Schublade auf. Er ist ganz woanders mit seinen Gedanken. In der Schublade liegt ein
25 Fotoapparat. Der Fotoapparat war bei den Ausflügen immer im Rucksack.

„Berg oder Tal?", hatte der Vater am Abend vorher gefragt.

Florian konnte aussuchen. Meistens sagte er „Berg". Die Mama wollte nie mit. „Geht ihr nur allein", hatte sie gesagt. „Das ist genau was für zwei Männer. Ich mach mir einen schönen Tag zu Hause."

30 Florian denkt an die Fotos. Sie mussten immer jemand finden, der sie fotografierte. Papa und Florian vor dem „Watzmann". Papa und Florian und eine Kuhherde. Papa und Florian mit vier Flaschen Limo.

Eigentlich mag der Papa gar keine Limo, denkt Florian. Wenn sie aber ihren Ausflug machten, dann tranken sie immer das Gleiche. Sie aßen auch das Gleiche. Ganz früher hatte Florian versucht, genauso große Schritte zu machen wie der Papa. Weil er es nicht schaffte, war er wütend geworden. Auf dem „Herzogstand" hatten sie den letzten Sessellift ins Tal verpasst. Es wurde stockdunkel, und der Weg nach unten endete im Gebüsch. „Wenn der Florian die Taschenlampe nicht gehabt hätte …", erzählte der Papa später.

Einmal hatten sie den Fotoapparat vergessen, auf einem Felsbrocken direkt neben dem Gipfelkreuz. Erst auf halbem Weg nach unten fiel es ihnen ein, und obwohl die Sonne hoch stand, stiegen sie noch mal auf. Der schmale Weg war nicht schwer zu gehen, und es begegneten ihnen Wanderer, die von oben kamen. „Ob ihn einer bei sich trägt?", fragte der Vater. „Der Letzte, der hat so ein Gesicht gemacht. Nein, der da noch mehr."

Als sie beim Gipfelkreuz ankamen, lag der Fotoapparat da. Die Sonne ging gerade unter und färbte die Wolken ganz rot.

„Du kommst mich natürlich oft besuchen", sagt der Vater. „Mit dem Zug. Zugfahren macht dir ja Spaß."

Da haben wir auch so ein Spiel, denkt Florian. Es heißt Bahnhofs-Spiel. Man muss raten, wann man am nächsten Bahnhof ist.

„Wie lange?", fragt er.

„Vier Stunden."

Vier Stunden hin und vier Stunden zurück denkt Florian.

„Und dann die Ferien. Ostern und Pfingsten und Weihnachten."

Florian nickt.

„In den großen Ferien fahren wir in die Schweiz. Da gibt es viel höhere Berge als hier."

Auch, wenn ich die Versetzung nicht schaffe?, denkt Florian. Ihm fällt ein, dass er noch Hausaufgaben machen muss. Hausaufgaben sind ihm gar nicht mehr wichtig. Die ganze Schule nicht.

Vielleicht ist es doch nur für ein paar Wochen, denkt Florian. Der Vater kann sich irren, vielleicht kommt er eher, als er meint. Jeder irrt sich. Hat der Vater oft gesagt.

Das war auch so ein Spiel.

Inzwischen holt der Vater wieder zwei Schachteln herein. „Ich hab's bald", sagt er und klappt die Seitenteile auseinander. „Nur noch die Schuhe. Danach gehen wir essen. Bayerisch oder italienisch?"

„Mit der Mama?", fragt Florian. Der Vater gibt keine Antwort. Er steht vor seinem Schuhregal. Vielleicht hat er Florians Frage nicht gehört.

Wenn er alle seine Schuhe mitnimmt, bleibt er lange, denkt Florian.
80 Wenn er nicht alle mitnimmt, bleibt er nur kurz. Die Gummistiefel und die Sandalen hat er sonst immer stehen lassen. Die blauen Pantoffeln auch.

Ein Paar Schuhe nach dem anderen verschwindet in den Schachteln.

Wenn er jetzt welche stehen lässt, kommt er bald zurück, denkt Florian noch mal. Im Herbst wohnt er dann wieder bei uns. Im Herbst, wenn ich Geburtstag habe. Im Oktober. Zum Geburtstag wünsche ich mir eine Bergtour zu dritt. Papa, Mama und ich. Wenigstens die Pantoffeln sollen hierbleiben. Sollen doch hierbleiben.

Der Vater räumt das ganze Schuhregal leer.

2 In der Geschichte „Der Vater" packt Florians Vater seine Koffer.
   a) Erklärt, wieso das zunächst nichts Ungewöhnliches für Florian ist.
   b) Dieses Mal scheint es aber anders zu sein.
      Gebt Situationen aus dem Text wieder, an denen dies deutlich wird.
      Folgende Zeilenangaben helfen euch dabei:
      Zeile 10–20, Zeile 48–62 und Zeile 84–89.
   c) Klärt gemeinsam, auf welche „Reise" der Vater gehen wird.

3 Stellt euch vor, ihr könntet jetzt in die Geschichte eintreten und mit dem Vater sprechen.
Welche Fragen würdet ihr ihm stellen und was würdet ihr ihm gerne sagen?

W 4 Wähle im Folgenden zwischen a) oder b) aus.
   a) Nachdem der Vater fortgefahren ist, schreibt Florian am Abend seine Gedanken in einem Tagebuch auf.
      Verfasse diesen Tagebucheintrag aus der Sicht von Florian.
   b) Florian bekommt in einer E-Mail Unterstützung von seinem besten Freund / seiner besten Freundin.
      Verfasse diese E-Mail an Florian von seinem besten Freund / seiner besten Freundin.

→ **S. 170**
E-Mail schreiben

2.1. Altersangemessene Texte lesen   2.2. Eigenheiten / Handlungsmotive von Figuren beschreiben – Handlungen fiktionaler Texte mit eigenen Erfahrungen verknüpfen – mittels produktiver Methoden Fremdverstehen entfalten

Textwerkstatt

Zum Verhalten von literarischen Figuren Stellung nehmen

1 Lies zunächst nur die Überschrift der folgenden Geschichte.
Stelle dann Vermutungen an, worum es in dieser Geschichte gehen könnte.

2 Lies nun den ersten Teil der Geschichte „Ist ja auch nichts für ein Mädchen".

Ist ja auch nichts für ein Mädchen

Gina Ruck-Pauquèt

Eigentlich hatte es ganz friedlich angefangen. Jürgen war über den Zaun gesprungen und Anke ihm nach.
„Prima!", sagte er. „Aber jetzt kommst du nicht mehr drüber."
Und er hatte einen Stock oben über die Pfähle gelegt.
„Das ist zu hoch für dich."
Anke schaffte es aber doch.
„Na ja", sagte Jürgen.
Dann rannten sie los. Anke war schneller. Sie standen da, keuchten und schnappten nach Luft, und Jürgen war sauer. Anke lachte.
„Ruh dich aus", sagte sie und setzte sich ins Gras. Jürgen kaute auf einem Holzspan herum und spuckte ihn aus. Starrte in die Ferne.
„Für'n Mädchen bist du ganz gut", sagte er. „Aber wenn wir 'n Ringkampf machen, verlierst du."
Anke zuckte die Achseln.
„Traust dich ja auch nicht."
„Schon", sagte Anke.
„Überhaupt nicht", sagte Jürgen. „Ist ja auch nichts für'n Mädchen."

Anke stand auf.
„Geh'n wir?", sagte Jürgen.
„Wenn du unbedingt willst …"
„Was?", fragte Jürgen.
„Na, den Ringkampf", sagte Anke.
„Nachher tu ich dir weh und dann heulste", sagte Jürgen.
„Du?", sagte Anke. „Du Plüschtiger."
Und dann packten sie sich.
„Wer mit beiden Schulterblättern auf die Erde kommt, hat verloren", rief Jürgen.
Er versuchte sie seitlich runterzudrücken. Anke wand sich aus seinen Händen. Beim zweiten Mal stieß er ihr von hinten sein Bein in die Kniekehlen.
„Das ist gemein!", schrie Anke.
Er hatte einen Arm um ihren Hals gelegt und wollte sie aus dem Stand ziehen. Aber das schaffte er nicht. Er ließ los und fing an, sie zu kitzeln.
Da kriegte Anke Wut. Sie schmiss sich voll auf ihn. Als sie unter seinem Arm durchgriff, spürte sie, dass sie stärker war.
Sie duckte sich leicht und auf einmal hatte sie Jürgen über ihre Schultern geworfen, er lag da und sie kniete auf ihm. Ganz schnell war das gegangen. […]

3 Nennt Jürgens Gründe dafür, weshalb er Anke nicht so besonders viel zutraut.

4 Anke hat Jürgen schließlich doch im Wettlauf und im Ringkampf besiegt.
Vermutet, wie Jürgen darauf reagieren wird. Begründet eure Vermutungen.

2.1. Leseerwartungen formulieren   2.2. Eigenheiten von Figuren beschreiben – Handlungsverlauf erschließen – mittels produktiver Methoden Fremdverstehen entfalten

5 Lest nun auch den restlichen Text aufmerksam.

[…] Sein Gesicht war vor Wut verzerrt.

„Beide Schulterblätter auf der Erde!", schrie Anke.

„Lass mich los", sagte Jürgen. „Hörst du – du sollst mich loslassen!"

„Ich hab' aber gewonnen", sagte Anke. „Gibst du's zu?"

Sie sprang zur Seite. Jürgen kam hoch und klopfte sich die Kleider ab.

„Gar nichts geb' ich zu", sagte er.

„Du bist gemein!", schrie Anke. „Ich hab' gesiegt! Ich bin stärker als du."

„Ich würd' den Mund halten", sagte Jürgen. „Oder findest du das toll für'n Mädchen?"

„Wieso?", sagte Anke.

„Na ja", sagte Jürgen. „Du willst doch wohl nicht Boxer werden oder Preisringer."

Er saß auf einem Stein und zupfte an seinem Strumpf herum. Grinste.

„Das Mädchen, das jeden schlägt", sagte er. „Die Frau mit den eisernen Fäusten. Glaubst du, dass sich für so eine jemals ein Junge interessiert?"

Anke blickte ihn an. Schwieg.

„Du kannst natürlich auf dem Jahrmarkt Geld verdienen. Als Muskeltante", sagte Jürgen. „'n Mann kriegst du sowieso nicht. So was mag doch keiner."

„Rutsch mir doch den Buckel 'runter!", sagte Anke.

Sie drehte sich um und ging weg. Tränen schossen ihr in die Augen. Es war mehr aus Wut.

„He!", rief Jürgen und sprang auf. „Wohin willst du denn? Bleib doch!", rief er. „Ich hab's doch nicht so gemeint. Ich mag dich doch", sagte er.

Aber das hörte sie schon nicht mehr.

6 Fasst zusammen, wie sich Jürgen nach seiner Niederlage Anke gegenüber verhält. Sprecht darüber, ob sich eure Vermutungen aus Aufgabe 4 bestätigt haben.

7 Beschreibt, wie ihr Jürgens Verhalten Anke gegenüber empfindet.

8 Tauscht euch mit eurem Sitznachbarn über Ankes Reaktion aus. Was fühlt sie und warum? Könnt ihr Ankes Verhalten nachvollziehen?

9 Erklärt, inwieweit Jürgen und Anke unterschiedliche Vorstellungen davon haben, wie Jungen und wie Mädchen sein sollten.

10 Nehmt nun in der Klasse Stellung zu den verschiedenen Ansichten von Anke und Jürgen. Begründet dazu, ob ihr euch eher Anke, Jürgen oder vielleicht auch keinem der beiden anschließen könnt.

11 Am Schluss tut es Jürgen leid, was er zu Anke gesagt hat. Schreibe eine kurze Fortsetzung zu der Geschichte. So kannst du beginnen: *Jürgen hatte ein unglaublich schlechtes Gewissen, weil Anke doch seine beste Freundin war. Schnell sprang er auf und lief ihr hinterher. …*

2.1. Leseerwartungen formulieren 2.2. Eigenheiten von Figuren beschreiben – Handlungsverlauf erschließen – mittels produktiver Methoden Fremdverstehen entfalten

Textwerkstatt

Eine Geschichte aus zwei Perspektiven lesen

1 Lies den ersten Teil der folgenden Geschichte.

Morgens zwischen sieben und acht

Erika Krause-Gebauer

Teil 1

Ich sitze in meinem Zimmer am Schreibtisch. Ich bin Kristians Mutter. Ich muss euch unbedingt mal beschreiben, wie das so läuft bei uns, morgens, zwischen sieben und acht.

Es ist sieben Uhr. Kristian muss aufstehen. Ich gehe runter in sein Zimmer. Ich bin selbst noch ziemlich müde und lustlos. Hoffentlich steht Kristian gleich auf! Er will natürlich nicht. Mürrisch wälzt er sich auf die andere Seite. Er wickelt sich ganz fest in die Bettdecke ein und knurrt gegen die Wand.

Ich mache einen weiteren Versuch, ohne Erfolg! Kristian mault. Ich merke, wie ich langsam sauer werde. Ein kampfgeladener Tag wird auf uns zukommen, befürchte ich. Mit erhobener Stimme verkünde ich dem Bettknäuel die Uhrzeit und stapfe nach oben in die Küche. Jeden Morgen dasselbe Theater!

Ich nehme mir vor, viel konsequenter zu werden und mich nicht mehr aufzuregen. Ich werde den Kristian wecken und dann seelenruhig zusehen, wie er zu spät in die Schule kommt. Soll er doch feststellen, wie das so ist!

Er kommt rauf, lässt sich auf einen Küchenstuhl fallen und bleibt reglos sitzen. Der Uhrzeiger nähert sich bedenklich der Acht. Menschenskind, beweg dich doch! Der Kakao bleibt unberührt. Kristian stolpert wieder runter in sein Zimmer und sucht wild im Kleiderschrank rum.

Ich fasse Beschlüsse: Vieles muss anders werden! So geht es nicht weiter, so nicht! Unten rumort es. Ich halte es nicht mehr aus. Kristian hockt vor dem Schrank, rechts neben ihm ein Bündel Hosen, links T-Shirts und Pullis, mit und ohne Kleiderbügel. Verflixt, wie oft habe ich ihm schon gesagt, er soll sich seine Klamotten am Abend heraussuchen?

Kristian zuckt ratlos mit den Schultern. Ich zerre eine Hose heraus, einen Pulli, ein paar Strümpfe, klemme sie dem Kristian unter den Arm und schiebe ihn zur Tür hinaus, die Treppe hinauf bis ins Badezimmer.

Der Küchenuhrzeiger rückt langsam, aber unerbittlich vor. Diese Uhr, denke ich, diese gnadenlose Uhr! Sie passt nicht zu Kristian! Kristian passt nicht zu dieser Zeitmaschine!

Im Badezimmer poltert und johlt es. Kristian muss den Roboter entdeckt haben, der gestern Abend dort liegen geblieben ist.

Kristian, Kristiaaaan, du schaffst es nicht mehr!

Ich sinke auf eine Treppenstufe und weiß nicht weiter. Tausend Gedanken schwirren in meinem Kopf herum: Ordnung, Pünktlichkeit, Schule, Zeugnis, aufstehen müssen – ausschlafen können, lernen – spielen, beeilen – Zeit haben, andere Eltern – andere Kinder …

Kristiaaaan, es ist Viertel vor acht!

Kristian kommt runter, Hemd aus der Hose! Ich strecke ihm den Anorak entgegen. Kristian rennt in sein Zimmer und sucht die Utensilien für den Schulranzen aus allen Ecken zusammen. Der Füller ist weg. Kristian kann den Füller nicht finden.

Was soll ich machen? Lachen, weinen, schimpfen, schreien?

Kristian hat ihn. Auf dem Boden, unterm Drehstuhl liegt der Füller.

Kristian lacht, er lacht!

Ich stopfe ihm eine Banane in das Durcheinander des Schulranzens. Anorak an, der Reißverschluss klemmt. Was macht das jetzt schon noch?

Tschüss, Kristian, mach's gut, bis heute Mittag!

Kristian winkt, trifft einen aus seiner Klasse und zieht vergnügt los. Fünf Minuten vor acht. Wir haben es wieder einmal geschafft! So läuft das bei uns, morgens, zwischen sieben und acht.

2 Kristians Mutter bemüht sich sehr darum, dass ihr Sohn nicht zu spät zur Schule kommt. Finde dafür drei Beispiele im Text.

3 Bring die folgenden Zwischenüberschriften in die richtige Reihenfolge. Ergänze dann die entsprechenden Zeilenangaben.

Kristian sucht seine Kleidung.
Kristian sucht seine Schulsachen.
Kristian macht sich auf den Weg.
Kristian will kein Frühstück.
Kristian spielt im Bad.
Kristian will nicht aufstehen.

4 Beschreibt, wie sich Kristians Mutter fühlt. Belegt eure Aussagen am Text.

✱ 5 Überlege, ob du einen Tipp für Kristians Mutter hättest, damit der nächste Morgen besser verläuft.

6 Erzählt in der Klasse, wie es bei euch morgens nach dem Aufstehen zu Hause abläuft.

7 Diese Geschichte ist aus der Sicht der Mutter verfasst. Vermutet, wie Kristian die Erlebnisse des Morgens sieht.

8 Wenn du wissen möchtest, was Kristian zu alldem sagt, lies Teil 2 der Geschichte.

2.1. Altersangemessene Texte lesen   2.2. Handlungsverlauf erschließen – Eigenheiten / Handlungsmotive von Figuren beschreiben – mittels produktiver Methoden Fremdverstehen entfalten

Teil 2

Ich heiße Kristian. Ich bin gerade neun geworden. Ich will was dazu sagen.

Das mit dem Aufstehen und Fertigmachen ist nämlich so:

Meistens bin ich schon wach, wenn meine Mutter runterkommt. Ich weiß selbst, dass ich um sieben aufstehen muss, aber ich habe keine Lust. Ich stehe schon auf, aber nicht, wenn jemand da rumsteht und unbedingt drauf wartet, nicht jetzt sofort, gleich.

Essen kann ich so früh nichts. Meine Mutter eigentlich auch nicht, das hat sie selbst gesagt.

Mein Vater hat es eilig. Er guckt beim Essen andauernd auf die Küchenuhr. Mein Bruder, der kleine Furzi, hat's gut! Der hat Zeit! Der Kindergarten fängt nicht so pünktlich an!

Das mit dem Kleiderschrankwühlen stimmt. Manchmal weiß ich nicht, was ich anziehen soll, aber ich würde schon was finden, wenn meine Mutter mich in Ruhe ließe.

Meine Klamotten kann ich gar nicht am Abend raussuchen, weil ich nach dem Abendessen immer noch eine Kassette hören will, und danach habe ich dann keine Zeit mehr, weil ich ins Bett muss.

Das mit dem Poltern und Johlen im Badezimmer ist zum Kichern. Ich spiele eben viel lieber, als mich anzuziehen. Ordentlich anziehen finde ich nicht so wichtig. Mit dem Schulranzen ist es so: Wenn ich nachmittags die Schularbeiten fertig habe, muss ich unbedingt raus, nach draußen, Rennrad fahren. Dann habe ich keine Zeit mehr, den Schulranzen zu packen. Außerdem warten meine Freunde schon auf mich. Morgens werfe ich einfach alles rein, das reicht. Ich schaffe das alles schon irgendwie, auch ohne das Meckern!

Ich bin noch nie zu spät gekommen. Doch, einmal, aber da hatten wir alle verschlafen.

9 Kristian nennt verschiedene Gründe, warum es bei ihm morgens mit dem Aufstehen und Fertigwerden so schwierig ist. Notiere sie.

10 Kristian und seine Mutter haben beschlossen, dass sich die Situation morgens beim Aufstehen und Fertigmachen ändern soll. Deshalb setzen sich die beiden zu einem klärenden Gespräch an einen Tisch.
a) Überlegt euch zu zweit, wie dieses Gespräch verlaufen könnte.
   Geht dabei folgendermaßen vor:
   - Sammelt noch einmal, wie sich Mutter und Sohn jeden Morgen fühlen und welche Gedanken ihnen dabei durch den Kopf gehen.
   - Überlegt euch Lösungen für das Problem.
   - Verfasst das Gespräch, in dem Kristian und seine Mutter sich zunächst gegenseitig mitteilen, wie sie sich morgens fühlen und was sie am Verhalten des jeweils anderen nicht gut finden. Anschließend versuchen beide, eine Lösung im Gespräch zu finden, mit der beide zufrieden sind.
b) Tragt das Gespräch nun mit verteilten Rollen vor.

Textwerkstatt

Einen szenischen Text lesen und verstehen

WES-122961-022

1 Hört euch den Text „Die verflixte Rechenaufgabe" an oder lest ihn mit verteilten Rollen vor. Dazu braucht ihr drei Leser.

Die verflixte Rechenaufgabe

Otto Waalkes

Wir befinden uns im Wohnzimmer der Familie Redlich. Vater Redlich sitzt gemütlich in seinem Fernsehsessel und buchstabiert im milden Schein der Leselampe seine geliebte „Bild"-Zeitung. Mutter Redlich poliert ihren geliebten Gummibaum. Beider Sohn sitzt über seinen Schulbüchern und
5 macht seine Hausaufgaben. Er versucht es zumindest …
Sohn: Papa!
Vater *(abwesend):* Ja?
Sohn: Ich hab' hier 'ne Rechenaufgabe.
Vater: Meinetwegen. Aber komm nicht so spät nach Hause!
10 **Sohn:** Ich hab' hier 'ne Rechenaufgabe, die krieg' ich nicht raus!
Vater *(bei der Sache):* Was? Die kriegst du nicht raus? Zeig mal her.
Sohn: Hier. 28 durch 7.
Vater: 28 durch 7? Und das kriegst du nicht raus? Elke!!
Dein Sohn kriegt 28 durch 7 nicht raus!
15 **Mutter:** Dann hilf ihm doch!
Sohn: Was heißt denn 28 durch 7, Papa? Wofür brauch' ich das denn?
Vater: Wofür? Wofür? Alle naslang brauchst du das! Stell dir vor, du hast 28 Äpfel, ihr seid sieben Buben und wollt die Äpfel untereinander aufteilen!
20 **Sohn:** Wir sind aber nur vier! Der Fips, der Kurt, sein Bruder und ich!
Vater: Dann nehmt ihr halt noch den Erwin, den Gerd und den Henner dazu, dann seid ihr …
Sohn: Der Henner ist blöd. Der kriegt keinen Apfel.
Vater: Na, dann musst du halt sehen, wen du sonst noch auf der Straße
25 triffst.
Mutter: Der Junge geht mir nicht auf die Straße! Der macht jetzt seine Schulaufgaben!
Vater: Jetzt misch dich nicht auch noch ein! Oder weißt du eine bessere Erklärung dafür, wie 28 durch 7 geht?
30 **Mutter:** Jedenfalls geht der Junge nicht auf die Straße!
Vater: Gut! Er bleibt hier! Wir haben also keine sieben Buben, sondern nur 28 Äpfel und die teilen wir jetzt durch sieben Birnen, das macht …

Mutter: Aber Hermann! Das geht doch gar nicht!
Vater: Jaja, 's war falsch … Nun macht doch nicht alles so kompliziert! Ihr seid also keine sieben Birnen … äh … Buben … ihr seid sieben … sieben … na! Sieben Zwerge! Jawohl, ihr seid sieben Zwerge.
Sohn: Und?
Vater: Und die haben zusammen eine 28-Zimmer-Wohnung!
Mutter: Ach Gott, Hermann, es gibt doch in der ganzen Stadt keine 28-Zimmer-Wohnung!

Vater: Natürlich nicht! Es gibt ja auch in der ganzen Stadt keine sieben Zwerge, verdammt nochmal! Wenn ich deine unqualifizierten Bemerkungen schon höre!
Mutter: Unqualifiziert! Aha! Und was machen deine sieben Zwerge in ihrer 28-Zimmer-Wohnung?
Vater: Wohnen! Was denn sonst? 28 Zimmer durch sieben Zwerge!
Mutter: Soso! Die geh'n da durch. Hintereinander – wie?
Sohn: Und was macht das Schneewittchen, Papa?
Vater: Die? Sie soll bleiben, wo sie ist, die dumme Nuss!
Mutter: Aber Hermann!
Vater: Ist recht! Ist recht! 28 durch 7! Das muss man teilen. Verstehst du? Wie einen Kuchen! Du hast eine Torte und die teilst du in der Mitte so durch. Und dann ist sie geteilt, klar?
Sohn: Ja. Und dann?

Vater: Und bei deiner Aufgabe musst du eben 28 Torten durch 7 teilen, jawohl! 28 Torten. *(laut)* Elke! Ich bin's leid. Kauf jetzt 28 Torten!
Mutter: Für wen denn?
Vater: Für uns sieben!
Mutter: Wir sind aber doch nur drei!
Vater: Dann werden eben noch vier dazugeladen! Die Gierigs. Die alte Raffke! Und der gefräßige Herr Mertens! Kauf die Torten!
Mutter: 28 Torten?! Aber das ist ja viel zu teuer, Hermann!
Vater: Für die Bildung von meinem Sohn ist mir nichts zu teuer! Was der Staat mit seiner verhunzten Bildungspolitik nicht schafft, das muss die Familie eben ausgleichen! Jetzt kaufst du die 28 Torten!

Sohn: Aber das ist doch Wahnsinn! Da muss ja jeder von uns vier Torten essen!
Vater: Das werden wir ja sehen, ob wir das schaffen! Wenn ich schon dran denk' an das süße Zeug.
Mutter: Ja, dann könnten wir doch …
Vater: Nein! Die Aufgabe wird jetzt gelöst! Kauf die Torten!
Mutter: *(im Rausgehen)* … 28 Torten! Vier Torten für jeden! Das schaffen wir doch nie …
Vorhang

2.2. Szenische Texte unterscheiden – Handlungsverlauf erschließen – Eigenheiten und Handlungsmotive literarischer Figuren beschreiben   1.4. Sich in die Lage literarischer Figuren versetzen und ihre Rolle im Spiel übernehmen

Lesen – Umgang mit Texten und Medien

2 In der Geschichte „Die verflixte Rechenaufgabe" versucht der Vater, seinem Sohn zu erklären, wie man mathematisch richtig teilt.
  a) Lest noch einmal nach und sammelt alle Erklärungsversuche des Vaters.
  b) Tauscht euch darüber aus, warum alle Erklärungsversuche des Vaters scheitern.
  c) Erklärt mithilfe der Zeilen 68–69 den witzigen Höhepunkt des Textes.
  ✱ d) Überlege, wie du dem Sohn das Teilen erklärt hättest. Sprich anschließend mit deinem Sitznachbarn darüber, welche Probleme sich aus deinem Erklärungsversuch ergeben könnten.

3 Erkläre mithilfe des Merkkastens, warum es sich bei dem vorliegenden Text um einen szenischen Text handelt.

4 An manchen Stellen in der Geschichte finden sich sogenannte Regieanweisungen.
  a) Schaut sie euch genau an und erklärt ihre Funktion.
  b) Sprecht darüber, an welchen Stellen ihr weitere Regieanweisungen sinnvoll einfügen könntet.

AT → **S. 303**
Rollenspiel

5 Geht in der Klasse in Dreiergruppen zusammen und übt ein Rollenspiel zur vorliegenden Geschichte ein.

ⓘ Szenische Texte

Szenische Texte werden geschrieben, um **aufgeführt** zu werden. Das erkennt man daran, dass immer angegeben ist, wer gerade spricht und sich die Handlung der Geschichte immer durch die **wörtlichen Reden** der Figuren entwickelt. Zudem enthalten szenische Texte oft sogenannte **Regieanweisungen**, die häufig *kursiv* gedruckt sind. In diesen Regieanweisungen finden sich z. B.:
- Erklärungen dazu, wie das Bühnenbild gestaltet sein soll bzw. welche Requisiten zur Verfügung stehen sollen.
- Anweisungen, wie bestimmte Sätze gesprochen werden sollen (z. B. *laut, lachend, flüsternd* etc.)
- Hinweise zu Bewegungen der Schauspieler (z. B. *beim Hinausgehen, legt die Füße auf den Tisch* etc.)

2.2. Szenische Texte unterscheiden – Handlungsverlauf erschließen – Eigenheiten und Handlungsmotive literarischer Figuren beschreiben   1.4. Sich in die Lage literarischer Figuren versetzen und ihre Rolle im Spiel übernehmen

Überprüfe dein Wissen und Können

WES-122961-023

1 Wenn du alle Texte des Textwerkstatt-Kapitels aufmerksam gelesen hast, kannst du folgendes Rätsel lösen.
Das Lösungswort ergibt sich, wenn du die Buchstaben aus den Kästchen mit den Ziffern in der entsprechenden Reihenfolge aufschreibst.

A: Welchen Beruf hat Herr Nett, der Besitzer von Swipp?
B: Womit will der Vater seinem Sohn die Lösung der Rechenaufgabe am Schluss der Geschichte „Die verflixte Rechenaufgabe" erklären?
C: In welches Land wollen Florian und sein Vater in der Geschichte „Der Vater" in den großen Ferien verreisen?
D: Mit welcher Waffe überlegt Noni seinen Hund in der Geschichte „Arktisches Abenteuer" zu töten?
E: Wie lautet der Familienname von Vater, Mutter und Sohn aus der Geschichte „Die verflixte Rechenaufgabe"?
F: Womit werden Noni und sein Hund gerettet?
G: Um wieviel Uhr muss Kristian in der Geschichte „Morgens zwischen sieben und acht" aufstehen?
H: Wie heißt der Hund von Noni in der Geschichte „Arktisches Abenteuer"?
I: Was unternimmt Florian aus der Geschichte „Der Vater" gerne mit seinem Vater?
J: In welcher Disziplin besiegt Anke Jürgen außer im Wettlauf in der Geschichte „Ist ja auch nichts für ein Mädchen"?
K: Wie lautet das Ergebnis der *verflixten Rechenaufgabe* aus der gleichnamigen Geschichte?

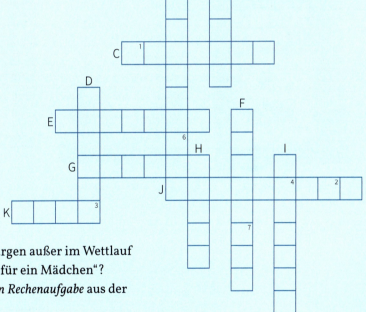

2 Welche Geschichte aus diesem Kapitel hat dir am besten gefallen? Begründe deine Meinung schriftlich. Folgende Fragen helfen dir dabei.
- Welches Schicksal hat mich besonders berührt?
- Welche Szene hat mich zum Lachen gebracht?
- Gab es eine Textstelle, die mein Interesse für ein spezielles Thema geweckt hat?
- Konnte ich mich mit einer Figur besonders gut identifizieren?
- Habe ich bei bestimmten Textstellen stark mitgefiebert oder war überrascht?
Tausche dich anschließend mit deinen Mitschülern darüber aus.

WES-122961-024

NEUES ENTDECKEN – EINSICHTEN GEWINNEN

Kinder- und Jugendliteratur

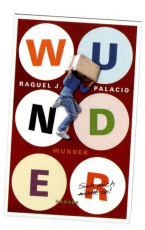
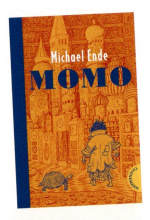

1 Sprecht in der Klasse über die abgebildeten Buchcover. Tauscht euch aus,
- welche der Bücher ihr kennt.
- welche der abgebildeten Bücher ihr gerne lesen würdet und warum.

2 Vergleicht eure Leseerfahrungen. Erzählt dazu über die Bücher, die ihr in eurer Freizeit bereits gelesen habt, und darüber, ob ihr ein Lieblingsbuch habt.

In diesem Kapitel lernst du (,) ...
- dir einen ersten Eindruck von einem Buch zu verschaffen.
- ein Lesetagebuch zu führen.
- wie man Bücher, die einem selbst gefallen, anderen vorstellt.
- dein Buch so zu präsentieren, dass deine Mitschüler neugierig werden.
- deine Buchvorstellung anschaulich zu gestalten.
- vor der Klasse einen interessanten und freien Vortrag zu halten.
- dich in einer Bibliothek zurechtzufinden.

Kinder- und Jugendliteratur

Sich einen ersten Eindruck von einem Buch verschaffen

Leons Lieblingsbuch ist „Rico, Oskar und das Herzgebreche".
Seine Klasse war von seinen Erzählungen zu dem Buch so begeistert,
dass sie es als Klassenlektüre ausgewählt hat.

1 Werft zunächst nur einen Blick auf die rechte Seite des Buchumschlags.
Beschreibt, was zu sehen ist, und stellt anhand des Titels Vermutungen
zur Handlung des Buches an.

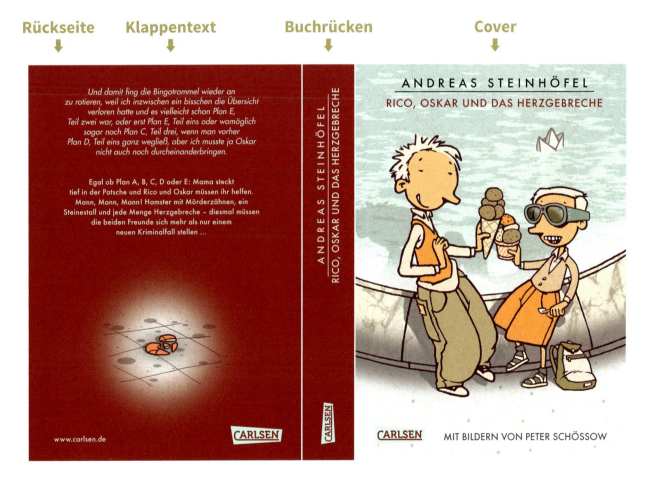

2 Lies nun den Klappentext auf der Rückseite des Buchumschlages.
Halte kurz fest, wozu du dort Informationen bekommst.

3 Tausche dich mit deinem Sitznachbarn darüber aus,
ob sich eure Vermutungen zum Inhalt des Buches bestätigt haben.
Sprecht auch über mögliche Fragen, die ihr nach dem Lesen des Klappentextes
zum Inhalt des Buches oder zum Autor etc. habt.

*2.1. Altersangemessene Texte lesen – über bisherige Leseerfahrungen berichten – einfache Techniken und
Strategien zum Leseverstehen einsetzen: Leseerwartungen formulieren*

4 „Rico, Oskar und das Herzgebreche" ist der zweite Roman einer Kinder- und Jugendbuchreihe des Autors Andreas Steinhöfel.
   a) Sprecht darüber, ob ihr vielleicht schon den Vorgängerroman „Rico, Oskar und die Tieferschatten" oder eine der Verfilmungen kennt.
   b) Informiert euch im folgenden Text über den Autor Andreas Steinhöfel.

Andreas Steinhöfel wurde 1962 in Battenberg geboren und wollte ursprünglich Biologie- und Englischlehrer werden. Heute lebt und arbeitet er unter anderem als Kinder- und Jugendbuchautor in Berlin. Zu seinen bekanntesten Büchern zählen „Beschützer der Die-
5 be" und die Abenteuer von Rico und Oskar. Auf die Frage, warum er damit begonnen hat, ausgerechnet Kinder- und Jugendbücher zu verfassen, antwortete er in einem Interview: „Ich habe mich über ein Kinderbuch geärgert, das so gut gemeint war. Ein Buch, wo die Kinder etwas lernen sollten oder noch schlimmer, sie sollten nicht nur etwas lernen, sie sollten sehen, wenn man einfach
10 nur ein bisschen mutiger ist, dann kann man bestimmte Sachen halt machen. Womit keinem Kind geholfen ist, das von sich aus nicht mutig ist. Im Gegenteil, das liest das Buch und ist noch gefrusteter. Und da hat mich die Wut gepackt, denn das ist es doch nicht, worum es in einem Buch für Kinder gehen sollte. Es ist ein Buch, in dem Erwachsene gerne hätten, was Kinder machen. Und aus
15 dem Impuls heraus habe ich dann das erste Buch ‚Dirk und ich' geschrieben."

5 Erklärt mithilfe des Merkkastens die Begriffe, die um das Buch auf Seite 93 stehen.
   Schreibt so: *Cover:* …   *Rückseite:* …   *Buchrücken:* …   *Klappentext:* …

6 Der Klappentext lässt nur erahnen, welche Abenteuer im Buch auf die beiden Jungen warten. Erklärt, warum hier nicht mehr über den Inhalt ausgesagt wird.

⚠ Fachbegriffe rund um das Buch

Die Titelseite eines Buches nennt man **Cover**. Dort stehen der Name des Autors / der Autorin, der **Titel** des Buches (manchmal auch noch ein Untertitel) und der Name des **Verlages**, in dem das Buch erschienen ist. Oftmals findet man auf der Titelseite auch ein Foto oder eine Illustration, durch die der Betrachter auf das Buch aufmerksam werden soll.
Auf dem **Buchrücken** befindet sich der Name des Autors / der Autorin und der Titel des Buches. So kann man das Buch im Regal neben anderen Büchern gut finden.
Die **Rückseite** des Umschlages enthält meist einen informierenden Text (**Klappentext**) über den Inhalt des Buches, manchmal auch noch Angaben zum Autor / zur Autorin. Dort findet man auch die internationale Bestellnummer ISBN, unter der man das Buch im Handel bestellen kann. Bücher erscheinen oft erst als **Hardcover**, d. h. sie haben einen festen Einband. Bücher ohne festen Einband nennt man **Taschenbücher**.

2.1. Altersangemessene Texte lesen – über bisherige Leseerfahrungen berichten – einfache Techniken und Strategien zum Leseverstehen einsetzen: Leseerwartungen formulieren

Kinder- und Jugendliteratur

Den Anfang einer Lektüre lesen

1 Lies die ersten Seiten aus dem Roman „Rico, Oskar und das Herzgebreche".

Auszug aus den Seiten 9–13

Auf dem Schild stand *Berlin*. Ein roter Balken lag quer über den Buchstaben, von unten links nach oben rechts beziehungsweise über Kreuz andersrum. Hier war die Stadt zu Ende.

„Und, Rico?", sagte neben mir der Wehmeyer. „Gefällt es dir hier draußen?"

5 Über der Teerstraße, auf der wir gekommen waren, flimmerte heiß die Luft. Die Straße selber führte weiter schnurgeradeaus, wurde schmaler und immer schmaler und verschwand in der Ferne, ein schwarzer Strich. Zu beiden Seiten stand meterhoch Mais auf den Feldern, ausgeblichen und trocken. Wind fuhr zwischen die Stauden, sodass sie raschelten und flüsterten wie altes Papier.
10 Über allem wölbte sich so gewaltig der Himmel, als hätte der liebe Gott eine riesige Salatschüssel umgestülpt, blau wie Mamas Badewasser, wenn sie ihr geliebtes griechisches Mittelmeeraroma reingekippt hatte.

> GRIECHISCHES MITTELMEER: Die Ägäis. Es gibt noch mehr Mittelmeer an anderen Stellen, aber da heißt es dann anders. An einem Ort namens Gibraltar fließt es in den Atlantik. Ein paar Affen sitzen auf Felsen und gucken dabei zu, keiner weiß, warum. Wahrscheinlich fragen sie sich, warum es kein Rechts- und kein Linksmeer gibt. Nur das in der Mitte. Es ist ein merkwürdiger Ort.

Normalerweise komme ich ja mit geradeaus viel besser zurecht als mit Kurven und Ecken, deshalb hätte ich diese Maisfeldstraße eigentlich toll finden müssen. Tat ich
15 aber nicht. Hier draußen war alles so weit und so hoch und so ohne Ende, dass mir schwindelig wurde. Als könnte man einfach drauflosgehen, ohne jemals irgendwo anzukommen, bis es zuletzt nur noch Maisfelder gab, in denen man sich hoffnungslos verirrte und von Feldhamstern angegriffen wurde. Vor zwei Wochen, als ich noch im Krankenhaus lag, hat Berts mir ein Tierlexikon geschenkt, da ist ein Bild von ei-
20 nem drin. Anders als meine beiden geliebten und unvergessenen Mollies – Gott sei ihren kleinen Goldhamsterseelen gnädig – sind Feldhamster riesige Bestien mit Mörderzähnen, stahlharten Krallen und dicken Backentaschen. In jede Backe passt spielend ein Kind rein, ein kleines sogar mit Fahrrad, wenn es auf dem Weg nach Hause an so einem gefährlichen Feld vorbeifährt.

2.1. Texte lesen – einfache Techniken und Strategien zum Leseverstehen einsetzen – Fragen an Texte stellen
2.2. Handlungsverlauf erschließen

25 Ich betrachtete die wogenden Maisstauden, schwitzte ein bisschen vor Angst und wünschte mir, Oskar wäre bei mir. Dann hätte ich weniger Muffe und der Feldhamster keine Schlagseite, weil in einer Backe noch massig Platz war.
Mann, Mann, Mann!
[...]
Ich war noch nie aus der Stadt draußen gewesen, nicht mal mit der Bahn. Wenn
30 es nach mir ginge, konnte das auch gern so bleiben. Zu weit weg von Berlin bringt mich völlig durcheinander, außer es gibt am Ende von Zuweitweg was zu essen, zum Beispiel in Waltersdorf. Da war ich mal mit Mama und Irina bei IKEA. Wir kauften Regale fürs Wohnzimmer und es gab schwedische Fleischbällchen zu Mittag. Sie heißen Köttelböller, explodieren aber nicht. Sie sind einfach nur lecker. Noch leckerer
35 sind die schwedischen Waffeln zum Nachtisch, die aus lauter kleinen Herzchen zusammengesetzt sind, mit Kirschen und Puderzucker drauf, als hätten die Herzchen geblutet und es anschließend kleine Kristallflocken darauf geschneit, und –
„Rico?"
„Hm?"
40 „Ob es dir hier gefällt."
„Oh ... Ja, es ist ganz toll. Vielen Dank, dass Sie mich mitgenommen haben."
Der Wehmeyer glaubte, mir einen großen Gefallen zu tun, da war es nur fair, wenn ich mich ein bisschen zusammenriss. Außerdem ist er Lehrer, und bei Lehrern weiß man nie. Womöglich geben die einem sogar für Motorradausflüge Noten.
45 Der Ausflug war der versprochene Bonus für mein Ferientagebuch. Ich hatte es dem Wehmeyer feierlich überreicht, nachdem ich aus dem Krankenhaus entlassen worden war und er mich in der Dieffe besucht hatte. Erst als er wieder abgezischt war, das Tagebuch unterm Arm, war mir eingefallen, dass er nun alles Mögliche über mich wissen würde. Warum und wie ich überhaupt im Krankenhaus gelandet war,
50 wusste zwar längst ganz Berlin: aus dem Fernsehen und aus der Zeitung, wo ich Frederico D. hieß, und von Frau Dahling, die es bei Karstadt am Hermannplatz jedem erzählte, der bei ihr an der Fleischtheke auch nur zehn Gramm Hackepeter einkaufte. Aber ich hatte nicht nur das Abenteuer mit Mister 2000 im Ferientagebuch aufgeschrieben, sondern dazu auch noch Oskars und meine Geschichte, wie wir uns ken-
55 nenlernten, wie Oskar entführt wurde und so weiter. Außerdem steht viel drin über den Bühl, weil ich den gern als Papa hätte, vor allem, seit ich weiß, dass er Polizist ist – man fühlt sich da gleich viel sicherer –, und über Frau Dahling, die ab und zu vom grauen Gefühl überfallen wird, weil sie so einsam ist, *und* es steht drin, dass ich in Jule verknallt bin, die am Wochenende mit ihrem blöden Massoud aus dem Urlaub
60 wiederkommt.
Also, verräterischer geht's ja wohl nicht.
Der Wehmeyer musste das alles inzwischen gelesen haben, aber bis jetzt hatte er noch keinen Pieps dazu gesagt. Wer weiß, was der jetzt von mir dachte. Schön peinlich. Ich zog unbehaglich die Schultern ein Stück hoch, schwitzte weiter und guckte
65 stur geradeaus. Vielleicht, überlegte ich, sollte ich doch besser in so einem Hamsterfeld verschwinden. Oder einfach weglaufen in Richtung ...
[...]

2.1. Texte lesen – einfache Techniken und Strategien zum Leseverstehen einsetzen – Fragen an Texte stellen
2.2. Handlungsverlauf erschließen

KOMPETENZEN AUFBAUEN, ÜBEN UND ANWENDEN

2 Beantworte die folgenden Fragen zum Textauszug schriftlich.
- Aus welcher Sicht ist die Geschichte erzählt?
- Mit wem ist Rico unterwegs und was machen die beiden? In welchem Verhältnis stehen die beiden zueinander und wie fühlt sich Rico während des Ausfluges?
- Wer ist Oskar? Was erfährst du über ihn?
- Welche Personen werden außer Rico, Oskar und Herrn Wehmeyer in diesem Auszug erwähnt? Was erfährst du über sie?

3 Welche Fragen habt ihr zu diesem Textauszug oder habt ihr vielleicht etwas nicht verstanden? Macht euch Notizen.

4 Manche eurer Fragen lassen sich nur beantworten, wenn ihr den Vorgängerband von „Rico, Oskar und das Herzgebreche" kennt.
- Lest die folgende Inhaltszusammenfassung zu „Rico, Oscar und die Tieferschatten".
- Macht euch dabei Notizen zu euren eigenen Fragen und zu den Fragen rechts.

Was ist die „Dieffe 93"?
Inwiefern ist Rico „tiefbegabt"?
Was sind die „Tieferschatten"?
Was erfährt man über Ricos Eltern?
Warum trägt Oskar einen Helm?
Wer ist Mister 2000, was haben Oskar und Rico mit ihm zu tun?

Rico, eigentlich Frederico Doretti lebt mit seiner Mutter in der Dieffenbachstraße 93 in Berlin. Seine Mutter Tanja arbeitet als Geschäftsführerin in einem Nachtclub. Sein italienischer Vater ist, so glaubt Rico, beim Fischen tödlich verunglückt. Weil Rico manche Dinge nicht gleich versteht oder vergisst und seine Gedanken im Kopf manchmal nur schwer ordnen kann, bezeichnet er sich selbst als „tiefbegabt". In seinem Haus ist er bekannt und beliebt. Sonst hat Rico aber keine Freunde. Das ändert sich, als er den hochbegabten, etwas seltsamen Oskar auf dem Spielplatz kennenlernt, der aus Angst vor den Gefahren der Welt einen blauen Motorradhelm trägt. Kurz nach ihrem Kennenlernen verschwindet Oskar spurlos. Es stellt sich heraus, dass er von einem Verbrecher namens „Mister 2000" entführt wurde. „Mister 2000" hat schon mehrere Kinder entführt, für die er immer ein Lösegeld in Höhe von 2000 € verlangt und kassiert hat. Rico, der noch nichts von Oskars Entführung weiß, beobachtet in der Zwischenzeit im unbewohnten und abrissgefährdeten Nachbarhaus merkwürdige Schatten und Umrisse, die er „Tieferschatten" nennt. Da Oskars Vater die 2000 € nicht zahlen will, wendet er sich an die Öffentlichkeit. So erfährt Rico in den Nachrichten von Oskars Entführung. Sofort beginnt Rico zu recherchieren und kommt schließlich zu dem Schluss, dass die „Tieferschatten" die Schatten des Entführers und der Entführungsopfer sein müssen. Als Rico Oskar befreien will, stellt sich dabei heraus, dass sich Oskar absichtlich hat entführen lassen, um dem Kidnapper auf die Schliche zu kommen. Während ihrer Flucht werden die beiden Freunde von „Mister 2000" erwischt und Rico wird niedergeschlagen. Schließlich kann der Entführer aber doch gestellt werden, ohne dass noch Schlimmeres geschieht. Diese abenteuerlichen Erlebnisse hält Rico in einem Ferientagebuch fest, eine Aufgabe, die er von seinem Lehrer erhalten hat.

2.1. Texte lesen – einfache Techniken und Strategien zum Leseverstehen einsetzen – Fragen an Texte stellen
2.2. Handlungsverlauf erschließen

Kinder- und Jugendliteratur

Leseerfahrungen festhalten – Ein Lesetagebuch führen

Für Rico, dem es manchmal schwerfällt, alles genau zu behalten, ist das Tagebuch die Erfindung des Jahrhunderts, da es „gut gegen kleine Vergesslichkeiten" sei. Das bringt Leon und seine Klasse auf die Idee, ihre Leseerfahrungen ebenfalls in einer Art Tagebuch festzuhalten. Sie legen daher alle ein Lesetagebuch an: Das hilft dabei, den Inhalt der einzelnen Kapitel besser zu behalten und den Handlungsverlauf besser zu verstehen.

1 Überlegt gemeinsam und mithilfe des Merkkastens, wie so ein Lesetagebuch aussehen könnte.

2 Leon hat einen ersten Eintrag für sein Lesetagebuch verfasst. Lies ihn und begründe, bis zu welcher Zeile des Textauszuges Leons Eintrag geht.

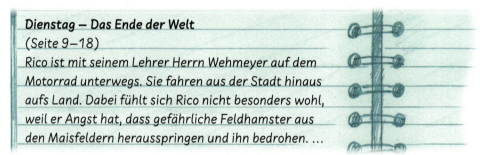

Dienstag – Das Ende der Welt
(Seite 9–18)
Rico ist mit seinem Lehrer Herrn Wehmeyer auf dem Motorrad unterwegs. Sie fahren aus der Stadt hinaus aufs Land. Dabei fühlt sich Rico nicht besonders wohl, weil er Angst hat, dass gefährliche Feldhamster aus den Maisfeldern herausspringen und ihn bedrohen. …

3 Führe Leons Eintrag mithilfe der Informationen aus dem Merkkasten weiter.

ⓘ Ein Lesetagebuch führen

Verwende als Lesetagebuch ein DIN A4- oder DIN A5-Heft, Ringbuch oder eine Mappe. Zunächst notierst du alle wichtigen Informationen zu deinem Buch: Titel, Autor … Dann schreibst du *entweder*
1) eine **Inhaltszusammenfassung** zu jedem Kapitel, wie es Leon oben gemacht hat, *oder*
2) ein **Leseprotokoll**. Darin notierst du das Kapitel bzw. den Kapitelnamen, die Seitenzahlen und stichwortartig was in diesem Abschnitt passiert, z. B. so:
   Kapitel: „Der kleine Keim der Hoffnung"   **Seite:** 77–98
   Inhalt: Frühstück mit Oskar, Besuch der nervigen Zwillinge …

Sowohl beim Leseprotokoll als auch beim Lesetagebuch solltest du am Schluss jedes Kapitels eine **kurze persönliche Einschätzung** notieren, z. B. zu deiner Lieblingstextstelle oder dazu, was dir nicht gefallen hat. Das hilft dir dabei, wenn du dein Buch später vorstellen willst. Eine gute Möglichkeit, um Informationen zu den **einzelnen Figuren** des Buches zu sammeln, ist der **Steckbrief**. So hast du die wichtigsten Informationen zu ihnen übersichtlich in deinem Lesetagebuch notiert. Wenn du etwas über eine Figur suchst, musst du so nicht alle Einträge zu den Kapiteln durchgehen.

2.2. Leseerfahrungen in einem Lesetagebuch dokumentieren

Kinder- und Jugendliteratur

Buchfiguren vorstellen und sich in sie hineinversetzen

1 Besonders über Rico wisst ihr schon einiges. Schaut euch den Steckbrief zu ihm an.

→ **S. 9**
Steckbrief

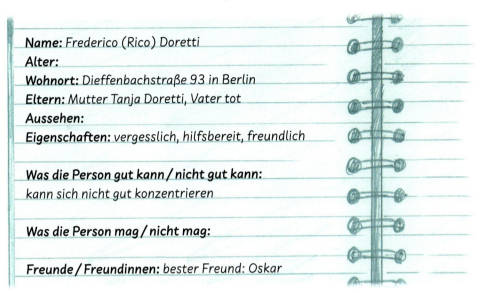

Name: Frederico (Rico) Doretti
Alter:
Wohnort: Dieffenbachstraße 93 in Berlin
Eltern: Mutter Tanja Doretti, Vater tot
Aussehen:
Eigenschaften: vergesslich, hilfsbereit, freundlich

Was die Person gut kann / nicht gut kann:
kann sich nicht gut konzentrieren

Was die Person mag / nicht mag:

Freunde / Freundinnen: bester Freund: Oskar

2 Da man im Laufe des Lesens immer mehr über die Figuren erfährt, muss ein Steckbrief stets aktualisiert werden. Vervollständigt den Steckbrief von Rico mit Informationen, die ihr bereits gesammelt habt.

3 Lies die folgenden Auszüge aus „Rico, Oskar und das Herzgebreche".

> **A   Auszug aus „Mittwoch – Der kleine Keim der Hoffnung" (Seite 90–91)**
>
> „Ich will nicht mal so einer werden", sagte er [Oskar] tonlos.
> „So einer wie Fitzke*?"
> „Einer wie alle Erwachsenen. Irgendwas stimmt mit denen nicht." Er zog die Knie vor die Brust und umklammerte sie mit den Armen. „Es ist, als wäre in der Pubertät oder beim Älterwerden was in ihnen kaputtgegangen. Als hätten sie Risse oder Sprünge gekriegt, durch die alle Farbe aus ihnen rausgeflossen ist, bis nur noch Schwarz und Weiß übrig war."
> Eine Weile lang betrachteten wir schweigend das Gewusel auf dem Spielplatz. Ich schaute mir die Mütter und Väter genauer an, aber sie sahen alle heile aus, jedenfalls von außen. Dann beobachtete ich die spielenden Dötzeken, die alle irgendwann größer und älter sein würden. Ich kniff die Augen zusammen, aber es war nicht zu erkennen, ob sie innen drin womöglich schon erste Sprünge und Risse hatten.

💡 **Tipp**

Alle mit einem * gekennzeichneten Namen sind Bewohner des Hauses in der Dieffenbachstraße 93.

PUBERTÄT: Die kommt von Hormonen, kleinen chemischen Dingern, die im Körper herumschießen und ihn verändern. Jungen kriegen davon eine neue Stimme und einen größeren Puller. Mädchen kriegen einen großen Busen und ein eigenes Handy. Womöglich entstehen die Risse und Sprünge, wenn ein Hormon danebenballert.

Ich bin vielleicht kein Superhirn, aber mir war klar, dass Oskar an einen ganz bestimmten kaputten Erwachsenen dachte.

„Nur weil dein Papa spinnt", sagte ich langsam, „spinnen doch nicht *alle* Erwachsenen. Ein paar sind ganz in Ordnung und gar nicht schwarz-weiß. Der Wehmeyer zum Beispiel. Frau Dahling* und Berts* und Jule*. Der Bühl*."

Eigentlich, fand ich, waren das schon sehr viele, auch wenn man bei Frau Dahling ein bisschen Farbe abziehen musste, wegen dem grauen Gefühl, und beim Bühl wegen der fehlenden Ansichtskarte aus der Urlaubssondererholung. Wieder verging etwas Zeit. Spatzen jagten sich tschilpend in den Bäumen. Der kleine Junge, der eben noch geheult hatte, saß bei seiner Mutter, die ihn eben noch geschimpft hatte, auf dem Schoß. Seine Augen waren ganz müde. Ich wusste genau, wie gut es sich anfühlte, so angekuschelt zu sitzen.

B   Auszug aus „Immer noch Mittwoch – Der Steinestall" (Seite 103 – 104)

Wenn es mir ganz schlecht geht, oder wenn ich Angst habe und nicht will, dass jemand das bemerkt, benutze ich schon seit Jahren den Kästchentrick. Den habe ich damals erfunden, als ich noch ins Bett machte. Das Kästchen steht in einem kleinen Regal in meinem Kopf. Es besteht aus dunklem Holz mit dem Bild von einer Schildkröte drauf. Ich kann es aus dem Regal nehmen und es aufklappen und eine Angstsache reintun, zum Beispiel Mamas Erpressung. Es funktioniert auch mit Mathe oder mit Straßen, die nicht geradeaus sind, und dergleichen, aber weil das Kästchen klein ist, passen höchstens zwei Sachen gleichzeitig rein. Den Deckel klappe ich dann wieder zu und stelle es zurück ins Regal. Die Schildkröte sorgt dafür, dass die Angstsache sich beruhigt, und in der Zeit kann ich nachdenken. Wenn ich später vorsichtig ins Kästchen gucke, ist die Angstsache meistens geschrumpft und hat sich in eine normale Bingokugel verwandelt, die dann raus in meinen Kopf darf, zu den anderen.

Jetzt machte ich das Kästchen auf, steckte die Angst um Mama rein und ließ den Deckel gleich wieder zufallen. Ich streichelte der Schildkröte über ihren dicken Abwehrpanzer, weil sie ein echt guter Kumpel ist, dann blinzelte ich, machte die Augen auf und ging in die Küche.

2.2. Leseerfahrungen dokumentieren und andere daran teilhaben lassen – Austausch von Leseerfahrungen – Eigenheiten von Figuren beschreiben – Handlungen fiktionaler Texte mit eigenen Erfahrungen verknüpfen

C Auszug aus „Donnerstag – Plan A, B und C" (Seite 155 – 156)

„Woher weißt du eigentlich so viel?", fragte ich ihn [Oskar].

Er zuckte die Achseln. „Ich kann mir Sachen gut merken. Ich kann aus vielen Einzelsachen neue Gesamtsachen machen. Das war schon immer so." Er schob die Sonnenbrille hoch und sah mich aufmerksam an. „Und du? Wann hast du gemerkt, dass du tiefbegabt bist?"

„Das war an einer Fußgängerampel. Mama und ich wohnten noch in Neukölln, und ich war ihr auf dem Weg zum Kindergarten abgehauen. Erst bei dieser roten Ampel blieb ich stehen."

Oskar runzelte die Stirn. „Und was war daran tiefbegabt? Rot heißt Stehen, Grün heißt Gehen – das weiß doch jedes Kind."

„Wusste ich auch. Und grün war die Ampel auch noch, als ich auf die Straße lief", erklärte ich. „Erst als ich ungefähr in der Mitte war, wurde sie rot."

„Und dann bist du stehen geblieben?"

„Die Straße war dreispurig", sagte ich stolz. „Du hättest mal das Gehupe hören sollen! Ein Autofahrer stieg aus, dann noch ein paar. Sie mussten auf Mama warten, die angerannt kam, weil ich Angst gekriegt und mich heulend auf den Boden geworfen hatte und nicht mehr aufstehen wollte."

„Cool." Oskar machte ein Schnalzgeräusch mit der Zunge.

„Inzwischen weiß ich es natürlich besser", sagte ich, nur zur Vorsicht.

„Logisch", gab Oskar zurück.

Er sollte nicht denken, ich wäre immer noch so doof wie früher. Wenn ich heute über eine Straße gehe und die Ampel dabei plötzlich auf Rot umschaltet, renne ich einfach sofort wieder zurück.

4 Ergänze deinen Steckbrief zu Rico mit den neu gewonnenen Informationen.

5 Fertige auch für Oskar einen Steckbrief an, den du im Laufe des Lesens ausfüllst.

6 Wie alle haben auch Rico und Oskar Träume, Wünsche und Ängste.
a) Werft einen Blick in die Gedankenblasen und erklärt, worüber sich die beiden Gedanken machen.
b) Gibt es Träume oder Ängste, die ihr mit den Jungen teilt? Erzählt davon.

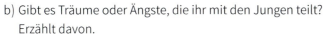

Lesen – Umgang mit Texten und Medien

→ S. 12 f.
Verhaltensregeln

💡 **Tipp**
Jetzt hast du schon viele lustige Geschichten rund um Rico und Oskar gelesen. Wenn du wissen willst, was die beiden noch alles erleben und vor allem, ob Ricos Mutter Tanja eine Verbrecherin ist, solltest du unbedingt das ganze Buch lesen.

w 7 Wähle im Folgenden zwischen a) oder b) aus.
  a) Lies noch einmal Textauszug A. Formuliere dann Verhaltensregeln, die deiner Meinung nach für Erwachsene gelten sollten.
  b) Lies noch einmal Textauszug C. Vielleicht hast du dich auch schon mal ähnlich ungeschickt angestellt wie Rico in der Geschichte mit der Ampel. Schreibe dein persönliches Erlebnis auf.

Es gibt natürlich noch viele weitere Möglichkeiten, um ein Lesetagebuch zu ergänzen und zu verschönern. Einige dieser Möglichkeiten findet ihr hier:

💡 Zeichne einen Comic oder ein Bild zu einer Szene aus dem Buch, die dich besonders beeindruckt hat.

💡 Sammle Fotos aus Zeitschriften usw., die zur Geschichte passen, und klebe sie ein.

💡 Die Titelseite deines Lesetagebuches solltest du in jedem Fall passend zum Inhalt des Buches gestalten, z. B. mit selbstgemalten Bildern oder Fotos.

💡 Vielleicht fällt dir sogar ein anderer Schluss zur Geschichte ein, der deinen Vorstellungen mehr entspricht. Schreibe ihn auf.

💡 Bestimmt gibt es Begegnungen, Erlebnisse oder Szenen, die dich besonders interessiert haben, aber im Buch nicht näher beschrieben wurden. Formuliere sie aus.

💡 Viele Szenen im Buch kann man auch leicht szenisch oder als Standbild darstellen. Findet euch dazu in entsprechenden Gruppen zusammen. Macht Bilder von euren Darstellungen und klebt sie ein.

8 Stellt euch eure Lesetagebücher gegenseitig vor. Begründet dabei eure Gestaltung, warum ihr z. B. ein bestimmtes Bild gemalt habt oder weshalb ihr eine bestimmte Szene ausgestaltet habt.

2.2. Leseerfahrungen dokumentieren und andere daran teilhaben lassen – Austausch von Leseerfahrungen – Eigenheiten von Figuren beschreiben – Handlungen fiktionaler Texte mit eigenen Erfahrungen verknüpfen

Kompetenzen aufbauen, üben und anwenden

Kinder- und Jugendliteratur

Eine Buchvorstellung planen und ausarbeiten

1 Entscheide dich nun für ein Buch, das du gerne deiner Klasse vorstellen möchtest.

2 Bereite deine Vorstellung dann mithilfe des Merkkastens und den Seiten (104–108) vor. Plane für deinen Vortrag etwa zehn Minuten Zeit ein.

3 Für den Vortrag selbst findest du hier noch ein paar Tipps, die du beachten solltest.

- 💡 Übe deinen Vortrag zu Hause mehrmals laut. Probiere Mimik und Gestik auch vor dem Spiegel aus.

- 💡 Schau das Publikum während deines Vortrages immer wieder einmal an.

- 💡 Achte darauf, laut, deutlich, nicht zu schnell oder zu langsam und betont zu sprechen.

- 💡 Weise an passenden Stellen auf dein Anschauungsmaterial hin und ermögliche deinem Publikum an geeigneten Stellen Fragen.

ⓘ Eine Buchvorstellung planen und ausarbeiten

1. Schritt: Eine Einleitung formulieren
In einer kurzen Einleitung nennst du den Namen des Autors / der Autorin deines Buches und erklärst, wie du auf das Buch aufmerksam geworden bist.

2. Schritt: Einen Überblick über die Hauptfiguren geben und über die Handlung des Buches informieren
Stelle die Hauptfiguren des Buches kurz vor. Veranschauliche dazu deine Angaben am besten mithilfe eines Plakates. Gib in eigenen Worten wieder, um was es in dem Buch geht. Verrate dabei aber nicht, wie das Buch endet.

3. Schritt: Einen Textauszug für eine Leseprobe auswählen und vorbereiten
Wähle eine besonders spannende, lustige oder interessante Textstelle für deine Leseprobe aus. Bereite den Auszug für einen wirkungsvollen Vortrag vor.

→ S. 26
Vorlesezeichen

4. Schritt: Eine Bewertung für das Buch verfassen
Am Ende deiner Buchempfehlung machst du noch einmal deutlich, warum du das Buch gerne gelesen hast. Wichtig ist dabei, dass du deine Meinung gut begründest. Hierzu helfen dir folgende Formulierungen:
Mir hat das Buch gut gefallen, weil …
Besonders spannend / lustig / interessant fand ich …
Ihr werdet nicht mehr aufhören können, in dem Buch zu lesen, weil …

Kinder- und Jugendliteratur

Anschauungsmaterialien vorbereiten – Das Plakat

Anschauungsmaterialien machen deinen Vortrag noch interessanter.

1 Tauscht euch mit eurem Sitznachbarn aus:
Welche Möglichkeiten kennt ihr aus der Grundschule,
um einen Vortrag anschaulich und interessant zu gestalten?
Sammelt eure Ergebnisse in der Klasse.

W 2 Eine Möglichkeit, auf die ihr sicher gestoßen seid, ist das Plakat.
Ein Plakat ist aber mehr als ein großer, vollgeschriebener Zettel.
Wähle im Folgenden zwischen a) oder b) aus.

AT → S. 299
Plakat

a) Überprüfe bei den vorliegenden Plakaten, ob sie alle wichtigen
   Informationen zum Buch enthalten.
b) Begründe, welches Plakat am anschaulichsten gestaltet ist.
Besprecht eure Ergebnisse anschließend in der Klasse.

Meine Buchempfehlung

Inhalt: In dem Buch „Rico, Oskar und das Herzgebreche" von Andreas Steinhöfel geht es um einen Jungen namens Rico, der sich als „tiefbegabt" bezeichnet, und seinen besten Freund Oskar. Die beiden sind einem Betrug auf der Spur, in den Ricos Mutter verwickelt ist. Dabei erleben sie spannende Abenteuer. Die Hauptfiguren sind Rico, Oskar, Tanja Doretti und Ellie Wandbeck. Rico nennt sich „tiefbegabt". Er lebt mit seiner alleinerziehenden Mutter in Berlin in der Dieffenbachstraße 93. Da seine Mutter in einen Betrug verwickelt ist, will er ihr helfen. Er ist verliebt in Jule, eine Studentin. Sein bester Freund ist Oskar. Oskar ist hochbegabt, aber irgendwie auch komisch. Er lebt zurzeit bei Rico und seiner Mutter. Die Mutter von Rico arbeitet als Geschäftsführerin in einem Nachtclub. Sie wird von Ellie Wandbeck und ihrem Sohn Boris erpresst. Sie ist in den Polizisten Bühl verliebt.
Bewertung: Ich finde das Buch ganz gut.

„Rico, Oskar und das Herzgebreche"
von Andreas Steinhöfel

Inhalt:
In dem Buch „Rico, Oskar und das Herzgebreche" von Andreas Steinhöfel geht es um einen Jungen namens Rico, der sich als „tiefbegabt" bezeichnet, und seinen besten Freund Oskar. Die beiden sind einem Betrug auf der Spur, in den Ricos Mutter verwickelt ist. Dabei erleben sie spannende Abenteuer.

Hauptfiguren:

Bewertung:
Ich finde das Buch echt witzig und spannend. Besonders mochte ich die witzigen Erklärungen in den Kästen, z. B. der Kasten zu den neuen Bundesländern auf Seite 188.

Daher würde ich das Buch jedem zum Lesen empfehlen.

---

3 Gestalte nun selbst ein Plakat zu dem Buch, das du präsentieren möchtest.
Achte dabei auch auf eine saubere Gestaltung.

1.2. Inhalte mittels Präsentationsmedien veranschaulichen
2.2. Ein Buch strukturiert vorstellen

Kinder- und Jugendliteratur

Anschauungsmaterialien vorbereiten – Die Lesekiste

Eine weitere Möglichkeit, einen Vortrag anschaulich zu gestalten, ist die Lesekiste. Leon hatte so viel Spaß am Bauen seiner Lesekisten zu Szenen aus dem Buch „Rico, Oskar und das Herzgebreche", dass er gleich mehrere gemacht hat.

1. Schaut euch Leons Lesekisten an. Erklärt dann, was man unter einer solchen Lesekiste versteht und was sie enthalten sollte.

✱ 2. Wenn ihr das Buch gelesen habt, könnt ihr vielleicht herausfinden, welche Szenen in den Lesekisten jeweils dargestellt sind. Probiert es aus.

3. Eine Lesekiste sollte immer auch einen Steckbrief mit den wichtigsten Informationen zu dem vorgestellten Buch enthalten. Informiert euch anhand des Steckbriefes rechts, welche Informationen darauf zu finden sein sollten.

4. Entwirf und baue nun eine eigene Lesekiste zu einer geeigneten Stelle aus dem Buch, welches du in der Klasse präsentierst. Vergiss dabei nicht den Steckbrief.

Steckbrief zu
(Titel des Buches)
Autor:
Erscheinungsjahr:
Verlag:
Hauptfiguren:

Inhaltsangabe:

Ein Kapitel, eine Seite …, die für mich besonders wichtig war:

ⓘ Eine Lesekiste gestalten

Als Grundlage für eine Lesekiste verwendet man am besten einen (Schuh-)**Karton**. Den Karton gestaltet man dann passend zu einer bestimmten Stelle aus dem Buch. Man stellt dazu eine besonders wichtige / interessante / spannende Stelle aus dem Buch nach. Dafür bemalt man den Karton entsprechend von innen und verwendet z. B. Spielzeugfiguren. Außerdem fügt man der Lesekiste einen **Steckbrief** zum Buch bei. Darauf hält man die wichtigsten Informationen rund um das Buch fest: Titel, Autor, Informationen zum Autor, Hauptpersonen, Handlung, Lieblingsstelle …
Den Steckbrief klebt man dann in den Deckel des Kartons ein.

1.2. Inhalte mittels Präsentationsmedien veranschaulichen
2.2. Ein Buch strukturiert vorstellen – Texte in künstlerischer Form umsetzen

Kinder- und Jugendliteratur

Karteikarten sinnvoll beschriften und richtig einsetzen

Eine gute Hilfe für deinen Vortrag sind Karteikarten.
Auf ihnen kannst du dir die wichtigsten Punkte notieren und
hast dadurch immer eine Hilfe, wenn du einmal den Faden
verlieren solltest.

1 Seht euch die drei folgenden Karteikarten an, die Leon für seinen Vortrag vorbereitet hat. Er hat am Schluss nur eine von ihnen benutzt.
- Wählt die Karteikarte aus, die Leon vermutlich genutzt hat, da sie am geeignetsten ist, um etwas frei vor der Klasse vorzutragen.
- Begründet eure Entscheidung.

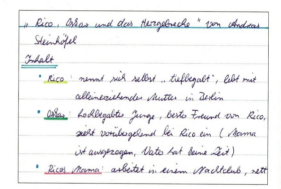

2 Sammelt alles, was für das Gestalten einer Karteikarte wichtig ist.
Der *Wortspeicher* hilft euch dabei.
Notiert eure Ergebnisse anschließend in ganzen Sätzen.
*schöne Farben – Übersichtlichkeit – treffende Stichpunkte –
farbiges Papier – sinnvolle Zeichen (Spiegelstriche, Pfeile etc.) –
wichtige Informationen hervorheben*

3 Erstelle nun Karteikarten für deine eigene Buchvorstellung.
Berücksichtige dabei die in Aufgabe 3 formulierten Kriterien.

1.2. Vorträge mithilfe von Karteikarten vorbereiten
2.2. Ein Buch strukturiert vorstellen

KOMPETENZEN AUFBAUEN, ÜBEN UND ANWENDEN

Kinder- und Jugendliteratur

Vor anderen stehen und sprechen

Jetzt ist es soweit, du sollst die Ergebnisse deiner Arbeit vor der Klasse vorstellen. Einige von euch haben vielleicht noch nie vor so vielen Leuten gesprochen. Zunächst ist es wichtig zu wissen, wie man sich überhaupt richtig vor die Klasse hinstellt.

1 Seht euch das folgende Bild aufmerksam an.
Begründet dann, welcher der Schüler einen sicheren Eindruck auf euch macht und welcher Schüler einen weniger sicheren.

In dem Buch „Rico, Oskar und das Herzgebreche" von Andreas Steinhöfel geht es um einen Jungen namens Rico, der sich als „tiefbegabt" bezeichnet und seinen besten Freund Oskar. Die beiden sind einem Betrug auf der Spur, in den Ricos Mutter verwickelt ist. Dabei erleben sie spannende Abenteuer.

2 Versetzt euch nun einmal in die Lage der Schüler oben.
- Probiert dann die verschiedenen Haltungen vor der Klasse aus. Tragt dabei den Text in der Sprechblase vor.
- Bewertet eure Vorträge und überprüft eure Einschätzungen aus Aufgabe 1.

1.2. Vorträge überlegt vorbereiten – einen Vortrag strukturiert und angemessen halten
2.2. Ein Buch strukturiert vorstellen

Lesen – Umgang mit Texten und Medien

))) **Portal**
WES-122961-025

W 3 Für einen gelungenen Vortrag ist auch die richtige Ausdrucksweise wichtig. Lies die beiden Beispiele unten oder höre dir die Audiodatei an. Wähle dann zwischen a) oder b) aus.
a) Vergleiche die beiden Beispiele und erkläre die Unterschiede. Achte dabei vor allem auf den Ausdruck, die Wortwahl, die Verständlichkeit und die enthaltenen Informationen.
b) Notiere für das weniger gelungene Beispiel drei Stellen, die du als besonders ungeeignet für eine Präsentation vor Publikum erachtest.

Hi, jetzt stell ich euch mal mein Buch vor (lacht). Es geht um den Jungen Rico. Der ist tiefbegabt. Mit seinem Kumpel Oskar erlebt er voll die coolen Abenteuer. Ach so äh, es heißt ... wartet ... ah ja, „Oskar, Rico und das Kopfzerbrechen". Nein äh mh, „Rico, Oskar und das Herzgebreche", so ist es richtig (lacht). Jedenfalls wohnt der Rico in einem Mietshaus, in dem total viele komische Menschen wohnen. Einer sammelt lauter Steine. Voll verrückt. Der Rico ist verliebt in eine Studentin, aber die ist ja viel zu alt für ihn (kichert). Darum geht's aber eigentlich gar nicht, weil hauptsächlich wird Bingo gespielt und da gibt es eine fiese, böse Frau, die betrügt.

*Lieber Herr Scheller, liebe Klasse, heute stelle ich euch das Jugendbuch „Rico, Oskar und das Herzgebreche" von Andreas Steinhöfel vor. Das Buch hat mir sehr gut gefallen, weil es unglaublich witzig ist und ich es toll finde, dass in dem Buch immer wieder Zeichnungen und lustige Worterklärungen auftauchen.
Im Buch geht es um den Jungen Rico, der mit seiner alleinerziehenden Mutter in Berlin lebt. Er bringt manchmal Dinge durcheinander und braucht länger, um etwas zu verstehen, deshalb bezeichnet er sich als tiefbegabt. Sein bester Freund ist der hochbegabte, aber etwas seltsame Oskar. Bei einem Bingoabend fällt Oskar auf, dass die Veranstalterin Ellie Wandbeck und Ricos Mutter falsch spielen.*

4 Haltet nun in euren Worten fest, was für einen gelungenen Vortrag wichtig ist und worauf man achten sollte.

1.2. Vorträge überlegt vorbereiten – einen Vortrag strukturiert und angemessen halten
2.2. Ein Buch strukturiert vorstellen

Kompetenzen aufbauen, üben und anwenden

Kinder- und Jugendliteratur

Bücher in einer Bibliothek suchen und finden

In Bibliotheken kann man Bücher zu allen möglichen Themen finden.
So kann man sich z. B. Informationen für Referate besorgen.
Außerdem findet man dort aber auch Romane und andere Literatur und
Medien zur Unterhaltung.
Es ist allerdings häufig nicht so einfach, sich in Bibliotheken zurechtzufinden.

1 Betrachtet zunächst das Bild.
   a) Welche Angebote könnt ihr erkennen?
   b) An wen wenden sich die verschiedenen Angebote?

2 Erklärt anhand des Bildes, wo ihr in der Bibliothek folgende Bücher finden könntet:
   a) Jugendbuch   b) Tierbuch   c) Lustiges Taschenbuch   d) Märchenbuch

3 Besucht eure Schulbücherei oder die Stadtbibliothek.
   Teilt dafür die folgenden Fragen unter euch auf. Lest außerdem die Seiten 110 – 111.
   - Wo befinden sich Jugendbücher für unsere Altersstufe?
   - Welche Medien (Bücher, Filme …) kann man ausleihen?
   - Gibt es besondere Angebote (z. B. Autorenlesungen)?
   - Wann ist die Bücherei geöffnet?
   - Wie funktioniert die Bücherausleihe?
   - Kann man von zu Hause aus nach Büchern suchen und sie bestellen?
   - Was passiert, wenn man ein Buch nicht rechtzeitig zurückgibt?

2.2. Verschiedene Angebote nutzen, um Literatur zu finden und auszuwählen

Leon war total begeistert von Annas vorgestelltem Buch „Tintenherz" von Cornelia Funke. Er möchte es sich in der Stadtbibliothek ausleihen. Dazu schaut er auf der Homepage der Stadtbibliothek nach, ob sie das Buch haben und ob es gerade ausgeliehen ist.

4 Schaut euch die Suchmaske an, auf die Leon dabei stößt.

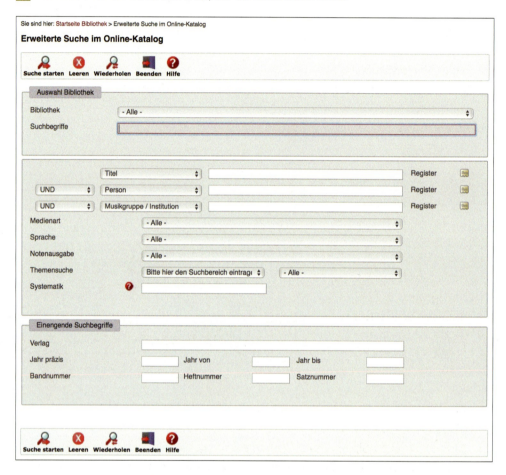

ⓘ Mit dem Computer (in der Bibliothek) ein Buch finden

1. Gib einen **Suchbegriff** ein.
2. Du kannst auch **Autor** und **Titel** angeben, wenn du nach einem ganz bestimmten Buch suchst.
3. Du kannst auch nach **anderen Medien** suchen (z. B. CDs, CD-ROMs, DVDs).
4. Drücke anschließend auf die Eingabetaste und warte auf die Informationen, die du bekommst.
5. Jedes Buch in einer Bibliothek oder Bücherei hat eine sogenannte **Signatur**. Dies ist ein Code, der aus Buchstaben und / oder Zahlen besteht, die den genauen **Standort des Buches** beschreiben.
Meist sind die Titel in den Regalen auch zusätzlich noch alphabetisch nach Autoren aufgestellt.

2.2. Verschiedene Angebote nutzen, um Literatur zu finden und auszuwählen

KOMPETENZEN AUFBAUEN, ÜBEN UND ANWENDEN

5 Erklärt die einzelnen Felder der Suchmaske auf Seite 110 mithilfe des Merkkastens.

6 Betrachtet das Suchergebnis von Leons PC-Suche und beantwortet folgende Fragen:
- Um welche Medienart handelt es sich?
- Welche Informationen erhält man zum Inhalt?
- Wann und wo ist das Werk erschienen?
- Ab wie viel Jahren ist das Werk geeignet?

Sie sind hier:	Startseite Bibliothek > Erweiterte Suche im Online-Katalog > Trefferliste > Vollanzeige Katalog

Vollanzeige Katalog

Zurück | Trefferliste | Neue Suche | Anfang | Rückwärts | Vorwärts | Ende | Beenden | Hilfe

Katalogangaben

Medienart	[Buch]
Datensatznummer	03170717
Dokumentennummer	8820851000
Autor	▸ Funke, Cornelia
Titel	Tintenherz / Cornelia Funke. Mit Ill. der Autorin
erschienen	Hamburg : Dressler, 2003
Umfang / Seiten	573 S. : Ill. ; 22 cm
Ausgabe	1. Aufl.
Fußnoten	ab 11 Erscheinungsjahr kann geringfügig abweichen
Sprache	Deutsch
Land	Deutschland
ISBN	3-7915-0465-7 978-3-7915-0465-0
Interessenskreis	Kinder / Fantasy Antolin Klasse 6 Antolin Klasse 7-10
Systematik	▸ u : Erzählungen, Romane für 9 - 12jährige
Inhalt	Mo und seine Tochter Meggie wollen das geheimnisvolle Buch "Tintenherz" vor dem Zugriff des hinterhältigen Capricorn retten. Eine Menge gefährlicher Abenteuer liegen vor ihnen! Ab 10.

Exemplarangaben

Bibliothek	Standort	Signatur	Leihfrist	Verfügbarkeit
Hadern	Kinder / Fantasy	u FUN	28-Tage Ausleihe	verfügbar
Zentralbibliothek Am Gasteig / Kinder- und Jugendbibliothek	OG Kinder / Fantasy	u FUN	28-Tage Ausleihe	ausgeliehen - Fällig am: 4.7.2016

7 Mithilfe der Suchergebnisse erfährt man, wo das Buch in der Bibliothek zu finden ist.
a) Lest noch einmal den fünften Punkt im Merkkasten zur Signatur.
b) Findet im Suchergebnis die Signatur und die Abteilung, wo das Buch steht.

W 8 Wähle im Folgenden zwischen a) oder b) aus.
a) Überprüfe zusammen mit einem Partner, wie in eurer Schul- oder Stadtbücherei die Signaturen aufgebaut sind.
Sucht bei dieser Gelegenheit doch gleich ein Sachbuch zu einem bestimmten Thema (z. B. Steinzeit, Schatzsuche, Schule usw.).
b) Suche selbstständig nach einem Buch auf der Internetseite deiner örtlichen Bibliothek. Wähle dazu eines der Bücher aus, die auf der ersten Seite des Kapitels abgebildet sind.

✱ 9 Formuliere eine Anleitung dazu, wie man in einer Bibliothek ein Buch findet. Die Satzanfänge im *Wortspeicher* helfen dir dabei.
Lass sie von einem Mitschüler auf Rechtschreibung, Grammatik und Verständlichkeit überprüfen.
Stelle sie dann deinen Mitschülern zur Verfügung.
Zuerst suche ich am Computer ...
Anschließend schaue ich mir das Suchergebnis ...
Danach mache ich mich auf die Suche nach ...

Kinder- und Jugendliteratur

C Eine Klassenbücherei anlegen

Ihr habt jetzt viele Informationen zu den Lieblingsbüchern eurer Mitschüler bekommen. Sicher ist jetzt euer Leseinteresse geweckt worden.
Um immer genügend „Lesestoff" zur Verfügung zu haben, könnt ihr eine Klassenbücherei anlegen. Geht dabei folgendermaßen vor:

1. Sammelt geeignete Bücher in der Klasse.
   Jeder kann sein Lieblingsbuch oder auch andere interessante Bücher mitbringen und so den anderen zur Verfügung stellen.

2. Stellt die Bücher an einem geeigneten Platz in eurem Klassenzimmer aus. Am besten wäre es, wenn ihr einen Schrank hättet, in den ihr die Bücher stellen könnt.

3. Gestaltet den Schrank mit Bildern oder stellt eure Lesekisten usw. hier aus.

4. Ordnet die Bücher sinnvoll (z. B. nach Themen oder nach Arten des Buches, wie Krimi, Science-Fiction, Liebe usw.) und gestaltet Hinweisschilder für die einzelnen Abteilungen.

5. Legt einen Büchereidienst fest, der aus mindestens zwei Schülern bestehen soll. Dieser Dienst kann auch wechseln (z. B. zwei Schüler haben zwei Wochen Büchereidienst, anschließend geht der Dienst für die nächsten zwei Wochen auf zwei andere Schüler über usw.).

6. Legt eine Liste an, in die der Büchereidienst folgende Informationen einträgt:

Buchtitel	ausgeliehen von	ausgeliehen am	zurückgegeben am	Unterschrift Büchereidienst
…	…	…	…	…

7. Führt diese Liste immer zuverlässig, sodass ihr sicherstellt, dass kein Buch abhandenkommt.
   Legt auch eine Grenze für die Ausleihzeit fest (z. B. längstens vier Wochen).

8. Tauscht euch immer wieder über eure Leseerfahrungen aus. Sprecht darüber,
   - welches Buch euch besonders gut gefallen hat,
   - von welchem Buch ihr vielleicht überrascht wart oder auch enttäuscht,
   - welches Buch euch am besten informiert / unterhalten usw. hat.
   Schreibt eine kleine Empfehlung dazu.

9. Krönt am Schuljahresende einen Lesekönig.

2.2. Verschiedene Angebote nutzen, um Literatur zu finden und auszuwählen – andere an Leseerfahrungen teilhaben lassen – Leseerlebnisse austauschen

GELERNTES ÜBERPRÜFEN

Kinder- und Jugendliteratur

Überprüfe dein Wissen und Können

1 Lies dir folgende Aussagen zu einer Buchvorstellung aufmerksam durch. Begründe anschließend, ob die Aussagen richtig oder falsch sind und schreibe die falschen korrigiert auf.
  a) Mit der Signatur eines Buches kann ich den genauen Standort eines Buches in der Bibliothek bestimmen.
  b) Die Rückseite eines Buches heißt auch „Cover".
  c) Ein Buch vorstellen bedeutet, dass ich anderen einige Seiten aus einem Buch vorlese.
  d) Eine Lesekiste enthält einen Steckbrief zu dem vorgestellten Buch.
  e) Auf Karteikarten schreibe ich meinen Vortrag wortwörtlich auf, um auf gar keinen Fall etwas zu vergessen.
  f) Wichtig bei einem Vortrag ist sowohl eine verständliche Ausdrucksweise als auch eine freundliche, dem Publikum zugewandte Haltung.

2 Nenne vier Möglichkeiten, wie du ein Lesetagebuch anschaulich gestalten und verschönern kannst.

3 Überprüfe den folgenden Lesetagebuchauszug zu den ersten Seiten (siehe dazu Seite 95–96) des Jugendbuchs „Rico, Oskar und das Herzgebreche" dahingehend, ob …
  • die Überschrift passend gewählt,
  • die Handlung nachvollziehbar erklärt und
  • die richtigen Namen der Personen verwendet wurden.
  Korrigiere den Abschnitt dann schriftlich.

Anfang   23.04.2017

Auf dem Schild steht Berlin. Und Herr Weinmeyer sagt: „Gefällt es dir hier draußen?" Der Mais steht sehr hoch. Rico hat Angst vor Hamstern. Er war schon einmal bei IKEA. Und zwar mit seiner Mutti Irina. Jetzt fahre ich mit meinem Lehrer Motorrad.
…

---

4 Schreibe abschließend eine kurze Buchempfehlung zu einem Buch deiner Wahl.
Begründe darin, was dir besonders gut oder auch gar nicht gefallen hat.

Portal

2.2. Ein Buch strukturiert vorstellen – Leseerfahrungen in einem Lesetagebuch dokumentieren

NEUES ENTDECKEN – EINSICHTEN GEWINNEN

Sachtexte

Abbildung 1:

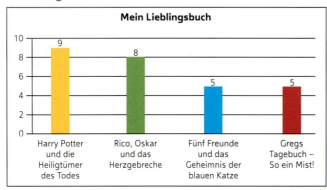

Mein Lieblingsbuch

- Harry Potter und die Heiligtümer des Todes: 9
- Rico, Oskar und das Herzgebreche: 8
- Fünf Freunde und das Geheimnis der blauen Katze: 5
- Gregs Tagebuch – So ein Mist!: 5

Abbildung 2:

Die Augsburger Puppenkiste

Hierbei handelt es sich um eines der wohl berühmtesten Marionettentheater der Welt. Figuren wie Jim Knopf, Lukas der Lokomotivführer und Urmel aus dem Eis sind weit über die bayerischen Grenzen hinaus bekannt.

Abbildung 3:

GESUND und GUT: Ollis OBSTSALAT
Zutaten:
1 Zitrone, 750 g gemischtes Obst je nach Saison, 50 g gehackte Nüsse, 50 g Rosinen, 3 – 4 EL Zucker
So geht's:
Obst waschen und in kleine Stücke schneiden. Die Zitrone auspressen und den Saft über das Obst geben. Nüsse, Rosinen und Zucker dazu geben und alles gut miteinander vermischen.

Abbildung 4:

Schüler fahren zur Kanzlerin

BAYREUTH. Die Bundeskanzlerin hautnah erleben – diese Aussicht ließ die Schüler aus der Klasse 6a der Johannes-Kepler-Realschule vor Freude laut schreien. Die Kinder landeten bei einem Zeitungswettbewerb auf einem vorderen Platz.
Auf welchem Platz genau, das wissen sie nicht. Noch nicht. Julia Schneider, die Englischlehrerin der Klasse, erklärt: „Wir sind auf jeden Fall unter den besten Dreien. In Berlin erfahren wir, welchen Platz wir gemacht haben."
Schneider, die betreuende Lehrerin, bekam einen Handzettel mit der Vorstellung des bundesweiten Wettbewerbs. Die Schüler waren sofort begeistert. Nun galt es, eine Zeitung zu entwerfen, die Schüler gerne lesen. Eine Traumzeitung. Die meisten Themen dachten sich die Schüler aus: Von Freundschaft über PC-Spiele-Tests bis zu Essen in anderen Ländern. Die Lehrerin steuerte auch etwas bei: „Schulische Themen mussten ja auch mit rein", sagt sie lachend. Per Express, da Abgabetermin fast verpasst, ging das Manuskript nach Berlin.
Ständig fragten die Schüler, ob Sieger feststehen. „Als ich es ihnen gesagt habe, haben sich viele vor Freude im Klassenzimmer herumgewälzt, sie haben laut geschrien und geweint", erinnert sich Schneider vergnügt.
Mitte September startet die Fahrt nach Berlin. Bundeskanzlerin Angela Merkel wird den Preis überreichen, das hat die Lehrerin sicherheitshalber nachgefragt. Aus den drei Siegerklassen bildet sich dann vor Ort eine Redaktion. Zusammen mit Profis wird die Traumzeitung perfekt gemacht. ike

Abbildung 5:

1 Schaut euch die Abbildungen aufmerksam an. Sprecht darüber, um welche Art von Texten es sich handelt und wo sie zu finden sein könnten.

2 Erzählt euch davon, ob ihr schon einmal selbst nach Texten dieser Art gesucht habt und in welchem Zusammenhang ihr das getan habt.

In diesem Kapitel lernst du (,) …

- dir einen Text mithilfe der 5-Schritt-Lesemethode zu erarbeiten.
- den inhaltlichen Aufbau eines Textes zu veranschaulichen.
- Aussageabsichten von Texten zu unterscheiden.
- das Äußere eines Textes zu beschreiben.
- Lesevorlieben zu benennen.
- ein eigenes Sachbuch zu gestalten.

Sachtexte

Einen Sachtext mit der 5-Schritt-Lesemethode erarbeiten

Im Gegensatz zu literarischen Texten (Gedichte, Märchen …) oder manchen Zeitungstexten will ein Sachtext weder überzeugen noch eine Geschichte erzählen, sondern über bestimmte Sachverhalte, Ereignisse usw. informieren. Um einen Sachtext richtig zu verstehen, musst du ihn dir Schritt für Schritt erarbeiten.
Die 5-Schritt-Lesemethode hilft dir dabei.

AT → S. 298
Lesemethode

Schritt 1: Sich einen Überblick verschaffen
Lies die Überschrift und betrachte die Abbildungen, Fotos etc. genauer. Vermute, worum es in dem Text gehen könnte.

1 Verschaffe dir zunächst einen Überblick über den Text „Straßenhunde in Moskau im Beutezug" auf der folgenden Seite. Schreibe dazu einen Satz zum möglichen Inhalt des Textes auf.

Schritt 2: W-Fragen an den Text stellen
Denke über das Thema des Textes nach: Was weiß ich schon? Was möchte ich noch wissen? Formuliere dann W-Fragen (Was …? Wer …? Wo …? Wann …? Wie …? Warum …?) zum Inhalt des Textes.

2 Fabian hat den Text überflogen und über das Thema nachgedacht, dabei hat er sich folgende W-Fragen notiert:
- *Wie* kommen die Hunde von den Vororten ins Zentrum?
- *Wo* genau leben die Straßenhunde?

Übernimm Fabians Fragen und ergänze sie mit weiteren W-Fragen.

Schritt 3: Den Text genau lesen
Lies dir den Text gründlich durch und markiere dabei Schlüsselstellen. Das sind Stellen, die dir den Text „aufschließen". Meist geben sie dir Antworten auf deine W-Fragen. Achte darauf, nicht zu viele Stellen zu markieren! Kennzeichne auch Wörter und Textstellen, die du nicht verstehst. Erschließe dir ihre Bedeutung aus dem Textzusammenhang oder schlage in einem Wörterbuch nach.

AT → S. 300f.
Nachschlagen

WES-122961-027

3 Im Text hat Fabian schon zwei Schlüsselstellen markiert und ein Wort unterstrichen, das er nicht kennt.
- Setze die Bearbeitung des Textes fort. Nutze dafür den Text aus dem Portal oder mache eine Kopie des Textes von Seite 116.
- Achte darauf, dass sich die Schlüsselstellen, die du markierst, auf deine W-Fragen aus Aufgabe 2 beziehen.

2.1. Techniken und Strategien zum Leseverstehen einsetzen   2.3. Pragmatische Texte auswerten – den Inhalt mündlich wiedergeben   3.1. Grundformen schriftlicher Darstellung unterscheiden – in eigenen Texten umsetzen

Straßenhunde in Moskau im Beutezug

In Russlands Hauptstadt Moskau pendeln Straßenhunde mit der U-Bahn. Straßenhunde sind hart im Nehmen. Schließlich schlafen sie auf Asphalt statt im kuschelweichen Körbchen und ihr Fressen müssen sie sich selbst besorgen – mal hier, mal da, mal dort. Hunde in der russischen Hauptstadt Moskau gehen dafür
5 **in den Untergrund: Sie begeben sich sprichwörtlich auf „Beutezug" und fahren Tag für Tag aus den Vororten in die Innenstadt – mit der U-Bahn!**

Tatsächlich beobachten Wissenschaftler seit einiger Zeit, dass die
10 Straßenhunde die Metro gezielt benutzen. Und sie steigen nicht einfach irgendwo ein und wieder aus, sondern wissen ge-
15 nau, welche U-Bahn sie morgens ins Zentrum bringt. Dort wollen sie nämlich hin. Schließlich steigt im Trubel der In-
20 nenstadt die Chance, den einen oder anderen Leckerbissen zu ergattern: Wo mehr Menschen sind, gibt es auch mehr Futter.

Jedes Tier hat dafür seine eigene Taktik. Die niedlicheren Exemplare betteln mithilfe eines besonders süßen Hundeblicks. Größere Streuner schleichen sich hinterrücks an ihre „Opfer" heran und überraschen diese dann mit donnerndem Gebell. Oft genug
25 rutscht den Menschen vor Schreck der Snack aus der Hand – ein gefundenes Fressen für die Straßenhunde! Satt und zufrieden pendeln sie abends zurück in die Vorstädte, wo sie ihre Ruhe haben. Noch ist den Forschern unklar, wie sich die Tiere dabei orientieren: „Zählen" sie die Stopps? Ahmen sie ihre menschlichen Mitfahrer nach? Entschlüsseln sie den Klang der Durchsagen? Sicher ist einzig, dass die Hunde immer klüger wer-

30 den, ständig dazulernen. Etwa, dass sie sich vor Polizisten in Uniformen besser in Acht nehmen. Ansonsten verhalten sich
35 die Vierbeiner in den Bahnen ganz entspannt. Wird ein Plätzchen frei, fläzen sie sich auf die Sitzbank und gönnen
40 sich ein Nickerchen. Ist eben anstrengend, so ein Straßenhundeleben …

2.1. Techniken und Strategien zum Leseverstehen einsetzen   2.3. Pragmatische Texte auswerten – den Inhalt mündlich wiedergeben   3.1. Grundformen schriftlicher Darstellung unterscheiden – in eigenen Texten umsetzen

Schritt 4: Den Text gliedern und Informationen festhalten
Gib den einzelnen Abschnitten des Textes sinnvolle Überschriften.
Lege einen Notizzettel an, auf dem du die Überschriften festhältst.
Ergänze zu den einzelnen Abschnitten weitere Stichwörter auf
dem Notizzettel. Sie ergeben sich meistens aus den markierten
Schlüsselstellen.

4 Schreibe den Notizzettel, den Fabian angefangen hat, ab und ergänze ihn.
Ordne dazu die Überschriften im *Wortspeicher* den einzelnen Textabschnitten zu.

Das Zentrum der Stadt als Futterquelle
Die Taktik der Tiere, um an Fressen zu gelangen
Das Verhalten der Hunde in der U-Bahn
Moskaus Straßenhunde
Die Frage, wie sich die Hunde orientieren

```
„Straßenhunde in Moskau im Beutezug"
  1. Moskaus Straßenhunde
      – die Hunde pendeln täglich mit der U-Bahn
      – die Hunde sind hart im Nehmen
  2. ...
```

Schritt 5: Den Text wiedergeben
Gib den Text mithilfe deines Notizzettels in eigenen Worten wieder.

5 Decke den Text ab und gib ihn deinem Sitznachbarn in eigenen Worten wieder.

6 Arbeitet zu zweit.
- Vergleicht eure Notizen mit den Informationen aus dem Originaltext.
- Beurteilt, ob ihr alles richtig verstanden und wiedergegeben habt.

✱ 7 Recherchiere über Straßenhunde in anderen Ländern.
Schreibe dann einen Text dazu, der auf einige der W-Fragen
im *Wortspeicher* Antworten gibt:

Wo leben diese Hunde?   *Wie ernähren sie sich?*
Welche Besonderheiten haben sie?   *Warum gibt es dort so viele Straßenhunde?*
Welche Probleme verursachen sie?   *Wie reagieren sie auf die Menschen?*

Sachtexte

Den inhaltlichen Aufbau eines Textes veranschaulichen

AT → S. 298
Lesemethode

1 Erschließe dir den folgenden Text aus einem Biologie-Schulbuch mithilfe der 5-Schritt-Lesemethode.

Portal
WES-122961-028

Unterwegs nach Afrika

Ende August geht der Storchensommer zu Ende. Die Jungstörche sammeln sich dann in großen Gruppen und brechen noch vor den Altstörchen Richtung Afrika auf. Jung- und Altstörche brauchen keine Führung auf ihrem Weg nach Süden, die Zugrichtung ist ihnen angeboren. Auf ihrem Zug legen sie täglich 150 bis 300 Kilometer zurück.

5 Die Vögel fliegen wie ein Segelflugzeug und lassen sich von warmen Aufwinden, auch Thermik genannt, in große Höhen tragen. Ohne Flügelschlag können sie im Segelflug weite Strecken gleiten. So schonen sie ihre Kräfte. Das Mittelmeer können die Störche nicht überfliegen. Denn für ihren Segelflug brauchen sie Aufwin-
10 de, die es über dem Meer nicht gibt. Deshalb umfliegen die Störche das Mittelmeer im Westen oder im Osten. Dabei begegnen ihnen auch Gefahren, vor allem in der Nähe von Großstädten. Insbesondere an den Flughäfen kommt es immer wieder zu Unfällen zwischen Flugzeugen und Störchen.

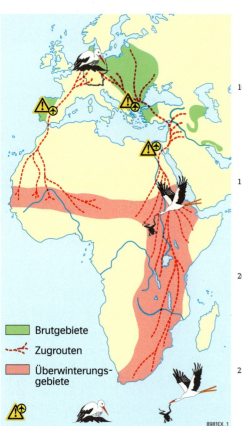

15 Die Störche, die auf der östlichen Route Richtung Afrika fliegen, werden Oststörche genannt. Bei uns brüten Oststörche in Norddeutschland. Während der Brutzeit müssen sich die Störche vor Eierräubern in Acht nehmen. Wenn sie sich dann auf ihren Zug machen, kommen auf ihrem Weg
20 nach Afrika in Polen und in der Türkei immer mehr Störche dazu. In Ägypten folgen sie dem Nil Richtung Südafrika, und im Sudan legen sie eine mehrwöchige Rast ein.

Dort fressen sie sich Fettreserven für den Weiterflug an. Auf ihrer Speisekarte stehen vor allem Kleintiere wie Regen-
25 würmer, Frösche, Mäuse und Fische. Ihre Reise von Europa nach Südafrika dauert bis zu 15 Wochen.

Neben den Oststörchen gibt es auch noch die Weststörche. Zu ihnen zählen auch die meisten Störche aus Bayern. Auf der Westroute fliegen sie nach Spanien und über Gibraltar
30 weiter nach Afrika. In Marokko treffen die Weststörche auf weitere Störche, mit denen sie dann weiter über die Sahara nach Süden bis in den Senegal ziehen.

Interessant ist, dass mittlerweile viele spanische Störche das ganze Jahr über in Spanien bleiben. Sie haben ihren angeborenen Zugtrieb verloren, da es im Winter nicht mehr so kalt wird und sie das ganze Jahr über Nahrung auf den riesigen Müllhalden der spani-
35 schen Großstädte finden.

2.1. Texte sinnbezogen zum Wissenserwerb lesen – einfachere Techniken und Strategien zum Leseverstehen einsetzen   2.3. Pragmatische Texte auswerten – Aufbau von Texten mithilfe grafischer Elemente darstellen

KOMPETENZEN AUFBAUEN, ÜBEN UND ANWENDEN

2 Wenn du die 5-Schritt-Lesemethode konsequent angewandt hast, kannst du bestimmt die folgenden Fragen beantworten.
Notiere dir die Antworten.

A Wieso kennen die jungen Störche den Weg nach Afrika?
B Wie weit fliegen die Störche in etwa jeden Tag?
C Warum können die Störche das Mittelmeer nicht überfliegen?
D Welchem Fluss folgen die Oststörche in Afrika nach Süden?
E Warum bleiben viele spanische Störche zu Hause?

3 Die Karte neben dem Text hilft dabei, den Text noch besser zu verstehen.
- Besprecht, ob die folgenden Aussagen richtig oder falsch sind.
- Schreibt dann die richtige Antwort / die richtigen Antworten auf.

– Oststörche brüten in Norddeutschland.
– Die Weststörche rasten im Sudan.
– Die Sahara wird von den Weststörchen überquert.
– Die Weststörche fliegen bis Südafrika.

4 Schaubilder helfen dabei, den Inhalt von Texten zu veranschaulichen und zusammenzufassen.
Ein Beispiel für so ein Schaubild siehst du hier.
Dort wird die Flugroute der Oststörche dargestellt.
Sie ist aber unvollständig.

> **Route der Oststörche:**
> **Start:** Norddeutschland → … → … → … → …
> → … → … → … → … → …   **Ziel:** Südafrika

a) Übertrage das Schaubild und ergänze die Flugroute der Oststörche.
b) Lege nach gleichem Muster ein Schaubild für die Weststörche an.
c) Vergleiche dein Ergebnis mit deinem Sitznachbarn.

5 Auf der Landkarte findet ihr eine sogenannte Legende mit Symbolen.
a) Ordnet jedem der Symbole einen der folgenden Begriffe zu.
   Nistplatz   Gefahr   Nahrungsaufnahme
b) Die Symbole sind auch in der Landkarte eingezeichnet.
   Erklärt, warum die jeweiligen Symbole an diesen Stellen der Landkarte eingezeichnet sind.

Legende

eine Beschreibung der verwendeten Symbole, Farben usw. in einer Karte oder einem Plan

W 6 Vergleiche nun die Landkarte mit dem Text. Wähle dazu zwischen a) oder b) aus.
a) Suche zu jedem der Symbole eine passende Textstelle heraus.
   Schreibe die Textstelle dann zusammen mit dem Symbol-Begriff in dein Heft:
   Nistplatz: …   Gefahr: …   Nahrungsaufnahme: …
b) Ergänze dein Schaubild zur Flugroute der Störche aus Aufgabe 4 mit den Symbolen.

2.1. Texte sinnbezogen zum Wissenserwerb lesen – einfachere Techniken und Strategien zum Leseverstehen einsetzen   2.3. Pragmatische Texte auswerten – Aufbau von Texten mithilfe grafischer Elemente darstellen

Sachtexte
Aussageabsichten von Sachtexten unterscheiden

1 Im Folgenden findet ihr vier Texte, in denen ihr etwas über den Biber erfahrt. Lest euch die Texte aufmerksam durch.

A Ein Lexikonauszug

Biber
Der Biber ist das zweitgrößte Nagetier der Erde. Er kann bis zu 1,3 Meter lang werden. Schwere Biber wiegen über 30 Kilogramm, normal sind für einen erwachsenen Biber jedoch etwa 20 Kilogramm. Der Biber galt in Deutschland als vom Aussterben bedroht. Durch Auswilderung und konsequenten Tierschutz ist er heute wieder recht weit verbreitet. In manchen Regionen haben Biber inzwischen in jedem geeigneten Wasserlauf Quartier bezogen ...

B Auszug aus einem Jugendmagazin

Sicher hast du ein Lieblingstier, über das du bereits viel weißt. Aber weißt du auch über den BIBER Bescheid? Nein? Dabei ist der BIBER ein wirklich besonders interessantes Tier. Wusstest du z. B., dass der BIBER das zweitgrößte Nagetier der Erde ist? Er kann sage und schreibe bis zu 1,3 Meter lang werden. Vermutlich ist es auch neu für dich, dass BIBER 12 bis 14 Jahre alt werden?

Auf dem Bild links siehst du Karl, ein BIBER-männchen, das sich im Allgäu ...

C Ein Plakat

Biberfreunde Biberbach

Wir fordern:
SCHÜTZT den Biber! Er ist ein Baumeister der Natur.
ACHTET den Biber! Er ist ein Gestalter unserer Wildnis.
HELFT dem Biber! Schließlich erhalten seine Biotope die Artenfülle und Natürlichkeit unserer Wildnis.
GEBT ACHT und lasst uns zusammenarbeiten, Politik und Naturschutzverbände, um dem Biber in Bayern ein Zuhause zu bieten!

D Auszug aus einem Zeitungstext

Meine Meinung:
Franz M. aus Bobrach
Unverständlicherweise werden Biber gezielt in bayerischen Gegenden angesiedelt. Es ist äußerst kritisch zu sehen, wie sich Menschen in solchem Maße für diesen Nager einsetzen können. Der Biber zerstört durch seine Bauten nicht nur Kanäle und Entwässerungsgräben, zu allem Überfluss vernässt er auch Nutzflächen und zerstört die Ernte, indem er zahlreiche Feldfrüchte frisst. Die wirtschaftlichen Schäden, die der Biber dabei verursacht, sind sehr groß. Zudem ist die Ansiedlung des Bibers höchst bedenklich, da er auch eine Gefahr für das öffentliche Leben darstellt. Gedacht werden muss hier besonders an Kinderspielplätze, die sich in der Nähe ...

2.3. Texte zu einem Thema (aus unterschiedlichen Medien) mit verschiedenen Funktionen unterscheiden – Aussageabsichten einordnen – die eigene Meinung äußern   3.1. Grundformen schriftlicher Darstellung unterscheiden

Kompetenzen aufbauen, üben und anwenden

2 Ordnet den vier Texten nun jeweils eine passende Überschrift zu. Besprecht anschließend in der Klasse eure Ergebnisse.

Der Biber *Der Biber – eine Gefahr*
Schützt den Biber! *Der Biber – ein spannendes Tier*

3 Jeder der Texte hat eine bestimmte Aussageabsicht, d. h., er möchte etwas Bestimmtes bewirken. Stellt Vermutungen darüber an, was die Texte jeweils beim Leser bewirken möchten.

4 Findet im Text Belege für die jeweilige Aussageabsicht. Der Merkkasten hilft euch dabei.

W **5** Du hast nun ganz verschiedene Texte mit unterschiedlichen Aussageabsichten zum Biber gelesen. Wähle nun zwischen a) oder b) aus.
  a) Formuliere deine eigene Meinung zum Biber. Achte dabei darauf, deine Meinung sinnvoll zu begründen.
  Die Texte auf Seite 120 helfen dir dabei, Argumente zu finden.
  b) Sicher kennst auch du ein Tier, das besonderen Schutz benötigt oder besonders interessant ist. Suche dir ein Tier aus und entscheide dich, ob du zu diesem Tier einen informierenden, appellierenden, kritisierenden oder unterhaltenden Text schreiben möchtest.

ⓘ Aussageabsichten von Sachtexten unterscheiden

Um zwischen den verschiedenen Aussageabsichten von Sachtexten unterscheiden zu können, muss man herausfinden, was mit dem Sachtext bewirkt werden soll.

Man unterscheidet dazu vier Bereiche:
1. Der Text soll **informieren**. Dann ist er inhaltlich sachlich und ohne persönliche Meinung geschrieben und gibt oft Antworten auf die typischen W-Fragen.
2. Der Text will **appellieren** (zu etwas auffordern). Der Text soll beim Leser etwas bewirken und ihn von etwas überzeugen.
3. Der Text **kritisiert**. Aktuelle Ereignisse oder Situationen werden dann im Text als ungerecht und verbesserungswürdig beschrieben. Oft soll der Text den Leser zum Nachdenken anregen.
4. Der Text soll **unterhalten und informieren**. Solche Texte finden sich besonders häufig in (Jugend-)Zeitschriften. Die Texte sind oft persönlich geschrieben, enthalten dabei aber sowohl sachliche Informationen als auch Informationen, die einen z. B. zum Schmunzeln bringen können.

Aber aufgepasst: Sachtexte vermischen diese vier Aussageabsichten häufig miteinander. So gibt es Texte, die sowohl informieren als auch kritisieren oder kritisieren und appellieren usw.

2.3. Texte zu einem Thema (aus unterschiedlichen Medien) mit verschiedenen Funktionen unterscheiden – Aussageabsichten einordnen – die eigene Meinung äußern   3.1. Grundformen schriftlicher Darstellung unterscheiden

Sachtexte
Das Textäußere beschreiben

1 Schaut euch die beiden folgenden Texte an, ohne sie zu lesen. Begründet dann, welchen Text ihr eher lesen würdet.

Text A:

> Chamäleons – Meister der Verwandlung. Es gibt Tiere, über die werden hartnäckig Märchen erzählt. Über Chamäleons zum Beispiel. Denen wird oft nachgesagt, sie könnten sich jedem x-beliebigen Untergrund anpassen: Setzt sie auf einen Schottenrock, und sie werden grün-rot-kariert. Haltet sie vor eine Blümchentapete, und auf ihrem Körper sprießen Blütenmuster. Ganz so, als wären Chamäleons lebende Farbkopierer. So viel vorweg: Sie sind es nicht. Aber „schillernde Persönlichkeiten" sind sie trotzdem. Es gibt wohl keine Echse, die abwechslungsreichere Farben trägt als das Chamäleon. ...

Text B:

Chamäleons –
Meister der Verwandlung.

Es gibt Tiere, über die werden hartnäckig Märchen erzählt. Über Chamäleons zum Beispiel.
Denen wird oft nachgesagt, sie könnten sich jedem x-beliebigen Untergrund anpassen: Setzt sie auf einen Schottenrock, und sie werden grün-rot-kariert. Haltet sie vor eine Blümchentapete, und auf ihrem Körper sprießen Blütenmuster. Ganz so, als wären Chamäleons lebende Farbkopierer. So viel vorweg: Sie sind es nicht. Aber „schillernde Persönlichkeiten" sind sie trotzdem. Es gibt wohl keine Echse, die abwechslungsreichere Farben trägt als das Chamäleon. ...

2 Sicher habt ihr euch für Text B entschieden. Lest nun beide Texte genau. Erklärt, was euch auffällt.

3 Lest euch den Merkkasten auf Seite 124 durch und besprecht, welche Merkmale ihr in dem Artikel zum Chamäleon wiederfindet.

2.1. Texte sinnbezogen zum Wissenserwerb lesen
2.3. Pragmatische Texte auswerten – Layout beschreiben

4 Ordne die Begriffe im *Wortspeicher* den Zahlen am Rand des Textes zu.
Vorspann – Spalten – Überschrift – Bild – Zwischenüberschriften – Absätze

Portal
WES-122961-029

1 ← # Ein besonderes Raubtier

2 ← **Der Puma wird unter anderem auch als Silberlöwe, Berglöwe oder Kuguar bezeichnet. Obwohl die Verwandten der Hauskatze keine natürlichen Feinde haben, sind sie dennoch gefährdet.**

Pumas (Puma concolor) sind Säugetiere und gehören zur Familie der Katzen (Felidae). Obwohl sie nicht gerade die kleinsten Katzen sind, zählen sie zur Unterfamilie der Kleinkatzen (Felinae) und sind somit enger mit der Hauskatze als zum Beispiel mit dem Löwen verwandt.

3 ←
Hier fehlt noch ein Bild.

4 ← **Allgemeines zum Puma**

5 ← Die Männchen werden bis zu 1,5 Meter lang und bis zu 125 Kilogramm schwer. Allein die Schwanzlänge des Pumas beträgt 80 cm, die Schulterhöhe bis zu 75 cm. Etwas kleiner und nur halb so schwer sind dagegen die Pumaweibchen. Die Fellfarbe reicht von silbergrau bis zu rotbraun, je nachdem wo die Tiere leben. Perfekt sind sie ihrer Umgebung angepasst. Vereinzelt kommt Melanismus vor, was bedeutet, dass die Tiere schwarz gefärbt sind und dadurch dem Schwarzen Panther ähneln.

Was frisst ein Puma?
Vom Nagetier bis zum Elch – dem Fleischfresser ist die Größe der Beutetiere egal. Sie verzehren alles, gelegentlich auch Vögel oder Fische. Häufiger sind es jedoch Hirsche, Karibus oder Schafe.

Wie lebt ein Puma?
Die Einzelgänger schließen sich lediglich zur Paarungszeit mit Artgenossen zusammen. Ihr Lebensraum erstreckte sich einst über den gesamten amerikanischen Kontinent, von Kanada über Florida bis hin nach Patagonien, über Nordamerika und Südamerika. Mittlerweile ist ihr Verbreitungsgebiet stark geschrumpft, sie leben in abgelegenen, menschenleeren Gegenden. Je nach Nahrungsangebot kann das Revier eines Pumas bis zu 50 Quadratkilometer umfassen. Im Sprint können sie bis zu 72 Stundenkilometer schnell laufen. Zum Vergleich: Ein Gepard schafft bis zu 100 Stundenkilometer. Außerdem können Pumas sehr gut klettern. Die Aufzucht der Jungen liegt ganz in der Hand der Weibchen, welche nach einer Tragzeit von 90 Tagen zwei bis drei Junge zur Welt bringen. Die Lebenserwartung eines Pumas liegt bei etwa 18 Jahren.

Ist der Puma gefährdet?
Ausgewachsene Pumas haben eigentlich keine natürlichen Feinde, gefährdet sind sie dennoch. Die größte Gefahr für sie ist leider der Mensch. In den Vereinigten Staaten von Amerika steht der Puma unter Artenschutz, dies wird aber oft missachtet. Häufig werden sie von Bauern erschossen, die um ihr Vieh fürchten. Daneben werden sie verbotenerweise auch wegen ihres Pelzes getötet.

6

2.1. Texte sinnbezogen zum Wissenserwerb lesen
2.3. Pragmatische Texte auswerten – Layout beschreiben

5 Lest euch den Text „Ein besonderes Raubtier" nun genau durch.
  a) Erklärt dann, welche Aussageabsicht dieser Text verfolgt.
     Belegt eure Meinung am Text.
  b) Geht auf die sechs Merkmale des Textes ein.
     Erklärt ihre Funktion anhand des Textes.
  c) Formuliere mithilfe des Merkkastens vier Sätze,
     die die Merkmale in Verbindung mit ihrer Funktion bringen,
     z. B. so:
     Die Überschrift dient dazu, das Interesse des Lesers zu wecken.

6 Im ersten Abschnitt des Artikels fehlt noch ein Bild.
    Wähle aus den folgenden Bildern das passende aus.
    Begründe deine Entscheidung anhand des Textinhaltes.

A:

B:

⚠ Merkmale und Funktion des Textäußeren (Layout)

Zum Textäußeren gehören folgende Bestandteile (**Merkmale**):
- die Überschrift (fett, zentriert, unterstrichen, größer als der Text …),
- der Vorspann (fett, größer als der Text, aber kleiner als die Überschrift …),
- Spalten und Absätze,
- Zwischenüberschriften,
- Bilder oder andere Illustrationen.

Alle diese Bestandteile haben auch eine **Funktion**, die sich beschreiben lässt.
Das heißt, die Merkmale haben bestimmte Aufgaben. Sie wollen:
- Interesse wecken,
- den Text gliedern,
- den Textinhalt veranschaulichen,
- das Wesentliche des Textes zusammenfassen bzw. einen Vorausblick auf den Inhalt geben.

2.1. Texte sinnbezogen zum Wissenserwerb lesen
2.3. Pragmatische Texte auswerten – Layout beschreiben

Sachtexte

ⓒ Ein Sachbuch gestalten

Gestaltet nun in eurer Klasse ein Sachbuch, in welchem ihr über viele verschiedene Tiere informiert.

1. Sammelt gemeinsam Tiere, die ihr in euer Tier-Sachbuch aufnehmen möchtet.

2. Teilt euch in Gruppen mit je vier Schülern auf, indem ihr euch ein Tier aussucht, über das ihr euch gemeinsam informieren möchtet.
   a) Nun sucht zunächst jeder für sich nach geeigneten Texten zu eurem Tier. Nutzt dazu unterschiedliche Quellen, um ganz verschiedene Informationen über euer Tier zu erhalten, z. B. Sachbücher, Zeitschriften, Internet …
   b) Lest euch eure gefundenen Informationen vor und begründet, warum ihr euch dafür entschieden habt. Beschreibt auch die Aussageabsichten eurer Texte.
   c) Vergleicht eure Materialien anschließend in Bezug auf den Inhalt. Wählt dann in eurer Gruppe die Beiträge aus, die besonders interessant und informativ sind.
   d) Denkt auch darüber nach, ob ihr vielleicht sogar selbst einen Text zu eurem Tier verfassen möchtet. Dazu könnt ihr die Informationen aus eurer Materialauswahl nutzen und umschreiben.
   e) Tippt eure Texte noch einmal am Computer ab. Achtet darauf, dass alle Gruppen dieselbe Schriftart und -größe verwenden.
   f) Gestaltet eure Seiten künstlerisch. Sammelt dafür Bilder zu euren Tieren oder zeichnet selbst welche.

3. Sammelt eure Beiträge in der Klasse ein. Entscheidet, wie eure Titelseite aussehen soll. Sucht dafür Fotos oder malt selbst Bilder.

4. Bindet eure Seiten dann zusammen mit der Titelseite zu eurem Tier-Sachbuch. Euer Lehrer / eure Lehrerin hilft euch sicherlich gerne dabei.

2.1. Texte sinnbezogen zum Wissenserwerb lesen und auswählen
2.3. Pragmatische Texte auswerten und zur Gewinnung von Informationen nutzen – Untersuchungsergebnisse präsentieren

Der Kaiserpinguin

Kaiserpinguine sind die größte Art aus der Familie der Pinguine. Sie zählen zur Gattung der Großpinguine.
Kaiserpinguine können bis zu 130 Zentimeter groß werden und bis zu 37 Kilogramm schwer. Da Kaiserpinguine nur wenige natürliche Feinde haben, werden sie in der freien Wildbahn etwa 20 Jahre alt. Grundsätzlich können sie aber bis zu 50 Jahre alt werden. In ihrer natürlichen Umgebung können den Kaiserpinguinen eigentlich nur Seeleoparden oder Schwertwale, sogenannte Orcas, gefährlich werden.
Für die Pinguinküken gibt es hingegen weit mehr Gefahren. Raubmöwen und Riesensturmvögel erbeuten etwa ein Drittel der Küken, bevor sie ausgewachsen sind. …

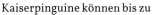

**Unser Tiersachbuch
Klasse 5c**

💡 Tipp

Damit jeder in der Klasse das Buch auch ausleihen kann, sollte es in eurer Klassenbücherei stehen.

Lesen – Umgang mit Texten und Medien

AT → S. 298
Lesemethode

WES-122961-030

Sachtexte

Überprüfe dein Wissen und Können

1 Erschließe dir den Text mithilfe der 5-Schritt-Lesemethode.

Faszinierende Meeresjäger

In vielen Filmen werden Haie nahezu als Monster dargestellt. Viele Experten hingegen charakterisieren die Räuber der Meere als vergleichsweise harmlose Wesen. Wer hat Recht?

Wie gefährlich ist der Weiße Hai?

Der gefährlichste von allen Haien ist der bis
5 zu 6,40 Meter lange Weiße Hai. Der Grund: Seine Spezialnahrung sind Robben, insbesondere die beiden Robben-Unterarten Seelöwen und die bis zu 3,6 Tonnen schweren See-Elefanten. Oft wird auch davon berich-
10 tet, dass der Weiße Hai bevorzugt Menschen attackiert. Vor allem Surfer, so heißt es, ste-

Surfbretter gehören eigentlich nicht zum Speiseplan des Hais.

hen auf seiner Speisekarte. Doch hier liegt ein Irrtum vor: Der Hai verwechselt das Surfbrett nämlich mit einem Seelöwen. Da ihm aber Kunst- und Schaumstoff nicht schmecken, macht er sich davon. In den letzten Jahrzehnten haben sich die unter
15 Schutz gestellten Kalifornischen Seelöwen stark vermehrt. Sie ziehen die Weißen Haie in großer Zahl an. So werden Surfer auch fast nur in der Nähe von Seelöwenkolonien angegriffen.

Begegnet man dem einzelgängerischen „Weißen Riesen" hingegen als Taucher, erlebt man ihn meist nur als Neugierwesen. Er kommt langsam, immer fluchtbereit,
20 näher und umkreist das ihm unbekannte Objekt aufmerksam.

Ein vorsichtiger Meeresbewohner

Ist der Weiße Hai also eigentlich feige? So seltsam es klingt, aber der bekannte Verhaltensbiologe Professor Irenäus Eibl-Ei-
25 besfeld bejaht diese Frage: „Jedes Raubtier, das oft andere Tiere töten muss, um sich zu ernähren, schwebt in ständiger Gefahr, dabei selbst verletzt zu werden, was dann oft den Tod nach sich zieht." Der Weiße Hai ver-

Der Weiße Hai ist selbst bedroht.

30 sucht, jedes unnötige Risiko zu vermeiden, somit ist er äußerst vorsichtig. Neugier und Vorsicht sind häufig Zeichen hoher Intelligenz. Tatsächlich wird der Weiße Hai von vielen Tauchern als hochintelligenter Fisch empfunden. Das kommt auch in der Verschiedenheit seiner Jagdtechniken und Verhaltensformen zum Ausdruck. Doch genutzt hat das dem Weißen Hai kaum. So gibt es derzeit nur noch wenige tausend

35 Tiere weltweit. Die größte Bedrohung für den Weißen Hai stellt der Mensch dar. Nicht selten wird der Hai nur als Trophäe vom Menschen gejagt – ausgestopfte Weiße Haie können nämlich für einige tausend Euro verkauft werden.

Es bleibt also festzuhalten: Der gefährlichste Räuber der Ozeane benötigt selbst dringend Schutz.

2 Bearbeite die folgenden Aufgaben schriftlich.
a) Erkläre, warum der Weiße Hai als der gefährlichste aller Haie gilt.
b) Wähle aus den folgenden Aussagen die richtigen aus.
Korrigiere dann die falschen Aussagen.
  • *Weiße Haie werden bis zu 6,40 Meter lang.*
  • *Zur Spezialnahrung von weißen Haien gehören Krustentiere.*
  • *Surfer stehen auf der Speisekarte des weißen Hais.*
  • *Der weiße Hai verwechselt Surfbretter mit Seelöwen.*
c) Beschreibe, was viele Taucher erleben, wenn sie einem weißen Hai begegnen.
d) Begründe, inwiefern die folgende Aussage wahr oder falsch ist.
Weiße Haie sind äußerst vorsichtige Tiere.
e) Erkläre, warum der Mensch als die größte Bedrohung für den weißen Hai gilt.
f) Erkläre, warum das Beachten des Warnschildes rechts besonders für Surfer überlebenswichtig sein kann.

3 Begründe, welche Aussageabsicht der Text „Faszinierende Meeresjäger" verfolgt.

4 Beschreibe das Textäußere. Übernimm die folgende Tabelle und ergänze sie.

Merkmal:	Wirkung / Funktion:
Fettgedruckte Überschrift, die größer als die Schrift des Textes ist	
	Er fasst den Text in wenigen Sätzen zusammen und gibt einen Vorausblick.
Fettgedruckte Zwischenüberschriften	
	Sie gliedern den Text.
Bilder mit Bildunterschriften	

W 5 Wähle im Folgenden zwischen a) oder b) aus.
a) Rufe dir noch einmal kurz die verschiedenen Texte des Kapitels ins Gedächtnis. Entscheide, welcher dir am besten gefallen hat, dich am meisten interessiert oder bewegt hat. Schreibe deine Meinung zu dem darin dargestellten Thema begründet auf und lies sie abschließend Korrektur.
b) Sicher hast du noch Fragen an den Text. Entscheide dich für eine und recherchiere die Antwort in Büchern oder im Internet. Verfasse dann einen kurzen Text im Stil des Textes links, in dem du die Antwort auf deine Frage darstellst. Lies deinen Text abschließend aufmerksam Korrektur.

2.1. Texte sinnbezogen lesen – einfache Techniken und Strategien zum Leseverstehen einsetzen
2.3. Pragmatische Texte auswerten – Aussageabsichten einordnen – Layout beschreiben – eigene Meinung äußern

Neues entdecken – Einsichten gewinnen

Medien

Es gibt viele Medien, die aus unserem Alltag kaum mehr wegzudenken sind. In diesem Bild findet ihr vier davon.

1. Benennt die dargestellten Medien und beschreibt, was man mit ihnen machen kann.

2. Tauscht euch in der Klasse darüber aus, welche Medien ihr besonders häufig nutzt.

In diesem Kapitel lernst du (,) …
- Medien und ihre Funktion zu unterscheiden.
- Medienangebote zu vergleichen.
- über das eigene Medienverhalten nachzudenken.
- für dich gezielt geeignete Medien auszuwählen.
- Medien zur Informationsbeschaffung zu nutzen.
- filmische Mittel zur Erzeugung von Gefühlen zu beschreiben.

Medien

Medienangebote und ihre Funktion kennenlernen

1 Informiert euch gegenseitig darüber, welche der folgenden Medienangebote ihr kennt, wie sie zu empfangen sind und was ihr Inhalt ist.

2 Übernimm die folgende Tabelle und ordne die fünf Beispiele den vier Medienbereichen in der Tabelle zu.
Formuliere anhand der Beispiele auch die Besonderheiten der Medienbereiche.

	Fernsehen	Radio	Zeitschrift	Film
Beispiele	The Voice Kids ...			
Besonderheiten		nur hörbar; nur verfügbar bei Stromanschluss		

3 Das Internet ist ein Medium, das in den letzten 20 Jahren sehr an Bedeutung gewonnen hat. Lest die folgende Aussage:
„Das Besondere am Internet ist, dass es viele herkömmliche Medien beinhaltet, miteinander verbindet und teilweise vereint."
  a) Sprecht darüber, inwiefern diese Aussage für die Medien und die Medienbereiche aus Aufgabe 2 eine entscheidende Rolle spielt.
  b) Schaut euch nun die Medienangebote rechts an und erklärt, wie sie sich von den Medien aus Aufgabe 2 unterscheiden.
  ✱ c) Entscheide, wie du das Internet als Medienbereich mit seiner besonderen Bedeutung in deiner Tabelle ergänzen könntest.
  d) Finde jeweils ein eigenes Beispiel für die fünf Medienbereiche.

2.4. Zwischen verschiedenen Funktionen der Medien unterscheiden

W 4 Man unterscheidet drei wichtige Funktionen, die ein Medium besitzen kann:

Kommunikation   Unterhaltung   Information

Wähle im Folgenden zwischen a) oder b) aus.
a) Ordne mithilfe des Merkkastens den Medien aus Aufgabe 1 und 3 die entsprechende Funktion zu.
<u>Achtung</u>: Einige Medien erfüllen auch mehrere Funktionen.
b) Lies dir die folgenden Beispiele durch. Entscheide dann mithilfe des Merkkastens, welche der drei Funktionen das Medium in den Beispielen jeweils erfüllt.

- **A** Eva hört ein Hörbuch von „Gregs Tagebuch".
- **B** Jonas sitzt am Laptop und skypt mit seiner Tante.
- **C** Laura spielt mit Lilly auf der Playstation.
- **D** Anna löst das Rätsel in einer Jugendzeitschrift.
- **E** Florian schickt seinem Freund mit dem Smartphone ein lustiges Video.
- **F** Lucy schreibt ihrer Cousine zum Geburtstag eine E-Mail.
- **G** Toms Vater liest den Wirtschaftsteil der Zeitung.

Stellt euch anschließend eure Ergebnisse vor.

5 Findet noch weitere Beispiele, wie man Medien im Alltag zur Information, Kommunikation und Unterhaltung nutzt.

ⓘ Formen und Funktionen von Medien

Medien *(Sg. Medium)* sind zum einen **Informationen** (Film, Nachrichten usw.), zum anderen (technische) **Mittel**, die Informationen übertragen (Radio, Internet, Bücher, Zeitungen usw.), aber auch **Einrichtungen**, **die beides verbinden**, also sowohl Informationen liefern als auch ihre technische Übertragung ermöglichen (Facebook, YouTube). Die Abgrenzung dieser drei Bereiche ist mitunter schwierig, da die Übergänge fließend sind. Es ist außerdem wichtig zu wissen, dass die übermittelten Informationen zunächst nicht mit Nachrichten, also sachlichen Informationen, gleichgesetzt werden dürfen.

Allgemein erfüllen Medien drei verschiedene Funktionen:
- **Information** – man erfährt Neues und erweitert dadurch sein Wissen.
- **Kommunikation** – man tauscht mit anderen Menschen Informationen aus, z. B. in Form eines Gesprächs oder online per Chat.
- **Unterhaltung** – man erfährt durch das Konsumieren Freude, ohne dadurch einen großen informativen Nutzen zu haben.

2.4. Zwischen verschiedenen Funktionen der Medien unterscheiden

Medien

Eine Umfrage zum Medienverhalten auswerten

1 Schaut euch das folgende Balkendiagramm genau an.
a) Benennt das Thema des Diagramms.
b) Findet heraus, auf welche Altersgruppen sich das Diagramm bezieht.

AT → S. 300
Diagramme auswerten

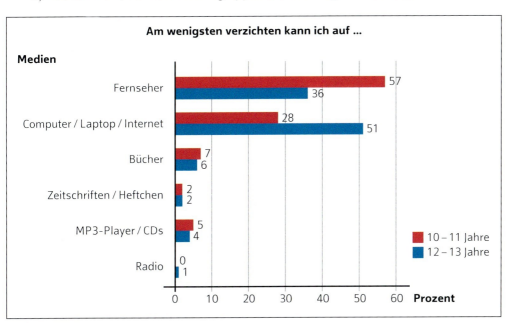

Quelle: Auszug aus der KIM-Studie 2014 (Seite 16), Angaben in Prozent

Quelle

Als Quelle bezeichnet man z. B. ein Buch, einen Zeitungsartikel oder auch eine Umfrage, aus der man Informationen erhält.

2 Erarbeite dir mithilfe der folgenden Fragen den Inhalt des Diagramms.
- Was zeigen die beiden Achsen des Diagramms an?
- Was bedeuten die einzelnen Balken?
- Welche Werte sind besonders hoch und welche besonders niedrig?
- Welche Unterschiede gibt es bei den verschiedenen Altersgruppen?

3 Fasst in einem Satz zusammen, worum es in dem Diagramm geht.

4 Wie würde wohl ein ähnliches Diagramm für eure Klasse aussehen?
- Schreibt die einzelnen Medien untereinander an die Tafel.
  Ihr könnt dabei auch weitere Medien, wie z. B. das Smartphone oder die Spielkonsole, in die Liste aufnehmen.
- Jeder geht einzeln nach vorne und macht drei Striche.
  Ihr könnt die Striche dabei einzeln, also auf drei unterschiedliche Medien, die euch am wichtigsten sind, verteilen oder auch mehrere Striche bei nur einem Medium machen.
- Besprecht anschließend euer Ergebnis und vergleicht es mit dem Balkendiagramm. Findet Gemeinsamkeiten und Unterschiede.

2.3. Diskontinuierliche Texte auswerten – die eigene Meinung zu darin dargestellten Themen äußern
2.4. Das eigene Lese- und Medienverhalten reflektieren

Medien

Über das eigene Medienverhalten nachdenken

Im Fernsehen schau ich gerne Wissenssendungen, weil man da noch was lernt, und ab und zu die Simpsons. Aber noch lieber mach ich was mit meinen Kumpels oder spiel mit unserem Hund.

Tim

Meine Freundinnen und ich unterhalten uns in der Schule immer über Internetvideos. Wenn ich da mal eines nicht gesehen habe, komm ich mir blöd vor, weil ich nicht mitreden kann. Am lustigsten ist es aber, wenn wir uns übers Handy Nachrichten, Bilder und Videos schicken. Ohne mein Smartphone würde ich es gar nicht mehr aushalten.

Lisa

Auf einen Fernseher und auf das Internet könnte ich komplett verzichten. Wer ständig aus Langeweile vorm Bildschirm sitzt, statt sich mit Freunden zu treffen, hat bald keine mehr. Manche schauen auch heimlich brutale Filme. Das kann im schlimmsten Fall sogar aggressiv machen.

Ich hab einen Laptop in meinem Zimmer, der läuft oft, egal, was ich gerade tue. Nebenbei mache ich auch Hausaufgaben oder esse. Meine Eltern bekommen oft gar nicht mit, wenn ich abends manchmal noch lange online spiele. Die meinen zwar, ich sollte öfter mal rausgehen, aber am Computer sitzen macht oft mehr Spaß.

Anna

Manuel

1. Tim, Lisa und Manuel nutzen häufig Medien. Finde in ihren Äußerungen die Gründe dafür, dass sie fernsehen, im Internet surfen, online spielen oder ihr Handy benutzen.

2. Aus den vier Schüleräußerungen kann man aber noch etwas anderes herauslesen.
   a) Benenne die Probleme, die laut Anna durch eine übertriebene Mediennutzung entstehen können.
   b) Beschreibe, wozu die übertriebene Mediennutzung von Lisa und Manuel führen könnte.

2.4. Das eigene Lese- und Medienverhalten reflektieren – verschiedene Funktionen von Medien unterscheiden

3 Arbeitet zu zweit.
  a) Sprecht darüber, welche Medien ihr in eurer Klassenumfrage angegeben habt, auf die ihr nur schwer verzichten könnt. Erklärt, warum das so ist.
  b) Begründet, welcher der vier Schüleraussagen ihr euch eher anschließen könnt.
  c) Findet weitere Probleme, die durch einen übertriebenen Medienkonsum entstehen können.

4 Kontrolliert nun einmal euren eigenen täglichen Medienkonsum.
  a) Führt dazu mindestens einen Tag lang ein Medientagebuch, in dem ihr festhaltet, welche Medien ihr wie lange am Tag nutzt. Ihr könnt euch dazu am folgenden Schema orientieren:

Tag	Medium	Dauer	Minuten insgesamt
Montag	Laptop / Onlinespiel Smartphone TV	45 Min. 30 Min. 60 Min.	135 Min.

  b) Vergleicht eure Ergebnisse anschließend in der Klasse. Geht dabei insbesondere auf die Dauer der Mediennutzung ein und begründet, welche ihr für angemessen und welche ihr bereits für übertrieben haltet.

5 Ihr habt euch inzwischen viele Gedanken über euer eigenes Medienverhalten gemacht und über mögliche Probleme im Umgang mit Medien.
  - Haltet eure Einstellung zu Medien nun in Form von „Medienregeln", die ihr z. B. auch Manuel mit auf den Weg geben könntet, auf einem Plakat fest.
  - Lest dazu zunächst den Expertentipp unten.
  - Eine eurer Regeln könnte beispielsweise sein:

AT → S. 299
Plakat

Unsere Medienregeln:
1) Ich spiele nur tagsüber am PC. Nachts schlafe ich.
2) …

In Bezug auf Medien ist es vor allen Dingen wichtig, einen verantwortungsvollen Umgang zu entwickeln. Neben informierenden Sendungen auch mal nur unterhaltende Sendungen im Fernsehen zu sehen oder mal ein Spiel im Internet zu spielen, ist nicht gleich schlecht, aber wenn darunter Freundschaften leiden oder andere Probleme auftreten, sollte man sich über sein Medienverhalten Gedanken machen.

 Tipp
Geht doch einmal für einen Tag auf „Mediendiät" – versucht also 24 Stunden, ohne Fernseher, Computer, Handy usw. auszukommen. Berichtet euch dann gegenseitig von euren Erfahrungen.

Medien

Medien sinnvoll auswählen

1 Malte und Karla gehören zu den 57 % der 10- bis 11-Jährigen, denen es schwerfällt, auf den Fernseher zu verzichten.
Lies, was sie beim Zappen durch die Programme denken.

Mal schauen, was im nächsten Programm läuft. Langweilig. Und da? Auch nichts. Nächster Sender. Nur Kochshows. Kommt denn heute gar nichts für mich?

Statt einfach nur durch die Programme zu schalten, sollte man sich zuvor darüber informieren, was gerade im Fernsehen läuft. Im Internet findest du mehrere Seiten, die aus dem täglichen Fernsehprogramm genau die Sendungen herausfiltern, die für Kinder und Jugendliche besonders geeignet sind.

2 Schau dir den folgenden Ausschnitt einer Programmspalte an und beschreibe, wie eine Programmspalte aufgebaut ist und welche Informationen man erhält.

3 Beschreibe, welche Informationen du in dem Fenster unten über die Jugendserie „Baxter" erhältst. Begründe auch, welche dieser Informationen deine Entscheidung, die Serie zu schauen, beeinflussen oder nicht.

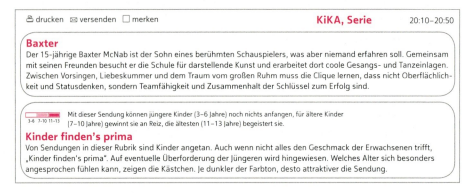

2.4. Unterschiedliche Medienangebote (v. a. TV, Rundfunk) nach vorgegebenen Kriterien vergleichen und bedürfnisorientiert auswählen – verschiedene Funktionen von Medien unterscheiden

4 Erstelle für deine eigene Lieblingsserie eine Kurzinformation nach dem Beispiel von „Baxter".
  a) Schreibe dafür zunächst eine kurze Inhaltszusammenfassung deiner Lieblingsserie.
  b) Gehe dann darauf ein, für welche Altersgruppe die Sendung interessant sein könnte und wann und wo sie läuft.
  c) Begründe abschließend kurz, warum Kinder die Serie spannend, unterhaltsam, lustig o. Ä. finden werden.

5 Forsche nach, wie man sich noch über das Fernsehprogramm informieren kann.
Tausche dich darüber mit deinem Sitznachbarn aus.

6 Sender wie KiKA und nickelodeon zeigen ausschließlich Sendungen für Kinder und Jugendliche.
  a) Vergleicht das Programmangebot der beiden Sender. Sortiert dazu die Sendungen nach den Funktionen „Unterhaltung" und „Information". Bestimmt gibt es auch Sendungen, die beide Funktionen erfüllen.
  b) Begründet, welcher Sender der Vielfalt des Angebotes nach ein abwechslungsreicheres Programm bietet.

	KiKA		nickelodeon
08:35	stark! (Dokuportrait) „Kristopher – Jetzt wissen es alle"	08:35	Yo-Kai Watch! (Zeichentrickserie) „Yo-Kai existieren"
08:50	neuneinhalb (Wissensmagazin) „Dinosaurier – Auf Spurensuche"		
09:00	Checker Tobi (Wissensmagazin) „Der Body-Check"	09:05	Teenage Mutant Ninja Turtels (Zeichentrickserie)
09:25	Anna und die wilden Tiere (Dokuportrait) „Die Zähne des Alligators"	09:30	Cosmo und Wanda (Zeichentrickserie)
09:50	JoNaLu (Zeichentrickserie) „Robo spinnt"	09:55	Kung Fu Panda (Animationsserie) „Der ewige Rekord"
10:15	Peppa (Zeichentrickserie) „Recyceln"	10:20	Kung Fu Panda (Animationsserie) „Apokalypse Yao"
10:25	Tom und das Erdbeermarmeladenbrot mit Honig (Zeichentrickserie)		
10:40	Siebenstein (Kinderserie) „Der Schmuckdieb"	10:50	Bella and the Bulldogs (Kinder- und Jugendserie)
11:05	Löwenzahn (Kinderserie) „Metall – Der Schatz im Schrott"	11:20	100 Dinge bis zur High School (Kinder- und Jugendserie)
11:30	Die Sendung mit der Maus (Lach- und Sachgeschichten)	11:45	Die Chaos-Kreuzfahrt (Kinder- und Jugendserie)

2.4. Unterschiedliche Medienangebote (v. a. TV, Rundfunk) nach vorgegebenen Kriterien vergleichen und bedürfnisorientiert auswählen – verschiedene Funktionen von Medien unterscheiden

Lesen – Umgang mit Texten und Medien

Neben speziellen Fernsehsendungen gibt es auch im Rundfunk Programme, die sich insbesondere Kindern und Jugendlichen widmen.

7 Erzählt, bei welcher Gelegenheit ihr Radio hört und welche Art von Sendung ihr dabei bevorzugt.

8 Sucht einmal im Internet nach einem speziellen Radioprogramm für Kinder in Bayern.
Notiert euch Sendezeitpunkt und Programm.

Recherche
(aus dem Französischen) anderes Wort für Suche

9 Bestimmt seid ihr bei eurer Recherche auch auf den Radiosender Bayern 2 gestoßen. Unter „radioMikro" gibt es täglich folgende Angebote für Kinder, die man auch über die Homepage des Senders einsehen und als Podcast nachhören kann:

- Kindernachrichten,
- Musik,
- Hörspiele,
- Gespräche über Themen, die Kinder betreffen,
- Geschichten über besondere Orte oder Personen.

Podcast
(engl.) Radiobeitrag, der im Internet nachgehört oder heruntergeladen werden kann

a) Sprecht darüber, welche der Programmpunkte euch besonders oder auch gar nicht ansprechen.
b) Beurteilt den Sendezeitpunkt und die Dauer des Kinderprogramms.

10 Die Auswahl einer Sendung, ob im Radio oder im Fernsehen, sollte nach bestimmten Kriterien getroffen werden, z. B. nach

Unterhaltsamkeit, Informationsgehalt, Altersangemessenheit, Sendezeitpunkt.

Ergänzt eure Medienregeln im Hinblick auf diese Kriterien, z. B. so:

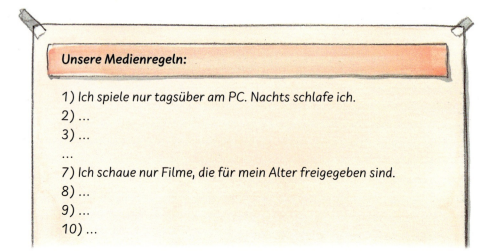

Unsere Medienregeln:

1) Ich spiele nur tagsüber am PC. Nachts schlafe ich.
2) …
3) …
…
7) Ich schaue nur Filme, die für mein Alter freigegeben sind.
8) …
9) …
10) …

2.4. Unterschiedliche Medienangebote (v. a. TV, Rundfunk) nach vorgegebenen Kriterien vergleichen und bedürfnisorientiert auswählen – verschiedene Funktionen von Medien unterscheiden

Medien

Medien zur Informationsbeschaffung nutzen

Katzen

- weltweit beliebt als Haustier
- werden in der Regel 15 – 20 Jahre alt
- wiegen normalerweise zwischen 2,5 kg und 8 kg
- schwerste Katze der Welt: „Himmy" aus Australien (über 21 kg)
- …

Marie liebt Katzen und könnte in der Schule einiges über ihre Minka erzählen.
Aber für ein Referat reicht das noch nicht aus.

1 Sammelt Möglichkeiten, wie Marie an gute Informationen über Katzen für ein Referat gelangen könnte.

2 Maries Bruder empfiehlt ihr zunächst, eine Suche im Internet durchzuführen. Lies dir seine Erklärung dafür durch.

1. Öffne im Internet die Seite eines Internetlexikons, z. B. www.klexikon.zum.de, oder einer Suchmaschine für Kinder, wie www.fragfinn.de oder www.blinde-kuh.de.
2. Tippe deinen Suchbegriff, also „Katzen", in das Suchfeld ein.
3. Wenn deine Trefferzahl zu umfangreich ist, grenze deine Suche etwas mehr ein. Gib z. B. „Arten von Katzen" ein.
4. Schau dir nun deine Trefferliste an. Lies dir die passenden Einträge durch.
5. Drucke die Texte aus, die dich besonders interessieren, um sie besser bearbeiten zu können.
6. Schreibe schließlich die Informationen heraus, die für dein Referat besonders wichtig sind, und ordne sie.

3 Führe nun selbst eine Internetsuche zum Thema „Katzen" durch. Berichte im Anschluss daran deinem Sitznachbarn von deinen Erfahrungen.

4 Eine andere Möglichkeit, Informationen zu einem Thema zu bekommen, ist die Suche in einer Bücherei.
- Finde ein Buch zum Thema „Katzen" in einer Bibliothek.
- Schreibe auch hier die Informationen heraus und ordne sie.

→ **S. 109ff.**
Ein Buch finden
AT → S. 298
5-Schritt-Lesemethode

5 Vergleiche die beiden Suchstrategien miteinander und erkläre, welche Gemeinsamkeiten und welche Vor- und Nachteile sie jeweils haben.

2.4. Unter Anleitung Bibliotheken und Nachschlagewerke, ggf. auch digitaler Art, zum Einholen und Überprüfen von Informationen nutzen

Medien

Die Darstellung von Gefühlen in Filmen beschreiben

Mimik

Mit Mimik wird der Gesichtsausdruck bezeichnet, durch den ein bestimmtes Gefühl verdeutlicht werden soll.

In **Büchern** werden Gefühle durch Wörter beschrieben. Ein Bild hierzu entsteht erst im Kopf des Lesers. **Bilder** machen im Gegensatz dazu ein Gefühl sichtbar, haben aber nicht die Möglichkeit, etwas laut zu sagen. In **Filmen** ist beides möglich. Durch die Mimik einer Figur erkennt man, wie sie sich fühlt, außerdem hört man, was sie sagt. Alle drei Darstellungsformen haben also das gleiche Ziel, benutzen für die Umsetzung aber unterschiedliche Mittel.

1 Lest euch die Textstelle aus „Rico, Oskar und das Herzgebreche" durch. Schaut euch dann das dazugehörige Bild aus dem gleichnamigen Film an.

> […] Es war, als wären alle Bingokugeln in meinem Kopf aus der Maschine gekippt […], als ich mich vor ihm aufbaute und all mein Zorn und Groll sich sturzflutartig über ihn ergoss. […]
>
> „Das ist fast alles Ihre Schuld! Ihre und die der Champagnertussi", schrie ich ihn aufgebracht an. „Wir hätten gut einen Polizisten brauchen können, Oskar und ich, aber dann mussten wir alles allein machen!" […] „[…] *Sie* mussten ja mit der Champagnertussi rummachen, bestimmt sogar über Nacht, und jetzt –"
>
> „Rico, Rico!" Der B ging vor mir in die Hocke, packte mich bei den Schultern und schüttelte mich vorsichtig. „Rico, beruhig dich, hör auf zu weinen, und hör mir zu – ich hatte Geburtstag, und ja, die Champagnertussi ist über Nacht geblieben, aber Himmelherrgott, sie hat auf dem Sofa geschlafen. Sie ist meine Schwester!"

2 Beschreibt, wie die Stimmung im Buch und wie im Film verdeutlicht wird.

3 Filme wollen insbesondere das Gefühl der Zuschauer ansprechen. Dazu nutzen sie verschiedene Mittel.
- Schaut euch die beiden Bilder aus dem Film „Rico, Oskar und das Herzgebreche" rechts an.
- Beschreibt dann, welche Gefühle in den Szenen zum Ausdruck und welche Mittel dabei jeweils zum Einsatz kommen. Das kleine Lexikon auf der folgenden Seite hilft euch dabei. Haltet eure Ergebnisse so fest:

Bild	Gefühl	Einstellung	Perspektive	Ausleuchtung
1				
2				

2.4. Grundlegende filmische Mittel zur Erzeugung von Gefühlen beschreiben

Kleines Lexikon filmischer Mittel

Kameraeinstellungen:
Durch die Kameraeinstellung „Totale" erhält der Zuschauer einen größeren Überblick über einen Ort und das Geschehen.

Als „Nahaufnahme" bezeichnet man eine Kameraeinstellung, die den Kopf und Oberkörper einer Figur zeigt.

„Detailaufnahmen" zeigen einen kleinen Teil der Szene ganz groß. Dadurch kann man z. B. die Mimik einer Figur besonders gut erkennen.

Perspektive:

Aus der „Froschperspektive" (von unten betrachtet) wirkt vieles größer, mächtiger und bedrohlicher.

In der „Normalperspektive" (auf Augenhöhe) kann man sich gut in die Gefühlslage hineinversetzen.

Aus der „Vogelperspektive" (von oben betrachtet) wirkt vieles kleiner, verlassen und einsam.

Musik: Bedrohliche oder traurige Szenen werden häufig von düsterer und langsamer Musik begleitet. Bei fröhlichen Momenten ist die Hintergrundmusik heiter.

Ausleuchtung: Dunkle Räume und Umgebungen erzeugen beim Zuschauer oft ein ungutes Gefühl. Daher wird eine traurige Stimmung meist durch gedämpftes Licht oder einen bedeckten Himmel unterstrichen. Strahlender Sonnenschein und helles Licht vermitteln im Gegensatz dazu eher eine positive Stimmung.

4 Schaut gemeinsam einen Film an.
- Teilt euch in zwei Gruppen auf: „Kameraeinstellung und Perspektive" und „Musik und Ausleuchtung".
- Legt Tabellen nach den Mustern unten an und füllt sie während des Filmes aus.
- Untersucht nun einzelne Szenen auf den Einsatz filmischer Mittel.
- Vergleicht anschließend eure Ergebnisse.

Gefühl	Inhalt / Szene	Kameraeinstellung	Perspektive	...	Musik	Ausleuchtung
Freude	Rico bringt seine Mama zum Altar	Nahaufnahme des Gesichts	...	...	feierlich, leise, fröhlich	helle Kirche, viel Licht
...	...	...	...	...	...	...

2.4. Grundlegende filmische Mittel zur Erzeugung von Gefühlen beschreiben

Medien

Gefühle filmisch inszenieren

Tipp

*Alternativ zur filmischen Umsetzung könnt ihr euer Gefühl auch in einem **Standbild** darstellen. Dabei wird das Gefühl nur durch Mimik und Gestik dargestellt. Ihr dürft also weder sprechen noch euch bewegen. Besonders spannend wäre es, wenn ihr sowohl eine filmische Darstellung als auch ein Standbild hättet.*

Nun seid ihr selbst an der Reihe, Gefühle filmisch darzustellen.

1. Teilt eure Klasse in vier Gruppen auf.
   Jede Gruppe ist zuständig für ein anderes Gefühl,
   z. B. Angst, Trauer, Wut, Freude.

2. Überlegt in der Gruppe, wie ihr euer Gefühl in einer kurzen Szene darstellen könnt. Dafür ist es hilfreich, das Gefühl mit einer konkreten Situation in Verbindung zu bringen, z. B.:
   - Angst vor der Rückgabe der Schulaufgabe;
   - Trauer über den Wegzug des besten Freundes / der besten Freundin;
   - Wut über ein verlorenes Fußballspiel;
   - Freude über ein langersehntes Wiedersehen.

3. Berücksichtigt bei der Umsetzung den Einsatz geeigneter filmischer Mittel und verteilt in der Gruppe folgende Aufgaben:
   - Der/die **Schauspieler** muss/müssen das Gefühl glaubhaft zum Ausdruck bringen.
   - Der **Kameramann** hält die Szene mit der passenden Einstellung und aus der passenden Perspektive mit einem Aufnahmegerät fest (z. B. Digitalkamera oder Smartphone).
   - Der **Beleuchter** sorgt drinnen oder draußen für die passende Beleuchtung, z. B. mit einer Taschenlampe oder einem Scheinwerfer.
   - Der/die **Musiker** spielt/spielen die passende Musik zur Szene ein (z. B. mit einem Mp3-Player oder einem Smartphone).

Tipp

Je nachdem wie ihr eure Szene ausgestaltet habt, müssen manche Aufgaben vielleicht auch doppelt besetzt werden. Denkt bei der Aufgabenverteilung daran.

4. Setzt die Szene nun filmisch um.
   Da es am Anfang häufig Schwierigkeiten bei der Umsetzung gibt, denkt daran, eure Szene nicht zu lang zu gestalten.
   So habt ihr Zeit, mehrere Aufnahmen zu machen.

AT → S. 302
Rückmeldung

5. Schaut euch abschließend eure Ergebnisse gemeinsam in der Klasse an (z. B. über einen Beamer) und gebt euch eine Rückmeldung zu euren Szenen. Lasst euch dabei von den folgenden Fragen leiten:
   - Was ist der Gruppe besonders gut gelungen, was können sie verbessern?
   - Wie glaubhaft war die schauspielerische Darstellung der Gefühle?
   - Wurde eine passende Kameraeinstellung und Perspektive verwendet?
   - Hat die Beleuchtung die Stimmung der Szene unterstützt?
   - Ist die Musik gut ausgewählt und an der richtigen Stelle eingesetzt worden?

1.4. Sich in die Lage realer Personen versetzen und im Spiel deren Rollen übernehmen – angeleitet eine sachliche und kriterienorientierte Rückmeldung zu einzelnen Aspekten ihrer Darstellung geben

Medien

Überprüfe dein Wissen und Können

1 Notiere die Vor- und Nachteile der folgenden Medienformate.
 a) Sendung im Fernsehen
 b) Hörspiel auf CD
 c) Buch
 d) Film auf DVD
 e) Zeitschrift

2 Schreibe je zwei Medien auf, die man
 a) zur Information,
 b) zur Kommunikation oder
 c) zur Unterhaltung nutzen kann.

3 Erkläre, wie du bei der Auswahl eines geeigneten Fernsehprogramms vorgehst.

4 Wähle die Ratschläge aus, die bei einer Internetsuche <u>nicht</u> unbedingt sinnvoll sind. Begründe, was an ihnen falsch ist.
 A Gib im Suchfenster der Suchmaschine weitere Begriffe ein, um ein gezielteres Suchergebnis zu erhalten.
 B Nutze immer die Informationen aus dem ersten Treffer, das erspart Zeit.
 C Notiere gute, interessante und informative Internetadressen, damit du sie das nächste Mal auf Anhieb wiederfindest und nutzen kannst.
 D Verwende grundsätzlich nur eine Suchmaschine, dort findet man die meisten Artikel.
 E Schreibe ganze Textteile wortwörtlich ab, das erspart dir das Zusammenfassen in eigenen Worten.

w 5 Wähle im Folgenden zwischen a) oder b) aus.
 a) Der Regisseur eines Jugendfilms möchte in einer Szene zeigen, dass eine Figur enttäuscht über das Verhalten seines besten Freundes ist.
 Suche aus den Möglichkeiten **A – D** die zwei filmischen Mittel aus, die diese Stimmung unterstützen.
 Korrigiere dann die zwei falschen Antworten so, dass sie auch zur Filmszene passen.

 A leise und bedrückte Musik **C** „Vogelperspektive" (Blick von oben)
 B Nahaufnahme des Gesichts **D** helles, strahlendes Licht

 b) Der Regisseur eines Jugendfilms möchte in einer Szene zeigen, dass eine Figur aufgeregt wegen des ersten Schultags an einer neuen Schule ist.
 Schau dir die vier filmischen Mitteln von Seite 139 noch einmal an.
 Notiere, wie sie die Stimmung des Jungen unterstützen könnten.

2.4. Unterschiedliche Medienangebote vergleichen – verschiedene Funktionen von Medien unterscheiden – grundlegende filmische Mittel zur Erzeugung von Gefühlen beschreiben

Schreiben

Anschaulich erzählen

1. Seht euch die Bilder an und tauscht euch darüber aus, welche Erlebnisse wohl besonders interessant, spannend, lustig … gewesen sein könnten.

2. Beim Erzählen einer Geschichte ist es wichtig, die Erlebnisse möglichst anschaulich darzustellen, damit der Zuhörer gefesselt ist. Sammelt Möglichkeiten, wie man das beim Erzählen erreichen kann.

3. Vielleicht habt ihr an einem vergangenen Wochenende auch etwas Tolles erlebt. Erzählt euch von euren Erlebnissen. Beachtet dabei eure Ergebnisse aus Aufgabe 2.

In diesem Kapitel lernst du (,) …
- *wie du eine schriftliche Erzählung planst.*
- *wie eine Erzählung aufgebaut ist.*
- *wie du deine Erzählung anschaulich und spannend gestaltest.*
- *wie du Erzählungen nach bestimmten Kriterien überarbeitest.*
- *wie du zu Sprich- und Reizwörtern eine Erzählung schreibst.*

Kompetenzen aufbauen, üben und anwenden

Anschaulich erzählen

Eine Erzählung planen

Ihr könnt einander nicht nur mündlich von Erlebnissen erzählen,
sondern auch eine schriftliche Erzählung zu euren Erlebnissen verfassen.
Eine Möglichkeit ist zum Beispiel, sich zu Reizwörtern eine interessante
Geschichte auszudenken. Wie bei jeder Erzählung ist es auch hierbei wichtig,
dass ihr nicht einfach anfangt zu schreiben.
Ihr müsst euch zuerst einmal Gedanken darüber machen, worüber ihr
schreiben möchtet. Dabei kann eine Ideensammlung sehr hilfreich sein.

Reizwörter

vorgegebene Wörter, zu denen man sich eine Geschichte ausdenkt und die eine wichtige / bedeutsame Rolle in der Geschichte spielen

1 Hier seht ihr die angefangene Ideensammlung von Dario zu den Reizwörtern
„Schlafsack", „Nachtwanderung" und „Katze". Schaut sie euch in Ruhe an.

AT → S. 301

Ideensammlung

2 Vervollständige die Ideensammlungen zu den Reizwörtern „Schlafsack"
und „Katze". Orientiere dich dabei am Beispiel zum Reizwort „Nachtwanderung".

 Portal

WES-122961-033

3 Bevor du anfängst, eine Erzählung zu schreiben, solltest du die Stichworte
aus deiner Ideensammlung zunächst ordnen. So vermeidest du, dass deine
Erzählung nachher verwirrend wirkt. Dabei kann z. B. eine Schreibpyramide helfen.
a) Übernimm eine der Schreibpyramiden von Seite 144.
b) Überlege dir ein konkretes Ereignis für deine Geschichte,
zu dem möglichst viele Begriffe aus deiner Ideensammlung passen.
Trage ein Thema ein, das zu deinen Ideen passt.
Notiere daran anschließend auch die Hauptfiguren deiner Geschichte.
c) Bringe deine Ideen nun in eine sinnvolle Reihenfolge,
indem du deine Schreibpyramide vervollständigst.
Der Merkkasten auf Seite 144 hilft dir dabei.
d) Suche dir einen Partner und erzähle ihm deine Erzählung anhand
deiner Schreibpyramide. Höre dir danach auch seine Geschichte an.
Gebt euch abschließend gegenseitig eine Rückmeldung.

 Portal

WES-122961-034

AT → S. 302

Rückmeldung

3.1. Texte strukturieren
3.2. Texte mithilfe von Methoden und Reizwörtern vorbereiten und planen

Die große **Schreibpyramide**, die ihr hier seht, ist ein Beispiel. Die einzelnen Stufen sind also ganz variabel und von der Erzählung abhängig – mal schließt sich an die Einleitung gleich die Kernstelle an, manchmal gibt es aber auch unterschiedlich viele Stufen vor und nach der Kernstelle usw. So sind auch die kleineren Versionen der Schreibpyramide für eure Erzählung möglich. Das Entscheidende ist, dass eure individuelle Schreibpyramide euch dabei hilft, eure Ideen zu ordnen und die Spannung aufzubauen. Die Größe der Stufen sagt übrigens nichts über den Umfang eurer Erzählung aus.

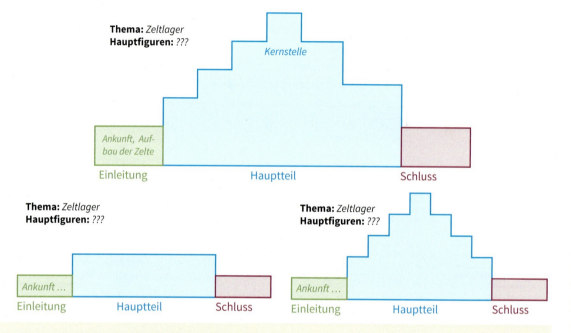

⚠ Eine Erzählung planen

1. Sammle zunächst mithilfe einer **Ideensammlung** deine Gedanken.
2. Überlege dir, welches **konkrete Ereignis** (Kernstelle) zu deinen Einfällen aus der Ideensammlung passt.
3. Gestalte die **Erzählsituation** genauer aus. Entscheide dazu auch, welche Figuren in deiner Geschichte eine Rolle spielen sollen, wo sich deine Geschichte abspielt und womit alles beginnt (Einleitung).
4. Lege dann eine **Schreibpyramide** an.
   Beachte dabei, dass …
   - du passende Ideen aus deiner Ideensammlung mit in die Pyramide aufnimmst.
   - nicht alle deine Einfälle unbedingt auch in der Schreibpyramide auftauchen müssen.
   - du die Ideen aus deiner Ideensammlung als einzelne Ereignisse formulierst, die sinnvoll aufeinander aufbauen.
   - deine Erzählung auf eine Kernstelle hinausläuft und von da aus auf einen Schluss. Die Kernstelle ist in der Regel ein besonders spannendes, lustiges, interessantes Erlebnis in deiner Geschichte.
     Plane also auch den **Ausgang** (Schluss) deiner Erzählung voraus.

3.1. Texte strukturieren
3.2. Texte mithilfe von Methoden und Reizwörtern vorbereiten und planen

Anschaulich erzählen

Spannend und anschaulich erzählen

Wenn du deine Pyramide fertiggestellt hast, kannst du anfangen, die Erzählung zu Papier zu bringen. Dabei ist es wichtig, sie möglichst anschaulich und spannend zu gestalten, damit der Leser von der Geschichte gefesselt ist.

1 Lies den folgenden Auszug aus Darios Erzählung aufmerksam durch.

*Der Zeltplatz lag **wunderschön** am Ufer der Donau. Perfekt für Abenteuer. **Eifrig** begannen wir, unsere Zelte aufzubauen. Wir waren **voller Vorfreude** und konnten es kaum erwarten, in das **langersehnte** Campingwochenende zu starten. Obwohl wir **schufteten wie verrückt** und uns unser Trainer beim*
5 *Aufrichten der Zelte half, dauerte es ziemlich lange. Langsam wurden wir **ungeduldig**. Mit vereinten Kräften schafften wir es schließlich doch eher als erwartet. So konnten wir noch ein kleines Fußballspiel vor dem Abendessen einschieben. Als es schon etwas dämmerte, **meinte der Coach: „Jetzt habt ihr euch aber ein deftiges Abendessen verdient."** Wir stimmten dem natür-*
10 *lich zu, weil wir schon **unglaublich hungrig** waren. Jeder packte also seine mitgebrachte Brotzeit aus, es **duftete herrlich**. Wir setzten uns **gemütlich** zusammen und begannen **gierig**, unser Essen zu **verschlingen**. Es ging zu **wie bei einer Raubtierfütterung**. Als wir am Lagerfeuer saßen, **hörten** wir immer wieder **Geräusche** aus dem Wald. Mir wurde **mulmig**, als ich daran dachte,*
15 *dass wir noch eine Nachtwanderung machen wollten. Mittlerweile war es schon richtig **finster** und durch das **flackernde** Licht der Fackeln wirkte alles noch viel **unheimlicher**. Ich flüsterte meinem Freund Samuel zu: „Ein bisschen Angst habe ich schon. Du auch?" „Ach, sei kein Feigling!", gab er zurück und **schon** ging es los. Also machten wir uns auf den Weg und steuerten direkt*
20 *auf den Wald zu. Die Bäume **warfen gruselige** Schatten und **plötzlich hörten** wir die Geräusche immer deutlicher. Es war wie in einem Horrorfilm. Ich bekam es immer mehr mit der Angst zu tun. Die anderen wohl auch. Samuel blieb mutig. Er ging los und guckte nach, wo das Geräusch hergekommen war. „Das ist bestimmt nur der Wind. Passt auf, ich schaue mal nach."*
25 *Einige Zeit blieb er verschwunden. Ab und zu hörte man etwas knacken. Dann lief er an uns vorbei und schrie irgendetwas von einem Waldmonster. Wir wollten der Sache auf den Grund gehen und gingen in dieselbe Richtung wie Samuel vor uns. Wir erblickten eine Katze, die auf einem Baum am Boden saß. Sie warf einen großen Schatten im Licht der Fackeln. Wir mussten alle*
30 *lachen. …*

3.2. Texte mithilfe von Methoden und Reizwörtern vorbereiten und planen – Texte zu Reizwörtern schreiben – mit sprachlichen Mitteln Texte abwechslungsreich gestalten

2 Dir ist bestimmt aufgefallen, dass Dario zu einem Reizwort noch gar nichts geschrieben hat. Dies darf in deiner Erzählung nicht passieren! Hilf Dario mit stichpunktartigen Ideen, auch das dritte Reizwort an passenden Stellen in den Text einzubinden.

W **3** Die fettgedruckten Textstellen machen die Geschichte besonders anschaulich und spannend. Wähle zwischen a) oder b) aus.
Lies dir zunächst den Merkkasten aufmerksam durch.
a) Ordne den Stichwörtern unten jeweils eine fettgedruckte Textstelle aus Darios Erzählung zu.
b) Ordne den Stichwörtern unten alle fettgedruckten Textstellen aus Darios Erzählung zu.

anschauliche Adjektive	*Gedanken und Gefühle*	*Spannungswörter*

Vergleiche	*wörtliche Rede*	*Sinneseindrücke*	*treffende Verben*

AT → S. 294
Texte überarbeiten

 Portal
WES-122961-035

 Tipp
Achtet bei der wörtlichen Rede auf die richtige Zeichensetzung. Behaltet die Zeitstufe Präteritum bei.

4 Im weiteren Verlauf der Geschichte (ab Zeile 22) gelingt es Dario nicht mehr so gut, anschaulich und spannend zu erzählen.
a) Überlegt euch, an welchen Stellen man die im Merkkasten beschriebenen Möglichkeiten für das anschauliche und spannende Erzählen sinnvoll einsetzen kann.
Markiert solche Stellen mit ∀.
Nutzt dazu die Vorlage im Portal oder macht euch eine Kopie des Textes.
b) Schreibe nun allein den Text verbessert auf.
c) Ergänze den Hauptteil mit einer eigenen Idee aus deiner Schreibpyramide. Berücksichtige dabei die Informationen aus dem Merkkasten.
d) Hört euch abschließend einige Fortsetzungen an und besprecht, inwiefern die genannten Kriterien berücksichtigt worden sind.

ⓘ Anschaulich und spannend erzählen

→ S. 282ff.
wörtliche Rede

→ S. 223ff.
Wortfelder

Die folgenden Punkte helfen dir dabei, anschaulich und spannend zu erzählen:
- Verwende **wörtliche Reden**, um dem Leser deutlich zu machen, was die Figuren sagen. Achte hier auf die richtige Zeichensetzung.
- Erzähle abwechslungsreich, indem du **anschauliche Adjektive** und **Vergleiche** verwendest. Auch **treffende Verben** dienen der Abwechslung.
- Erzeuge Spannung durch **Spannungswörter** wie *plötzlich, auf einmal …*
- Lass den Leser an den **Gedanken und Gefühlen** deiner Figuren teilhaben.
- Überlege dir, welche Sinne (Hören, Sehen, Riechen, Schmecken, Fühlen) angesprochen werden und gib die **Sinneseindrücke** wieder.

3.2. Texte mithilfe von Methoden und Reizwörtern vorbereiten und planen – Texte zu Reizwörtern schreiben – mit sprachlichen Mitteln Texte abwechslungsreich gestalten

Anschaulich erzählen

Eine Erzählung richtig aufbauen: Einleitung und Schluss

1 Den Hauptteil zu einer Reizworterzählung habt ihr nun schon gelesen, verbessert und ergänzt. Aber eine Erzählung braucht auch eine Einleitung und einen Schluss. In der Einleitung führt man zum Thema hin, vor allem muss man hier die Neugier des Lesers auf das Kommende wecken.
a) Lest die folgenden Einleitungsmöglichkeiten zu Darios Reizwortgeschichte.
b) Erklärt mithilfe des Merkkastens auf Seite 148, welche W-Fragen in beiden Einleitungen beantwortet werden.
c) Sprecht darüber, welche Einleitung eher eure Neugier auf den weiteren Verlauf der Geschichte weckt. Begründet.

> *Letztes Wochenende machte ich mich zusammen mit Freunden aus meinem Sportverein auf in ein dreitägiges Zeltlager in der Nähe von Regensburg. Am Freitagmittag fuhren wir mit einem kleinen Bus und einem Anhänger, auf dem wir unser ganzes Gepäck verstaut hatten, los. Die Vorfreude auf das kommende Ereignis war bei allen groß.*

> *War das ein Wochenende! Als ich mich letzten Freitagmittag mit meinen Freunden aus dem Sportverein traf, wusste ich noch nicht, was an diesem Zeltwochenende alles auf uns zukommen würde. Schon der Start war das reinste Abenteuer: Wir mussten mit einem alten, klapprigen Bus mit einem viel zu kleinen Anhänger für unser Gepäck starten. Da guckten unsere Eltern ganz schön erschrocken. Zugegeben, wir hatten schon vorher Pläne geschmiedet: wenig schlafen, Lagerfeuer, Schwimmen. Aber was sich dann in den drei Tagen alles abspielte, werde ich wohl nicht so schnell wieder vergessen.*

Schreiben

AT → S. 294
Texte überarbeiten

2 Sicher passen die vorgegebenen Einleitungen nicht zu deiner Ideensammlung und der von dir vervollständigten Schreibpyramide.
  a) Schreibe eine eigene Einleitung zu deiner Geschichte aus der Schreibpyramide, die alle wichtigen Informationen enthält und die Neugier der Leser weckt.
  b) Lies deine Einleitung anschließend vor. Sprich mit deinen Mitschülern darüber, ob es dir gelungen ist, sie neugierig zu machen.

AT → S. 294
Texte überarbeiten

3 Eine Erzählung endet mit einem Schluss.
  a) Verfasse mithilfe des Merkkastens einen Schluss zur Reizwortgeschichte von Dario. Orientiere dich dabei an seinem Hauptteil.
  b) Vergleiche deinen Schluss mit denen deiner Mitschüler. Sprich mit ihnen darüber, wie gut eure Schlüsse jeweils gelungen sind.

4 Eine Geschichte braucht natürlich auch eine Überschrift. Diese sollte gleich zu Beginn zum Lesen anregen, indem sie neugierig macht, aber nicht zu viel verrät.
  a) Überlegt euch Überschriften zu Darios Erzählung.
  b) Wählt dann die aus, die euch am besten gefällt.

ⓘ Der Aufbau einer Erzählung

Die **Einleitung** informiert über die Hauptpersonen, über den Ort und Zeitpunkt der Geschichte und über das Thema (Wer? Wann? Wo? Was?). Außerdem soll die Einleitung deiner Geschichte die Leser neugierig machen und den Leser dazu bringen, weiterlesen zu wollen. Du stellst hier also die Erzählsituation dar.
Der **Hauptteil** enthält den Erzählkern, das Besondere der Geschichte. Schritt für Schritt erzählst du die Ereignisse bis zu einem Höhepunkt.
Mit dem **Schluss** rundest du die Geschichte ab. Du zeigst den Ausgang der Geschichte auf. Außerdem kannst du beispielsweise die Folgen des Ereignisses beschreiben oder einen Blick in die Zukunft werfen.
Die **Überschrift** soll auf die Erzählung neugierig machen, dabei aber nicht das Ende verraten.
Beachte, dass eine Erzählung immer im **Präteritum** verfasst wird.

Anschaulich erzählen

Zu Sprichwörtern erzählen

Eine Erzählung könnt ihr auch zu einem Sprichwort schreiben.
Dazu müsst ihr aber die Bedeutung des Sprichwortes genau verstanden haben.

1 Sammelt in der Klasse Sprichwörter. Die Bilder geben euch Hinweise auf besonders bekannte Sprichwörter. Sprecht darüber, in welchen Situationen die jeweiligen Sprichwörter benutzt werden und was sie bedeuten.

2 Klärt gemeinsam die Bedeutung der Sprichwörter im *Wortspeicher*.

- *Den Letzten beißen die Hunde.*
- *Morgenstund hat Gold im Mund.*
- *In der Not frisst der Teufel Fliegen.*
- *Es ist nicht alles Gold, was glänzt.*
- *Der Apfel fällt nicht weit vom Stamm.*

3 Beim Erzählen zu einem Sprichwort ist es natürlich wichtig, dass die Handlung zur Bedeutung des Sprichwortes passt.
a) Ordne die beiden folgenden Situationen Sprichwörtern aus Aufgabe 2 zu.
Begründe deine Zuordnung.
- *Als Peter in den Kühlschrank blickte, musste er feststellen, dass nur noch eingelegte Knoblauchzehen und Erdnussbutter da waren. Weil alle Geschäfte schon geschlossen hatten, aß er vor lauter Hunger beides.*
- *Charlotte konnte am Samstag nicht mehr schlafen und erledigte deshalb ihre Hausaufgaben. Was sie noch gar nicht bedacht hatte, war, dass sie so den Nachmittag zum Schlittschuhlaufen frei hatte.*

b) Überlege dir zu einem der drei anderen Sprichwörter selbst eine Erzählsituation, zu der du eine Geschichte verfassen könntest.

ⓘ Sprichwörter

Sprichwörter sind **kurze Sätze**, die eine **Lebensweisheit** äußern. Ihr eigentlicher Sinn wird meist nicht direkt angesprochen, sondern mithilfe eines bildhaften Ausdruckes umschrieben.
Der Apfel fällt nicht weit vom Stamm. → *Die Kinder sind ihren Eltern oft sehr ähnlich.*
Sprichwörter sind meist allgemein bekannt. Sie werden daher nicht verändert.

Schreiben

🔊 **Portal**
WES-122961-036

4 Lest euch die folgende Geschichte zu einem Sprichwort von Seite 149 aufmerksam durch oder hört euch die Audiodatei an.

Auf Florians Geburtstag hatte ich mich schon seit Wochen gefreut. Seine Partys waren immer die besten. Letzten Samstag war es wieder soweit. Er hatte seine zehn besten Freunde, darunter auch mich, zu sich nach Hause eingeladen. Meine Vorfreude war riesig, doch dann kam leider alles ganz anders.

Als ich am Samstagmorgen aufwachte, sprang ich sofort aus dem Bett. Ich war schon so gespannt auf Florians Geburtstagsparty, dass ich nicht mehr ruhig liegen bleiben konnte. Mittags sollte die Fete losgehen mit einem Essen von Florians Mutter, der weltbesten Köchin. Den Vormittag verbrachte ich wie auf heißen Kohlen. Um zwölf Uhr verabschiedete ich mich dann von meiner Mutter, die mir noch hinterherrief: „Viel Spaß heute. Ich hole dich dann um sechs Uhr wieder ab." Ich verließ also unsere Wohnung und lief zur Bushaltestelle. Dort traf ich auf Frau Müller, unsere Nachbarin. „Wohin denn so eilig, junger Mann?", wollte sie wissen. „Ich bin auf dem Weg zur besten Geburtstagsfeier des Jahres, Frau Müller", erklärte ich voller Vorfreude. „Das freut mich für dich", antwortete sie. „Hast du denn auch ein schönes Geschenk für das Geburtstagskind?" „Oh nein!", rief ich. „Das habe ich jetzt doch glatt in der Wohnung liegen lassen. So ein Mist." „Dann aber schnell zurück, damit du zumindest den Bus in einer halben Stunde noch bekommst", sagte sie. Ich rannte los. „Jetzt aber keine Zeit mehr verlieren", dachte ich und sprintete die letzten Meter zu unserer Wohnung. Als ich um die letzte Ecke bog, passierte es. Das helle Sonnenlicht blendete so stark, dass ich ein Mädchen auf ihrem Fahrrad übersah. Wir stießen ungebremst zusammen, sodass das Mädchen mit ihrem Fahrrad stürzte. „Kannst du nicht aufpassen!", brüllte sie mich an. „Es tut mir leid. Ich habe dich nicht gesehen", entschuldigte ich mich mit zittriger Stimme und voller Schuldgefühle. Ich half ihr auf und fragte sie, ob sie verletzt sei. Gott sei Dank war ihr nichts passiert. Nur mit ihrem Rad war sie so blöd über die Kante des Gehsteiges gefahren, dass ihr Vorderrad einen Platten hatte. „Das Mindeste, was ich jetzt tun kann, ist ihr beim Flicken zu helfen", schoss es mir durch den Kopf. Ich flitzte also schnell die paar Meter in unseren Fahrradkeller, schnappte mir das Flickzeug und eilte zurück. Schon waren wir bei der Arbeit. Schweiß rann mir über das Gesicht und nach einer Dreiviertelstunde hatten wir es geschafft. Nachdem sie weggefahren war, trabte ich zwei Stufen auf einmal nehmend die Treppe zu unserer Wohnung hoch. Ich wusch mir die Hände und holte das Geschenk. Beim Rauslaufen rannte ich fast meine Mutter um, die verdutzt fragte: „Was machst du denn schon wieder hier?" „Ich bin spät dran,

KOMPETENZEN AUFBAUEN, ÜBEN UND ANWENDEN 151

Mama. Erzähle ich dir alles später!", rief ich und sprang zur Tür heraus. Dabei hörte ich noch, wie meine Mutter sagte: „Ja, ja ???" Schnellen Schrittes rannte ich wieder zur Bushaltestelle. Aber alle Eile war umsonst, ich verpasste auch den nächsten Bus. Als ich dann endlich bei Florian ankam, war das Essen natürlich schon vorbei.

Die zwei Stunden bis zum Ende der Feier saß ich mit knurrendem Magen in der Ecke und schaute den anderen beim Tanzen zu. Als mich um sechs Uhr dann meine Mutter abholte, fragte sie natürlich gleich: „Was war denn eigentlich vorhin los?" Ich erzählte ihr, was mir passiert war, und flehte sie an, dass wir irgendwo noch etwas zu essen holen. Mitleidig schaute sie mich an und sagte: „Du Armer. Dann wollen wir dir mal schnell etwas Leckeres zu futtern besorgen."

5 Sprecht darüber, welches Sprichwort von Seite 149 sich hinter den *???* versteckt.

6 Übernimm die folgende Schreibpyramide zur Geschichte oben.
Vervollständige sie dann, indem du die Ereignisse, die nacheinander passieren, einträgst.

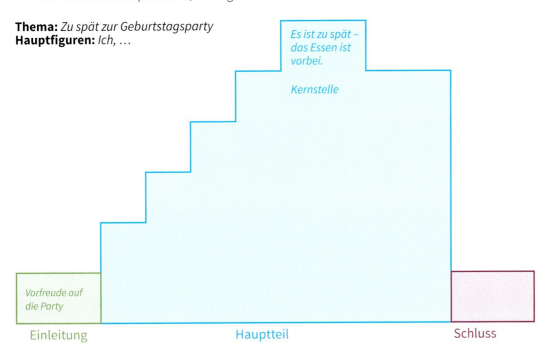

Thema: *Zu spät zur Geburtstagsparty*
Hauptfiguren: *Ich, …*

Es ist zu spät – das Essen ist vorbei.

Kernstelle

Vorfreude auf die Party

Einleitung — Hauptteil — Schluss

7 Besprecht, warum sich Sprichwörter im Gegensatz zu Reizwörtern als Titel für Erzählungen eignen.

8 Nimm deine Ergebnisse aus Aufgabe 3b zur Hand.
Entwirf dazu eine Schreibpyramide und stelle sie in der Klasse vor.

3.2. Zu einem Sprichwort eine Erzählung schreiben

Anschaulich erzählen

Eine eigene Erzählung verfassen und überarbeiten

W 1 Erzähle nun selbst eine Geschichte. Wähle dafür zwischen a) oder b) aus.
  a) Schreibe eine Geschichte zu den drei Reizwörtern *Lesenacht, Spinne, fliegen*.
  b) Verfasse eine Geschichte zu einem der Sprichwörter auf Seite 149.

AT → S. 301
Ideensammlung

Gehe folgendermaßen vor:
1. Sammle zunächst alle Ideen, die dir zu den Reizwörtern oder dem Sprichwort einfallen, in einer Übersicht.
2. Erstelle anschließend eine Schreibpyramide nach dem Muster auf Seite 144.
   Entwirf dann die Erzählsituation:
   Welche Hauptpersonen spielen in deiner Geschichte eine Rolle und wo spielt sich das Geschehen ab?
   Überlege anschließend, welche Ereignisse nacheinander ablaufen und zu einem Höhepunkt führen.
   Denke auch über den Ausgang der Handlung nach.
3. Baue die Reizwörter sinnvoll in deine Geschichte ein bzw. achte darauf, dass die Handlung der Geschichte zum ausgewählten Sprichwort passt.
4. Schreibe die Geschichte im Präteritum.
   Gliedere sie in Einleitung, Hauptteil und Schluss.
   Vergiss auch nicht, eine passende Überschrift zu deiner Erzählung zu formulieren.
   Achte darauf, anschaulich und spannend zu erzählen.
5. Lass beim Schreiben einen vier Zentimeter breiten Rand auf der rechten Seite.

AT → S. 295
Schreibkonferenz

2 Überarbeitet eure Geschichten anschließend in einer Schreibkonferenz.
Die Checkliste hilft euch dabei.

ANSCHAULICH UND SPANNEND ERZÄHLEN — CHECKLISTE
Ich habe …
- ✓ … eine Überschrift gewählt, die zum Weiterlesen anregt, aber nicht zu viel vom Inhalt verrät.
- ✓ … eine Einleitung formuliert, die zum Thema hinführt, die Neugier des Lesers weckt und die wichtigsten W-Fragen beantwortet.
- ✓ … wörtliche Reden, Vergleiche, Spannungswörter, anschauliche Adjektive und treffende Verben verwendet.
- ✓ … Gedanken und Gefühle sowie Sinneseindrücke beschrieben.
- ✓ … die einzelnen Ereignisse der Geschichte sinnvoll aufeinander aufgebaut, sodass sie zu einem Höhepunkt führen.
- ✓ … einen Schluss geschrieben, der die Erzählung passend abrundet.
- ✓ … meine Erzählung im Präteritum verfasst.
- ✓ … alle Reizwörter in der Geschichte verwendet bzw. passend zu einem Sprichwort erzählt.

3.2. Eigene Texte zu Erlebtem und Erfundenem abwechslungsreich schreiben
3.3. Eigene und fremde Texte überarbeiten

Anschaulich erzählen

Überprüfe dein Wissen und Können

1 Löse zunächst die folgenden Aufgaben zum anschaulichen und spannenden Erzählen schriftlich.
   a) Wie kann man Ideen für eine Erzählung sammeln?
   b) Wie kann man Ideen für eine Erzählung sinnvoll ordnen?
   c) In welcher Zeitform wird eine Erzählung verfasst?
   d) Welche vier formalen Bestandteile hat eine Erzählung?
   e) Was muss man beachten, wenn man zu Reizwörtern eine Erzählung schreibt?
   f) Was muss man beachten, wenn man zu einem Sprichwort eine Erzählung schreibt?
   g) Nenne vier der sieben Möglichkeiten, eine Erzählung anschaulich und spannend zu gestalten.

2 Bereitet gemeinsam das Schreiben einer Erzählung vor. Geht dazu folgendermaßen vor.
   - Jeder Schüler schreibt auf einen Zettel drei Reizwörter und ein Sprichwort.
   - Euer Lehrer sammelt nun alle Zettel ein und legt sie in eine Schachtel.
   - Nachdem ordentlich gemischt worden ist, darf jeder von euch einen Zettel ziehen. Zieht ihr zufällig euren eigenen, legt ihr ihn zurück in die Schachtel und zieht noch einmal.

3 Schreibe nun eine Erzählung zu den drei Reizwörtern oder zum Sprichwort auf deinem Zettel.
   - Gehe beim Verfassen deiner Geschichte so vor, wie du es gelernt hast.
   - Nachdem du deine Geschichte geschrieben hast, lies sie noch einmal sorgfältig mit Blick auf
     – Rechtschreibung und Zeichensetzung,
     – Grammatik,
     – Ausdruck und
     – Verständlichkeit.
     Überarbeite sie falls nötig.

AT → S. 294
Texte überarbeiten

4 Tragt eure Geschichten anschließend der Klasse vor und versucht zu erraten, wer zu euren Reizwörtern oder zu eurem Sprichwort eine Geschichte verfasst hat. Sprecht auch darüber, ob die formalen Punkte für eine Erzählung beachtet wurden.

→ S. 26
Vorlesezeichen

3.2. Eigene Texte zu Erlebtem und Erfundenem abwechslungsreich schreiben
3.3. Eigene und fremde Texte überarbeiten

NEUES ENTDECKEN – EINSICHTEN GEWINNEN

Schreiben

Tiere beschreiben

🔊 **Portal**
WES-122961-038

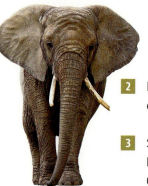

1 Lasst euch die folgenden Tierrätsel vorlesen oder hört euch die Audiodatei an. Versucht, die Tiere zu erraten.

Tier 1:
A Es hat eine lange blaue Zunge.
B Seine Lieblingsnahrung sind Blätter.
C Es ist ziemlich groß und stammt ursprünglich aus Afrika.
D Wenn es trinken will, muss es seine Beine weit auseinander stellen, um den Boden zu erreichen – das sieht meistens sehr komisch aus.

Tier 2:
A Es ist ein reiner Pflanzenfresser und ernährt sich überwiegend von Gras.
B Einen Großteil seiner Zeit verbringt es im Wasser.
C Es ist eines der größten Landsäugetiere und lebt ausschließlich in Afrika.
D Seine Haut ist graubraun bis rosa, glatt und mit einigen wenigen borstigen Haaren versehen.
E Seine kleinen Ohren können sich wie ein Propeller drehen.

Tier 3:
A In Deutschland zählt es zu den größten Raubtieren.
B Seine Art war fast komplett ausgerottet. Mittlerweile ist es in einigen deutschen Regionen aber wieder heimisch.
C Sein Lebensraum sind Waldland und Bergwälder.
D Es ist ein Einzelgänger und wird vorwiegend in der Dämmerung aktiv.
E Zu seiner Lieblingsbeute zählen fast alle Waldbewohner.
F Sein auffälligstes Merkmal sind seine Pinselohren.

2 Erklärt, welche Information über das gesuchte Tier euch den entscheidenden Hinweis gegeben hat.

3 Sicher habt ihr ein Lieblingstier oder wünscht euch ein Haustier. Beschreibt einander diese Tiere mündlich, ohne die Tierart zu verraten. Orientiert euch dazu an dem Tierrätsel oben.

In diesem Kapitel lernst du (,) ...
- Tiere genau zu beschreiben.
- einen Tier-Steckbrief anzufertigen.
- eine Tierbeschreibung zu verbessern.
- eine eigene Tierbeschreibung zu verfassen.

KOMPETENZEN AUFBAUEN, ÜBEN UND ANWENDEN

Tiere beschreiben

Einen Tier-Steckbrief anfertigen

1 Max ist traurig. Beim Spazierengehen ist sein Hund „Bonnie" weggelaufen. Deshalb schreibt er eine Suchanzeige und verteilt sie.
  a) Überprüft, inwieweit diese Suchanzeige hilfreich für die Suche nach Bonnie ist. Begründet eure Meinung.
  b) Ergänzt Angaben, die eurer Meinung nach für das Erkennen von Bonnie wichtig sind.

2 Lies den Lexikonartikel.
  a) Schreibe Begriffe heraus, die für einen Tier-Steckbrief sinnvoll sind.
  b) Erstelle anschließend aus diesen Begriffen einen Tier-Steckbrief.
  c) Fülle den Steckbrief dann für Bonnie aus.
     Schaue dazu das Foto von Bonnie genau an.

Hund entlaufen!

Hinweise bitte unter:
189-2398761

Auszug aus einem Tierlexikon

Es gibt rund 400 verschiedene Hunderassen. Allen Hunden gemeinsam ist, dass sie einen Schwanz (Rute) und in der Regel 42 Zähne haben. Als Zehengänger bewegen sie sich auf vier Zehen, deren Krallen sie nicht einziehen können. Am Vorderlauf befindet sich mit der Daumenkralle
5 eine fünfte, etwas höher gelegene Zehe. Von den vielen verschiedenen Hunderassen gleicht unter bestimmten Gesichtspunkten aber kaum eine der anderen: Neben Kopf und Gesicht ist der Körperbau oft einzigartig, z. B. hoch und schlank wie ein Windhund, klein und stämmig wie ein Mops, groß und kräftig wie ein Jagdhund oder klein und kurzbeinig wie
10 ein Dackel. Auch das Fell ist ganz unterschiedlich: Es kann ganz fehlen wie beim Nackthund oder wuschelig sein wie beim Chow-Chow. Gleiches trifft auf die Fellfarbe zu: Neben Schwarz und Weiß gibt es alle möglichen Braun- und Grautöne, manche Rassen sind gefleckt wie die Dalmatiner oder einfarbig wie ein Weimeraner. Auch das Gewicht kann stark
15 variieren: Ein kleiner Chihuahua wiegt 600 Gramm, ein Irischer Wolfshund ca. 60 Kilogramm. Hunde haben eine Lebenserwartung von zehn bis 14 Jahren, manche leben sogar bis zu 20 Jahre.

> ⓘ **Genau beschreiben**
>
> Jemand, der das Beschriebene nicht kennt, muss es sich gut vorstellen können. Deshalb ist es wichtig, genau und anschaulich zu beschreiben. Eine **durchdachte Reihenfolge** (vom Auffälligen zum weniger Auffälligen o. Ä.) hilft bei der Vorstellung des Beschriebenen. Auch treffende **Verben** und **Adjektive**, genaue **Farb- und Größenangaben** dienen dazu, etwas genau zu beschreiben.

Tiere beschreiben

Eine Tierbeschreibung untersuchen

1 Lies dir Max' Tierbeschreibung über seine Hündin Bonnie durch.
  a) Notiere dir die Informationen, die über einen Steckbrief hinausgehen.
  ✱ b) Erkläre, welche Funktion diese zusätzlichen Angaben in einer Tierbeschreibung haben.

Mein Hund heißt Bonnie und ist ein Border-Collie-Weibchen. Sie ist knapp 50 cm groß, hat einen kräftigen Körper und ein schwarz-weißes Fell. Die Pfoten und das flauschige Brustfell sind schneeweiß. Außerdem
5 *hat sie im Nacken eine weiße Fellpartie, die wie eine Halskrause aussieht. Ihre hängenden Ohren, die sie aufmerksam spitzen kann, sind schwarz gefärbt. Mit ihren zwei Jahren ist sie noch immer sehr verspielt.*
10 *Am allerliebsten mag ich Bonnies freundliches Gesicht, wenn sie mich mit ihren Augen erwartungsvoll ansieht. Auf der spitzen Schnauze sitzt die feuchte, schwarze Nase. Oft lässt sich auch die rosa Zunge sehen. Mein Hund braucht viel Pflege, denn das lange Fell*
15 *muss täglich gebürstet werden. Wenn Bonnie mich begrüßt, wedelt sie ganz wild mit ihrer buschigen Rute. Wie alle Border Collies benötigt sie viel Auslauf und Bewegung. Meine Bonnie ist klug, lernt sehr schnell und braucht*
20 *eine Aufgabe, damit sie nicht krank wird. Daher soll sie als Hütehund ausgebildet werden, denn Border Collies gehören zu den besten Hirtenhunden weltweit.*

2 Suche alle Adjektive und Nomen heraus,
 die Bonnie näher kennzeichnen.
 Schreibe so:
 kräftiger Körper, schwarz-weißes Fell, flauschiges Brustfell …

3 In der Tierbeschreibung oben kommt auch ein Vergleich vor.
 Du erkennst ihn an dem Wörtchen „wie". Finde ihn.
  a) Begründe, wofür Vergleiche in einer Beschreibung hilfreich sind.
  ✱ b) Wandle die markierten Stellen in Vergleiche mit „wie" um.

3.2. Tiere anschaulich und genau beschreiben
4.2. Adjektive und Verben zum Beschreiben nutzen

Tiere beschreiben

Eine Tierbeschreibung verfassen

1 Wähle eines der folgenden Tiere für eine Tierbeschreibung aus.

2 Sammle mithilfe der 5-Schritt-Lesemethode alles Wissenswerte über das von dir ausgewählte Tier. Recherchiere dazu sowohl in Lexika als auch im Internet. Die Tiersteckbriefe und die Übersicht auf dieser und der folgenden Seite helfen dir dabei.

AT → **S. 298**
5-Schritt-Lesemethode

Name: Koala
Klasse: Säugetiere
Größe: 60 – 80 cm
Gewicht: 4 – 12 kg
Alter: 8 – 15 Jahre
Nahrung: Eukalyptusblätter
Lebensraum: Australien
natürliche Feinde: Dingos, Raubvögel, Schlangen

Name: Riesentukan
Klasse: Vögel
Größe: 35 – 65 cm
Gewicht: 130 – 680 g
Alter: 12 – 20 Jahre
Nahrung: Früchte, Eier, Insekten
Lebensraum: Mittel- und Südamerika
natürliche Feinde: Wiesel, große Vögel

3.2. Texte mithilfe von Methoden planen – Informationen ordnen – Tiere anschaulich und genau beschreiben
4.2. Adjektive und Verben zum Beschreiben nutzen

Schreiben

Name: Komodowaran
Klasse: Reptilien
Größe: 1,5 bis 3 m
Gewicht: ca. 70 – 80 kg
Alter: 25 – 40 Jahre
Nahrung: Säugetiere, Fische, Vögel, Reptilien
Lebensraum: Indonesien
natürliche Feinde: keine

3 Im Folgenden findest du wichtige Punkte und Fragen, die eine Tierbeschreibung enthalten und beantworten sollte. Lies dir den Aufbau genau durch.

wichtige Eckdaten	**Tierart:** Koala, Komodowaran, Riesentukan … **Größe / Gewicht:** Ist es ein ausgewachsenes Tier oder ein Junges? Wenn keine Größenangabe vorhanden ist, schätze die ungefähre Tiergröße und vergleiche sie mit anderen Tierarten. **Alter:** Oft ist es schwer, das Alter eines Tieres zu schätzen. Wenn es dir nicht bekannt ist, lässt du diesen Punkt weg. Gib dann die Lebenserwartung an.
ausführliche Beschreibung der einzelnen Körperteile	**Tierkörper** **Farbe** des Fells, der Haut, der Federn, des Pelzes: Achte auf treffende Adjektive wie weich, silbergrau, pechschwarz, schuppig … **Kopf:** Ist er rund, oval, länglich, breit, schmal, plump …? **Augen:** Sind sie kreisrund, eng oder weit auseinanderliegend, auffallend, verdeckt? **Maul / Schnauze / Schnabel:** Ist es / sie / er breit, schmal, spitz, plattgedrückt, eckig, hervorstehend, gekrümmt, gebogen …? **Ohren:** Sind sie rund, länglich, spitz, kurz, lang, behaart, auffallend, versteckt …? **Hals:** Sieht er schlangenförmig, dünn, kurz, langgestreckt, gedrungen, massig … aus? **Körperform:** Ist sie kegelförmig, kugelig, flachgedrückt, schlangenartig, langgestreckt, wuchtig, massig, schlank, oval, muskulös, lang, plump, klobig, kräftig, stelzig, sehnig, dünn …? **Tierfuß:** Achte dabei auf besondere Bezeichnungen wie Tatzen, Pfoten, Hufe, Zehen, Klauen, Flossen, Schwimmfuß, Ruderfuß, Krallen … **Schwanz:** Ist er buschig, langhaarig, dicht, lang, gebogen …? Gibt es für diesen einen Fachbegriff wie z. B. Rute, Schweif …?

3.2. Texte mithilfe von Methoden planen – Informationen ordnen – Tiere anschaulich und genau beschreiben
4.2. Adjektive und Verben zum Beschreiben nutzen

> Ernährung, besondere Merkmale, weiteres Wissenswertes

Nahrung: Ist es ein Pflanzen- oder Fleischfresser? Was frisst es?
Lebensraum: In welcher Umwelt lebt das Tier, z. B. Wald, Feld, Wiese, Acker, Sumpf, Wüste, Steppe, Urwald, Meer, Fluss …?
Besonderes Erkennungsmerkmal: Woran ist es leicht zu erkennen? Kann es etwas besonders gut? Ist es für etwas besonders bekannt?
Wirkung des Tieres: Wie wirkt das Tier auf dich? Ist es flink, träge, gutmütig, elegant, wild, gefährlich, graziös, sanftmütig …?

4 Verfasse zu deinem ausgewählten Tier eine ausführliche Tierbeschreibung. Vermeide dabei die Verben *haben* und *sein*. Verwende stattdessen die Verben *sich befinden, es gibt, bestehen aus, besitzen, aufweisen, gehören, verfügen über* …
Beachte außerdem die Hinweise im Merkkasten.

5 Überarbeitet eure Tierbeschreibungen anschließend in einer Schreibkonferenz.

AT → S. 295
Schreibkonferenz

ⓘ Eine Tierbeschreibung verfassen

Eine Tierbeschreibung informiert **sachlich** und **sehr genau** über ein Tier.
Für das Verständnis entscheidend ist dabei ein sinnvoller Aufbau deiner Beschreibung:
1. Aufbau: **Name / Tierart, Alter, Größe, Körperbau und Aussehen, besondere Kennzeichen.**
   Schreibe darüber hinaus auch etwas über seine **Nahrung**, seinen **Lebensraum**.
   Informiere bei Haustieren auch über die **Haltung**, **Pflege** und **Eignung** des Tieres.
2. Sprache: Verwende **zusammengesetzte Nomen** (Brustfell), **Fachwörter** (Rute), **treffende Verben** und **Adjektive** und **Vergleiche** (schnell wie der Blitz).
   Schreibe im **Präsens**.

3.2. Texte mithilfe von Methoden planen – Informationen ordnen – Tiere anschaulich und genau beschreiben
4.2. Adjektive und Verben zum Beschreiben nutzen

Tiere beschreiben

Ein Fantasietier beschreiben

Neben echten Tieren kennt ihr bestimmt auch ein paar Fabelwesen, z. B. den Greif und den Basilisk. Das Besondere an ihnen ist, dass sie Mischwesen aus ganz verschiedenen Tieren sind: Der Greif setzt sich aus einem Löwen und einem Raubvogel zusammen und der Basilisk aus einem Hahn und einer Schlange.

Das wohl bekannteste Fabelwesen aus Bayern ist der sogenannte Wolpertinger. Um ihn ranken sich wie um alle Fabelwesen viele Mythen. Dabei schwingt immer die Frage mit: Gibt es ihn vielleicht doch?

Wolpertinger
bayerische Bezeichnung für ein Fabelwesen

1 Beschreibt den abgebildeten Wolpertinger und findet die verschiedenen Tierarten heraus, aus denen er besteht.

w **2 Recherchiere im Internet nach weiteren Fabelwesen. Wähle dazu im Folgenden zwischen a) oder b) aus.**
   a) Lege einen Tiersteckbrief zu deinem Favoriten an und zeichne ein entsprechendes Bild dazu.
      Notiere auch etwas über die Geschichte des Fabelwesens.
   b) Schreibe einen Brief an einen Freund, in dem du ihm dein Mischwesen so genau wie möglich beschreibst.
      Überlege dir dabei auch, wie sich das Tier fortbewegt, was es frisst und wie sich wohl sein Fell- bzw. Federkleid anfühlt.

1.2. Angeregt durch Bilder beschreiben   3.2. Tiere anschaulich und genau beschreiben
4.2. Adjektive und Verben zum Beschreiben nutzen

Tiere beschreiben

Überprüfe dein Wissen und Können

Manche Tierarten sind auf den ersten Blick gar nicht so leicht zu unterscheiden. Typische Merkmale eines Tieres sind für sein Erkennen aber entscheidend.

1 Lies den folgenden Informationstext über Meisen und überlege dann, worin die Schwierigkeit beim Unterscheiden der Meisenarten liegen könnte.

Meisen

Meisen sind sehr lebhafte und anpassungsfähige Kleinvögel. Sie sind gedrungen und haben kräftige, kurze Schnäbel. Diese Vögelchen können gut klettern und suchen sich ihre Nahrung, Insekten und Sämereien, vor allem in Sträuchern und Bäumen. Sie zählen zu den Höhlenbrütern. Bei uns in
5 Deutschland leben viele unterschiedliche Meisenarten:
    Haubenmeisen lieben Nadelgehölze, während Kohl-, Blau- und Schwanzmeisen Mischwälder bevorzugen. Diese leben häufig in unseren Gärten und Parks und lassen sich gern von den Menschen füttern.

2 Sieh dir die Vögel auf den folgenden Bildern genau an.
Ordne sie dann der richtigen Meisenart zu.

Tipp
Die auffälligen Merkmale der Meisen sind in der Artenbezeichnung enthalten.

3 Wähle eine Meisenart aus. Beschreibe sie zunächst stichwortartig.
Nutze dazu den *Wortspeicher*.
Kopf, Kappe, Wangen, Hals, Halsring, Flügel, Schwanz, Bauchstreifen, gelb, weiß, hell, schwarz, kobaltblau, bräunlich

4 Formuliere aus deinen Stichworten dann eine zusammenhängende Tierbeschreibung.

Portal

2.3. Pragmatische Texte zur Gewinnung von Informationen nutzen
3.2. Tiere anschaulich und genau beschreiben

WES-122961-039

Schreiben

Einen persönlichen Brief schreiben

1. Benennt anhand der Bilder, was wohl der Inhalt des jeweiligen Briefes sein könnte.

2. Erzählt, zu welchem Anlass ihr schon einmal einen Brief erhalten oder selbst geschrieben habt.

3. Sammelt Gründe für das Schreiben eines Briefes.

In diesem Kapitel lernst du (,) …
- *wie ein persönlicher Brief aufgebaut ist.*
- *einen Empfänger richtig anzusprechen und Anredepronomen richtig zu verwenden.*
- *ein Anliegen in einem Brief zu begründen.*
- *ein Briefkuvert richtig zu beschriften.*
- *einen eigenen Brief zu schreiben.*
- *wie man eine E-Mail schreibt.*
- *mit anderen in Kontakt zu treten.*

Einen persönlichen Brief schreiben

Aufbau und Inhalt eines persönlichen Briefes untersuchen

1 Paul hat in den Ferien seine Tante Helga besucht.
Als er wieder zu Hause ist, schreibt er ihr einen Brief.
Lies ihn dir in Ruhe durch.

>
> Augsburg, 18.06.2017
>
> Liebe Tante Helga,
>
> ich hoffe, dir und Onkel Martin geht es gut und ihr hattet noch ein schönes Wochenende nach meiner Abreise.
>
> 5 Meine Zugfahrt von euch nach Hause war gar kein Problem. Auch das Umsteigen in Stuttgart hat gut geklappt. Deine Sorgen waren also unbegründet, auch weil mir die nette Schaffnerin alles genau erklärt hat. Da hatte ich sogar noch Zeit, mir eine Butterbreze zu kaufen.
> Während der Fahrt habe ich ein bisschen Musik gehört und den leckeren
> 10 Schokopudding von dir gegessen, dabei habe ich das Buch „Rico, Oskar und das Herzgebreche" weitergelesen.
> Echt ein tolles Geschenk. Danke!
> Als ich dann in Augsburg ankam, hat Mama schon am Bahnsteig gewartet. Sie hat sich sehr gefreut, mich wiederzusehen. Sammy war auch dabei und
> 15 ganz aus dem Häuschen. Er ist immer wieder an mir hochgesprungen und hat meine Hand abgeschleckt. Aber ich war auch richtig glücklich, ihn wiederzusehen.
> Beim Abendessen habe ich Papa dann erzählt, dass ich mit dir und Onkel Martin im Freizeitpark war. Ich habe von der super Achterbahnfahrt geschwärmt,
> 20 aber auch zugegeben, dass mir zuerst ganz schön mulmig zumute war. Insgesamt war die Fahrt aber einfach nur genial. Papa war ganz begeistert und meinte, dass er auch mal mit mir hinfahren möchte.
>
> Liebe Tante Helga, noch einmal vielen herzlichen Dank für die schönen Ferientage. Und denk bitte daran, dass du versprochen hast, uns ganz bald
> 25 zu besuchen. Dann kann ich dir auch mein neues Computerspiel zeigen, das ich bekommen habe.
> Wir freuen uns schon alle auf dich.
>
> Herzliche Grüße auch von Mama und Papa
>
> Dein Paul

3.1. Formale Regeln kennenlernen – Texte logisch strukturieren und nach Anlass unterscheiden
3.2. Persönlicher Brief

2 Paul erzählt in seinem Brief von verschiedenen Dingen.
Schreibe die Sätze in der richtigen Reihenfolge auf.

Paul schreibt, dass er …
a) sich bedankt und sich einen Gegenbesuch wünscht.
b) gut angekommen ist und auch das Umsteigen geklappt hat.
c) seinem Vater vom Freizeitpark erzählt hat.
d) seiner Tante ein Computerspiel zeigen möchte.
e) sich auf der Fahrt gut beschäftigt hat.
f) auf dem Bahnsteig von seiner Mutter erwartet wurde.

3 Erklärt anhand des Briefinhaltes, warum sich Tante Helga über Pauls Brief sicher gefreut hat.

4 Briefe können ganz unterschiedliche Funktionen haben, z. B. kannst du jemanden darin über ein Ereignis informieren, mit jemandem kommunizieren oder ein Anliegen äußern und begründen. Besprecht, welche Funktionen Pauls Brief hat. Tipp: Es sind zwei.

5 Der Inhalt eines persönlichen Briefes folgt in der Regel einem bestimmten Aufbau: **Einleitung**, **Hauptteil** und **Schluss**.
Auch in Pauls Brief findest du diesen Aufbau wieder.
a) Notiere die Zeilenangaben für die Einleitung, den Hauptteil und den Schluss. Schau in den Merkkasten, wenn du Hilfe brauchst.
b) Schreibe aus der Einleitung Beispiele heraus, in denen Paul Interesse am Empfänger zeigt und Hoffnungen oder Wünsche zum Wohlergehen des Empfängers äußert.
c) Notiere dir aus dem Hauptteil mindestens drei Beispiele, in denen Paul Tante Helga etwas Persönliches von sich mitteilt.
d) Informiere dich im Merkkasten, welche Möglichkeiten es gibt, den Schluss zu formulieren. Entscheide, welche Möglichkeit Paul in seinem Brief verwendet.
e) In einem Brief ist es wichtig, den Adressaten persönlich anzusprechen. Nenne Stellen, an denen Paul dies tut.

6 Einen persönlichen Brief kennzeichnen auch Merkmale der äußeren Form.
Sieh dir Pauls Brief noch einmal genau an.
Notiere dir dann, wo sich **Datum**, **Ort**, **Anrede**, **Gruß** und **Unterschrift** befinden.

⚠ Der Aufbau eines persönlichen Briefes

Persönliche Briefe sind privat. Sie dienen der **schriftlichen Verständigung** zwischen Menschen, die sich in der Regel gut kennen. Persönliche Briefe bestehen meistens aus den folgenden drei Teilen:

1. **Einleitung:** Einen persönlichen Brief beginnst du, indem du **Interesse** am Empfänger zeigst. Du kannst Fragen, Hoffnungen oder Wünsche zu seinem Wohlergehen äußern. Wichtig ist auch, dass du den **Anlass** mitteilst, aus dem du den Brief schreibst, z. B. weil du dich für etwas bedanken möchtest.
2. **Hauptteil:** Hier teilst du **Persönliches** von dir mit. Du kannst z. B. von deinen Hobbys, deiner Schule, deinen Freunden, deiner Familie erzählen.
3. **Schluss:** Am Ende des Briefes hast du die Möglichkeit, den Empfänger einzuladen, euren Briefwechsel fortzusetzen. Du kannst außerdem noch einmal Hoffnungen und **gute Wünsche für die Zukunft** äußern.

Ansprechend wird dein Brief vor allem dann, wenn du den Empfänger immer wieder einmal persönlich ansprichst, insbesondere am Ende deines Briefes. Du solltest auch darauf achten, auf Fragen zu antworten, die dir in einem Brief zuvor gestellt wurden.

Die **äußere Form** eines persönlichen Briefes kannst du sehr individuell gestalten. Folgende Regeln solltest du aber immer einhalten:
- Der **Ort** und das **Datum** befinden sich rechts oben auf der ersten Seite deines Briefes. Nach der Ortsangabe steht ein **Komma**.
- Die **Anrede** steht eine Zeile unter der Orts- und Datumsangabe auf der linken Seite. Dahinter steht ein **Komma** und es wird klein weitergeschrieben, außer es folgt ein Name oder ein Nomen.
- Der Brief schließt mit einem **persönlichen Gruß** und der **Unterschrift**.
Beachte: Nach dem persönlichen Gruß folgt *kein* Satzzeichen.

Einen persönlichen Brief schreiben

Den Empfänger eines Briefes richtig ansprechen

Jakob schreibt im Auftrag der Klasse einen Brief mit Glückwünschen an seine Sportlehrerin. Esra will sich bei ihren Großeltern für ein tolles Geburtstagsgeschenk bedanken.

1 Wähle für die Briefe von Jakob und Esra jeweils alle passenden Anreden und Grußformeln aus dem *Wortspeicher* aus. Der Merkkasten hilft dir dabei.

*Liebe …, Sehr geehrte …,
Guten Tag Frau …, Hi Frau …,
Sei lieb gegrüßt Herzlichst
Mit besten Grüßen Viele Grüße*

2 Legt eine *Wortschatz-Liste* an, in der ihr weitere Anreden und Grußformeln sowohl aus Standard- und Umgangssprache als auch aus dem Dialekt sammelt.

Anrede	Anlass	Grußformel	Anlass
Servus	privat	Ade	privat
…	…	…	…

Portal
WES-122961-040

3 Schreibe die folgenden Briefauszüge ab und ergänze die passenden Anredepronomen. Achte dabei auf die richtige Groß- und Kleinschreibung der Pronomen.

*Liebe Frau Huber,
es freut mich sehr, dass ??? eine gesunde Tochter bekommen haben. Hoffentlich geht es auch ??? gut.*

*Liebe Oma, lieber Opa,
vielen Dank für ??? schönes Geschenk zu meinem Geburtstag, ??? seid einfach die besten Großeltern!*

Portal
WES-122961-040

✻ 4 Schreibe den zweiten Teil von Jakobs Brief ab. Ergänze auch hier die fehlenden Anredepronomen *Sie, Ihnen, Ihrer* oder die Personalpronomen *sie* und *ihr*.

→ S. 183f.
Personalpronomen

Unsere Turnhalle würden ??? nicht wieder erkennen, denn ??? wurde umgebaut. Die ist jetzt viel größer und ??? hat auch neue Umkleidekabinen. Da man die Halle nun teilen kann, können mehrere Klassen zur gleichen Zeit in ??? Unterricht haben. Ich wünsche ??? und ??? Familie alles Gute und freue mich, wenn ??? uns besuchen.

ⓘ Den Empfänger eines persönlichen Briefes richtig ansprechen

Kennst du den Empfänger deines Briefes gut, kannst du ihn vertraut ansprechen, z. B. mit „Hallo …". Kennst du den Empfänger nicht so gut, solltest du förmlichere Formulierungen verwenden, z. B. „Liebe Frau …". Im weiteren Verlauf eines Briefes verwendet man häufig **Anredepronomen**. Die vertrauliche Form dieser Pronomen *(du, ihr …)* kannst du klein- oder großschreiben. Wichtig ist, du schreibst sie einheitlich. Als Höflichkeitsanrede werden *Sie, Ihr* immer großgeschrieben. Die Personalpronomen *sie/ihr* werden hingegen kleingeschrieben.

3.1. Texte adressatengerecht gestalten   3.2. Persönliche Schreiben
3.3. Texte nach vorgegebenen Kriterien überarbeiten

Kompetenzen aufbauen, üben und anwenden 167

Einen persönlichen Brief schreiben

Eigene Anliegen in einem Brief begründen

Leon ist zu Besuch bei seinen Großeltern in Würzburg. Als die Katze der Großeltern Junge bekommt, ist Leon ganz begeistert und möchte ein kleines Katzenbaby mit nach Hause nehmen. Leons Opa rät ihm, seine Eltern zuerst in einem persönlichen Brief davon zu überzeugen, dass er die Katze als Haustier mitbringen darf.

1 Sprecht in der Klasse über die Vorteile eines Briefes gegenüber einem Telefongespräch.

2 Lest Leons Brief.

> Liebe Mama, lieber Papa,
>
> die Katze von Oma und Opa hat neun Junge bekommen. Die sind so süß und ich kann eines davon haben. Oma hat es mir erlaubt! Darf ich bitte ein Kätzchen mitbringen? Bitte, bitte, bitte, ich wünsch es mir so sehr und wenn ich keins bekomme, dann bin ich absolut traurig.
> Also ich bringe einfach mal ein Kätzchen mit, oder?
> Bis bald – Leon

3 Erklärt, warum Leons Brief noch nicht ganz überzeugend ist.
Formuliert einen Tipp für Leon, wie er seinen Brief verbessern könnte.
Lest dazu auch den Merkkasten.

→ S. 14 und 15
Meinung begründen
Anliegen äußern

4 Hilf Leon dabei, einen besseren Brief an seine Eltern zu schreiben.
a) Sammle zunächst mit einem Partner fünf Gründe dafür,
warum das Halten eines Haustieres von Vorteil ist.
b) Nutze dann die Hinweise im Merkkasten und die folgenden Formulierungen,
um einen eigenen Brief aus Leons Sicht zu schreiben.
- *Ihr habt keine finanziellen Kosten mit der Katze, denn …*
- *Wenn ich eine Katze habe, werde ich nicht mehr so viel vor dem PC sitzen, da …*
- *Eine Katze hilft dabei, Verantwortung zu übernehmen, weil …*

AT → S. 294
Texte überarbeiten

💡 **Tipp**
Achte auch auf die richtige äußere Form des Briefes.

ⓘ Ein Anliegen in einem Brief begründen

Wenn du den Empfänger eines Briefes von etwas überzeugen möchtest, reicht es nicht, deine Meinung nur zu nennen. Du musst das, was du sagen willst, **überzeugend** und **sachlich begründen**. Sätze, mit denen etwas begründet wird, beginnen oft mit den Konjunktionen *weil …, deshalb …, daher …* oder mit Ausdrücken wie *aus diesem Grund …*

3.2. Anlässe persönlicher Schreiben kennen
3.3. Texte nach vorgegebenen Kriterien überarbeiten

Einen persönlichen Brief schreiben

Ein Briefkuvert richtig beschriften

1 Leon hat seinen Brief fertig geschrieben. Nun will er ihn abschicken. Die Adresse seiner Eltern kennt Leon natürlich, auch ein Briefkuvert hat er zur Hand. Allerdings weiß er nicht mehr genau, wie man den Briefumschlag richtig beschriftet. Schaut euch seinen ersten Versuch an. Nennt die Fehler.

> Abs.: Leon Kölbl
> Würzburg 97072
> Nowitzkiweg 41
>
>   Herrn und Frau
>   Rainer und Maria Kölbl
>   München 86545
>   Zugspitzstraße 5

Portal
WES-122961-041

2 Verbessere Leons Kuvert.
a) Zeichne dazu zunächst ein Briefkuvert.
b) Beschrifte den Umschlag dann mit der Adresse von Leons Eltern, wie es im Merkkasten angegeben ist.
c) Erkläre, warum es sinnvoll ist, neben der Adresse des Empfängers auch die Adresse des Absenders anzugeben.
d) Trage nun auf dem Briefkuvert auch die Adresse des Absenders ein.
e) Zeichne eine Briefmarke an die richtige Stelle des Briefkuverts.
f) Informiere dich abschließend, wie viel es kostet, einen Brief zu verschicken.

⚠ Ein Briefkuvert richtig beschriften

Die **Adresse des Empfängers** steht unten rechts auf dem Briefkuvert und enthält immer folgende Angaben in genau dieser Reihenfolge:
- Anrede *(Frau, Herr, Familie …)*
- Vorname und Nachname des Empfängers
- Straßenname und Hausnummer
- Postleitzahl und Ort

Die Adresse des **Absenders** steht oben links. Sie ist genauso angeordnet wie die Empfängeradresse. Vor den Namen schreibt man jedoch keine Anrede, sondern die Abkürzung *Abs.:* für Absender. Dadurch wird noch einmal ganz klar, wer an wen etwas verschickt. So weiß die Post auch, an wen der Brief zurückgesandt werden muss, falls er nicht zugestellt werden konnte.

Je nach Gewicht und Größe musst du den Brief frankieren, d. h., du benötigst für den Versand eine entsprechende **Briefmarke**, die du in die obere rechte Ecke klebst.

3.1. Texte nach formalen Regeln gestalten   3.2. Persönlicher Brief
3.3. Texte nach vorgegebenen Kriterien überarbeiten

Einen persönlichen Brief schreiben

Mit dem Wechsel von der Grundschule auf die Realschule hat sich für dich bestimmt einiges verändert.

1 Sammle zunächst deine Gedanken zu deinem Schulwechsel in einer Ideensammlung.
Die folgenden Fragen können dir dabei helfen.
- Was ist an der Realschule neu für dich?
- Was vermisst du aus der Grundschule?
- Was gefällt dir an der neuen Schule und in der neuen Klasse gut?
- Was würdest du gerne ändern?
- Wie war dein erster Schultag?
- Hast du schon neue Freunde gefunden?

AT → S. 301
Ideensammlung

W 2 Verfasse nun mit den Vorarbeiten aus Aufgabe 1 deinen persönlichen Brief.
Wähle dazu zwischen a) oder b) aus.
a) Schreibe einem ehemaligen Klassenkameraden.
b) Schreibe deiner ehemaligen Grundschullehrerin.
Beachte beim Schreiben die Checkliste unten.

3 Zeichne ein Briefkuvert in dein Heft.
Gib deine Anschrift als Absender an.
Trage auch eine Empfängeradresse ein.
Wenn du die Adresse des Empfängers nicht kennst, denke dir eine aus.

4 Überprüfe deinen fertigen Brief anhand der Checkliste.
Überarbeite ihn, falls notwendig.

AT → S. 294
Texte überarbeiten

EINEN PERSÖNLICHEN BRIEF SCHREIBEN  CHECKLISTE

Ich habe …
- ✓ … meinen Brief in die drei Teile Einleitung, Hauptteil und Schluss gegliedert.
- ✓ … den Empfänger meines Briefes persönlich angesprochen.
- ✓ … den Briefanfang und die Grußformel richtig gewählt.
- ✓ … im Brief meine Meinung überzeugend begründet.
- ✓ … die äußere Form eines Briefes beachtet.
- ✓ … das Briefkuvert richtig beschriftet.
- ✓ … auf die richtige Rechtschreibung und Zeichensetzung geachtet.

3.2. Methoden zur Ideenfindung verwenden – persönliche Schreiben (persönlicher Brief) verfassen
3.3. Texte nach vorgegebenen Kriterien überarbeiten

Einen persönlichen Brief schreiben

Eine E-Mail schreiben

1 Sicher haben viele von euch schon einmal eine E-Mail geschrieben. Nennt die Vor- und Nachteile, die eine E-Mail gegenüber einem Brief hat.

2 Leonie ist aus dem Urlaub zurückgekehrt. Am nächsten Tag möchte sie ihrem besten Freund Anton in einer E-Mail von ihrer Urlaubsreise erzählen. Lest den Anfang von Leonies E-Mail an Anton. Notiert, welche Unterschiede zu einem Brief euch auffallen.

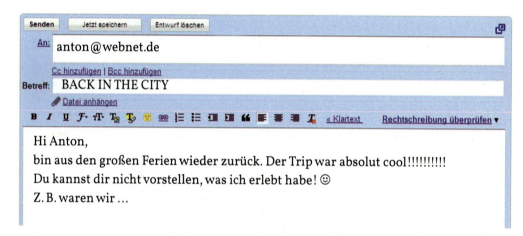

Emoticon

Einzelne Zeichen oder eine Zeichenfolge auf einer Computertastatur, die im schriftlichen Austausch die Gefühlslage des Schreibers ausdrücken sollen, z. B. Smileys.

3 In E-Mails werden oft Abkürzungen und Emoticons verwendet. Erklärt, warum das so ist und warum es sinnvoll ist, in einer E-Mail nicht zu viele davon zu benutzen.

4 Übernimm den Anfang von Leonies E-Mail in dein Heft.
- Schreibe ihre E-Mail dann zu Ende.
- Berücksichtige dabei die Angaben im Merkkasten.

Du kannst den Text natürlich auch am Computer schreiben.

ⓘ Eine E-Mail schreiben

Zuerst musst du die **richtige E-Mail-Adresse** angeben, da deine E-Mail ansonsten gar nicht oder bei einer falschen Person ankommt.
Teile dem Empfänger in der **Betreffzeile** in wenigen Worten mit, **worum es geht**.
Beachte, dass deine E-Mail eine **Anrede-** und **Grußformel** aufweisen sollte.
Ansonsten ist eine E-Mail aber in der Form freier als ein Brief. Damit der Text deiner E-Mail gut zu lesen und zu verstehen ist, solltest du eine angemessene **Schriftart** und **Schriftgröße** und **nicht zu viele Abkürzungen** und **Emoticons** verwenden.
Achte auch immer auf die korrekte **Rechtschreibung** und **Zeichensetzung**.

3.2. Persönliche Schreiben (auch digitale Formate) verfassen

KOMPETENZEN AUFBAUEN, ÜBEN UND ANWENDEN

Einen persönlichen Brief schreiben

Mit anderen Menschen in Kontakt treten

Viele Kinder wachsen zweisprachig auf. So geht es auch Mikko und Hannah aus Finnland. In der Schule ist die Unterrichtssprache Finnisch. Zweimal in der Woche lernen sie aber auch Deutsch als zweite Muttersprache. Ihre Deutschlehrerin hat sie ermuntert, per E-Mail einen Briefwechsel mit einer Schulklasse in Deutschland anzufangen.

1 Lest euch die beiden E-Mails durch und sprecht in der Klasse darüber, was ihr über Mikko und Hannah und ihre Schule in Finnland erfahrt.

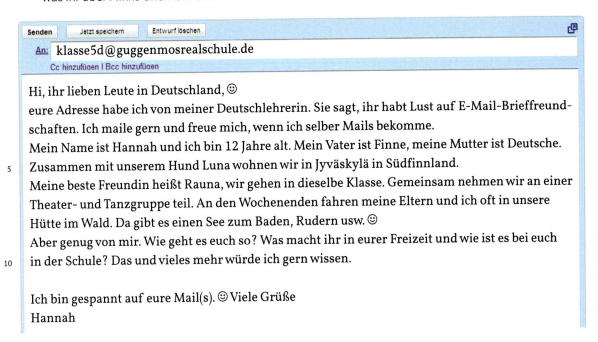

Hi, ihr lieben Leute in Deutschland, ☺
eure Adresse habe ich von meiner Deutschlehrerin. Sie sagt, ihr habt Lust auf E-Mail-Brieffreundschaften. Ich maile gern und freue mich, wenn ich selber Mails bekomme.
Mein Name ist Hannah und ich bin 12 Jahre alt. Mein Vater ist Finne, meine Mutter ist Deutsche.
5 Zusammen mit unserem Hund Luna wohnen wir in Jyväskylä in Südfinnland.
Meine beste Freundin heißt Rauna, wir gehen in dieselbe Klasse. Gemeinsam nehmen wir an einer Theater- und Tanzgruppe teil. An den Wochenenden fahren meine Eltern und ich oft in unsere Hütte im Wald. Da gibt es einen See zum Baden, Rudern usw. ☺
Aber genug von mir. Wie geht es euch so? Was macht ihr in eurer Freizeit und wie ist es bei euch
10 in der Schule? Das und vieles mehr würde ich gern wissen.

Ich bin gespannt auf eure Mail(s). ☺ Viele Grüße
Hannah

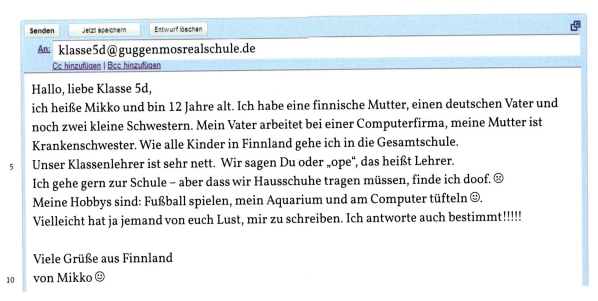

Hallo, liebe Klasse 5d,
ich heiße Mikko und bin 12 Jahre alt. Ich habe eine finnische Mutter, einen deutschen Vater und noch zwei kleine Schwestern. Mein Vater arbeitet bei einer Computerfirma, meine Mutter ist Krankenschwester. Wie alle Kinder in Finnland gehe ich in die Gesamtschule.
5 Unser Klassenlehrer ist sehr nett. Wir sagen Du oder „ope", das heißt Lehrer.
Ich gehe gern zur Schule – aber dass wir Hausschuhe tragen müssen, finde ich doof. ☹
Meine Hobbys sind: Fußball spielen, mein Aquarium und am Computer tüfteln ☺.
Vielleicht hat ja jemand von euch Lust, mir zu schreiben. Ich antworte auch bestimmt!!!!!

Viele Grüße aus Finnland
10 von Mikko ☺

3.2. Persönliche Schreiben (auch digitale Formate) verfassen

Schreiben

W 2 Wähle im Folgenden zwischen a) oder b) aus.
  a) Nenne Textstellen, in denen Mikko und Hannah Interesse an ihren zukünftigen Briefpartnern zeigen.
  b) Erkläre, warum Hannahs Brief mehr zum Antworten einlädt.

3 Entscheide dich für eine E-Mail, auf die du antworten möchtest.
  a) Lies dir die Mail zunächst noch einmal aufmerksam durch.
  b) Lege dann in deinem Heft eine Liste an, worüber Hannah bzw. Mikko schreibt:

Hannah schreibt,
… dass sie die Adresse von der Lehrerin hat.
… dass sie gerne E-Mails schreibt und liest.
…

Mikko schreibt,
… was seine Eltern beruflich machen.
… dass er Geschwister hat.
…

  c) Schreibe nun Fragen an Hannah bzw. Mikko auf.
    Gehe dabei darauf ein, was sie von sich und ihrem Leben erzählt haben.

Fragen an Hannah:
Welche Tänze lernst du in der Gruppe?
Was macht ihr in eurer Theatergruppe?
…

Fragen an Mikko:
Warum musst du in der Schule Hausschuhe tragen?
…

→ S. 9
Steckbrief

4 Schreibe jetzt eine E-Mail an Hannah oder Mikko. Erzähle davon, wie du lebst und was du machst. Dein Steckbrief von Seite 9 kann dir dabei helfen. Achte auch darauf, Mikko oder Hannah in deiner E-Mail direkt anzusprechen, ihnen Fragen zu stellen und Fragen an dich zu beantworten.

So kannst du beginnen:
Hi,
schön, dass du geschrieben hast.
Ich bin … und heiße …
Genau wie du interessiere ich mich auch für …

5 Lest euch eure E-Mails gegenseitig vor.
Achtet beim Zuhören darauf,
ob der Schreiber oder die Schreiberin …
  • … sich in der E-Mail vorgestellt hat.
  • … von sich und dem Leben in Deutschland erzählt hat.
  • … sich für den Briefpartner interessiert und Fragen gestellt hat.
  • … Lust aufs Antworten macht.

 Tipp
Wenn ihr auch Lust auf eine Brieffreundschaft mit einer anderen Schulklasse habt, informiert euch doch einmal über die Partnerstadt eurer Heimatstadt. Zu der Schule dort könnt ihr sicherlich ganz leicht Kontakt aufnehmen. Für den ersten Kontakt empfiehlt es sich, gemeinsam eine E-Mail zu verfassen und Steckbriefe von euch beizulegen. So bekommen die Schüler der Partnerklasse einen ersten Eindruck von euch. Dann wählt ihr gegenseitig eure Brieffreunde aus und schon kann es losgehen.

3.2. Persönliche Schreiben (auch digitale Formate) verfassen

Einen persönlichen Brief schreiben

Überprüfe dein Wissen und Können

1 **Lies die folgenden Aussagen. Einige davon sind falsch.**
Schreibe sie verbessert auf.
a) Den Ort und das Datum sollte man rechts unten auf das Briefpapier schreiben.
b) Nach der Anrede macht man einen Punkt.
c) Die Anredepronomen *Sie/Ihr* werden immer großgeschrieben.
d) Den Brief schließt man mit einem Gruß und der Unterschrift ab.
e) Auf einem Briefkuvert steht die Postleitzahl immer vor dem Ort.
f) Die Hausnummer kann man auf einem Briefkuvert vor oder nach der Straße schreiben.
g) E-Mails sind in ihrer Form freier als Briefe.
h) Persönliche Briefe schreibt man nur, wenn man jemanden um etwas bitten möchte.
i) Ein Brief ist meistens in drei Teile gegliedert: Einleitung – Hauptteil – Begründung.
j) Mit den Formulierungen „weil", „deshalb", „daher" kann man eine Begründung einleiten.

w 2 **Wähle im Folgenden zwischen a) oder b) aus.**
a) Sina schreibt ihrer Tante Julia und ihrem Onkel Stefan eine E-Mail. Ihre Mutter ist von ihrem Entwurf allerdings nicht sonderlich begeistert.
Außerdem fände sie es besser, wenn Sina einen richtigen Brief schreiben würde. Verbessere Sinas E-Mail so, dass sie ihn als persönlichen Brief an ihre Tante und ihren Onkel verschicken könnte.

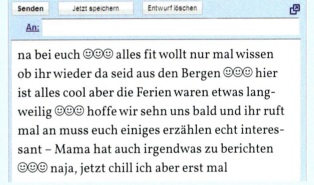

b) Stell dir vor, du möchtest unbedingt an einer Jugendfreizeit zum Chiemsee teilnehmen.
Du musst aber noch deine Eltern überzeugen, dich mitfahren zu lassen.
• Lies den Anfang und das Ende des Briefes unten.
• Ergänze dann den Hauptteil und Schluss. Begründe darin, warum du unbedingt an der Jugendfreizeitfahrt teilnehmen möchtest.

Landshut, 15.09.2017

Liebe Mama, lieber Papa,

ihr wisst ja, dass ich gern mit Sophie, Lukas und Max an der Jugendfreizeit zum Chiemsee teilnehmen würde. Alle drei haben von ihren Eltern die Erlaubnis bekommen. Daher frage ich euch nun, ob ich auch mitfahren darf.
…
Liebe Mama, lieber Papa, danke, dass ihr noch einmal darüber nachdenkt.

Viele Grüße von eurer Tochter Leni

Portal

3.2. Persönliche Schreiben (persönlicher Brief, auch digitale Formate) verfassen
3.3. Texte nach vorgegebenen Kriterien überarbeiten

NEUES ENTDECKEN – EINSICHTEN GEWINNEN

Sprache und Sprachgebrauch

Wortarten

Teste dein Wissen zu den Wortarten aus der Grundschule.
Wenn du alle richtigen Antworten gefunden hast, ergeben die Buchstaben vor den Antwortsätzen ein Lösungswort.
<u>Beachte</u>: Manchmal gibt es auch mehrere richtige Antworten zu einem Satz.

1. An meiner neuen <u>Schule</u> habe ich viele <u>Freunde</u> gefunden.
   - **E** Die unterstrichenen Wörter gehören derselben Wortart an.
   - **D** Die unterstrichenen Wörter sind Adjektive.
   - **X** Die unterstrichenen Wörter sind Nomen.

2. Ich <u>verstehe</u> mich mit allen Klassenkameraden gut.
   - **S** Das unterstrichene Wort steht im Präteritum (einfache Vergangenheitsform).
   - **P** Das unterstrichene Wort ist ein Verb.
   - **U** Verben kann man steigern.

3. Am ersten Wandertag haben wir einen <u>schönen</u> Ausflug gemacht.
   - **M** Das unterstrichene Wort ist ein Verb.
   - **B** Das unterstrichene Wort kann man nicht steigern.
   - **E** Es handelt sich bei dem unterstrichenen Wort um ein Adjektiv.

4. Ich habe jetzt natürlich auch <u>einen</u> neuen Klassenleiter.
   - **R** Das unterstrichene Wort ist ein Artikel.
   - **T** Es gibt zwei Arten von Artikeln.
   - **I** Das unterstrichene Wort ist ein Nomen.

5. Unsere Lehrer <u>helfen</u> mir, wenn ich in einem Fach etwas nicht weiß.
   - **E** Das unterstrichene Wort steht im Präsens (Gegenwart).
   - **G** Das unterstrichene Wort steht im Perfekt (zusammengesetzte Vergangenheitsform).
   - **N** Jedes Verb hat eine Grundform.

In diesem Kapitel lernst du (,) …
- die Wortarten Nomen, Artikel, Pronomen, Verb, Adjektiv, Adverb und Numerale kennen.
- Nomen nach Genus, Numerus und Kasus zu bestimmen.
- den bestimmten und unbestimmten Artikel richtig zu verwenden.
- unterschiedliche Arten von Pronomen richtig zu verwenden.
- ausgewählte Tempora von Verben zu bilden und richtig zu verwenden.
- mithilfe von Adjektiven zu beschreiben und zu vergleichen.
- durch Adverbien und Numeralien konkrete Orts-, Zeit- und Zahlangaben zu machen.

Wortarten

Nomen und Artikel erkennen und gebrauchen

Wozu Nomen gut sind

1 Lasst euch den folgenden Text vorlesen oder hört euch die Audiodatei an.

🔊 **Portal**
WES-122961-043

Schnupfen und Halsweh

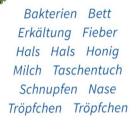

Wenn man eine **1** hat, läuft die **2** und der **3** tut weh. Oft hat man einen starken **4** und im **5** kratzt es heftig. Manchmal hat man sogar auch **6** und muss im **7** liegen. Viele Menschen trinken dann gern ein Glas heiße **8** mit **9**. Bei jedem Niesen werden sehr viele kleine **10** bis zu fünf Meter weit in den Raum geschleudert. In jedem **11** versteckt sich eine große Anzahl ansteckender **12**. Deshalb sollte man unbedingt ein **13** benutzen, wenn man niesen muss.

*Bakterien   Bett
Erkältung   Fieber
Hals   Hals   Honig
Milch   Taschentuch
Schnupfen   Nase
Tröpfchen   Tröpfchen*

2 In dem Text, den ihr gerade gehört habt, fehlen 13 Nomen.
  a) Sprecht darüber, welche Auswirkungen dies hat, und vergleicht eure Einschätzungen mit den Informationen im Merkkasten.
  b) Schreibt den Text ab. Setzt dabei die Nomen aus dem *Wortspeicher* richtig ein.

3 Im folgenden Text sind die *kursiven* Nomen vertauscht. Schreibe den Text ab. Setze dabei die *kursiven* Nomen so ein, dass ein sinnvoller Text entsteht.

„Ich habe eine prima *Wüste*, wie man schnell reich werden könnte", erklärt Freddy seinem *Mensch*. „Man müsste mitten in der *Gaststätte* eine *Wüste* aufmachen." „Aber in der *Idee* kommt doch kaum mal ein *Freund* vorbei. Wie willst du da *Durst* verdienen?", gibt sein *Gast* zu bedenken. „Ach, das ist doch kein großes *Geld*", gibt sich Freddy selbstbewusst. „Wenn an einem *Problem* auch nur ein *Freund* kommt, was denkst du, was der für einen großen *Tag* hat!"

✱ **4** Versuche, mithilfe der folgenden Nomen eine kleine Geschichte zu erzählen.
*Montag   Sportstunde   Weitsprung   Klassenkamerad   Anlauf   Absprung   Verletzung
Knöchel   Schmerzen   Kühlung   Anruf   Krankenwagen   Untersuchung   Bänderriss*

⚠ **Nomen**

Nomen sind für die Aussage eines Satzes wichtig. Ohne sie kann man einen Text kaum verstehen, denn meistens wird erst durch die Nomen die **Bedeutung** eines Textes klar. Sie bezeichnen **Lebewesen** *(Menschen, Tiere, Pflanzen)*, **Dinge** *(das Päckchen)* sowie **Gefühle** *(die Freude)* und **Gedachtes** *(die Möglichkeit)*.
Nomen erkennst du daran, dass sie immer **großgeschrieben** werden.

→ **S. 274ff.**
Großschreibung von Nomen

Nomen kommen im Singular und Plural vor – der Numerus

1 Lies den folgenden Text aufmerksam. Setze dann beim Abschreiben die Nomen aus dem *Wortspeicher* an der passenden Stelle ein.
<u>Beachte</u>: Die Nomen im *Wortspeicher* stehen im Singular.
Der Text ergibt aber nur Sinn, wenn sie im Plural eingesetzt werden.

Wozu brauchen Kamele ihre Höcker?

??? wollen immer alles ganz genau wissen. So interessiert sie z. B. die Frage, wozu *???* ihre Höcker brauchen. Oft hören sie dann, dass diese imposanten „*???*" als Wasserspeicher für die *???* dienen. Das stimmt aber so nicht. In den *???* wird kein Wasser, sondern Fett gespeichert. Anstrengende *???* bewältigen die *???* mithilfe von *???* so
5 lange, bis die irgendwann leer sind. Das erkennt man dann daran, dass die *???* in sich zusammenfallen. Darüber hinaus schützen sie die *???* vor der Hitze, indem sie die *???* abfangen. Zusätzlich sorgen die sehr langen *???* der *???* für einen größeren Abstand zum Wüstenboden, sodass Kopf und Rumpf kühl bleiben. Überhaupt gelten *???* als die *???* in den *???*. Mehrere *???* kommen sie ohne Flüssigkeit aus. Aber wenn
10 sie eine der vielen *???* erreichen, dann können sie in wenigen *???* 250 *???* trinken!

*Buckel – Tag – Kamel – Minute – Kind – Überlebenskünstler –
Oase – Tier – Wüstenmarsch – Tier – Sonnenstrahl – Kamel –
Liter – Höcker – Wüste – Fettdepot – Bein – Kamel – Tier – Höcker*

2 Beschreibt, wie sich die eingesetzten Pluralwörter von den Singularwörtern im *Wortspeicher* unterscheiden.
   a) Vier Wörter fallen euch dabei bestimmt besonders auf.
      Erklärt, was das Besondere an ihnen ist.
   b) Ordnet alle Pluralwörter den Beispielen im Merkkasten zu.

⚠ Der Numerus: Singular und Plural

Der **Singular** (die Einzahl) von Nomen zeigt an, dass nur **ein** Exemplar gemeint ist:
der Tisch, die Fabrik, das Schiff.
Der **Plural** (die Mehrzahl) von Nomen zeigt an, dass mehrere **Exemplare** gemeint sind:
die Tische, die Fabriken, die Schiffe.

Der Plural von Nomen kann durch verschiedene Formen angezeigt werden:
- Endung **-e**: *der Tag – die Tage, der Schuh – die Schuhe*
- Endung **-(e)n**: *der Strahl – die Strahlen, die Schüssel – die Schüsseln,*
- Endung **-er**: *das Bild – die Bilder, der Geist – die Geister*
- Endung **-s**: *das Hotel – die Hotels, das Sofa – die Sofas*
- **mit Umlaut** (und Endung): *der Boden – die Böden, das Land – die Länder*
- **ohne Pluralzeichen:** *der Balken – die Balken, der Eimer – die Eimer*

3 Im Deutschen können die meisten Nomen im Singular und im Plural stehen. Es gibt aber auch Nomen, die nur im Singular oder nur im Plural stehen.

Brot Getreide Alpen Milch
Bruder Quatsch Fleiß Duft
Ferien Idee Masern Eltern
Geschwister Land Wut

a) Ordne die Nomen im *Wortspeicher* richtig zu.
Schreibe so:
Nomen, die im Singular und im Plural stehen können: das Land – die Länder …
Nomen, die nur im Singular stehen können: die Milch …
Nomen, die nur im Plural stehen können: die Geschwister …

b) Finde weitere Nomen, die nur im Singular oder nur im Plural stehen können.

Was der bestimmte Artikel mit Nomen zu tun hat – das Genus

„Der Stift, die Feder, das Auto."

„Le crayon, la plume, la voiture."

„The pen, the feather, the car."

1 Antonia aus Deutschland, Jean-Paul aus Frankreich und Mary aus England lernen in der Schule neben ihrer Muttersprache auch die Sprache der anderen beiden Kinder. Mary behauptet, sie habe es dabei am schwersten. Erklärt das.

2 Die Nomen rechts bezeichnen Lebewesen, Dinge, Gegenstände und Vorgänge. Schreibe die Nomen mit dem entsprechenden bestimmten Artikel auf. Schlage im Zweifelsfall im Wörterbuch nach.

Schiffsdeck Dorn Eingeweide Hagel
Harke Hefe Laken Leder Lumpen
Tümpel Spange Fohlen Werk Kind
Säule Delle Erker Hantel Lametta
Lazarett Lotion Marmor Medium

AT → S. 290f.
Nachschlagen

ⓘ Grammatisches Geschlecht (lat. Genus)

Das **natürliche Geschlecht** entspricht im Deutschen nur selten dem grammatischen Geschlecht, dem Genus (z. B. heißt es zwar *die* Frau, aber *das* Mädchen).
Der **bestimmte Artikel** (der, die, das) kennzeichnet im Deutschen immer das **grammatische Geschlecht (Genus)** der Nomen.
Weil das so ist, benutzt man zur Kennzeichnung des grammatischen Geschlechtes lateinische Begriffe. Du musst also zwei Dinge lernen:
1. Mit welchem bestimmten Artikel wird das Nomen im Singular gebraucht?
2. Welches Genus des Nomens kennzeichnet der bestimmte Artikel?
Der Nagel ist **Maskulinum** (männlich), **die** Feile ist **Femininum** (weiblich), **das** Beil ist **Neutrum** (sächlich).

Sprache und Sprachgebrauch

3 Vor den folgenden Nomen können im Singular zwei verschiedene Artikel stehen.
   a) Schlage in einem Wörterbuch nach und schreibe die Nomen mit beiden Artikeln auf.
      Bonbon Marmelade Butter Gelee Gulasch Puder
      Joghurt Ketchup Lasso Laptop Schnipsel Kaugummi
   b) Schreibe auch die folgenden Nomen mit den beiden möglichen Artikeln auf.
      Steuer Leiter Mast Tau Kiefer Junge Band Bauer Teil
   c) Alle Nomen aus Aufgabe a) und b) haben zwei Artikel.
      Dennoch unterscheidet die Gruppen von Nomen etwas. Erkläre das.

Wie der bestimmte und unbestimmte Artikel im Text gebraucht werden

Neben dem bestimmten Artikel *(der, die, das)* gibt es auch einen unbestimmten Artikel *(ein, eine, ein)*.

🔊 **Portal**
WES-122961-044

1 Lest das folgende Gespräch mit verteilten Rollen oder hört euch die Audiodatei an.
   Entscheidet, an welchen Stellen ihr den bestimmten Artikel und an welchen ihr den unbestimmten Artikel gebrauchen würdet.

Der Buchkauf

Lisa: Gestern war ich in ??? Buchhandlung, ich weiß gar nicht mehr so genau, in welcher, irgendwo in der Nähe vom Bahnhof.

Tom: Meinst du etwa ??? Buchhandlung in der Würzburger Straße? Dort war ich schon ein paarmal.

Lisa: Ja, genau. Ich war zum ersten Mal dort. Als ich so rumlief, fiel mir ??? Regal besonders auf. Da standen vielleicht hundert Abenteuerromane drin. Dreißig davon habe ich mir bestimmt angesehen.

Tom: Du, ??? Regal kenn ich. Davor habe ich schon Stunden verbracht.

Lisa: ??? Buch hat mir besonders gefallen. Es handelt von ??? Mädchen und ??? Jungen …

Tom: Ach ja, ??? Buch! Die beiden haben sich doch im Ferienlager kennengelernt und gemeinsam ganz verrückte Sachen erlebt. Hast du dir ??? Buch gekauft? Ich würde es auch gerne noch mal lesen.

Lisa: Ja, na klar kannst du es mal lesen.

2 Begründet, warum ihr manchmal den bestimmten und manchmal den unbestimmten Artikel gebraucht habt.
Seht euch dazu noch einmal die Stellen an, an denen der Artikel gewechselt hat.

3 Lies die beiden folgenden Texte.
   a) Ermittele, von wie vielen Sportlern in Text **A** und von wie vielen Sportlern in Text **B** die Rede ist.
   b) Begründe, warum in Text **B** nur halb so viele Sportler vorkommen wie in Text **A**.

A Schulsportfest

Ein Weitspringer läuft an. Ein Kugelstoßer macht sich warm. Ein Weitspringer tritt über. Ein Kugelstoßer konzentriert sich. Ein 100-m-Läufer zieht sich um. Und dort springt ein Mehrkämpfer. Und da sprintet ein 100-m-Läufer davon. Ein Mehrkämpfer atmet schwer. Drüben steht eine Speerwerferin bereit. Und dort bereitet sich eine Hochspringerin auf ihren Sprung vor. Eine Speerwerferin dehnt sich noch einmal. Eine Hochspringerin ist sehr aufgeregt.

B Schulsportfest

Ein Weitspringer läuft an. Ein Kugelstoßer macht sich warm. Der Weitspringer tritt über. Der Kugelstoßer konzentriert sich. Ein 100-m-Läufer zieht sich um. Und dort springt ein Mehrkämpfer. Und da sprintet der 100-m-Läufer davon. Der Mehrkämpfer atmet schwer. Drüben steht eine Speerwerferin bereit. Und dort bereitet sich eine Hochspringerin auf ihren Sprung vor. Die Speerwerferin dehnt sich noch einmal. Die Hochspringerin ist sehr aufgeregt.

✱ 4 Erzähle die folgende Geschichte weiter. Verwende dazu die Nomen mehrfach. Achte darauf, ob sie mit dem unbestimmten oder dem bestimmten Artikel verwendet werden müssen. Der Merkkasten hilft dir dabei.

Königstochter – Apfel – Aufgabe – Stall – König – Prinz

Der Hasenhüter

Ein reicher König hatte eine wunderschöne Tochter. Als bekannt wurde, dass sie heiraten wollte, kamen von überall her viele Männer. Sie mussten sich auf einer großen grünen Wiese versammeln …

> ⓘ **Unbestimmter Artikel – bestimmter Artikel**
>
> In einem Text steht der **unbestimmte Artikel** in der Regel dann, wenn das, was mit einem Nomen gemeint ist, zum ersten Mal genannt wird, wenn also etwas oder jemand noch **unbekannt** ist.
> Der **bestimmte Artikel** steht dagegen dann, wenn das, was mit dem Nomen gemeint ist, noch einmal vorkommt, wenn also etwas oder jemand bereits **bekannt** ist.

Sprache und Sprachgebrauch

Nomen kommen in vier Fällen vor – der Kasus

1 Miriam telefoniert mit ihrem Cousin Martin. Leider ist die Verbindung schlecht. Martin versteht also nicht alles, daher fragt er am Schluss:

Wer ist zu groß geworden?   *Wessen Krone muss zurückgeschnitten werden?*
Wem ist nicht mehr zu helfen?   *Wen schneiden die Pfleger zu?*

Mit diesen Fragen lässt sich auch der Kasus eines Nomens bestimmen.
Finde die Antworten auf die Fragen im Text und schreibe sie
mithilfe des Merkkastens geordnet nach dem Kasus auf:

Nominativ: …   *Genitiv: …*   *Dativ: …*   *Akkusativ: …*

„Der Baum in unserem Garten ist zu groß geworden. Vater sagt, dass der Baum dringend zugeschnitten werden sollte. Er meint: „Wenn die Krone des Baumes nicht zurückgeschnitten wird, dann ist dem Baum nicht mehr zu helfen." Aber wir wollen nicht, dass der Baum gefällt wird. Morgen kommen zwei Pfleger und schneiden den Baum zu."

2 Bestimme mit den passenden Fragen, in welchem Kasus die unterstrichenen Nomen stehen.

Im Tierpark begegnet man <u>vielen Tieren</u>. Am beliebtesten ist oft <u>der Löwe</u>. Er gilt ja als König <u>der Tiere</u>. Doch die Besucher sehen auch gerne <u>die Elefanten</u> an.

W 3 Wähle im Folgenden zwischen a) oder b) aus.

a) Schreibe die Nomen und Artikel in Klammern im richtigen Kasus auf. Notiere ab Satz 4 dahinter, um welchen Kasus es sich jeweils handelt.

1. Der Arzt untersucht (der Kranke, *Akkusativ*).
2. Die Klassenlehrerin überreicht (der Schüler, *Dativ*) das Zeugnis.
3. Zu Beginn (die Sommerzeit, *Genitiv*) stellt jeder seine Uhr um.
4. Viel Beifall erhielten die Mitglieder (die Theatergruppe) für ihre Aufführung.
5. Der Trainer fordert (der Spieler) auf, mehr Einsatz zu zeigen.
6. Der Polizist beschreibt (der Tourist) den Weg zum Bahnhof.

b) Setze beim Lesen des Textes an den nummerierten Stellen das Nomen *Sessel* mit dem passenden Artikel im richtigen Kasus ein.

In Bamberg hatte sich eine Frau **1** gekauft, den sie sich schon lange gewünscht hatte. Nach dem Aufstellen **2** in ihrem Wohnzimmer vernahm die Käuferin häufig ein rätselhaftes Miauen und Schnurren. Nach stundenlangem Suchen in jeder Ecke des Zimmers kam sie auf die Idee, dass diese Geräusche vielleicht etwas mit **3** zu tun haben könnten. Und tatsächlich: **4** hatte auf seiner Unterseite ein Loch, durch das eine Katze geschlüpft und dort geblieben war. Sie hatte natürlich Hunger bekommen und deswegen zu miauen und zu schnurren begonnen.

4 Verfasse eine kurze Geschichte zum Nomen *Hund*.
Dabei soll das Nomen in allen vier Fällen vorkommen.

ⓘ Die vier Fälle (lat. Kasus)

Nomen können im Satz in vier verschiedenen Fällen (Kasus) gebraucht werden:
1. Nominativ   *Wer oder was?*
2. Genitiv   *Wessen?*
3. Dativ   *Wem?*
4. Akkusativ   *Wen oder was?*

Mit den Fragen kannst du den jeweiligen Kasus bestimmen.
Nach dem Kasus richten sich die Formen des Artikels und die Endung des Nomens.

Singular

	Maskulinum	**Femininum**	**Neutrum**
Nominativ Wer oder was?	*der Stein* *ein Stein*	*die Scheibe* *eine Scheibe*	*das Fenster* *ein Fenster*
Genitiv Wessen?	*de**s** Stein**es*** *ein**es** Stein**es***	*d**er** Scheibe* *ein**er** Scheibe*	*d**es** Fenster**s*** *ein**es** Fenster**s***
Dativ Wem?	*d**em** Stein* *ein**em** Stein*	*d**er** Scheibe* *ein**er** Scheibe*	*d**em** Fenster* *ein**em** Fenster*
Akkusativ Wen oder was?	*de**n** Stein* *ein**en** Stein*	*die Scheibe* *eine Scheibe*	*das Fenster* *ein Fenster*

Plural

	Maskulinum	**Femininum**	**Neutrum**
Nominativ Wer oder was?	*die Steine*	*die Scheiben*	*die Fenster*
Genitiv Wessen?	*der Steine*	*der Scheiben*	*der Fenster*
Dativ Wem?	*den Steinen*	*den Scheiben*	*den Fenstern*
Akkusativ Wen oder was?	*die Steine*	*die Scheiben*	*die Fenster*

Wortarten

Überprüfe dein Wissen und Können

1 Von diesen 14 Nomen kommen jeweils fünf nur im Singular, vier nur im Plural und fünf im Singular und im Plural vor. Schreibe sie geordnet nach diesen drei Gruppen auf.

Ferien   Auskunft   Silber   Einsamkeit   Trümmer   Unterkunft   Heim
Flausen   Butter   Schande   Gefühl   Dank   Fahrt   Kosten

2 Entscheide jeweils, ob für die Zahlen 1 – 19 ein bestimmter oder unbestimmter Artikel eingesetzt werden muss. Begründe deine Entscheidung. Schreibe so: *1 = eine, weil …*

Der Fuchs und die Trauben

1 Maus und **2** Spatz saßen an **3** Herbstabend unter **4** Weinstock und plauderten miteinander. Auf einmal zirpte **5** Spatz seiner Freundin zu: „Versteck dich, **6** Fuchs kommt", und flog rasch hinauf ins Laub. **7** Fuchs schlich sich an **8** Weinstock heran, seine Blicke hingen sehnsüchtig an den dicken, blauen, überreifen Reben. Vorsichtig spähte er nach allen Seiten. Dann stützte er sich mit seinen Vorderpfoten gegen **9** Stamm, reckte kräftig seinen Körper empor und wollte mit dem Mund **10** paar Trauben erwischen. Aber sie hingen zu hoch.
Etwas verärgert versuchte er sein Glück noch einmal. Diesmal tat er **11** gewaltigen Satz, doch er schnappte wieder nur ins Leere.
12 drittes Mal bemühte er sich und sprang aus Leibeskräften. Voller Gier huschte er nach **13** üppigen Reben und streckte sich so lange dabei, bis er auf den Rücken kollerte. Nicht ein Blatt hatte sich bewegt.
14 Spatz, der schweigend zugesehen hatte, konnte sich nicht länger beherrschen und zwitscherte belustigt: „Herr Fuchs, Ihr wollt zu hoch hinaus!"
15 Maus äugte aus **16** Loch und piepste vorwitzig: „Gib dir keine Mühe, **17** Rebe bekommst du nie." Und wie ein Pfeil schoss sie in **18** Loch zurück. **19** Fuchs biss die Zähne zusammen, rümpfte die Nase und meinte hochmütig: „Die Trauben sind mir noch nicht reif genug, ich mag keine sauren Trauben."
Mit erhobenem Haupt stolzierte er in den Wald zurück.

3 Schreibe die folgenden Sätze ab. Setze dabei die Nomen in Klammern im richtigen Kasus in die Lücken ein und bestimme diesen.
a) Die Maus war ??? (der Spatz) sehr dankbar für die Warnung.
b) Der Fuchs staunte nicht schlecht, als er sah, dass sich ??? (die Maus) aus ihrem Versteck traute.
c) Der Ärger ??? (der Fuchs) war echt und er überlegte schon, wie er am besten zu ??? (die Trauben) gelangen könnte.

Wortarten

Pronomen unterscheiden und gebrauchen

Das Personalpronomen

1 Lasst euch den Text vorlesen oder hört euch die Audiodatei an.
Überlegt, wie man ihn verbessern könnte.

🔊 **Portal**
WES-122961-046

Robinson Crusoe

Als Robinson erwachte, war heller Tag. Robinson stellte fest, dass sich der Sturm etwas gelegt hatte. Robinson bemerkte auch, dass das Schiffswrack fast bis auf die Insel getrieben worden war. Die Insel zu erreichen, war für Robinson nicht schwer. Die Insel lag nämlich nur drei Meilen von Robinson entfernt. Die Insel bot eine gute Ge-
5 legenheit, sich ein Floß zu bauen. Das Floß sollte für das weitere Leben auf der Insel eine große Hilfe sein. Das Floß konnte von Robinson zum Transport vieler wichtiger Dinge verwendet werden. Robinson machte sich also schon bald an die Arbeit. Die Arbeit ging Robinson gut von der Hand. Robinson stieg an der Schiffswand hinunter und band vier Balken an beiden Enden fest, sodass ein Floß entstand. Robinson
10 bemerkte aber, dass das Floß zu leicht war, um schwerere Lasten transportieren zu können. Robinson machte sich von Neuem am Floß zu schaffen und befestigte daran noch eine Stange. Robinson war mit der Arbeit endlich zufrieden. Robinson hatte mehr vollbracht, als Robinson unter gewöhnlichen Umständen vollbracht hätte.

2 Schreibe den Text ab.
a) Ersetze dabei die sich wiederholenden Nomen an passenden Stellen durch Personalpronomen. Der Merkkasten auf Seite 184 hilft dir dabei.
b) Besprich anschließend deine Lösung mit deinem Sitznachbarn.

3 Schreibe den folgenden Text ab oder nutze die Vorlage im Portal.
a) Überlege, ob du an den nummerierten Stellen das Nomen wiederholst oder es durch ein Personalpronomen ersetzt.
b) Lies deinen Text anschließend vor. Begründe dabei, warum du dich für ein Personalpronomen oder das Nomen entschieden hast.

 Portal
WES-122961-047

Robinson rief nach den Kameraden, so laut **1** *Robinson* konnte. Von nirgendwo kam eine Antwort. **2** *Robinson* war verzweifelt und hatte große Furcht. Dann aber erwachte sein Lebenswille. Außerdem hatte **3** *Robinson* großen Hunger. Wie konnte **4** *Robinson*
5 *den Hunger* stillen? Die Nacht brach herein. Wo und wie sollte **6** *Robinson* **7** *die Nacht*
5 verbringen? Er kletterte in eine Baumkrone. Sehr bequem war **8** *die Baumkrone* nicht. Doch **9** *die Baumkrone* bot Schutz vor wilden Tieren. Am nächsten Morgen entdeckte Robinson einen fremdartig aussehenden Mann. **10** *Robinson* kletterte von seinem Baum herunter. Doch als **11** *der Fremde* **12** *Robinson* sah, suchte er das Weite.

*4.2. Personal-, Possessiv-, Relativ- und Demonstrativpronomen bewusst einsetzen,
v. a. um Sätze sinnvoll zu verknüpfen und Wiederholungen zu vermeiden*

Sprache und Sprachgebrauch

Portal
WES-122961-048

✱ 4 Schreibe den Text ab oder nutze die Vorlage im Portal.
Setze in die Lücken Personalpronomen im richtigen Fall ein.

Zunächst war Robinson enttäuscht, doch dann beschloss er, den Unbekannten zu suchen. Hinter einem umgestürzten Baum entdeckte er *???* schließlich und winkte *???* zu. Robinson sprach den Mann an: „Du brauchst *???* nicht zu
5 fürchten. Ich möchte *???* einfach nur kennenlernen. Vielleicht können *???* zusammen versuchen, irgendwie von dieser Insel herunterzukommen." Der fremde Mann verlor allmählich seine Furcht und kam näher. Robinson sprach weiter: „Heute ist Freitag. Weil ich *???* heute getroffen habe,
10 will ich *???* den Namen Freitag geben. Lass *???* zum Strand gehen." Gemeinsam gingen sie zum Strand, die Tiere blickten *???* aufmerksam nach. Noch wusste Robinson nicht, dass Freitag für lange Zeit sein bester und einziger Freund und *???* in vielen Situationen treu ergeben sein würde.

5 Um die Wiederholung desselben Nomens zu vermeiden, ersetze es durch ein Personalpronomen im richtigen Fall.

a) Gestern haben wir zum ersten Mal im Unterricht einen englischen Text gelesen. Die meisten von uns hatten keine Schwierigkeit, **1** *den Text* zu verstehen.
b) Franziska begrüßte die Gäste und überreichte **2** *den Gästen* eine Rose.
c) Paul ist in manchen Dingen ein bisschen unzuverlässig. Aber auf unserer Klassenfahrt war auf **3** *Paul* stets Verlass.
d) „Ich habe mir von deiner Schwester dieses Buch geliehen. Kannst du **4** *das Buch* **5** *deiner Schwester* bitte zurückgeben?"
e) Besonders die Stürmer hatten sich für dieses Spiel viel vorgenommen, doch auch diesmal gelang **6** *den Stürmern* wieder kein Tor.

⚠ Personalpronomen (persönliches Fürwort)

Wörter, die für ein Nomen stehen, nennt man **Personalpronomen**.
Sie sind **Stellvertreter für Nomen**, die im Text bereits bekannt sind.
Sophie lacht. → *Sie* lacht.
Sie machen es möglich, dass Nomen nicht ständig wiederholt werden müssen.
Wie Nomen können sie in den verschiedenen Fällen auftreten:

Singular					**Plural**		
Nominativ	*ich*	*du*	*er*	*sie*	*es*	*wir*	*ihr*	*sie*
Genitiv	*meiner*	*deiner*	*seiner*	*ihrer*	*seiner*	*unser*	*euer*	*ihrer*
Dativ	*mir*	*dir*	*ihm*	*ihr*	*ihm*	*uns*	*euch*	*ihnen*
Akkusativ	*mich*	*dich*	*ihn*	*sie*	*es*	*uns*	*euch*	*ihnen*

4.2. Personal-, Possessiv-, Relativ- und Demonstrativpronomen bewusst einsetzen, v. a. um Sätze sinnvoll zu verknüpfen und Wiederholungen zu vermeiden

Das Possessivpronomen

1 Sieh dir die Sätze an. Überlege, welche Funktion die unterstrichenen Wörter haben.

Mario und Felix streiten um einen Ball. Felix ruft: „Das ist <u>mein</u> Ball",
woraufhin Mario erwidert: „Das ist nicht <u>dein</u> Ball, das ist <u>mein</u> Ball."
Nun mischen sich Maria und Manuela ein: „Was macht ihr denn mit <u>unserem</u> Ball?"

2 Die unterstrichenen Wörter heißen Possessivpronomen.
In dem folgenden Text stimmt mit vier dieser Pronomen etwas nicht.
Finde heraus, was hier komisch ist. Verbessere den Text dann.

Auch Herr Knackig beobachtet die Szene: „Mario, Felix, gebt den Ball
euren Klassenkameraden zurück." Mario und Felix wehren sich und
sagen: „Das ist nicht sein Ball, das ist ihr Ball."
Nun wird es Herrn Knackig langsam zu bunt: „Wenn ihr euch nicht
entscheiden könnt, wem der Ball gehört, ist es ab sofort unser Ball
und ich gebe ihn Paul, dem Hund, dann ist es mein Ball.

3 Lest den folgenden Text laut vor oder hört euch die Audiodatei an.
  a) Besprecht, warum der Text nicht gelungen ist.
  b) Verbessert den Text mithilfe des Merkkastens auf Seite 186.

🔊 **Portal**
WES-122961-049

Nicole und David vergleichen Nicoles und Davids Zimmer miteinander. Dabei stellen sie fest, dass Nicoles Zimmer viel größer ist als Davids Zimmer. Nicoles Zimmer hat einen Balkon. Auf Nicoles Balkon steht ein Liegestuhl, in dem Nicole gerne Nicoles Freizeit im Sommer verbringt. In Nicoles Zimmer steht außerdem eine Couch, auf der Nicole Nicoles Abende verbringt, indem sie eines von Nicoles vielen Büchern liest.

4 Entscheide in folgenden Sätzen, ob *ihr* ein Personal- oder ein Possessivpronomen ist. Begründe deine Entscheidung.

  a) Nicole glaubt, ihr Zimmer sei das schönste,
     obwohl ihr das Aufräumen wenig Spaß macht.
  b) David widerspricht ihr natürlich, denn er findet sein Zimmer besser.
  c) David gibt ihr wertvolle Tipps, wie sie ihr kleines Reich seiner Meinung
     nach noch verbessern kann.

✱ 5 Schreibe zwei eigene Sätze, in denen *ihr* als Personal- und
als Possessivpronomen vorkommt. Bestimme jeweils,
um welche Art von Pronomen es sich handelt.

4.2. Personal-, Possessiv-, Relativ- und Demonstrativpronomen bewusst einsetzen,
v. a. um Sätze sinnvoll zu verknüpfen und Wiederholungen zu vermeiden

6 Im folgenden Text werden drei Nomen mehrfach wiederholt.
Schreibe den Text ab und setze für einige Nomen Personal- und Possessivpronomen ein. Dann ist der Text besser zu lesen.
Ein Mann fing einmal ein junges Reh. Als er es …

Das Reh und die Hunde

Ein Mann fing einmal ein junges Reh. Als der Mann das Reh nach Hause brachte, liefen dem Mann des Mannes Hunde entgegen. Sie leckten sich bereits der Hunde Schnauzen. Ärgerlich jagte der Mann die Hunde davon. Später ging der Mann mit dem Reh zu den Hunden und richtete die Hunde so ab, dass die Hunde mit dem Reh spielten. Mit der Zeit begriffen die Hunde, dass die Hunde dem Reh nichts antun durften.

7 Schreibe auch den nächsten Textabschnitt ab.
Markiere die Nomen *Reh* und *Hunde* mit unterschiedlichen Farben.
Suche dann die Pronomen, die für die beiden Nomen *Reh* und *Hunde* stehen.
Markiere sie mit denselben Farben. Um welche Pronomen handelt es sich?

Nach drei Jahren stand eines Tages das Hoftor offen, und das Reh rannte auf die Straße. Dort sah es viele unbekannte Hunde. Es lief auf sie zu, um mit ihnen zu spielen. Die Hunde waren zuerst erstaunt, dann aber freuten sie sich, dass ihnen ein so leckerer Bissen über den Weg lief. Sie fielen über das arme Reh her und fraßen es auf.

8 Manchmal muss man Nomen aber auch wiederholen, weil man nicht weiß, auf welches Nomen sich das Pronomen bezieht. Schreibe die Sätze auf.
Wiederhole jeweils das Nomen, auf das sich das Pronomen tatsächlich bezieht.
Markiere abschließend die Possessivpronomen.

a) Mein Freund hat einen Dackel. Er ist wirklich ein netter Kerl.
b) Unser Team gewann das Spiel. Es war sehr gut vorbereitet.
c) Auf der Wiese lag eine Kuh. Sie war mit Blumen übersät.
d) Unsere Sportlehrerin machte uns eine Übung vor. Sie sah sehr elegant aus.

> **① Possessivpronomen (besitzanzeigendes Fürwort)**
>
> Possessivpronomen geben an, **wem etwas gehört**. Sie lauten:
> *mein, dein, sein, ihr, sein, unser, euer, ihr.*
> Possessivpronomen sind meistens Begleiter des Nomens und stehen im gleichen Kasus.
> *Wer? =* **Mein** *Opa ist sehr klug.*
> *Wessen? = Das Auto* **meines** *Opas ist schon 50 Jahre alt.*
> *Wem? = Das Buch gehört* **meinem** *Opa.*
> *Wen? = Gestern besuchten wir* **meinen** *Opa.*

4.2. Personal-, Possessiv-, Relativ- und Demonstrativpronomen bewusst einsetzen, v. a. um Sätze sinnvoll zu verknüpfen und Wiederholungen zu vermeiden

Das Demonstrativpronomen

1 Lies den folgenden Text und betone dabei die markierten Wörter.

Seit Langem möchte Max einen Freizeitpark besuchen. Seine Eltern fanden **das** aber immer zu gefährlich. Dennoch wünschte er sich auch **dieses** Jahr **dasselbe** zu seinem Geburtstag, was er sich schon die Jahre zuvor gewünscht hatte: Einen Besuch im Freizeitpark MEGAFUN. **Dieser** Freizeitpark ist berühmt für seine Achterbahnen. Und tatsächlich, **dieses** Jahr sollte es soweit sein.

2 Finde mithilfe des Merkkastens heraus, welche Aufgabe die markierten Wörter in den einzelnen Sätzen jeweils erfüllen und worauf sie sich in den einzelnen Sätzen beziehen.

3 So geht der Text weiter. Hier sind die Demonstrativpronomen nicht hervorgehoben. Finde sie heraus.

Schon früh am Morgen fuhren sie los. Als sie endlich dort waren, fragte Max sofort: „Dieser Eingang oder der dort hinten?" Sein Vater antwortete: „Lass uns doch jenen da vorne nehmen!" Max lief los. Am Eingang wartete noch eine weitere Überraschung auf ihn: seine Großeltern. Diese beiden waren nämlich die besten Großeltern aller Zeiten. Mit seinem Opa konnte man immer am meisten Spaß haben. Er fragte auch gleich: „Welches jener Fahrgeschäfte möchtest du denn als erstes ausprobieren? Dasjenige, das rückwärtsfährt oder lieber jenes, bei dem man kopfüber hängt?" Max konnte sich wegen der großen Auswahl kaum entscheiden: „Das da vielleicht! Oder nein, doch lieber dieses!" Schließlich stieg die ganze Familie zuerst einmal in eine Wasserbahn. Als die turbulente Fahrt vorbei war, rief Max sofort: „Los, gleich zur nächsten Bahn." Und sein Opa antwortete: „Dasselbe wollte ich auch gerade sagen."

ⓘ Demonstrativpronomen (hinweisendes Fürwort)

Demonstrativpronomen werden verwendet, um **auf eine Person, einen Gegenstand oder Sachverhalt oder einen ganzen Satz hinzuweisen**. Die Person, Sache etc. wird dadurch besonders hervorgehoben. Sie muss im Satz zuvor oder danach genannt werden.

Mein bester Freund war gestern <u>beim Kartfahren</u>. <u>Das</u> möchte ich auch ausprobieren.
<u>Dieses</u> Foto zeigt meine Klasse.

Die Demonstrativpronomen sind:
Der, die, das / dieser, diese, dieses / derjenige, diejenige, dasjenige / derselbe, dieselbe, dasselbe / jener, jene, jenes.

4.2. Personal-, Possessiv-, Relativ- und Demonstrativpronomen bewusst einsetzen, v. a. um Sätze sinnvoll zu verknüpfen und Wiederholungen zu vermeiden

Sprache und Sprachgebrauch

4 Die blauen Wörter sind Demonstrativpronomen.
Finde für einige von ihnen Alternativen, damit die Person, die Sache usw.,
auf die hingewiesen werden soll, stärker hervorgehoben wird.

Max hat einen unvergesslichen Tag im Freizeitpark erlebt und zeigt ein paar Tage später seiner Tante und seinem Onkel die Bilder von seinem Geburtstagsausflug.
Max: „Schau Onkel Klaus, mit *dem* Fahrgeschäft haben wir begonnen. Es ist *das*, bei dem wir durch Wasser gefahren sind und Mama ist gleich nass geworden. Auf *dem* Foto siehst du Opa in einem wild schaukelnden Piratenschiff. *Die* Person neben ihm ist Oma. So wie sie schaut, ist ihr ganz schlecht gewesen. Dann haben wir erst einmal eine Pause gemacht. *Das* Foto zeigt Mama, Papa und mich, wie wir uns stärken. *Die* Pommes waren vielleicht lecker.
Die Achterbahn auf dem nächsten Foto ist die Hauptattraktion des Freizeitparks. *Die* haben wir uns bis zum Schluss aufgehoben. Aber nur Opa und Papa haben sich getraut, mit mir zu fahren. *Die* war Mama und Oma zu wild, weil man fünf Mal durch den Looping fährt. *Das* war absolut gigantisch."

✲ **5** Verfasse einen kurzen Dialog zwischen Max und seinem besten Freund.
Sie planen mit der Übersicht unten gemeinsam einen Freizeitparkbesuch.
Verwende dabei an passenden Stellen möglichst viele verschiedene
Demonstrativpronomen.

4.2. Personal-, Possessiv-, Relativ- und Demonstrativpronomen bewusst einsetzen, v. a. um Sätze sinnvoll zu verknüpfen und Wiederholungen zu vermeiden

Das Relativpronomen

1 Lies den Text und setze dabei die Wörter aus dem *Wortspeicher* richtig ein.

welcher   die   der   welche   das

Gummibärchen

So ein Mist. Paul, *???* morgens oft zu spät in die Schule kommt, hat schon wieder verschlafen. Die Zeit, *???* er zum Frühstück bräuchte, fehlt ihm jetzt. Schon in der ersten Stunde hören seine Klassenkameraden seinen Magen, *???* laut knurrt. Gehirn und Muskeln machen ihm klar: Es fehlt Zucker. Der ist zwar in Schokolade, *???* Paul gerne isst, reichlich vorhanden, aber die enthält auch den Dickmacher Fett. Also ist ein Gummibärchen, *???* auch lecker schmeckt, genau das Richtige. Eigentlich wären Gummibärchen also ein prima Nahrungsmittel, oder?

2 Die Wörter, die du eingesetzt hast, sind Relativpronomen.
a) Erkläre, woran du erkannt hast, welche Wörter an welche Stelle kommen.
b) Nenne die Nomen, auf die sich die Relativpronomen im Text jeweils beziehen.

3 Schreibe den folgenden Text ab oder nutze die Vorlage im Portal.
a) Ergänze mithilfe des Merkkastens die fehlenden Relativpronomen.
b) Kennzeichne mit einem Pfeil, auf welches Wort sie sich jeweils beziehen.

WES-122961-050

Gummibärchen – geeignetes Nahrungsmittel?

„Nicht so ganz", erklärt Professor Beyreuther, *???* einen Vortrag während der Heidelberger Kinder-Uni hält. Drei kleine Gummibärchen, *???* man schnell mal eben verputzt hat, enthalten fast die gleiche Menge Zucker wie ein Stück Würfelzucker. Außerdem können die Gummileckereien auch nicht die Vitamine und Ballaststoffe ersetzen, *???* der Körper in Obst, Gemüse oder Vollkornprodukten findet. Zucker, *???* in zu großen Mengen dick macht und die Zähne ruiniert, ist dennoch ein wichtiger Bestandteil unserer Nahrung.

4.2. Personal-, Possessiv-, Relativ- und Demonstrativpronomen bewusst einsetzen, v. a. um Sätze sinnvoll zu verknüpfen und Wiederholungen zu vermeiden

Sprache und Sprachgebrauch

→ S. 257f.
Nebensätze mit dass

→ S. 270
das oder dass

4 Um zu unterscheiden, ob man nach dem Komma das Relativpronomen *das* oder die Konjunktion *dass* schreibt, kann man die Ersatzprobe anwenden.
a) Informiere dich im Merkkasten über die Vorgehensweise bei der Ersatzprobe.
b) Wende bei folgenden Sätzen die Ersatzprobe an.
    Ist die Ersatzprobe möglich, schreibe beide Varianten auf.

1. Das rote Gummibärchen, *???* ich am liebsten esse, schmeckt nach Himbeere.
2. Mittlerweile weiß ich, *???* Gummibärchen nicht gesund sind.
3. Trotzdem glaube ich, *???* ich ab und zu noch Gummibärchen essen werde.
4. Das Geld, *???* ich für Süßigkeiten ausgebe, spare ich jetzt.
5. Meine Mutter meint, *???* das gesunde Essen, *???* sie kocht, besser schmeckt.

→ S. 254ff.
Satzgefüge

5 Verknüpfe die folgenden Hauptsätze mithilfe von Relativpronomen zu einem Satzgefüge. Orientiere dich dabei am folgenden Beispiel:
1. *Gummibärchen sind Süßigkeiten, die gut schmecken.*

1. Gummibärchen sind Süßigkeiten. Sie schmecken gut.
2. Süßigkeiten enthalten oft viel Zucker. Zucker kann zu Zahnproblemen führen.
3. Gummibärchen sind Süßwaren. Sie werden von vielen gerne gegessen.
4. Menschen geben viel Geld für Süßes aus. Das Geld könnte man auch für Obst verwenden.

6 In den folgenden Sätzen wurde das Relativpronomen falsch verwendet. Begründe dies und verbessere die Sätze.

1. Ich schreibe Briefe mit einem deutschen Mädchen, die versucht, Englisch zu lernen.
2. Mit einem anderen deutschen Kind, der schon ziemlich gut Englisch kann, tausche ich regelmäßig E-Mails aus.
3. Meine Brieffreundin will berühmt werden und hat mir ein Foto von einem Model geschickt, die sie unglaublich toll findet.

ⓘ Relativpronomen (bezügliches Fürwort)

Relativpronomen **beziehen sich auf ein vorangegangenes Nomen**.
*Kennt ihr Paul, **der** morgens oft verschläft?*

Die Relativpronomen sind:
der, die, das, dem, den, dessen, deren, welcher, welche, welches, welchem, welchen
Relativpronomen **leiten einen Nebensatz** ein. Deshalb steht vor dem Relativpronomen ein **Komma**. Wenn du dir unsicher bist, ob nach dem Komma das Relativpronomen *das* oder die Konjunktion *dass* stehen muss, dann hilft dir die **Ersatzprobe** mit *welches*.
Ersatzprobe: Kann man *welches* an die Stelle des *das* setzen und der Satz ergibt immer noch Sinn, so handelt es sich um das Relativpronomen.

4.2. Personal-, Possessiv-, Relativ- und Demonstrativpronomen bewusst einsetzen, v. a. um Sätze sinnvoll zu verknüpfen und Wiederholungen zu vermeiden

Überprüfe dein Wissen und Können

Wortarten

1 Ordne den verschiedenen Pronomen die richtige Erklärung zu und übernimm die vollständigen Sätze.

Personalpronomen ... **Possessivpronomen ...**
Demonstrativpronomen ... **Relativpronomen ...**

... geben an, wem etwas gehört.
... werden verwendet, um auf eine Person, einen Gegenstand, einen Sachverhalt oder einen ganzen Satz hinzuweisen.
... beziehen sich auf ein vorangegangenes Nomen und leiten einen Nebensatz ein.
... stehen stellvertretend für Nomen, die bereits bekannt sind.

2 Schreibe den folgenden Text ab und setze für die Fragezeichen *???* passende Personal- oder Possessivpronomen im richtigen Fall ein.

Florian hat heute mit dem Fußball die Fensterscheibe *???* Nachbarn, Herrn Müllers, eingeschossen. Dafür will *???* sich bei *???* entschuldigen. Florian will einen Entschuldigungsbrief verfassen und *???* dem Nachbarn geben, um *???* Gewissen zu beruhigen. Gemeinsam mit seiner Mutter bringt er den Brief zu dem netten Mann aus dem Haus gegenüber. Florian versichert, dass *???* ein Versehen gewesen sei und die Mutter ergänzt, dass *???* und *???* Mann für den Schaden aufkommen werden. Der Geschädigte ist daraufhin nicht weiter böse und sagt zu Florian: „Das alles ist nicht weiter schlimm. Lass *???* doch das nächste Mal zusammen Fußball spielen. *???* bin nämlich auch ein leidenschaftlicher Kicker."

3 Setze in die folgenden Sätze passende Demonstrativpronomen ein.
a) Michaela entdeckt auf einem Bauernhof ein äußerst schönes Pferd. *???* will sie unbedingt ihrer besten Freundin zeigen.
b) Gemeinsam begeben sie sich erneut zu *???* Hof, auf dem das Pferd untergebracht ist.
c) „*???* ist ja wirklich ein unglaublich schönes Tier", ruft die Freundin begeistert.
d) Die beiden Mädchen vereinbaren, dass *???*, der das Pferd zuerst aus der Hand frisst, auf dem Hof fragt, ob man das Pferd reiten dürfe.

4 Verbinde immer zwei Sätze mithilfe eines Relativpronomens zu einem Satz. Kennzeichne dabei, auf welches vorangegangene Nomen sich das Relativpronomen jeweils bezieht.
a) Miriam ist eine neue Schülerin. Sie kommt aus Rostock.
b) Das Mädchen besucht die fünfte Klasse. In diese Klasse geht auch Nathalie.
c) Miriam und Nathalie machen zusammen Hausaufgaben. Die Aufgaben sind heute besonders schwer.
d) Nachmittags kaufen sich die beiden ein Eis. Das Eis schmeckt herrlich.

Portal

4.2. Personal-, Possessiv-, Relativ- und Demonstrativpronomen bewusst einsetzen, v. a. um Sätze sinnvoll zu verknüpfen und Wiederholungen zu vermeiden

Wortarten

Verben erkennen und richtig verwenden

1 Der nachfolgende unvollständige Funkspruch wurde bei einem Sturm auf der Nordsee aufgezeichnet. Lies ihn dir genau durch.
a) In dem Funkspruch fehlen alle Verben. Begründe, warum die Nachricht deswegen so schwierig zu verstehen ist.
b) Schreibe den Funkspruch mit sinnvollen Verben auf.

> … uns! Wir …! Wir … unsere Position nicht genau …! Zuletzt … wir uns sieben Kilometer nordöstlich von Helgoland. Die Geräte … …! Wir … an einen Felsen … und jetzt … Wasser ein! Das Boot … bereits und die Besatzung … schon! … uns!

2 Die folgenden Verben stehen im Infinitiv (Grundform).

freuen, spielen, lernen, fahren, erfahren, treffen, sammeln, kochen, verwenden

a) Lies dazu den ersten Punkt im Merkkasten.
b) Schreibe die Sätze A – G ab.
Setze dabei die Verben von oben in der finiten Form ein.

A Lorenz *???* sich sehr auf die Sommerferien.
B Er *???* dann immer ins Pfadfinderlager.
C Dort *???* er auch seine besten Freunde.
D Sie *???* fast den ganzen Tag im Zeltlager an einem Waldrand.
E In diesem Jahr *???* die Teilnehmer auch viel über die verschiedenen Tiere des Waldes.
F Lorenz *???* im Pfadfinderlager außerdem, wie man *???*.
G Die Leiterin *???* mit den Kindern frische Zutaten im Wald, dann *???* die Gruppe die Kräuter und Pilze für ein leckeres Essen.

c) Unterstreiche die eingesetzten Verbformen.
Kennzeichne mit einem Pfeil, von welcher Person die Verbform abhängt:

A) Lorenz freut sich sehr auf die Sommerferien.

d) Erkläre mithilfe des zweiten Punktes im Merkkasten, wie und warum sich die Verben beim Einsetzen verändert haben.

4.2. Verben als Zentrum des Satzes erkennen – finite und infinite Formen des Verbs unterscheiden

3 Lies den folgenden Text.

Am Wochenende schnüre ich gerne meine Turnschuhe und mache lange Waldspaziergänge. Mein Papa begleitet mich dabei oft. Er genießt die Ruhe und die gute Luft sehr, sagt er. Mein Bruder spielt lieber mit seinen Freunden auf dem Sportplatz. Sie jagen dem Ball nach und versuchen, so viele Tore wie möglich zu schießen. Ich klettere lieber mit meinen Freunden im Wald auf Bäume und baue Verstecke aus Zweigen.

a) Übernimm die Tabelle und trage darin die Verben aus dem Text in ihren Personalformen ein.
b) Bestimme anschließend Person und Numerus und bilde den Infinitiv.

Infinitiv	Personalform	Person	Numerus
schnüren	ich schnüre	1. Person	Singular
…	ich mache	…	…

4 In dem folgenden Text stehen alle Verben im Infinitiv. Verändere sie nach den Vorgaben.

In den Pfingstferien **fliege** *fliegen* (1. Person Singular) ich mit meiner Familie in einem Jumbo ans Mittelmeer. Hoffentlich *sitzen* (1. Person Singular) ich wieder am Fenster, denn ich *lieben* (1. Person Singular) die Aussicht! Meine Eltern *meiden* (3. Person Plural) den Fensterplatz, denn sie *haben* (3. Person Plural) Höhenangst. Tante Marianne *fahren* (3. Person Singular) im Urlaub am liebsten ans Meer. Dort *surfen* (3. Person Singular) sie dann auf hohen Wellen, was richtig gut *aussehen* (3. Person Singular). Mein Onkel Paul *paddeln* (3. Person Singular) lieber über Flüsse und *wandern* (3. Person Singular) danach durch die Natur. Neulich hat er zu mir gesagt: „Wenn du *wollen* (2. Person Singular), *begleiten* (2. Person Singular) du mich das nächste Mal!"

ⓘ Die Verbformen

Verben drücken aus, **was jemand tut** *(lernen)* oder **was geschieht** *(regnen)*.
Ohne Verben bleibt der Inhalt eines Textes oft unklar.
1. Wenn du Verben im Wörterbuch nachschlagen willst,
   findest du sie immer im **Infinitiv** (Grundform): *lernen, regnen, rennen.*
2. In Sätzen werden Verben in der **Personalform** (in der finiten Verbform) verwendet.
   Die Verbform richtet sich danach, wer etwas tut: *renn**en** → Ich renn-**e** nach Hause* (1. Person Singular).
   Setzt du Verben vom Infinitiv in die Personalform, hängst du an den Wortstamm eine **Endung** an.
   Das nennt man **konjugieren (beugen)**.

Infinitiv		Singular	Plural
rennen	1. Person	ich renne	wir rennen
	2. Person	du rennst	ihr rennt
	3. Person	er/sie/es rennt	sie rennen

Sprache und Sprachgebrauch

Wortarten

Die Zeitformen (Tempora)

Präsens – Präteritum – Perfekt

Text A

Guten Abend, ich stehe hier vor der Ziegelfabrik in Niederramschhausen und berichte live von dem Unglück, das sich gerade ereignet. Seit nunmehr zwei Stunden brennt die große Fabrikhalle lichterloh und die Feuerwehren aus drei umliegenden Orten versuchen unermüdlich, den Brand unter Kontrolle zu bringen. Zur Brandursache macht die Einsatzleitung zum jetzigen Zeitpunkt noch keine Angabe. ...

Text B

Portal
WES-122961-052

Ziegelfabrik in Niederramschhausen brannte lichterloh

Niederramschhausen. Gestern ereignete sich in der örtlichen Ziegelfabrik ein Großbrand. Das gesamte Gebäude stand in Flammen. Mehrere Feuerwehren kämpften gegen das Feuer und versuchten ihr Bestes, brachten den Brand aber erst nach fünf Stunden unter Kontrolle. Nach Angaben der Polizei verursachte das Unglück einen Schaden in Millionenhöhe. ...

1 Vergleicht den Beitrag des Reporters mit dem Zeitungsbericht. Begründet, welcher der beiden Texte früher entstanden ist. Der Merkkasten hilft euch dabei.

2 Schreibe Text B ab oder nutze die Vorlage im Portal.
a) Unterstreiche in Text B alle Verben.
b) Sortiere sie dann danach, ob sie regelmäßig oder unregelmäßig sind.
Punkt 3 des Merkkastens hilft dir dabei.

4.2. Verben als Zentrum des Satzes erkennen – finite und infinite Formen des Verbs unterscheiden – die Tempora Präsens, Futur I, Präteritum, Perfekt, Plusquamperfekt adäquat anwenden

W 3 Betrachte das Bild auf Seite 194 genau.
Wähle dann zwischen Aufgabe a) oder b).
a) Setze den Bericht des Reporters mit weiteren Details zum Großbrand fort. Achte darauf, dass deine Verben im richtigen Tempus stehen.
b) Setze den Zeitungsbericht mit weiteren Details zum Großbrand fort. Achte darauf, dass deine Verben im richtigen Tempus stehen.

💡 Tipp
Die folgenden Stichpunkte können dir helfen:
- *Verletzte werden abtransportiert.*
- *Nur eine Lagerhalle bleibt erhalten.*
- *Insgesamt sind 100 Feuerwehrmänner im Einsatz.*
- *Spezialisten vermuten einen technischen Defekt als Brandursache.*

4 Am Tag nach dem Großbrand berichtet Adam seinem Freund Max von dem Ereignis.
a) Obwohl sich Adam ebenfalls auf die Vergangenheit bezieht, verwendet er in seiner Erzählung ein anderes Tempus als der Zeitungsbericht. Erkläre dies mithilfe des Merkkastens.
b) Sieh dir die fettgedruckten Wörter in der Sprechblase an. Beschreibe mithilfe des Merkkastens die Bildung der dort verwendeten Zeitform.
c) Vervollständige zusammen mit deinem Banknachbarn die Erzählung von Adam.

> *„Mensch Max, hast du das gestern Abend mitbekommen? Die alte Ziegelei hat lichterloh gebrannt! Ich **bin** sofort **hingerannt** und **habe** die Feuerwehr **beobachtet**. Die haben …"*

❗ Die Zeitformen (Tempora) Präsens, Perfekt und Präteritum

1. Das **Präsens** verwendet man vor allem dann, wenn man über ein Geschehen spricht oder schreibt, das sich gerade ereignet: *Die Feuerwehr kommt und löscht den Brand.*
   Das **Präteritum** verwendet man, wenn man **schriftlich** mitteilt, was in der Vergangenheit geschah: *Die Feuerwehr kam und löschte den Brand.*
   Das **Perfekt** verwendet man meist, wenn man **mündlich** von einem Geschehen in der Vergangenheit berichtet: *Die Feuerwehr ist gekommen und hat den Brand gelöscht.*
2. Die drei Zeitformen bildest du folgendermaßen:

Präsens	**Präteritum**	**Perfekt**
ich komme	*ich kam*	*ich bin gekommen*
ich lerne	*ich lernte*	*ich habe gelernt*
es brennt	*es brannte*	*es hat gebrannt*

3. Beachte, dass sich im Präteritum und im Perfekt bei vielen Verben der Wortstamm ändert. Man spricht dann von **unregelmäßigen** (starken) **Verben** (z. B.: w*e*rfen – ich w*a*rf – ich habe gew*o*rfen, d*e*nken – ich d*a*chte – ich habe ged*a*cht).
   Bei den **regelmäßigen** (schwachen) **Verben** wird zur Bildung der genannten Vergangenheitsformen die Silbe *-te* an den Präsensstamm angehängt (z. B.: *ich glaubte, du glaubtest*).
4. Das Perfekt bildest du mit den gebeugten (finiten) Formen der Hilfsverben **sein** (bei Verben, die eine Bewegung ausdrücken) und **haben** (bei Verben, die keine Bewegung ausdrücken): *ich bin gegangen, du hast gelernt.*

4.2. Verben als Zentrum des Satzes erkennen – finite und infinite Formen des Verbs unterscheiden – die Tempora Präsens, Futur I, Präteritum, Perfekt, Plusquamperfekt adäquat anwenden

Sprache und Sprachgebrauch

5 Ordne die folgenden Personalformen den drei Zeitformen in der Tabelle richtig zu:

du isst *ich bin geflohen*
ich habe gebracht *ich blieb*
ich habe gegessen *ich singe*
du bleibst *ich floh*
er fraß *ich bin gesprungen*
er ging *ich weiß*

Präsens	Präteritum	Perfekt
du isst	…	…
…	…	…

→ S. 61f.
Gedichtewerkstatt

6 Das nachfolgende Gedicht reimt sich noch nicht.
Dies kannst du ändern, wenn du die Verben in die richtige Zeitform setzt.
Dabei musst du die Verse etwas umstellen.
Schreibe im Präteritum:
Ein Kater hockte vor dem Haus …

Der Kater und die Maus

Ein Kater hat vor dem Haus gehockt
Und hat auf eine Maus gelauert.
Die hat in einem Mauseloch gesessen,
in das sie sich ganz schnell verkrochen hat –
und ist nicht mehr herausgekommen.
Die Maus ist in dem Gang entlanggelaufen
Und hat auch einen Notausgang gefunden.
Der Kater hat dort lange noch gesessen
Und hat vorm Mauseloch gewartet.

7 Auch die zweite Strophe reimt sich noch nicht.
Hier musst du ebenfalls eine andere Zeitform anwenden,
wenn sich das Gedicht reimen soll.

So geht das Gedicht weiter:

Das Mäuslein rennt davon.
Es kennt ein anderes Loch.
Das Mäuslein denkt dabei:
Das macht mir richtig Spaß!
– Und lacht den Kater aus.

4.2. Verben als Zentrum des Satzes erkennen – finite und infinite Formen des Verbs unterscheiden – die Tempora Präsens, Futur I, Präteritum, Perfekt, Plusquamperfekt adäquat anwenden

Das Plusquamperfekt

1 Martin hat seinen Geburtstag gefeiert und berichtet seinem Onkel Phillip in einem Brief davon. Lies dir den Text genau durch.

Lieber Onkel Phillip,
schon vor einem Monat *hatte* ich meine Freunde zum meinem Geburtstag *eingeladen*, auch Aram, Karl und Alex, mit denen ich im Sommer in ein Zeltlager fahren möchte. Deswegen *hatte* ich mir ja schon lange ein neues Zelt *gewünscht*. Das Alte *war* nämlich ständig *zusammengebrochen*. Es *hatte* davor ja schon dir und Papa *gehört*. Gestern *war* es dann endlich soweit. Mama und Papa *sangen* mir ein Geburtstagsständchen und ich durfte mein Geschenk auspacken. Und tatsächlich *schenkten* mir meine Eltern ein nagelneues Zelt. Gleich *baute* ich es im Garten auf. Es *war* zwar nur noch wenig Platz auf dem Rasen, weil wir zuvor schon alles für meine Party am Mittag *aufgebaut hatten*, aber es *passte*. Meine Freunde *staunten* nicht schlecht, als sie zur Party *kamen*. Noch vor wenigen Tagen *hatten* sie mich mit doofen Sprüchen *geärgert* und nun *wollten* sie alle so ein Zelt wie meines. Ich *freute* mich riesig.

2 Finde heraus, was bereits vor Martins Geburtstag und was an seinem Geburtstag geschah.
a) Übernimm die nachfolgende Tabelle in dein Heft und ordne alle *kursiv* gedruckten Verbformen aus dem Brief richtig zu.

Ereignisse <u>vor</u> Martins Geburtstag	Ereignisse <u>an</u> Martins Geburtstag
hatte ... eingeladen	war
...	...

b) Die Verben in der linken Spalte stehen im Plusquamperfekt. Beschreibe mithilfe des Merkkastens auf Seite 198, wie diese Zeitform gebildet wird.
c) Erkläre, warum Martin diese Zeitform in seinem Brief verwendet. Der Merkkasten hilft dir bei der Erklärung.
d) Die Zeitform in der zweiten Spalte kennst du schon. Benenne sie.

3 Wähle im Folgenden zwischen a) oder b) aus.
a) Schreibe die Sätze so um, dass der eine Teil im Plusquamperfekt und der andere im Präteritum steht.
Tobias und seine Freunde gehen ins Kino. Zuvor besuchen sie noch den kranken Johannes. Daniel füttert die Fische im Gartenteich. Erst holt er Fischfutter aus dem Schuppen. Hannah trifft sich mit Tina zum gemeinsamen Filmeabend. Davor kaufen die beiden Mädchen im Supermarkt Popcorn.
b) Schreibe zwei eigene Sätze, in denen sowohl das Plusquamperfekt als auch das Präteritum zum Einsatz kommen..

Sprache und Sprachgebrauch

→ S. 254ff.
Satzgefüge

4 Lies dir den folgenden Tagesablauf genau durch.
Manche Geschehnisse können nicht gleichzeitig passiert sein.
Formuliere die Sätze mithilfe des Merkkastens so um,
dass sie zeitlich logisch geordnet sind.

a) Als er sich duschte, föhnte er sich.
b) Als er sich sein Frühstücksbrot schmierte, bereitete er sich sein Müsli zu.
c) Als er mit seinem Freund spielte, lernte er für den nächsten Schultag.
d) Als er die Schultasche packte, ging er zum Fußballtraining.
e) Als Martin Fußball spielte, schaute er sich mit seiner Familie Fotos an.
f) Als Martin das Abendessen zu sich nahm, ging er ins Bett.

5 Verknüpfe die Sätze des folgenden Textes an geeigneten Stellen sinnvoll miteinander.
Verwende dazu passende Konjunktionen, um die zeitliche Abfolge
deutlich zu machen. Achte auch auf die richtige Zeitform der Verben.
Beginne so: *Nachdem Sebastian einen Hammer und Nägel in den Rucksack
gepackt hatte, suchte er …*

Sebastians Baumhaus

Sebastian packte einen Hammer und Nägel in seinen Rucksack. Er suchte einen geeigneten Platz im Wald für sein Baumhaus. Er sammelte stabile Zweige und Äste. Er baute ein Grundgerüst und eine Leiter. Er befestigte alles mit den Nägeln an einem der Bäume. Er sammelte Laub und Moos. Er bedeckte das Dach mit den gesammelten Blättern. Aus Reisig machte er sich einen bequemen Sitz. Er trank nach getaner Arbeit einen kräftigen Schluck von seiner Limonade.

ⓘ Zeitliche Abfolgen in der Vergangenheit ausdrücken

Wenn du über Ereignisse in der Vergangenheit schreibst, verwendest du das Präteritum. Wenn du aber von etwas berichtest, das noch vor diesen Ereignissen passierte, musst du das **Plusquamperfekt** verwenden.
Darum wird diese Zeitform auch **Vorvergangenheit** genannt:

Plusquamperfekt	Präteritum	Gegenwart
Wir hatten alle Bauteile zusammengesucht,	bevor wir das Zelt aufbauten.	

Die zeitliche Abfolge der Geschehnisse kannst du oft auch durch Konjunktionen wie **nachdem, ehe, bevor** oder **als** ausdrücken und erkennen.
Das Plusquamperfekt bildest du mit den Präteritumsformen der Hilfsverben **haben** *(hatte)* und **sein** *(war)* und dem Partizip Perfekt der Verben *(genommen, hochgesprungen)*:
Nachdem ich die Medizin **genommen hatte**, ging es mir besser.
Ich **war hochgesprungen** und sah dann über die Mauer.

4.2. Verben als Zentrum des Satzes erkennen – finite und infinite Formen des Verbs unterscheiden – die Tempora Präsens, Futur I, Präteritum, Perfekt, Plusquamperfekt adäquat anwenden

Zukünftiges ausdrücken

1 Lies dir die Einschätzung von Meikes Arzt genau durch.

> So, liebe Meike. Gott sei Dank kann ich Entwarnung geben. Du hast dir nur eine leichte Magenverstimmung zugezogen. <u>Später nimmst du noch zehn Tropfen von dieser Medizin.</u> Danach werden die Schmerzen schnell nachlassen. Versprich mir, dass du auf Süßigkeiten <u>verzichten wirst</u>. Dein Magen wird sich schnell erholen, wenn du meine Ratschläge annimmst.

a) Benenne, an welchen Stellen der Arzt über Ereignisse in der Zukunft berichtet.
b) Sieh dir die beiden unterstrichenen Textstellen an.
Erkläre mithilfe des Merkkastens, warum hier einmal das Präsens und an der zweiten Stelle das Futur verwendet wird, um etwas Zukünftiges auszudrücken.

2 Nach ihrem Besuch beim Arzt und voller Vorfreude auf die kommende Klassenfahrt schreibt Meike ihrer Oma einen Brief.
a) Schreibe den Brief ab und setze die Verben in der richtigen Zeitform ein.
Gebrauche das Präsens, wenn ein Signalwort vorhanden ist.
Verwende ansonsten das Futur.
<u>Beachte</u>: Wenn du das Futur einsetzen musst, musst du manchmal noch den Satz umstellen.
Vergleiche anschließend deine Lösung mit deinem Sitznachbarn.
b) Schreibe den Brief an Meikes Oma weiter. Berichte davon, was sie mit ihren Freunden in den nächsten Ferien unternehmen wird.

Liebe Oma,
du musst dir keine Sorgen mehr machen: Der Arzt hat gesagt, ich (haben) keine Bauchschmerzen mehr. Er hat mir Medizin verschrieben, die mir (helfen). Ich (nehmen) nächste Woche also doch am Schullandheim teil! Unsere Lehrer (vorbereiten) schöne Aktivitäten, die ich nicht verpassen will. Zum Beispiel (machen) wir eine Nachtwanderung mit Fackeln. Papa hat mir schon eine besorgt. Habe ich dir eigentlich schon erzählt, was ich in den nächsten Ferien mit meinen Freunden (unternehmen)? …

ⓘ Zukünftiges ausdrücken

Zukünftiges kannst du auf zwei Arten ausdrücken:
1. Mit der Zeitform **Futur**, die du mit dem Hilfsverb **werden** und dem **Infinitiv des Verbs** bildest: *Ich **werde** morgen ins Schwimmbad **gehen**.*
2. Mit der Zeitform Präsens, wenn durch **Signalwörter *(später, nächste Woche, bald …)*** oder aus dem Textzusammenhang deutlich wird, dass etwas in der Zukunft geschieht: ***Bald** treffe ich meine Freunde im Schwimmbad.*

4.2. Verben als Zentrum des Satzes erkennen – finite und infinite Formen des Verbs unterscheiden – die Tempora Präsens, Futur I, Präteritum, Perfekt, Plusquamperfekt adäquat anwenden

Die Zeitformen selbstständig anwenden

1 Schreibe je drei Sätze in dein Heft, die Vergangenes, Gegenwärtiges oder Zukünftiges ausdrücken. Nutze dazu die Signalwörter im *Wortspeicher*. Schreibe die jeweilige Zeitform in Klammern hinter die Sätze.

bald, gestern, soeben, neulich, nun, vorhin, demnächst, gerade, im Jahr 2014, morgen, letzten Montag, in vier Wochen, nachher, im Augenblick

))) **Portal**
WES-122961-053

2 Lasst euch den folgenden Text vorlesen oder hört euch die Audiodatei an.
a) Begründet, was an dem Gespräch ungewöhnlich erscheint.
b) Lest euch den Text anschließend gegenseitig vor.
  Verwendet dabei in den wörtlichen Reden aber die Zeitform, die beim mündlichen Erzählen benutzt wird.

Im Tierpark

Felix besuchte heute mit seiner Klasse den Tierpark. Am Abend fragte ihn seine Mutter: „Was saht ihr denn so alles?" Felix fing an zu erzählen: „Wir beobachteten Wildschweine, die fast im Dreck versanken." Die Mutter schüttelte den Kopf und dann fragte sie: „Und was erlebtet ihr sonst noch?" Felix erzählte: „Wir sahen noch eine Gruppe Esel, die lief mit den Hirschen um die Wette." Die Mutter fragte noch: „Und was gefiel dir am besten?" Felix sagte: „Am besten gefielen mir die Islandponys."

3 Schreibe den folgenden Text ab und setze die passenden Verben aus dem *Wortspeicher* in der richtigen Zeitform ein.

sein, haben, schicken, schleichen, kommen, schütten, verstecken, hoffen, holen, entleeren, haben, andeuten, treffen, nehmen, klopfen, fahren

Sturmfreie Bude

Michaels Eltern waren für einen Tag verreist. Deshalb sagte er zu mir und Andreas: „??? doch zu mir!" Wir ??? uns um vier Uhr. Andreas ??? eine seiner grandiosen Ideen. Wir ??? Michael in den Keller. Er sollte uns eine Cola ???. In der Zwischenzeit ??? wir ins Badezimmer. Dann ??? Andreas die Flasche mit Badecreme. Von allen Tuben, die wir fanden, ??? wir etwas hinein. Da ??? Michael an die Tür. Seine Eltern ??? zuvor in die Garage ???. Schnell ??? wir unseren „Zaubertrank" unter dem Pullover. Ich ??? nur, dass Andreas sie nicht wieder im Springbrunnen auf dem Marktplatz ???. Er ??? so etwas nämlich schon ???.

4.2. Verben als Zentrum des Satzes erkennen – finite und infinite Formen des Verbs unterscheiden – die Tempora Präsens, Futur I, Präteritum, Perfekt, Plusquamperfekt adäquat anwenden

4 Lies dir den nachfolgenden Textausschnitt aus
„Die drei ??? – Todesflug" genau durch.

Auszug aus „Die drei ??? – Todesflug"

„Soll ich ihm einen Knebel verpassen?", fragte Butch eifrig. Gregstone winkte ab. „Beim nächsten Mal hau ihm einfach eine rein. Du weißt, sodass er keine Probleme mehr macht ..." „Aber gerne", grinste Butch. Zum Warmwerden rieb er sich schon mal die Hände. „Wie lange bin ich unterwegs?", fuhr Bob dazwischen. Er musste Gregstone wieder auf Kurs bringen und vor allem musste er überlegen, was Justus mit seiner Anspielung auf den Flug zum Bergsee gemeint hatte. Es war eins der vergangenen Abenteuer der drei ??? gewesen, bei dem sie in ein Flugzeug gestiegen waren, das später abgestürzt war. Nur mit viel Glück waren sie an einer Katastrophe vorbeigeschrammt. „Ich meine, wie lange dauert es bis in die Schwerelosigkeit?", fragte er Gregstone. „Keine zehn Minuten. Dann bist du in der Umlaufbahn. Und dann dauert es noch eine Zeit lang, bis du zu meinem Satelliten kommst. Und, äh ..."
„Ja, Mr. Gregstone?" „Den Start wirst du schon überstehen. Die Atmung wird natürlich schwer, aber nur ein paar Minuten lang. Denk an den genialen Gregstone und an sein großes Ziel." „Wenn ich das nur wüsste. Wird mir schwindelig werden?" „Möglicherweise." Gregstone machte eine wegwerfende Handbewegung. „Aber stell das schnell ab. Ich habe schließlich keine Zeit zu verlieren." „Mr. Gregstone, wenn Sie weiter in diesem Ton mit mir reden, können Sie mit meiner Mitarbeit nicht rechnen." „Pass auf, Freundchen! Dein Leben steht kurz vor dem Error!" „Ich bin nicht Ihr Freundchen!" Noch während er das sagte, kam ihm eine Ahnung. Darauf hatte Justus also angespielt: Der Flug damals zum Bergsee endete im Unglück. Und jetzt, so hatte Justus gesagt, sollte es ein schlimmeres Ende als diesen Flugzeugabsturz geben.

5 Schreibe alle Verben aus dem Text heraus und gib in Klammern jeweils an, in welcher Zeitform sie verwendet wurden.
Schreibe so: *soll ich verpassen (Präsens)* ...

6 Verwende zehn Verben aus Aufgabe 5, um eine eigene Geschichte zu schreiben.
Gebrauche sie aber in einer anderen Zeitform.

4.2. Verben als Zentrum des Satzes erkennen – finite und infinite Formen des Verbs unterscheiden – die Tempora Präsens, Futur I, Präteritum, Perfekt, Plusquamperfekt adäquat anwenden

Wortarten

Überprüfe dein Wissen und Können

1 Schreibe die folgenden Sätze ab, und bestimme, in welchen Zeitformen die Verben stehen.
  a) Michael liebt Abenteuer.
  b) Der Junge war einfach auf den Baum geklettert, obwohl ihn sein Freund gewarnt hatte.
  c) Wenige Augenblicke später rutschte er aus und erschrak sehr.
  d) „Du bist unvorsichtig gewesen!", sagte sein Kumpel anschließend.
  e) „Das wird mir eine Lehre sein!", sagte Michael.

2 Ändere die folgenden Sätze so um, dass sie in der dahinter angegebenen Zeitform stehen und schreibe sie anschließend ab.
  a) Die Eltern *haben* ihn *gefragt*: — **Präteritum**
  b) „Michi, wieso *warst* du so blass?" — **Perfekt**
  c) „Ich *klettere* auf einen rutschigen Ast und *bin* dann *ausgerutscht*." — **Plusquamperfekt**
  d) Michi *tat* das nie wieder. — **Futur I**
  e) Er *ging* nun lieber zum Spielplatz. — **Präsens**

3 Bilde mit den folgenden Verben je einen Satz und schreibe ihn auf. Beachte dabei die in Klammern vorgegebene Zeit- und Personalform.
  a) singen   (3. Person Plural Präsens)
  b) werfen   (2. Person Singular Präteritum)
  c) geben   (1. Person Plural Perfekt)
  d) tauchen   (3. Person Singular Plusquamperfekt)
  e) nehmen   (1. Person Singular Futur I)
  f) schreien   (2. Person Plural Präteritum)
  g) sprechen   (1. Person Singular Plusquamperfekt)
  h) meinen   (2. Person Plural Perfekt)
  i) freuen   (3. Person Singular Futur I)

4 Schreibe den nachfolgenden Text ab und setze die in Klammern angegebenen Verben in die richtige Zeitform.
Nachdem Tobi und seine Freunde auf dem Zeltplatz (ankommen), (hören) sie zum ersten Mal von den Kobolden. Sie (machen) sich allerdings keine großen Sorgen, weil sie nicht an solche Gruselgeschichten (glauben). Nachdem sie um Mitternacht ihr Zelt (betreten), (hören) sie komische Geräusche, die vom Lagerfeuerplatz (kommen). „Glaubt ihr, dass uns diese seltsamen Wesen tatsächlich etwas (anhaben wollen)?", (fragen) Tobi. „Ich (befürchten) es", (antworten) Lukas. „Ich hier keine Minute (schlafen)!", (jammern) er.

4.2. Verben als Zentrum des Satzes erkennen – finite und infinite Formen des Verbs unterscheiden – die Tempora Präsens, Futur I, Präteritum, Perfekt, Plusquamperfekt adäquat anwenden

Wortarten

Adjektive erkennen und einsetzen

Wozu Adjektive gut sind

1 Lasst euch den folgenden Text vorlesen oder hört euch die Audiodatei an.

))) **Portal**
WES-122961-055

Wer ist gemeint?

Gesucht wird ein *???* Junge. Er hat ein *???* Gesicht und *???* Haare. Er kann sie so oft kämmen, wie er will, immer sehen sie *???* aus. Jedem fallen sofort seine *???* Augen auf. Für sein Alter ist er recht *???* und sehr, sehr *???*. Dafür kann er aber ganz *???* rennen. Er trägt eine Brille mit *??? ???* Gläsern. Dadurch sieht er irgendwie *???* aus. Was ihn besonders macht: Er kann *???* zaubern.

a) Begründet, warum der Junge nur schwer gefunden werden kann.
b) Schreibt den Text ab und ergänzt dabei die fehlenden Adjektive an den richtigen Stellen. Verwendet jedes Adjektiv nur einmal.

*schwarze   dünn   elfjähriger   großen   grünen
intelligent   interessant   klein   runden
schmale   schnell   toll   zerzaust*

2 Beschreibe mithilfe des Merkkastens eine Comic-Figur, die jeder kennt. Deine Mitschüler sollen anschließend erraten, wen du beschrieben hast.

3 Mit Adjektiven kann man nicht nur Personen genauer beschreiben, sondern auch Tätigkeiten.
a) Übernimm die drei Verben *klingen*, *schmecken* und *werfen* und ergänze je drei passende Adjektive. Gehe so vor, wie es im Beispiel zu sehen ist.
b) Wähle nun je eine Kombination aus Verb und Adjektiv aus und bilde damit einen sinnvollen Satz.

laufen ← langsam
laufen ← weit
laufen ← schnell

> ⚠ **Adjektive**
>
> Mit Adjektiven kannst du **Eigenschaften** von Lebewesen und Dingen **genauer bezeichnen** *(dunkle Haare, große Augen, dicke Jacken)* sowie **Tätigkeiten** und **Vorgänge** *(hoch springen, kräftig schneien)* **näher beschreiben**.
> Außer am Satzanfang werden Adjektive immer kleingeschrieben.

4 Hier passen die Adjektive und Nomen inhaltlich noch nicht gut zusammen. Prüfe, an welchen Stellen die Adjektive besser passen.

bunt gut blau frisch gelb groß lecker lustig riesig toll wunderschön

Geburtstagsfeier

Gestern habe ich meinen elften Geburtstag gefeiert. Es war eine *gelbe* Party. Ich habe *frische* Geschenke bekommen. Von meiner *bunten* Freundin habe ich einen *leckeren* Strohhut mit *guten* Streifen bekommen. Sie weiß ja, dass ich *tolle* Strohhüte mag. Meine Mutter hatte ein *blaues* Büfett mit *lustigem* Kuchen aufgebaut. Der *riesige* Streuselkuchen war in null Komma nichts weg. Nach dem Essen haben wir ein paar Spiele gemacht. Verena kam auf die Idee, ein Spiel mit Adjektiven zu spielen. Zuerst stöhnten alle: So etwas auf einer *großen* Geburtstagsfete! Aber dann hatten doch alle *wunderschönen* Spaß daran.

Adjektive erkennen und in Texten verwenden

*Ich gehe **mehrmals** ins Kino.*

*Manche Filme sind richtig **gruselig**.*

***Manchmal** kauft mir Papa Popcorn.*

1 Tauscht euch darüber aus, welches der fett gedruckten Wörter ein Adjektiv sein könnte.

💡 **Tipp**

Wenn es dir noch schwerfällt, Adjektive zu erkennen, kannst du dir mit folgender **Adjektiv-Probe** helfen:
Setze das zu prüfende Wort in den unten folgenden Beispielsatz zwischen Artikel und Nomen **im Plural** ein.
Ändert sich die Endung des Wortes, ohne dass ein Unsinnswort entsteht, wenn du es einsetzt, ist es ein Adjektiv.
Testsatz: Die ??? Plingplongs liegen auf dem Tisch herum.

2 Kontrolliere mithilfe des Merkkastens und der Adjektiv-Probe, ob die drei Wörter aus den Sprechblasen oben Adjektive sind.

3 Überprüfe mithilfe der Adjektiv-Probe, welche der folgenden Wörter Adjektive sind und begründe deine Entscheidungen.

rot   offen   komisch   immer
gesund   dort   genug   schön
leer   verrückt   zart   viele
ohne   rosa   nett   dein
krumm   eckig   vielleicht   dick
verschieden sofort   rund   langsam

4 Ermittle mit Hilfe der Adjektiv-Probe, welche der kursiv gedruckten Wörter Adjektive sind.

a) Anja geht *gern* schwimmen.
b) Der Badeanzug ist *blau*.
c) Max trainiert jeden Tag *fleißig*.
d) Laura wird oft *krank*.
e) Sofias Handschrift gefällt mir *gut*.
f) Wir werden *bald* kommen.
g) Peter geht *langsam* in den Garten.
h) Ich habe Tom *gestern* getroffen.

→ S. 218f.
Wortbildung

5 Bilde aus den vorgegebenen Nomen Adjektive, indem du eine passende Adjektivendung aus dem Merkkasten anhängst. Manchmal musst du dabei die Form des Nomens ein klein wenig ändern:
Beispiel: *Mann → männlich*
Formuliere anschließend Sätze mit fünf der entstandenen Adjektive.

Riese, Mann, Wunder, Kind, Fehler, Traum, Pracht, Mühe, Wind, Sturm, Sache, Herz, Gewissen, Schweigen

✶ 6 Überlege dir mindestens fünf weitere Nomen. Bilde die passende Adjektivform dazu und schreibe sie auf.

ⓘ Adjektivendungen

Häufig erkennst du Adjektive bereits an ihren Suffixen.
Folgende Endungen sind typisch für Adjektive:
-bar *(spielbar),* **-haft** *(dauerhaft),* **-ig** *(witzig),* **-isch** *(regnerisch),* **-lich** *(sportlich),*
-sam *(einsam).*
Achtung: In der Regel werden Adjektive an Nomen angepasst:
*die witz**igen** Bücher, der regner**ische** Tag …*

Sprache und Sprachgebrauch

Mit Adjektiven vergleichen und unterscheiden

1 Vergleicht die Größe und das Gewicht der drei Tiere miteinander.
Die Formulierungen im *Wortspeicher* helfen euch dabei.

Der Elefant ist größer als …   *Das Nashorn ist leichter als …*

→ eineinhalb Meter groß   → sechs Meter groß   → vier Meter groß
→ zwei Tonnen schwer   → eine Tonne schwer   → vier Tonnen schwer

2 Übertrage die Tabelle in dein Heft.
Ergänze mithilfe des Merkkastens
auf Seite 207 die Steigerungsformen
der Adjektive aus Aufgabe 1.

Positiv	Komparativ	Superlativ
schwer	…	…
…	größer	…
…	…	am leichtesten

3 Vergleiche die folgenden Tiere miteinander.
Schreibe deine Vergleiche so auf:
Die Klapperschlange ist lang, *die Python ist* ???, *aber* ??? *ist die Königskobra.*

- **lang:** Die Python wird etwa dreieinhalb Meter lang,
  die Königskobra bis zu fünf Meter und
  eine Klapperschlange erreicht eine Länge von einem Meter.
- **schnell:** Der Wanderfalke kann beim Jagen 322 km/h erreichen,
  der Fächerfisch beim Schwimmen 109 km/h und
  die Kakerlake beim Laufen 5 km/h.
- **laut:** Der Pottwal gibt Geräusche mit einer Lautstärke von 230 Dezibel ab,
  der Pistolenkrebs kann 250 Dezibel erreichen und
  der Wolf jault mit 115 Dezibel.

Dezibel
Einheit zum Messen der Lautstärke

4 Bestimmte Adjektive lassen sich nicht sinnvoll steigern.
Erkläre das anhand der folgenden Adjektive: *stumm*, *blind*, *tot*.

✱ 5 Finde weitere Adjektive, deren Steigerung nicht sinnvoll ist.

6 Auch das Adjektive *gut*, das wir sehr häufig benutzen, weist eine Besonderheit auf.
Zeige diese, indem du *gut* in den Komparativ und Superlativ setzt.

*4.2. Adjektive und deren Steigerungsformen gezielt zum anschaulichen und
vergleichenden Beschreiben verwenden*

7 Lies den folgenden Text.
Setze dabei die Vergleiche aus dem *Wortspeicher* ein.
Zwei davon kommen doppelt vor.

am kleinsten
kleiner als   größer als
so groß wie

Ein tierisches Durcheinander

Ganz vorn steht aufgerichtet eine Forelle,
die ist aber *???* die Gazelle.
Dazwischen flattert der Papagei,
der ist *???* der Hirsch mit Geweih.
Mittendrin steht mit langem Hals die Giraffe,
sie ist fünfmal *???* der Gorilla, der Affe.
Auf den Kopf des Affen fliegt der Spatz,
jetzt ist er mal *???* die Katz.
Fast *???* der Spatz ist aber die Maus.
Doch *???* von allen ist Jolanthe, die Laus.

8 Setze beim Abschreiben des Textes unten die Vergleichswörter *als* und *wie* richtig ein. Der Merkkasten hilft dir dabei.

Als oder wie?

Marie hatte in der Mathearbeit eine bessere Note *???* Peter. Allerdings hatte er genauso viel gelernt *???* Marie. Er war enttäuscht: „Ich bin eben langsamer *???* du." „Nein, Peter, du bist bestimmt genauso gut *???* ich", entgegnete Marie. „Vielleicht musst du bei Arbeiten einfach nur ruhiger bleiben *???* bisher."

ⓘ Adjektive steigern, um mit ihnen zu vergleichen und zu unterscheiden

Mit Adjektiven kann man **Lebewesen, Dinge, Sachverhalte** und **Tätigkeiten** miteinander **vergleichen** und **unterscheiden**.
Schon der Große Arber ist mit 1455,5 m hoch. Die Hochfrottspitze ist mit 2649 m noch höher. Am höchsten ist aber die Zugspitze mit 2962 m.
Vergleichen kann man vor allem mit **Steigerungsstufen**:
- **Positiv** (Grundstufe): *hoch*
- **Komparativ** (Steigerungsstufe): *höher*
- **Superlativ** (Höchststufe): *am höchsten*

Wenn Adjektive im **Komparativ** stehen, folgt das Vergleichswort **als**:
Anna ist größer als Kathrin.
Wenn Adjektive im **Positiv** stehen, folgt das Vergleichswort **wie**:
Anna ist genauso groß wie Kathrin.

4.2. Adjektive und deren Steigerungsformen gezielt zum anschaulichen und vergleichenden Beschreiben verwenden

Wortarten

Adverbien

Die beiden unterstrichenen Wörter in den drei Satzpaaren bedeuten je etwas Ähnliches. Allerdings gehören sie zwei unterschiedlichen Wortarten an, den Adjektiven bzw. den Adverbien.

Mein Vater fährt <u>häufig</u> nach Berlin.
Mein Vater fährt <u>mehrmals</u> nach Berlin.

Mein Fahrrad steht <u>dort</u> bei deinem.
Mein Fahrrad steht <u>nahe</u> bei deinem.

Noah besucht Paula nur <u>selten</u>.
Noah besucht Paula nur <u>manchmal</u>.

→ **S. 204**
Adjektiv-Probe

1 Im Kapitel zu den Adjektiven hast du bereits die Adjektiv-Probe kennengelernt. Informiere dich noch einmal über diese Probe und wende sie bei den Wortpaaren oben an.

2 Entscheide mithilfe der Adjektiv-Probe, ob es sich bei den folgenden Wörtern um Adjektive oder Adverbien handelt. Ordne die Adverbien dann mithilfe des Merkkastens nach Lokal- und Temporaladverbien.
*rot – selten – immer – schmal – hoch – hier –
tief – kaputt – heute – stets – gut*

Adverbien des Ortes (Lokaladverbien):	Adverbien der Zeit (Temporaladverbien):
…	…

⚠ Adverbien

Adverbien können in Sätzen nicht verändert werden.
Man kann also nicht sagen: *ein manchmaler Vogel, ein nebenes Fahrrad.*
Es gibt unterschiedliche Arten von Adverbien:
- Adverbien des **Ortes** (Lokaladverbien): mit ihnen können die Fragen **wo?, wohin?, woher?** beantwortet werden (z. B. *hier, dort, links, unten, überall*)
- Adverbien der **Zeit** (Temporaladverbien): sie geben Informationen darüber, **wann, seit wann, wie lange** etwas dauert (z. B. *immer, gestern, manchmal, dann, freitags*).

4.2. Adverbien erkennen und gebrauchen

3 Schreibe den folgenden Text ab.
   a) Setze dabei die Adverbien an der passenden Stelle in den Text ein.
   b) Sortiere die Adverbien in die Übersicht aus Aufgabe 2 ein.

gleich – dort – nachts – danach – dann – davor – dorthin – dreimal – sofort

Aufregung um Folko

Folko, unser Hund, bekam **1** plötzlich Krämpfe. Wir waren sehr besorgt und fragten uns **2**, ob jemand unseren Hund vergiftet hatte. Am nächsten Morgen beschlossen wir **3**, mit ihm zum Tierarzt zu fahren. Weil wir Folko alle sehr gern haben, wollten ihn auch alle **4** begleiten. Wir deckten den Hund mit einer Decke zu und **5** trugen mein Vater und ich Folko in einem Korb zum Auto. Dass mein Vater aufgeregt war, merkte ich **6**, als er den Autoschlüssel kaum ins Zündschloss bekam. Die Fahrt dauerte eine gefühlte Ewigkeit. Zu allem Überfluss schalteten die Ampeln auch **7** auf Rot, als wir **8** standen. Trotzdem waren wir nach einer Viertelstunde schon **9**.

✳ 4 Schreibe aus dem folgenden Text alle elf Adverbien heraus und ordne sie ebenfalls in die Übersicht aus Aufgabe 2 ein.

Als wir ankamen, stellten wir fest, dass sich die Praxisräume oben im dritten Stock befanden. Also mussten wir Folko mitsamt seinem Hundekorb bis hinauf über unzählige Treppen schleppen. Ich begann schon im ersten Stock zu schwitzen und je weiter wir vorwärts kamen, umso schwerer wurde Folko. Schließlich waren wir da. Aber was war das? Ein Zettel klebte draußen an der Tür. „Das gibt es nicht!", rief ich, nachdem ich ihn gelesen hatte. Darauf stand: Wegen Krankheit muss heute die Praxis geschlossen bleiben. Wir bitten um Ihr Verständnis. Morgen wird die Praxis wieder geöffnet sein.

5 Schreibe je drei Sätze mit einem Lokal- und einem Temporaladverb. Lass deine Sätze von deinem Sitznachbarn Korrektur lesen.

4.2. Adverbien erkennen und gebrauchen

Wortarten

Numeralien erkennen und richtig verwenden

1 Lies dir durch, was die Kinder während ihres Quartett-Spiels zueinander sagen.

> „Du hast null Chancen! Das Fahrzeug auf meiner ersten Karte fährt 240 km/h schnell und wiegt eine Tonne. Es gibt von dem Fahrzeug nur sehr wenige, nämlich zehn Stück weltweit."

> „Pah! Da lache ich doch! Mein Fahrzeug fährt fast 300 km/h schnell. Dabei wiegt mein Auto nur 500 Kilogramm. Allerdings wurden von meinem Fahrzeug 40 Stück gebaut. Das Auto hat außerdem 350 PS."

2 In dem Gespräch oben sind insgesamt zehn Mengenangaben enthalten. Man nennt diese Numeralien.
Schreibe sie mithilfe des Merkkastens sortiert auf.

3 Suche zu jeder Kategorie im Merkkasten drei Beispiele und formuliere einen Satz dazu.

4 Schreibe den folgenden Text ab und entscheide bei den Lücken, ob du für die Zahl in Klammern eine Kardinal- oder eine Ordnungszahl einsetzen musst.

Am Samstag steigt das (3) große Autorennen in Regensburg. Der Veranstalter hat (12) verschiedene Teams dazu eingeladen. Jede Mannschaft bringt (2) Autos an den Start. Jedes davon hat (1) große Chance auf den Sieg. Bei der Siegerehrung bekommen die (3) Bestplatzierten je (1) Pokal. Der (1) bekommt obendrein ein Preisgeld. Die (5) besten Teams qualifizieren sich auch für das (4) Rennen im nächsten Jahr.

ⓘ Numeralien

Mit Numeralien kann man Mengen angeben.
Man unterscheidet bei den Zahlwörtern zum Beispiel folgende Kategorien:
- **Kardinalzahlen:** eins, zwei, drei, …, 100 …
- **Ordnungszahlen:** die zweite Woche, die vierte Spielminute …
- **Unbestimmte Zahl- oder Mengenangaben:** wenige, ein paar …

Wortarten

Überprüfe dein Wissen und Können

1 Lies dir den nachfolgenden Text genau durch.
  a) Finde mit der Adjektiv-Probe alle Adjektive aus dem Text heraus.
  b) Schreibe die Adjektive auf und ergänze die jeweils fehlenden Steigerungsstufen.
     pünktlich – pünktlicher – am pünktlichsten
  c) Schreibe aus dem Text auch alle Adverbien geordnet nach Temporal- und Lokaladverbien heraus.

Elias kommt morgens immer pünktlich zur Schule, doch sein Fahrrad ist am vorigen Tag kaputtgegangen, sodass er nicht wie geplant mit seinem Gefährt dorthin fahren kann. Gerade an der Schule angekommen, hört er drinnen schon den lauten Gong zur ersten Stunde. Sofort läuft er los, links um das hohe Gebäude und durch den großen Haupteingang hinein, die steilen Treppen hinauf in den ersten Stock. Jetzt steht er atemlos draußen vor der offenen Klassenzimmertür und versucht langsam wieder zu Atem zu kommen. Anschließend betritt er das Klassenzimmer und entschuldigt sich für das Zuspätkommen. Das sollte ihm nicht mehr passieren.

2 Lege eine Tabelle an und sortiere darin alle Kardinal- und Ordnungszahlen ein, die im folgenden Text vorkommen. Mache auch eine Spalte für unbestimmte Zahlangaben.

Tierexperten gesucht

Das Tier, das ich meine, gehört zu den unzähligen Landwirbeltieren. Kaum vorstellbar ist, dass das Tier viele Merkmale von Vögeln aufweist. Es gibt insgesamt 25 verschiedene Arten. Die meisten davon leben an Flüssen oder Seen in Äquatornähe ungefähr zwischen dem dreiundzwanzigsten nördlichen und südlichen Breitengrad. Die größten Exemplare des Lauerjägers werden sieben Meter lang. Man weiß aber durch Fossilienfunde, dass die Urahnen des gesuchten Raubtiers bis zu zwölf Meter lang wurden. Über 100 scharfe Reißzähne findet man in der Schnauze des Reptils. Fällt einer der Zähne aus, so wächst er nach, erstaunlicherweise bis zu 50 Mal. Pro Jahr nimmt das Tier nur etwa 40 Malzeiten zu sich, wobei man sagen muss, dass die Beutetiere oft bis zu einer Tonne wiegen können. Bemerkenswert ist auch die Haut des Tiers. Aus 24 Schichten besteht der außergewöhnliche Panzer, dessen oberste Schicht aus vielen Knochenplatten besteht. Das Tier, das Ähnlichkeiten zu Dinosauriern zeigt, schleicht sich ganz langsam an seine Beute an und verbirgt sich so gut im Wasser, dass man meist nur die zwei Augen sieht. Welches Tier könnte gemeint sein?

4.2. Adjektive und deren Steigerungsformen gezielt verwenden – Adverbien und Numerale erkennen und gebrauchen

Sprache und Sprachgebrauch

NEUES ENTDECKEN – EINSICHTEN GEWINNEN

Wortschatzarbeit

1 Betrachtet die Bilder und findet heraus, welche zusammengesetzten Nomen sich aus den Abbildungen ergeben.

2 Findet gemeinsam mit eurem Sitznachbarn weitere solche Zusammensetzungen.

pantomimisch

Darstellungsform, die ganz ohne Worte auskommt

3 Stellt eure gefundenen Wörter aus Aufgabe 2 euren Mitschülern pantomimisch dar. Achtet dabei darauf, dass jeder von euch jeweils einen Teil des zusammengesetzten Wortes pantomimisch erklärt.

In diesem Kapitel lernst du (,) …

- neue Wörter zu bilden, indem du Nomen zusammensetzt und Präfixe oder Suffixe an den Wortstamm anfügst.
- die Funktion von Grundwort und Bestimmungswort zu beschreiben.
- wie eine Wortfamilie aufgebaut ist und wie du sie bildest.
- Wortfelder zu Verben und Adjektiven zu bilden.
- dein Wissen über Wortbildung, Wortfamilien und Wortfelder zu nutzen, um deine Rechtschreibung zu verbessern und deinen sprachlichen Ausdruck zu stärken.
- die Bedeutung gebräuchlicher Fremdwörter aus dem Englischen zu erklären und diese situationsgerecht zu verwenden und richtig zu schreiben.
- zwischen Standard- und Umgangssprache sowie zwischen mündlichem und schriftlichem Sprachgebrauch zu unterscheiden und so dein Sprachbewusstsein zu vertiefen.

Wortschatzarbeit

Durch Zusammensetzungen Wörter bilden

Als unsere Vorfahren zum ersten Mal Geld aus Papier druckten, brauchten sie dafür eine Bezeichnung, ein neues Wort. Sie hätten es vielleicht BRAMBRUM nennen können. Das taten sie aber nicht, denn schon damals konnte man nicht endlos ganz neue Wörter erfinden. Wer sollte sich die auch alle merken! So nutzten sie die beiden schon vorhandenen und bekannten Wörter GELD und PAPIER und setzten sie einfach zusammen. Und heraus kam das neue Wort PAPIERGELD. Das konnte wirklich jeder verstehen und sich merken.

1 Im folgenden Text findest du insgesamt zehn Wörter, die aus zwei Nomen zusammengesetzt sind. Schreibe sie mit passender Erklärung auf:
Halstuch = Ein Tuch, das man um den Hals trägt. ...

Fabians Geburtstag

Zu Fabians Geburtstag kamen viele Gäste, um mit ihm zu feiern. Seine Tante Ute, die ein schickes Halstuch trug, schenkte ihm eine neue Sportjacke, die sie in blaues Geschenkpapier verpackt hatte. Während er sich darüber freute und sich bedankte, bereitete seine Mutter im Esszimmer den Kaffeetisch vor. Sie legte eine Tischdecke darauf und stellte anschließend den Pflaumenkuchen hin. Neben die Teller legte sie jeweils eine Kuchengabel und einen Kaffeelöffel. Dann setzten sich alle an den Tisch und ließen sich den Geburtstagskuchen schmecken.

2 Schreibt die zusammengesetzten Nomen auf: *a) Mathematikstunde, b) ...*
Erklärt dann, was bei zusammengesetzten Nomen wie in den Sätzen b), c), e) und h) zu beachten ist.

a) Eine Stunde, in der Mathematik unterrichtet wird, ist eine *???*.
b) Ein Lehrer, der für eine Klasse verantwortlich ist, ist ein *???*.
c) Ein Kasten mit Farben ist ein *???*.
d) Eine Tafel, die an der Wand befestigt ist, ist eine *???*.
e) Ein Heft, in das Aufsätze geschrieben werden, ist ein *???*.
f) Eine Reise in den Ferien ist eine *???*.
g) Ein Zimmer, in dem Kinder leben, ist ein *???*.
h) Eine Wanne, in der man ein Bad nimmt, ist eine *???*.
i) Ein Stadion, in dem Fußball gespielt wird, ist ein *???*.
j) Ein Zwerg, der in einem Garten steht, ist ein *???*.
k) Eine Fahrt mit einem Auto nennt man *???*.

4.2. Zusammensetzung als Möglichkeit der Wortbildung nutzen – Funktion von Grundwort und Bestimmungswort beschreiben – Wissen für die Rechtschreibung und Ausdrucksfähigkeit anwenden

Sprache und Sprachgebrauch

3 Die Zusammensetzung von zwei Nomen folgt bestimmten Regeln.
Mit fünf der folgenden Wörter können Nomen gebildet werden,
in denen das Wort *Film* am Anfang steht, mit den anderen fünf Wörtern
können Nomen gebildet werden, in denen das Wort *Film* am Ende steht.

a) Schreibt die Wörter geordnet auf:

Farbe   *Kino*
Kritik   *Abenteuer*
Musik   *Rolle*
Kinder   *Plakat*
Natur   *Musik*

Nomen + *Film*	*Film* + Nomen
Farbfilm	Filmkinder
…	…

b) Sprecht darüber, worin sich die Begriffe in der linken und rechten Spalte unterscheiden. Erklärt, welche Aufgabe das erste und das zweite Nomen in den Wörtern übernimmt. Der Merkkasten hilft euch dabei.

4 Im folgenden Spiel muss das Grundwort des ersten Wortes das Bestimmungswort im neuen Wort sein.
Versucht, möglichst lange Wortketten zu bilden.
Jeder hat fünf Sekunden Zeit, das nächste Wort zu bilden.
Wer auf diese Weise kein neues Wort bilden kann, scheidet aus.

Wortkettenspiel

Fenster**scheibe** → Scheiben**glas** → Glaskugel → …

Tisch**bein** → Bein**bruch** → Bruch…

Schul**hof** → Hof…

ⓘ Zusammengesetzte Wörter

Wenn du zwei Nomen zusammensetzt, entsteht ein neues Wort, ein zusammengesetztes Wort:
Abenteuer + Film → Abenteuerfilm; Bilder + Buch → Bilderbuch
Das Wort, das am Ende steht, nennt man **Grundwort**, denn es legt die Grundbedeutung des zusammengesetzten Wortes fest:
Der Abenteuerfilm ist ein Film, das Bilderbuch ist ein Buch.
Der Artikel bezieht sich immer auf das Grundwort: *der Abenteuerfilm, das Bilderbuch*.
Das Wort, das am Anfang steht, nennt man **Bestimmungswort**, denn es bestimmt die Bedeutung des Grundwortes näher:
Der Abenteuerfilm ist ein Film über Abenteuer, das Bilderbuch ist ein Buch mit vielen Bildern.

4.2. Zusammensetzung als Möglichkeit der Wortbildung nutzen – Funktion von Grundwort und Bestimmungswort beschreiben – Wissen für die Rechtschreibung und Ausdrucksfähigkeit anwenden

5 Überlege, welches **Grundwort** zu den Wörtern einer Reihe passt. Schreibe die zusammengesetzten Wörter wie in a) auf.

a) Hund, Ski, Stroh, Lehm
 → *Hütte* (Hunde*hütte*, Ski*hütte*, Stroh*hütte*, Lehm*hütte*)
b) Schaukel, Garten, Camping, Holz
c) Kino, Ansicht, Spiel, Land
d) Brett, Fußball, Computer, Video

W 6 Wähle im Folgenden zwischen a) oder b) aus.

a) Finde mit deinem Sitznachbarn möglichst viele zusammengesetzte Wörter, in denen die Nomen *Schrank*, *Tasche* und *Geld* einmal als Grundwort und einmal als Bestimmungswort gebraucht werden. Schreibe so:
 Schrank als Grundwort: *Kleiderschrank, Schuhschrank …*
 Tasche als Grundwort: …
 Geld als Grundwort: …
 Schrank als Bestimmungswort: *Schranktür …*
 Tasche als Bestimmungswort: …
 Geld als Bestimmungswort: …

b) Erstelle für deinen Sitznachbarn ein Rätsel nach dem Muster in Aufgabe 5. Lass dabei nach einem gemeinsamen Bestimmungswort suchen, z. B.:
 Zimmer, Arbeit, Buch, Sprecher → *Klasse*
 (*Klassenzimmer, Klassenarbeit, Klassenbuch, Klassensprecher*)

7 Der folgende Text klingt an manchen Stellen sehr umständlich.
a) Erkläre, woran das liegt.
b) Verbessere den Text dann an geeigneten Stellen.

Auf in die Ferien

Am Ende der Woche, wenn endlich die Ferien beginnen, fahren wir in unsere Hütte im Wald. Dafür fangen wir schon immer zwei Tage zuvor an, unsere Taschen für die Reise zu packen. An unserer Fahrt zur Hütte mag ich am liebsten, dass wir zweimal an den Plätzen an der Autobahn anhalten, wo man Rast machen kann. Dafür packen wir am Morgen unserer Abreise immer noch Brote mit Wurst und Käse und Mineralwasser gemischt mit Apfelsaft ein. Nach einer langen Fahrt im Auto erreichen wir meistens erst gegen Abend unser Ziel. Schnell verteilen wir unser Gepäck in die Zimmer, in denen wir schlafen. So können wir im Anschluss daran noch eine kleine Fahrt mit dem Boot auf dem nahe gelegenen See machen. Dabei kann man ganz toll den Untergang der Sonne beobachten. Auf unserem Programm für die nächsten Tage steht: eine Wanderung durch die Berge, eine Tour mit dem Fahrrad, ein Besuch im Museum und ein eintägiger Ausflug nach Augsburg.

4.2. Zusammensetzung als Möglichkeit der Wortbildung nutzen – Funktion von Grundwort und Bestimmungswort beschreiben – Wissen für die Rechtschreibung und Ausdrucksfähigkeit anwenden

Wortschatzarbeit

Durch Ableitungen vom Wortstamm Wörter bilden

1 Betrachtet den folgenden Baum mit den verschiedenen Wortbausteinen.
a) Bildet aus ihnen möglichst viele sinnvolle Wörter.

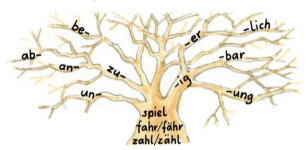

b) Schreibe mithilfe des Merkkastens die gefundenen Wörter nach Wortstämmen sortiert in dein Heft. Die Wortstämme sollen jeweils untereinander stehen.

Beispiel: be | spiel | bar   ge | fähr | lich
          Spiel | er   Ge | fahr

2 Schreibe die Wörter rechts ab. Zerlege sie dabei in den Wortstamm und die weiteren Wortbausteine wie in Aufgabe 1.

Wohnung, bewohnbar, gewohnt, Wohnzimmer, wohnen, gewöhnlich, wohnlich, ungewohnt

3 Lies dir den Merkkasten aufmerksam durch. Überlege dann, wie dir dein Wissen über Ableitungen bei der richtigen Wortschreibung helfen kann. Vervollständige dazu den folgenden Satz:
Wenn ich nicht weiß, ob ein Wort mit ... oder ... geschrieben wird, suche ich in der entsprechenden Wortfamilie nach einem Wort mit ... oder ... .

ⓘ Wortstamm und Ableitungen

Viele Wörter sind aus verschiedenen Wortbausteinen zusammengesetzt. Der **Wortstamm** bildet dabei die Basis des Wortes und trägt dessen eigentliche Bedeutung. An diesen Wortstamm kannst du weitere Wortbausteine anfügen und so neue Wörter bilden. Diesen Vorgang nennt man dann **Ableitung**.

		Wortstamm:			abgeleitetes Wort:
Bsp.:	Aus +	**fall**			→ Ausfall
	ge +	**fall**	+	en	→ gefallen
		fall	+	en	→ fallen

Wörter mit einem gleichen oder ähnlichen Wortstamm gehören zu einer **Wortfamilie**.
<u>Achtung</u>: Manchmal ändert sich der Vokal im Wortstamm, z. B. *Ge-f<u>a</u>hr, ge-f<u>ä</u>hr-lich*. Diese Wörter gehören dennoch zu einer gemeinsamen Wortfamilie.

4.2. Ableitungen als Möglichkeit der Wortbildung nutzen – Ableitungen unter Verwendung der Fachbegriffe (Wortstamm) beschreiben – Wissen für die Rechtschreibung nutzen

Wortschatzarbeit

Ableitungen mit Präfixen (Vorsilben)

1 An den Stellen mit Sternchen musst du die Verben so verändern, dass der Text verständlicher wird.
- Vervollständige mithilfe des Merkkastens die Verben und schreibe sie mit der passenden Vorsilbe auf.
- Markiere die Vorsilbe, die du angefügt hast: **be**kommen …

Markus hat ein neues Fahrrad *kommen, allerdings fährt er damit häufig viel zu schnell. Erst neulich hat er sich beim Fahren wieder einmal tüchtig *schätzt. Erst hätte er beinahe einen Fußgänger *gefahren, dann hat er zu spät gebremst und deshalb das parkende Auto des Nachbarn leicht *schädigt. Jetzt muss sein Vater den Schaden *zahlen. Die Raserei seines Sohnes hat ihn sehr *täuscht. Er schickt ihn deshalb zum Nachbarn. Markus entschuldigt sich bei ihm und *spricht ihm, dass so etwas nicht mehr *kommen wird. Er will von nun an vernünftig mit seinem Rad fahren.

2 Auch für Nomen gibt es viele Vorsilben.
a) Schreibe fünf Sätze auf, in denen das Nomen *Gabe* mit den sechs Vorsilben rechts vorkommt.
b) Erkläre, worin der Bedeutungsunterschied zwischen den gebildeten Wörtern in den einzelnen Sätzen besteht.

Aus-
Ab-
Vor-
Zu-   *Gabe*
Ver-
An-

3 Zu den Verben rechts passt ein und dieselbe Vorsilbe.
- Benennt sie.
- Bildet Sätze mit den entstandenen Verben.

achten, antworten, drohen, grüßen, herrschen, sich mühen, wohnen, schimpfen, siegen

w 4 Wähle im Folgenden zwischen a) oder b) aus.
a) Schreibe drei Sätze, in denen ein von dir gewähltes Nomen jeweils mit einer anderen Vorsilbe vorkommt.
b) Suche dir drei Verben aus und schreibe zu ihnen jeweils einen Satz ohne und einen Satz mit Präfix auf.

> ⓘ **Präfixe (Vorsilben)**
>
> Präfixe (Vorsilben) kannst du **vorn an ein Wort anfügen**. Dieses Wort bekommt dann eine andere Bedeutung:
> stellen: <u>ab</u>stellen, <u>an</u>stellen, <u>be</u>stellen, <u>er</u>stellen, <u>ent</u>stellen, <u>ver</u>stellen, <u>um</u>stellen …
> Spiel: <u>An</u>spiel, <u>Zu</u>spiel …

4.2. Ableitungen als Möglichkeit der Wortbildung nutzen – Ableitungen unter Verwendung der Fachbegriffe (Präfix) beschreiben – Wissen für die Rechtschreibung nutzen

Sprache und Sprachgebrauch

Wortschatzarbeit

Ableitungen mit Suffixen (Nachsilben)

1 Bei den folgenden Wörtern stimmt etwas nicht:
*Mannung Witzheit Neidnis Überraschlich Krankig
Zeugisch Brauchkeit Tapferbar Friedschaft*

a) Erklärt, was an den Wörtern falsch ist.
b) Schreibt die Wörter dann mit dem Suffix eines anderen Wortes richtig auf.
c) Ordnet die Wörter nach den Wortarten Nomen und Adjektiv.
   Achtet dabei auf die korrekte Groß- und Kleinschreibung.
   Erklärt dann, was euch in Bezug auf die Endung und die Wortart auffällt.
   Mannung → Mannschaft
   Friedschaft → friedlich
   Witzheit → ...

2 Durch das Anfügen eines Suffixes an einen Wortstamm können neue Wörter gebildet werden. Sie legen dann die Wortart des neuen Wortes fest, zum Beispiel Nomen, Verb oder Adjektiv.

a) Bilde mithilfe des Merkkastens durch das Anfügen von Suffixen aus den folgenden Wortstämmen Nomen und schreibe sie mit dem dazugehörigen Artikel in dein Heft. Unterstreiche das Suffix in den von dir gebildeten Nomen blau.
   gemein → die Gemeinheit; feig(e) → die ...

gemein	wahr	freund	träg
feig	schön	munter	reich
neu	heil	eigen	lieb
finster	früh	tapfer	warn

b) Von fünf Wortstämmen kannst du auch Adjektive bilden.
   Finde sie heraus und schreibe sie auf.

ⓘ Suffixe (Nachsilben)

Mit Suffixen (Nachsilben), die **an das Ende des Wortstammes angefügt** werden, können neue Wörter gebildet werden. Solche Nachsilben legen die **Wortart** des neuen Wortes fest:
sauber + keit → die Sauberkeit
der Fehler + haft → fehlerhaft
Wichtige Suffixe für **Nomen** sind: *Frei<u>heit</u>, Wohn<u>ung</u>, Sauber<u>keit</u>, Gesell<u>schaft</u>, Brauch<u>tum</u>, Zeug<u>nis</u>, Fremd<u>ling</u>*.
Wichtige Suffixe für **Adjektive** sind: *brauch<u>bar</u>, leser<u>lich</u>, zorn<u>ig</u>, fehler<u>haft</u>, tier<u>isch</u>, müh<u>sam</u>, mut<u>los</u>, sinn<u>voll</u>*.
Die Infinitive von **Verben** erkennst du meist am Suffix *<u>-en</u>: lauf<u>en</u>, spiel<u>en</u>, sag<u>en</u> ...*

4.2. Ableitungen als Möglichkeit der Wortbildung nutzen – Ableitungen unter Verwendung der Fachbegriffe (Suffix) beschreiben – Wissen für die Rechtschreibung nutzen

3 Bilde mithilfe des Merkkastens aus folgenden Nomen Adjektive.
Füge dazu ein passendes Suffix an und schreibe die Adjektive auf.
Unterstreiche dann die Suffixe, die du angefügt hast.

Kind Fleiß Mühe Salz Typ
Glück Märchen Schmerz Brauch

4 Wähle im Folgenden zwischen a) oder b) aus.

a) Vervollständige im folgenden Text die großgeschriebenen Wörter mit den passenden Suffixen. Achte beim Abschreiben auf die richtige Groß- und Kleinschreibung.

Unvollständige Wörter

Mein Freund heißt Tom. Er ist sehr FLEIß*, WITZ* und hat UNHEIM* viele Ideen. Wir hatten schon so manches ERLEB* miteinander.
   Einmal waren wir in einer Bäckerei. Tom bat die Verkäuferin HÖF*, ihm 99 Brötchen zu geben. Sie wunderte sich über diese ERSTAUN* Zahl und fragte FREUND*, ob es nicht auch 100 Brötchen sein könnten. Tom fragte mit großer HÖFLICH* zurück: „Aber wer soll die denn alle essen?" Die Verkäuferin reagierte ganz cool und lachte HERZ*. So eine nette Verkäuferin habe ich noch nie gesehen.

b) Bei den folgenden Wörtern fehlt jeweils der Anfangsbuchstabe. Bilde durch das Einfügen des richtigen Anfangsbuchstabens sinnvolle Wörter. Anhand des Suffixes erkennst du, ob es sich um ein Nomen oder Adjektiv handelt. Schreibe dann einen kurzen Text mit den Wörtern. Ob sie groß- oder kleingeschrieben werden, erkennst du am Suffix.

?itelkeit ?efährlich ?leißig ?rfolglos ?auberkeit ?reundschaft
?iedlich ?euling ?ohnung ?ückenhaft ?orgsam ?rlaubnis

5 Oft weiß man nicht, ob man ein **v** oder **f**, ein **ä** oder ein **e**, **-ig** oder **-lich** oder groß- oder kleinschreibt.
Bei all diesen Zweifeln kann dir dein Wissen über Ableitungen und Prä- sowie Suffixe helfen.
Teste es an dem folgenden Text, indem du den Text richtig aufschreibst.

> **Tipp**
> *In einem Wort haben sich gleich zwei Fehler eingeschlichen.*

Forgestern habe ich meinem Vater beim Seubern unseres Autos geholfen. Es war nämlich nicht nur furchtbar schmutzich von außen, sondern auch schrecklig dräckig von innen. Meine Mutter sagte daraufhin: „Hans, von sauberkeit kann man hier aber nicht sprechen." Daraufhin lechelte mein Papa meine Mama nur Sparsam an und macht sich wieder Gewissenhaft ans Werk. Am Ende hat sich das alles aber sehr gelohnt: Das Auto strahlte vor schönheit und Mama fergaß die nachlessigkeit von Papa.

Wortschatzarbeit

Überprüfe dein Wissen und Können

1 Überprüfe, welches der vier Nomen im *Wortspeicher* jeweils als Grundwort zu den Wortreihen a) bis d) passt.
Schreibe die zusammengesetzten Wörter auf.
a) Sterne, Hunde, Luxus, Ferien
b) Pferde, Schule, Auto, Tage
c) Möbel, Garten, Sommer, Puppen
d) Sonne, Glocken, Topf, Schlüssel

  Haus   Blume   Buch   Hotel

2 Finde zu jeder Reihe von Nomen das passende Bestimmungswort und schreibe die zusammengesetzten Wörter auf.
a) ??? Schrift, Stand, Schuh, Tuch
b) ??? Arzt, Ruf, Landung, Lüge
c) ??? Zimmer, Arbeit, Buch, Sprecherin
d) ??? Klinke, Schloss, Rahmen, Klingel

3 Häufig verwendet man Wörter, die aus verschiedenen Bausteinen zusammengesetzt sind.
a) Übernimm die folgende Tabelle in dein Heft:

...	...	...	Wortart
zer	brech	lich	...

b) Ergänze in der ersten Zeile der Tabelle die Begriffe *Suffix*, *Wortstamm* und *Präfix* an der richtigen Stelle.
c) Bestimme dann die Wortart des Begriffes *zerbrechlich*.
d) Sortiere nun die folgenden Wörter nach demselben Muster in die Tabelle ein.

ENTFERNUNG   UNSCHLÜSSIG   MISSMUTIG
BERÜHMTHEIT   EREIGNIS   BEKANNTSCHAFT
UMSTÄNDLICH   BESPIELBAR   ERFINDER

4 Bilde aus den folgenden Wortstämmen mit den entsprechenden Prä- und Suffixen Wörter.

Präfixe	Wortstämme	Suffixe
UN-, ER-,	-MAHN-, -STÖR-,	-UNG, -BAR,
ENT-, UN-,	-GLÜCK-, -STELL-	-LICH, -BAR,
VER-, ZER-	-MACHT-, -BRAUCH-	-UNG, -UNG

4.2. Zusammensetzung und Ableitung als Möglichkeit der Wortbildung nutzen – Funktion von Grundwort und Bestimmungswort beschreiben – Ableitungen mit Fachbegriffen beschreiben – Wissen für die Rechtschreibung nutzen

Wortschatzarbeit

Wortfamilien

Auch Wörter bilden Familien:

*Spielplatz abspielen
spielen spielerisch
Kinderspiel Spielfeld
Ballspiel vorspielen
Spielgeräte spielend
Spielverderber spielend
unbespielbar Spieltisch*

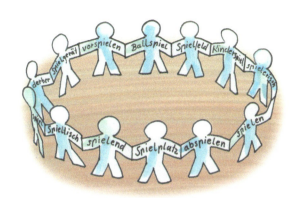

1 Überlegt mithilfe des Merkkastens auf Seite 222, was die Wörter gemeinsam haben.

2 Bilde weitere Wörter, die in diese Wortfamilie passen.
Die Wortbausteine rechts helfen euch dabei.

*-dose- -um-
-brett- -frei-
-ball- -ver-
-finger-
-puppen-
-unterhaltungs-*

a) Lege eine Tabelle nach folgendem Muster an:

-spiel- + Wortbaustein	Wortbaustein + -spiel-
Spieldose	…

b) Füge die gefundenen Wörter in die Tabelle ein.
c) Untersuche, welchen verschiedenen Wortarten man die Wörter aus der Tabelle zuordnen kann.

✱ 3 Bilde möglichst viele Wörter, die zur Wortfamilie **-fahr-** gehören.
Schreibe sie geordnet nach den Wortarten Nomen, Verben und Adjektive auf.

4 Schreibe die folgenden zwei Wortfamilien in dein Heft und füge beiden Wortfamilien je drei Wörter hinzu.

-haus-   *en   *halt   Bauern*   *hoch
         *ling   Heimal*e   *chen   ver*en
-lieb-   *lich   zu*e
            *er

5 Zu jedem der folgenden Wörter gibt es ein Wort der Wortfamilie, das mit *a* bzw. *au* geschrieben wird.
Schreibt beide auf: *Erkältung → kalt, näher → …*

*Erkältung näher fällig Bäuche häufen Gebäude Läufer
Fläche länger Zähne ängstlich Läuse plätten*

4.2. Wortfamilien bilden, um den Wortschatz zu erweitern – Erkenntnisse für die Rechtschreibung nutzen

Sprache und Sprachgebrauch

W 6 Wähle im Folgenden zwischen a) oder b) aus.

a) Die folgende Wörtersammlung enthält zwei verschiedene Wortfamilien mit je fünf Mitgliedern:

traumhaft   verträumt
erklären   Klarheit
Klärgrube   traumatisch
träumen   Erklärung
Klarsichtfolie   Traumfrau

- Schreibe die zwei Wortfamilien geordnet auf.
- Unterstreiche bei jedem Wort der Wortfamilie den Wortstamm.
- Erkläre, wie sich der Wortstamm bei einigen Wörtern ändert.

b) Schreibe die folgenden Wortfamilien in dein Heft und gib ihnen einen passenden Namen, z. B. *a) -mut-: mutig …*
Achtung: In jeder der sechs Wortfamilien befindet sich ein Wort, das nicht zur Familie gehört. Finde es und erkläre.

a) mutig – übermütig – Müdigkeit – zumutbar – vermuten – ermutigen
b) fallen – befallen – Einfälle – einfältig – Zufall – fällig – Fälle
c) entdecken – bedeckt – Deckel – Abdeckung – versteckt – Decke
d) hoffen – unverhofft – öffnen – Hoffnung – hoffnungslos – hoffentlich
e) bauen – Gebäude – bebaut – Vorbau – Bäuche – Bauwerk
f) häufen – Haufen – häufig – Haut – Häufchen – haufenweise - Häufung

7 Schreibe die drei folgenden verwürfelten Wortfamilien geordnet nach ihren Wortstämmen mit *s, ss, ß* auf.

*Fu*ball   Gra*   gra*grün   Gra*halm   Imbi**
barfu   bi*ig   Schlangenbi*   Pferdefu**

ⓘ Wortfamilien

Eine Wortfamilie besteht aus Wörtern, die sich in ihrem **Wortstamm** ähnlich sind.
An den Wortstamm kannst du weitere **Wortbausteine** anfügen.
Sie können vor und nach dem Wortstamm stehen:
Karten<u>spiel</u> – Ab<u>spiel</u> – <u>Spiel</u>tag – <u>spiel</u>erisch – vor<u>spiel</u>en.

Der Wortstamm hilft dir bei der Schreibung verwandter Wörter.
So lassen sich <u>ä</u>- und <u>äu</u>-Wörter in einer Wortfamilie auf <u>a</u>- und <u>au</u>-Wörter zurückführen, z. B.:
Zähler, zählen, verzählen, Zählung, zählbar … → Zahl
r<u>äu</u>chern, R<u>äu</u>cherkerze, ausr<u>äu</u>chern, R<u>äu</u>cheraal … → <u>Rau</u>ch

Wörter, die am Stammende ein <u>ss</u> oder <u>ß</u> haben, behalten diese Konsonanten auch in anderen Wörtern einer Wortfamilie:
Ku<u>ss</u> – Kü<u>ss</u>chen – Handku<u>ss</u>; Ga<u>s</u> – Ga<u>s</u>herd – Leuchtga<u>s</u>; Flo<u>ß</u> – Flo<u>ß</u>fahrt – flö<u>ß</u>bar.

Wortschatzarbeit

Wortfelder aus Verben und Adjektiven

1 Lasst euch den folgenden Text vorlesen oder hört euch die Audiodatei an.

🔊 **Portal**
WES-122961-058

Der Spaziergang

Am Morgen gingen wir los. Zuerst gingen wir durch Wiesen. Da ging es sich nicht so gut, weil das Gras so hoch war. Dann gingen wir zu einem Brunnen. Um ihn herum standen einige Kühe. Auf einmal standen wir vor einem Wassergraben. Wir gingen hindurch. Danach gingen wir die Düne hinauf. Auf der anderen Seite der Düne gingen wir wieder hinunter. Eine halbe Stunde gingen wir noch am Strand entlang. Dann gingen wir nach Hause.

2 Begründet, woran es liegt, dass sich der Text oben etwas langweilig anhört.

3 Sicher fallen euch für das Verb *gehen* andere „Bewegungsverben" ein.
  a) Schreibt für euch allein drei Beispiele auf einen Zettel.
  b) Stellt eines eurer „Bewegungsverben" wie ein Schauspieler dar.
  c) Lasst eure Mitschüler herausfinden, welches Verb ihr dargestellt habt.
  d) Notiert die verschiedenen Verben.

4 Ihr habt jetzt Verben gesammelt, die alle etwas mit dem Wort *gehen* zu tun haben.
  a) Lest eure gesammelten Verben laut vor und überlegt, welche Unterschiede es zwischen ihnen gibt.
  b) Übernehmt die folgende Tabelle und ordnet gemeinsam mit eurem Sitznachbarn die Verben aus eurer Sammlung ein.

eher langsam	eher schnell	mit Geräuschen	aufgeregt	leise
trödeln	flitzen	marschieren	hetzen	schleichen

  c) Ordnet folgende Verben ebenfalls in die Tabelle ein, sofern sie darin noch nicht enthalten sind.
  eilen fliehen hasten heranpirschen humpeln hüpfen huschen latschen sich nähern poltern rasen rennen schlendern schlurfen spazieren sprinten stampfen stapfen staksen stolpern stolzieren trotten

5 Überarbeite den Text aus Aufgabe 1.
  a) Ersetze dazu *gehen* an manchen Stellen durch treffendere Verben.
  b) Vergleiche nun beide Texte miteinander und erkläre, was dabei auffällt.

Sprache und Sprachgebrauch

W 6 Wähle im Folgenden zwischen a) oder b) aus.

a) Schreibe die folgenden Sätze ab. Setze dabei in die Lücken treffende Verben des Wortfeldes *gehen* ein. Begründe anschließend, warum du dich für genau das von dir gewählte Verb entschieden hast.

  a) Johanna hatte ein bisschen Zeit und *???* durch den Park.
  b) Als die Diebe von einem Polizeiwagen verfolgt wurden, *???* sie mit dem Auto durch die Stadt.
  c) Leon hatte viel zu große Pantoffeln und *???* durch den langen Korridor.
  d) Sofie wollte Großmutter nicht aufwecken und *???* leise in ihr Zimmer.

b) Erkläre, was an den folgenden Sätzen merkwürdig ist. Verbessere sie dann.

  a) Lautlos polterten Maria und Jakob durch den Korridor.
  b) Sie wateten durch den langen Gang.
  c) Mit hohem Tempo schlenderten beide zum Klassenzimmer.
  d) Flink humpelte Jakob zu seinem Stuhl,
  e) während Maria traurig um den Tisch hüpfte.
  f) Im Sportunterricht mussten sie zuerst 50, dann 100 Meter staksen.
  g) Im 100-Meter-Lauf war Maria die Beste von allen: Sie ist die Strecke in glatten 15 Sekunden geschlurft.

7 Schreibe einen eigenen Text, in dem du eine bestimmte Tätigkeit mit verschiedenen Verben umschreibst.

ⓘ Wortfelder

Zu einem Wortfeld gehören alle Wörter, die eine **ähnliche Bedeutung** haben. Alle diese Wörter gehören auch meistens zu ein und derselben Wortart, z. B.:
schlafen: schlummern, dösen, nächtigen, träumen, ein Nickerchen halten, ruhen ...
Je mehr Wörter eines Wortfeldes du kennst, desto genauer und abwechslungsreicher kannst du sprechen und schreiben.

4.2. Wortfelder bilden, um den Wortschatz zu erweitern

8 Lies dir das folgende Gedicht leise durch.

Hauchte, wetterte, sprach, brüllte

Josef Guggenmos

Gestern Abend, sprach er.
Es war schon dunkel,
erzählte er.
Wollte ich zu meinem Schwager,
berichtete er.
Aber in dem Fliederbusch vor seinem Haus,
raunte er.
Sah ich etwas glühen,
zischte er.
Zwei grüne Augen,
keuchte er.
Da lauerte ein Gespenst,
schrie er.
Ich –,
stieß er hervor.
Auf und davon wie der Blitz!,
gestand er.
Da hättest du auch Angst gehabt,
behauptete er.
Nun haben sie ohne mich Geburtstag gefeiert,
jammerte er.
Es war bestimmt sehr lustig,
schluchzte er.

Aber das nächste Mal,
knurrte er.
Nehme ich einen Prügel mit,
drohte er.
Und dann haue ich es windelweich,
dieses freche, böse, hinterhältige,
gemeine, …,
brüllte er.
Hoffentlich hat es das nicht gehört,
hauchte er.
Aber untertags schläft es,
versicherte er.
Wahrscheinlich,
meinte er.
Dieses verdammte Gespenst,
wetterte er.
Oder war es eine Katze?,
fragte er.

Das kann gut sein,
sagte ich.

9 Lest das Gedicht nun mit verteilten Rollen laut vor.
- Ein Schüler liest den Redesatz, ein weiterer Schüler liest den Begleitsatz.
- Versucht, den Redesatz so zu sprechen, wie es das Verb im Begleitsatz angibt.

→ **S. 26**
Vorlesezeichen

10 Alle Verben in den Begleitsätzen des Gedichts gehören zum Wortfeld *sprechen*.
a) Ordne gemeinsam mit deinem Sitznachbarn die Verben den Arten des Sprechens zu. Manche passen auch an zwei verschiedene Stellen. Übernimm dazu die folgende Tabelle:

laut	leise	schnell	sachlich	traurig	wütend
brüllen	*hauchen*	*sprudeln*	*berichten*	*schluchzen*	*wettern*
…	…	…	…	…	…

b) Ergänze die Tabelle mit eigenen Ideen.

11 Im folgenden Text kommt das Verb *sprechen* achtmal vor.
Schreibe den Text ab. Ersetze dabei *sprechen* an einigen Stellen durch treffendere Verben.
Du kannst dazu deine Ergebnisse aus Aufgabe 10 nutzen.

Vor einem wichtigen Fußballspiel

Karl und Max haben gestern über das Fußballspiel am Samstag *gesprochen*. „Haben wir überhaupt eine Chance, gegen die zu gewinnen?", *sprach* Karl. „Warum nicht, die haben doch beim letzten Spiel gegen uns nur durch Glück gewonnen!", *sprach* Max. „Nein, das stimmt doch nicht. Die waren doch wirklich besser als wir", *sprach* Karl. „Guck mal, da kommt Tom!", *sprach* Max. Und Tom *sprach* schon aus weiter Entfernung: „He, kommt mit! Wir fahren ins Oberdorf. Da trainieren die Schwarz-Gelben. Vielleicht kriegen wir ihre Taktik für unser Spiel mit!" Karl *sprach* zu Max: „Die werden sie uns bestimmt nicht verraten." „Trotzdem werden wir das Spiel gewinnen", *sprach* Max, „denn dieses Mal sind wir mit dem Gewinnen dran!"

12 Hier siehst du einige Adjektive zu den Wortfeldern *schnell* und *mutig*.
a) Ordne die Adjektive den beiden Wortfeldern zu und schreibe sie auf.
  beherzt geschwind tapfer blitzartig blitzschnell
  kühn draufgängerisch verwegen entschlossen
  rasant flink zügig forsch schleunigst
b) Ergänze deine Sammlung um weitere Adjektive, die in das jeweilige Wortfeld passen.

13 Im folgenden Auszug aus einem Schüleraufsatz kommt das Adjektiv *mutig* sehr oft vor.
a) Schreibe den Text ab und ersetze *mutig* durch andere Adjektive des Wortfeldes.
b) Vergleiche beide Texte miteinander und erkläre, was dir auffällt.

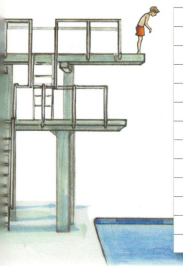

Mutprobe
Max ist an sich kein sehr mutiger Junge. Aber neulich hat er seinen Freunden erzählt, dass er sich traut, vom 5-Meter Turm in unserem Schwimmbad zu springen. Heute musste er es beweisen. Max wirkte sehr mutig. Mutig lief er zum Sprungturm und stieg mutig die Stufen hinauf. Auf der Plattform angekommen, ging er geradezu mutig nach vorn. Er schaute kurz nach unten und sah seine Freunde dort mutig an. Anschließend ging er zwei Schritte zurück, lief an und sprang mutig in die Tiefe. Das Wasser spritzte. Die Freunde klatschten, als Max kurze Zeit später lächelnd auftauchte. Die Mutprobe hatte er wirklich glänzend bestanden …

4.2. Wortfelder bilden, um den Wortschatz zu erweitern

✱ 14 Setze für die Ziffern im Text Adjektive ein, die deutlich machen,
wie schnell in der Geschichte alles gehen muss.
Das Adjektiv *schnell* darfst du dabei allerdings nur einmal verwenden.

Ruck, zuck!

Mutter rief: „Luca, komm **1** her!" Wenn Mutter so rief, musste er **2** reagieren. So **3** er konnte, kam er herbei. Mutter sah nur kurz auf, zeigte auf seinen Schreibtisch und sagte: „Räume deinen Schreibtisch auf. Und das geht **4**!" Er verstand, denn sie hatte ja recht. Der Schreibtisch sah wirklich so aus, als hätte er zwei Wochen lang alles daraufgepackt. **5** begann er mit dem Aufräumen. Er fing mit den vielen Zeitungen an, die er **6** zusammenschnürte und in **7** Tempo zum Papiercontainer brachte. Danach machte er sich an die Bücher, die er **8** in das Regal stellte. Zum Schluss legte Luca noch **9** die Schulhefte in die Schreibtischfächer. „Fertig!", rief er. Mutter kam und sagte trocken: „Na bitte, geht doch!"

15 Ergänze die Sätze a) – h) mit sinnvollen Adjektiven.
Finde für jeden Satz zwei mögliche Lösungen aus dem gleichen Wortfeld.

a) Ein Junge, der in der Schule gute Noten schreibt und viel weiß, ist ein *???* Schüler.
b) Ein Sportler, der 50 Meter in 8 Sekunden rennt, ist ein *???* Läufer.
c) Ein Schüler, der einen Mitschüler ständig ärgert, ist ein *???* Schüler.
d) Wenn jemand unter der Dusche friert, dann ist das Wasser *???*.
e) Vor einem Auftritt zittern die meisten Künstler, denn sie sind *???*.
f) Ein Clown bringt viele Menschen zum Lachen, denn er macht *???* Dinge.
g) Nachdem der Strom ausgefallen war, war es im ganzen Haus sehr *???*.
h) Die Verkäuferin lächelt mich immer an, denn sie ist eine *???* Frau.

16 Formuliere drei eigene Sätze.
- Finde auch für sie mindestens zwei verschiedene Lösungen.
- Lies deine Sätze laut ohne Adjektive vor.
- Lass deine Mitschüler herausfinden, welche Adjektive eines Wortfeldes eingesetzt werden können.

Sprache und Sprachgebrauch

Wortschatzarbeit

Fremdwörter aus dem Englischen

1 Lies dir den folgenden Text aufmerksam durch.

Fußballfieber

Lukas ist ein großer Fan des SSV Jahn Regensburg. Den Desktop seines Computers ziert deshalb ein großes Bild seines Lieblingsvereins. Wann immer es geht, verfolgt er zudem Matches seiner Mannschaft entweder im Stadion oder im Fernsehen. Auch Interviews mit Spielern des Teams interessieren ihn sehr, da er dabei viel Wissenswertes und viele News über die Player seiner Lieblingsmannschaft erfährt. Mit dem momentanen Trainer seines Vereins ist er sehr zufrieden, da sie durch ihn auch in diesem Jahr mit Sicherheit wieder Champion werden. Lukas und seine ebenfalls sportbegeisterten Freunde diskutieren in den Schulpausen immer wieder gerne über die Performance des Vereins im vorherigen Spiel. Fairness ist ihnen besonders wichtig. Sie selbst spielen in ihrer Freizeit Fußball, da ihnen ihr altes Hobby Handball nicht mehr gefiel.

2 Im Text befinden sich insgesamt 13 Fremdwörter aus dem Englischen.
a) Sucht sie heraus und sprecht sie euch laut vor.
b) Übernehmt die Tabelle und tragt die Wörter in der linken Spalte ein.

Fremdwort	deutscher Begriff
Fan	Anhänger
Desktop	…

c) Erklärt mithilfe des Merkkastens, woran man erkennt, dass es sich dabei um Fremdwörter handelt.
d) Versucht nun, zu jedem Fremdwort die deutsche Bedeutung zu finden, und notiert diese ebenfalls in der Tabelle. Erklärt, was dabei auffällt.

💡 **Tipp**
Benutzt das Wörterbuch.

3 Ihr gebraucht mit Sicherheit noch andere Fremdwörter aus dem Englischen.
a) Sammelt einige, die ihr besonders häufig gebraucht, und bildet damit sinnvolle Sätze.
b) Sprecht darüber, warum ihr dafür keine deutschen Wörter benützt.

4.1. Bedeutung von Fremdwörtern aus dem Englischen erklären und Verwendung dieser in Hinblick auf Wirkung und mögliche Verständigungsschwierigkeiten bewerten   4.3. Fremdwörter aus dem Englischen richtig schreiben

4 Finde zu folgenden Begriffserklärungen das entsprechende Fremdwort aus dem Englischen und notiere es in dein Heft, z. B. *a = Scanner, b = …*

a) Gerät zum Einlesen von Bildern und Texten in den Computer
b) kurz gebratene Fleischschnitte
c) in mäßigem Tempo laufen
d) Zeiger auf dem Bildschirm
e) elektronische Nachricht
f) Rollerbrett
g) Geschichte, Bericht
h) großes Einkaufszentrum
i) zwanglose Kommunikation im Internet

5 Im folgenden Text werden absichtlich viele Fremdwörter aus dem Englischen verwendet.
a) Findet alle Fremdwörter heraus und lest sie euch in der Klasse laut vor.
b) Nicht immer macht es Sinn, den englischen Begriff zu verwenden. Verbessert den Text so, dass ihr manche englischen Wörter durch deutsche Begriffe ersetzt.
c) Tragt eure Ergebnisse vor der Klasse vor und vergleicht diese miteinander.

Kreuzfahrt

Mit meinen Eltern, meiner Schwester und deren neuem Lover unternahm ich in den vergangenen Ferien eine Kreuzfahrt auf einem hippen Oceanliner. Wir sonnten uns an Deck, nahmen am Quiz teil, spielten Football, gingen gechillt essen und hatten auch sonst jede Menge Fun. Am Abend fanden dann immer zahlreiche Shows statt, die man besuchen konnte. Das war immer ein großes Event. Für die Western-Show am vorletzten Abend hatten wir noch top Karten für die erste Reihe bekommen. In zerrissenen Jeans jagten die Cowboys die Gangster quer durch den Saal. Das Highlight kam jedoch erst am Ende der Show: Nach einer super Tanzeinlage kam ein echter Jeep auf die Bühne gecruist. In einem irren Stunt fuhr er mit einem lauten Bang durch einen Feuerring, sodass es fast zu einem Crash kam. Echt genial.

ⓘ Fremdwörter

Fremdwörter sind **aus fremden Sprachen übernommene Wörter**. Meist erkennst du sie daran, das sie anders betont, anders ausgesprochen und anders geschrieben werden als ein deutsches Wort, z. B. *Computer, Fan, Teenager*.
Viele Fremdwörter, die im Deutschen verwendet werden, stammen aus der englischen Sprache. Häufig sind es Fachausdrücke, für die eine gleichwertige deutsche Entsprechung fehlt, z. B. *E-Mail, T-Shirt*.

Sprache und Sprachgebrauch

Wortschatzarbeit

Die Schreibung von Fremdwörtern

1 Folgende Fremdwörter stammen entweder aus der französischen oder englischen Sprache.
a) Versucht zunächst einmal, die Wörter auszusprechen.
b) Findet nun heraus, ob es sich um Fremdwörter aus dem Französischen oder Englischen handelt.
c) Schreibt mit den englischsprachigen Fremdwörtern jeweils einen sinnvollen Satz auf.

Chance	City	Engagement
Restaurant	Recycling	Niveau
Party	Saloon	Chauffeur
Mobbing	Speaking	Champignon
Publicity	Toilette	Saison

2 Vervollständige folgende Sätze. Nutze dafür die Begriffe im *Wortspeicher*.

stylish, break, Meeting, Deal, Body, City, Scanner, trainieren

A Eine kurze Pause wird auch ??? genannt.
B Einen Handel, den man abschließt, nennt man auch ???.
C Wer viel trainiert hat einen guten ???.
D In großen Firmen gibt es oftmals ein ???.
E Mit deiner neuen Frisur siehst du richtig ??? aus.
F Um beim kommenden Fußballspiel gut zu sein, muss ich viel ???.
G Wir gehen heute in die ??? und kaufen ein.
H Um Bilder am Computer einzulesen, benötigt man einen ???.

ⓘ Fremdwörter aus dem Englischen und Französischen

Fremdwörter aus dem Englischen lassen sich im Deutschen neben der Aussprache auch an der Schreibung erkennen.
Folgende Endungen bzw. Buchstabenfolgen sind für englische Fremdwörter typisch:
-*y*: Hobb*y*;   -*oo*: c*oo*l;   -*ing*: Walk*ing*;   -*ea*: Fr*ea*k;   -*ity*: Interc*ity*
Folgende Endungen bzw. Buchstabenfolgen sind für französische Fremdwörter typisch:
-*eur*: Fris*eur*;   -*é*: Caf*é*;   -*eau*: Plat*eau*;   -*age*: Gar*age*;   -*oi*: Access*oi*re

Mündlichen und schriftlichen Sprachgebrauch unterscheiden

Wortschatzarbeit

1 Diese kleine Geschichte von einem Unfall hat Marcel in der Klasse erzählt.
a) Hört euch die Audiodatei an oder lest euch die Geschichte so vor, wie sie dasteht.
Bei den Pünktchen müsst ihr immer eine kleine Pause machen.

🔊 **Portal**
WES-122961-059

> *Wir warn mal aufer Autobahn. Wir verreisen ähm nämlich viel ... wir sind schon oft verreist. Und einmal, da mussten wer vonner Autobahn ab. Und da war son ... son Lastwagen. Mit'm andern ist der zusammengekracht. Und der ... dann war der ... der Anhänger von dem Lastwagen ähm, der war quer aufa Straße. Direkt auf unser Bahn. Und da konnten wir nich weiterfahrn. Sind wir runter vonner Autobahn und nach München und ähm dann nach ... nach ... ach ich weiß nich mehr. Und dann sind wir nach Hause gefahrn. War schon stockduster.*

b) Erklärt, woran ihr merkt, dass Marcel diese Geschichte nicht geschrieben, sondern mündlich erzählt hat.
c) Findet mithilfe des Merkkastens im obigen Text Beispiele für das mündlichen Erzählen. Schreibt sie dann so auf:
unvollständiger Satz = Direkt auf unser Bahn.

2 Alle Menschen sprechen anders, als sie schreiben.
Unterhaltet euch darüber, woran das liegen mag.

3 Marcel sollte seine Geschichte später aufschreiben.
Das ist dabei herausgekommen.

Ein Unfall

Auf der Rückfahrt aus den Ferien fuhren wir auf der Autobahn. Auf einmal stand da ein Lkw, der mit einem anderen zusammengestoßen war. Der Anhänger des Lkws hatte sich dabei so gedreht, dass er unsere Spur vollkommen blockierte. Wir standen deshalb erst einmal im Stau und konnten nicht weiterfahren. Mein Vater hatte jedoch die Idee, bei der nächsten Ausfahrt die Autobahn zu verlassen, um auf der Landstraße weiterzufahren. Wir fuhren dann zwar einen Umweg über München und kamen erst im Dunkeln zu Hause an, aber im Stau mussten wir dann nicht mehr stehen.

4.1. Zwischen Standard- und Umgangssprache sowie zwischen mündlichem und schriftlichem Sprachgebrauch unterscheiden – Sprachbewusstsein vertiefen

WES-122961-060

4 Findet heraus, wie sich Marcels geschriebener Text von dem mündlich erzählten unterscheidet.
Beachtet dabei sowohl die Satzlänge als auch den Satzaufbau und die Wortwahl. Tragt eure Ergebnisse in der Klasse zusammen.

5 In dem folgenden Text ist das, was der Schüler mündlich und in der Umgangssprache erzählt hat, mit Sätzen, die er später in der Standardsprache aufgeschrieben hat, vermischt.
Lest den Text laut vor oder hört euch die Audiodatei an.

Ein Unfall mit dem Skateboard

a) Einmal fuhr ich mit dem Skateboard auf dem Hof herum.
b) Und da bin ich hingeflogen, weil ich die Kurven immer so schnell kratze.
c) Und nachher hab ich ne kleine Schramme im Fuß dringehabt.
d) Am nächsten Tag fuhr ich wieder.
e) Und da bin ich … da hab ich mir 'n richtiges Loch reingerissen.
f) Und dann hat es zu eitern angefangen und da ham wir zum Doktor müssen.
g) Und der hat denne gesagt, dass er das … so irgendwie nähen muss.
h) Der Doktor nähte die Wunde.
i) Und dann hab ich da so 'nen komischen … das hat so geklebt … so 'nen Verband drumgekriegt.
j) Ich musste noch einige Male ins Krankenhaus.
k) Denn der Verband musste … wie sagt man? … musste immer wieder mal gewechselt werden.
l) Die Wunde ist aber bald geheilt.

w 6 Wähle im Folgenden zwischen a) oder b) aus.
a) Finde heraus, welche Sätze in dem Text aus Aufgabe 5 gesprochen und welche aufgeschrieben wurden. Begründe deine Meinung.
b) Schreibe die mündlich erzählten Sätze aus Aufgabe 5 so um, dass sie in einen schriftlichen Text passen. Der Merkkasten hilft dir dabei.

ⓘ Mündliche und schriftliche Sprache

1. Wenn du etwas **mündlich** wiedergibst, hast du **wenig Zeit** zum Überlegen. Deswegen sind deine Sätze manchmal **unvollständig** und grammatisch **unvollkommen**. Auch benutzt du dabei oft Ausdrücke der **Umgangssprache** und **Störlaute** (z. B. „äh", „ähm"). Zudem werden beim mündlichen Erzählen **Sprechpausen** gemacht, einzelne Wörter **wiederholt**, Wörter **verkürzt** oder **zusammengezogen** und oftmals **gleiche Satzanfänge** benutzt.
2. Wenn du etwas **schriftlich** wiedergibst, hast du **viel Zeit** zum Überlegen. Deswegen sind deine Sätze meistens **vollständig** und grammatisch **richtig**. Ausdrücke der Umgangssprache werden dabei kaum verwendet.

4.1. Zwischen Standard- und Umgangssprache sowie zwischen mündlichem und schriftlichem Sprachgebrauch unterscheiden – Sprachbewusstsein vertiefen

Überprüfe dein Wissen und Können

Wortschatzarbeit

1 Untersuche den Wortstamm folgender Wörter.
*Spielplatz entschuldigen schuldig abspielen
bezahlen Zahlung Mitspieler gezählt
Spielgeld Schuldner Spielschulden Zahltag*
a) Finde heraus, welche zusammengehören.
b) Lege eine Tabelle an und trage die Wörter nach Wortfamilien geordnet ein.
c) Ergänze jede Spalte der Tabelle mit mindestens drei weiteren Wörtern.

2 Im Folgenden sind die Wörter der Wortfelder *hören*, *arbeiten* und *sehen* durcheinander geraten.
a) Schreibe sie geordnet nach diesen Wortfeldern auf.
schuften, gucken, vernehmen, blinzeln, sich beschäftigen, lauschen, horchen, schauen, sich plagen, die Ohren spitzen, zupacken, beobachten, blicken, zuhören, betrachten, sich abmühen, glotzen
b) Erkläre, wobei dir diese Wortfelder helfen.

3 Schreibe zu den folgenden Adjektiven des Wortfeldes *klug* sinnvolle Sätze.
clever schlau intelligent gescheit begabt fähig talentiert genial

4 Finde heraus, welche der folgenden Fremdwörter aus dem Englischen sind, und bilde damit sinnvolle Sätze.
Garage Looping Shopping Friseur Toilette Shampoo Camping Café

5 In den folgenden Sätzen, die von Schülern auf dem Pausenhof gesprochen wurden, befinden sich einige umgangssprachliche Ausdrücke und Wendungen, die du im Schriftlichen gar nicht oder weniger verwenden würdest. Finde sie heraus und ersetze sie mit einem Ausdruck, den du im Schriftlichen eher gebrauchen würdest. Schreibe die Sätze dann auf.

a) „Ham wir heute in der dritten Stunde Deutsch oder äh Biologie?"
b) „Nervt mich voll an. Schon wieder ne 4 in Mathe!"
c) „Ich kann heut nicht mit zum Sport. Muss noch was für Englisch büffeln!"
d) „Ich hab son komisches Gefühl. Schreiben bestimmt ne Ex in Erdkunde!"

6 Begründe mit einem Beispiel, welcher der folgenden Sätze richtig ist:

a) Wortfelder helfen mir dabei, richtig zu schreiben und meine Texte abwechslungsreich zu gestalten.
b) Wortfamilien helfen mir dabei, richtig zu schreiben und meine Texte abwechslungsreich zu gestalten.

4.1. Zwischen Standard- und Umgangssprache sowie zwischen mündlichem und schriftlichem Sprachgebrauch unterscheiden – Sprachbewusstsein vertiefen   4.2. Wortfamilien und Wortfelder bilden

WES-122961-061

NEUES ENTDECKEN – EINSICHTEN GEWINNEN

Satzglieder

Portal
WES-122961-062

1 Entschlüsselt die folgenden Nachrichten.
   a) Schreibt die Wörter dazu jeweils auf einzelne Zettel oder nutzt die Vorlage im Portal. Ordnet die Wörter dann so, dass ein sinnvoller Satz entsteht.
   b) Vergleicht eure Nachrichten untereinander und tauscht euch darüber aus, wie viele Möglichkeiten ihr gefunden habt.

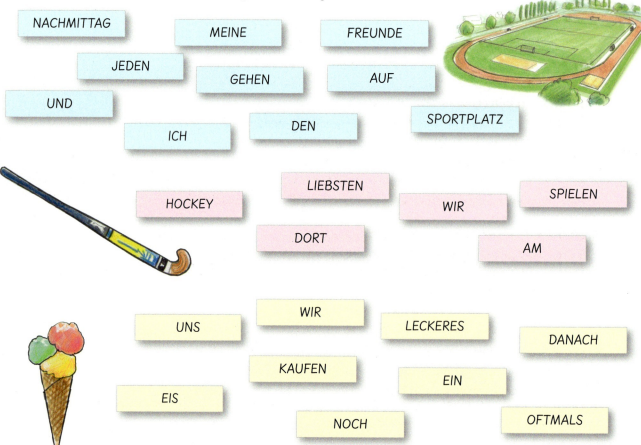

2 Überlegt euch selbst Sätze, die beschreiben, was ihr am liebsten nachmittags macht. Schreibt die einzelnen Wörter ebenfalls auf verschiedene Zettel und lasst sie von eurem Sitznachbarn zusammensetzen.

In diesem Kapitel lernst du (,) …
- *Satzglieder mit der Umstell- und der Ersatzprobe zu ermitteln.*
- *mit der Umstell- und Ersatzprobe Sätze in eigenen Texten besser aufeinander zu beziehen und dadurch deinen sprachlichen Ausdruck zu verbessern.*
- *welche Satzglieder es im Deutschen gibt und wie du diese bestimmst.*

Satzglieder

Satzglieder ermitteln mit der Umstellprobe

1 Die Sätze im folgenden Text werden immer doppelt angeboten.
 a) Lest euch die Sätze erst einmal in Ruhe durch.
 b) Obwohl die Sätze a) und b) jeweils genau dieselben Wörter enthalten, unterscheiden sie sich. Erklärt das.

Training lohnt sich!

1 a) Sonja ist schon seit zwei Jahren Mitglied im Schwimmverein.
  b) Schon seit zwei Jahren ist Sonja Mitglied im Schwimmverein.
2 a) Sie nimmt mit ihrer Mannschaft häufig an Wettkämpfen teil.
  b) An Wettkämpfen nimmt sie häufig mit ihrer Mannschaft teil.
3 a) Zum Training geht sie deswegen zweimal in der Woche.
  b) Deswegen geht sie zweimal in der Woche zum Training.
4 a) Am letzten Sonntag hat sie den ersten Erfolg gehabt.
  b) Den ersten Erfolg hat sie am letzten Sonntag gehabt.
5 a) Sie war beim Schwimmwettkampf von allen die Schnellste.
  b) Die Schnellste von allen war sie beim Schwimmwettkampf.

2 Wende mithilfe des Merkkastens die Umstellprobe an.
 a) Schreibe die Sätze 1–5 dazu jeweils in zwei weiteren Varianten auf.
 b) Trenne die einzelnen Satzglieder durch senkrechte Striche voneinander ab.
 c) Schreibe die Anzahl der ermittelten Satzglieder in Klammern hinter den Satz.

3 Schreibe eine eigene abwechslungsreichere Version des Textes „Training lohnt sich!".
Nutze dazu die Originalsätze und deine Umstellungen aus Aufgabe 2.

4 Lest euch die beiden folgenden Sätze durch.
 a) Erklärt mithilfe des Merkkastens, worin der Unterschied zwischen den Sätzen besteht.
 b) Stellt Satz A so um, dass sich der Sinn nicht ändert. Es gibt zwei Möglichkeiten.

A Katzen jagen nachts am liebsten Mäuse.   **B** Mäuse jagen nachts am liebsten Katzen.

> ### ⚠ Satzglieder mit der Umstellprobe ermitteln
>
> Satzglieder kannst du durch die Umstellprobe ermitteln. Die Teile eines Satzes, die du umstellen kannst und die dabei zusammenbleiben, heißen **Satzglieder**.
> *Igel | fressen | am liebsten | Schnecken. – Am liebsten | fressen | Igel | Schnecken.*
> Achtung: Bei einer Umstellprobe darf sich **nur die Betonung des Satzes** verändern, nicht aber der Sinn. So etwas ist also nicht sinnvoll: *Schnecken fressen am liebsten Igel.*

4.2. Satzgliedgrenzen durch die Anwendung der Umstellprobe identifizieren –
Satzglieder bewusst umstellen, um Texte dem Schreibanlass entsprechend zu formulieren

Satzglieder

Satzglieder ermitteln mit der Ersatz- oder Umstellprobe

Neben der Umstellprobe könnt ihr auch mit der Ersatzprobe ermitteln, welche Wörter eines Satzes zu einem Satzglied gehören.

1 Lest euch die Sätze a) – g) aufmerksam durch.

a) Der Bergsteiger erreichte den Gipfel.
b) In den Ferien fliegen wir nach Ägypten.
c) Am liebsten lese ich Comics.
d) Die Suppe schmeckt lecker.
e) Der Gärtner goss am Nachmittag die Blumen.
f) Am Himmel scheint die Sonne.
g) Meine Büchertasche ist heute sehr schwer.

2 Führt dann mithilfe des Merkkastens die Ersatzprobe bei den Sätzen a) – g) durch.
- Für die Sätze a) – c) sind schon Satzglieder unterstrichen.
- Für die Sätze d) – g) müsst ihr selbst ein Satzglied auswählen.
Schreibt die neu entstandenen Sätze auf.

W 3 Wähle im Folgenden zwischen a) oder b) aus.
a) Ermittle mit der Umstellprobe, aus wie vielen Satzgliedern die Sätze a) – g) bestehen.
Schreibe so: *Der Bergsteiger | erreichte | den Gipfel.* (3)
b) Ermittle mit der Ersatzprobe, welche Wörter in den Sätzen a) – g) zu einem Satzglied gehören.
Schreibe so: *Er | erklomm | den Berg.* (3)

ⓘ Satzglieder mit der Ersatzprobe ermitteln

Mithilfe der Ersatzprobe kannst du erkennen, welche **Wörter eines Satzes zu einem Satzglied gehören**. Als Satzglieder stellen sich hierbei Wörter oder Wortgruppen heraus, die sich durch andere Wörter oder Wortgruppen **ersetzen** lassen:
Die Kinder | gehen | lachend | in die Pause. → *Sie | gehen | lachend | in die Pause.*
Die Wortgruppe *Die Kinder* bildet ein Satzglied, da sie durch das Wort *sie* ersetzt werden kann: *Im Garten | stehen | bunte Blumen.* → *Dort | stehen | bunte Blumen.*
Die Wortgruppe *Im Garten* bildet ein Satzglied, da sie sich durch das Wort *dort* ersetzen lässt.
Achtung: Das ersetzte Satzglied steht immer im gleichen Kasus wie das Satzglied, welches ersetzt wurde.

4.2. Satzgliedgrenzen durch die Anwendung der Umstell- und Ersatzprobe identifizieren – Satzglieder bewusst umstellen, um Texte dem Schreibanlass entsprechend zu formulieren

Satzglieder

Texte mit der Umstell- und Ersatzprobe sprachlich verbessern

Die Schüler der Klasse 5 haben Kärtchen geschrieben,
auf denen sie sich gegenseitig ihre Hobbys vorstellen.

1 Lest euch Annas Kärtchen durch und beschreibt, wie es auf euch wirkt.

> Ich heiße Anna Polheim.
> Ich habe als Hobby das Gitarrespielen.
> Ich treffe mich <u>in meiner Freizeit</u> aber auch oft mit Freunden.
> Ich spiele manchmal auch Fußball mit meinen Geschwistern.
> Ich treffe mich einmal in der Woche mit meinem Chor zum Singen.
> Ich gehe am Wochenende gerne ins Kino.

2 Schreibe Annas Text neu auf. Stell dabei ihre Sätze um.
In einigen Sätzen sind die Teile bereits unterstrichen, die an den Satzanfang verschoben werden sollen. In anderen musst du selbst entscheiden.

3 Der folgende Text zu der Bildergeschichte kann noch verbessert werden.
Schreibe den Text neu in dein Heft.
Stelle dabei immer ein anderes Satzglied an den Anfang.

Herr Knopp und der Radfahrer

a) Herr Knopp ging eines Tages noch ein Stück spazieren.
b) Er sah plötzlich einen Reißnagel mitten auf der Straße liegen.
c) Er bückte sich gerade und wollte ihn aufheben.
d) Er hörte in diesem Augenblick das Klingeln eines Radfahrers.
e) Er trat erschrocken einen Schritt beiseite.

4 Schreibe die Bildergeschichte nun zu Ende (Bild 4 und 5).
Achte dabei darauf, dass der Text nicht so eintönig klingt.

*4.2. Satzgliedgrenzen durch die Anwendung der Umstell- und Ersatzprobe identifizieren –
Satzglieder bewusst umstellen, um Texte dem Schreibanlass entsprechend zu formulieren*

Sprache und Sprachgebrauch

🔊 **Portal**
WES-122961-063

5 Michaela hat eine Erzählung in ihr Aufsatzheft geschrieben. Lasst euch den Anfang ihrer Geschichte vorlesen oder hört euch die Audiodatei an.

> *Das unheimliche Geräusch*
>
> *Im letzten Winter wollte ich meine beste Freundin Lara gegen Abend noch kurz besuchen. Meine beste Freundin Lara hatte in der Schule die letzten Tage gefehlt, weil Lara krank gewesen war. Ich machte mich gegen 17 Uhr auf den Weg zu Lara. Es war schon recht dunkel. Ich musste durch eine schlecht beleuchtete Straße gehen. Ich musste nach dem Gehen durch die schlecht beleuchtete Straße auch an einem Gartengelände vorbeilaufen. Plötzlich hörte ich von vorne ein unheimliches Geräusch. Was war das unheimliche Geräusch wohl? Es hörte sich an wie ein Scheppern und lautes Rasseln. Ich bekam Angst vor dem Scheppern und lauten Rasseln und versteckte mich hinter einer Mauer. Hinter der Mauer hörte ich das Geräusch aber immer stärker. Um die Ecke sah ich auf einmal einen breiten Schatten kommen. Vor dem breiten Schatten hatte ich immer mehr Angst. Mein Herz pochte bis zum Hals. Auf einmal sah ich, was es war.*

6 Michaelas Text klingt noch recht eintönig und stellenweise sehr holprig.
Verbessere ihren Aufsatz mithilfe des Merkkastens.
Wende in einigen Sätzen die Ersatz- und in anderen die Umstellprobe an, damit sich ihre Geschichte abwechslungsreicher und flüssiger anhört.

✱ **7** Schreibe Michaelas Aufsatz nun zu Ende.
Achte dabei darauf, dass du sprachlich abwechslungsreich formulierst.

⚠ Mit der Umstellprobe und der Ersatzprobe Texte sprachlich verbessern

Ein Text wirkt lebendiger, wenn du die **Reihenfolge der Satzglieder** in den Sätzen abwechselst. Dies erreichst du mit der Umstellprobe. Mit dieser Probe kannst du Texte verbessern, sodass sie **weniger eintönig** klingen. Satzglieder, die dabei am Anfang des Satzes stehen, werden meist besonders betont.
Ich | spiele | am liebsten | Fußball. → Am liebsten | spiele | ich | Fußball.
Ich | mag | Tischtennis | nicht. → Tischtennis | mag | ich | nicht.
Auch mit der Ersatzprobe kannst du Texte **abwechslungsreicher** und **lebendiger** schreiben. Ersetze dabei Wortwiederholungen durch einen gleichbedeutenden Ausdruck.
Ich spiele Handball im Verein. Im Verein sind auch viele meiner Freunde.
Ich spiele Handball im Verein. Dort sind auch viele meiner Freunde.

4.2. Satzgliedgrenzen durch die Anwendung der Umstell- und Ersatzprobe identifizieren – Satzglieder bewusst umstellen, um Texte dem Schreibanlass entsprechend zu formulieren

Satzglieder

Das Subjekt

1 Die folgenden Sätze sind unvollständig. So ergeben sie keinen Sinn.
Setze jeweils eines der Satzglieder aus dem *Wortspeicher* ein,
sodass ein sinnvoller Text entsteht:
Lotte – es – sie – die Zeit – beide – sie – Lottes Herz – ihre Freundin Tabea

Krankheit ist langweilig!

a) ??? kränkelt ein bisschen und langweilt sich.
b) ??? sitzt am Fenster und schaut auf die Straße.
c) ??? läutet plötzlich.
d) ??? pocht.
e) ??? läuft über den Flur.
f) ??? erscheint.
g) ??? spielen zusammen.
h) ??? vergeht nun sehr schnell.

2 Das eingesetzte Satzglied nennt man „Subjekt".
Notiere, wie du nach diesem Satzglied fragen würdest.
Begründe dann, weshalb ein Subjekt für das Verständnis eines Satzes wichtig ist.

3 Finde heraus, welche der Sätze oben sich umstellen lassen.

4 Ermittle mithilfe des Merkkastens im folgenden Text alle Subjekte.
Schreibe den Text dazu ab und unterstreiche die Subjekte blau.

Gipsbein

In der Schule hatte Manuel neulich richtig Pech. Er wollte in der großen Pause schnell zum Bäcker laufen. Die Apfeltaschen sind dort besonders lecker. Auf der Treppe übersah er dabei eine Stufe. Mit voller Wucht fiel der Schüler hin. Daraufhin schmerzte sein Bein furchtbar. Seine Mitschüler kümmerten sich sofort um ihn. Der herbeigerufene Arzt stellte später einen Beinbruch fest. Nun trägt der 11-Jährige einen Gips. Dieser wird erst in drei Wochen wieder abgenommen.

✱ 5 Füge dem Text noch drei Sätze hinzu und bestimme auch bei diesen das Subjekt.

> ⓘ **Das Subjekt**
>
> Das Subjekt ist ein **notwendiger Bestandteil** eines vollständigen Satzes und **gibt an, wer etwas tut oder mit wem etwas geschieht**. Es kann aus einem oder mehreren Wörtern bestehen (Nomen oder Pronomen im Nominativ).
> Du ermittelst das Subjekt mit den Fragen **wer?** oder **was?**
> *Lotte* kränkelt. → Wer oder was kränkelt? *Lotte*

Satzglieder

Das Prädikat

Portal
WES-122961-064

1 Schreibe die folgenden Sätze ab oder nutze die Vorlage im Portal. Markiere in jedem Satz mit roter Farbe, was getan wird oder passiert:
a) Lotte *fehlte* in der Schule drei Tage lang. b) …

Lotte ist wieder gesund

a) Lotte fehlte in der Schule drei Tage lang.
b) Sie war krank.
c) Sie erholte sich aber bald wieder.
d) Tabea besuchte sie jeden Tag zu Hause.
e) Sie hat ihr manchmal dort etwas vorgelesen.
f) Einmal spielten sie Uno.
g) Lotte gewann das Spiel.
h) Gesund kommt sie nach drei Tagen wieder in die Schule.
i) Sie hat aber ihren Entschuldigungszettel vergessen.
j) Die Lehrerin sagt freundlich zu ihr:
k) „Du musst den morgen unbedingt mitbringen!"
l) Lotte verspricht es ihr hoch und heilig.

2 Vergleicht eure Markierungen der Sätze e), i) und k) mit den Markierungen in den anderen Sätzen untereinander. Beschreibt, was euch auffällt.

3 Das Satzglied, das du in Aufgabe 1 rot markiert hast, nennt man Prädikat. Erkläre, mit welcher Wortart es gebildet wird und an welcher Satzgliedstelle es in Aussagesätzen immer steht.

4 Trenne mithilfe der Umstellprobe die einzelnen Satzglieder in den Sätzen a) – l) voneinander ab.

5 Unterstreiche in deinem abgeschriebenen Text alle Subjekte blau.

✱ 6 Schreibe vier Sätze zum Thema „Das mache ich am liebsten in meiner Freizeit". Unterstreiche in allen das Subjekt mit blauer und das Prädikat mit roter Farbe.

4.2. Satzglieder bewusst umstellen, um Texte dem Schreibanlass entsprechend zu formulieren – Subjekt und Prädikat als notwendige Bestandteile eines vollständigen Satzes erkennen

7 Schreibe folgende Sätze ab und setze dabei das Prädikat im Präsens an der richtigen Stelle ein. Markiere es rot.
Orientiere dich am Beispiel.

Lottes Urlaub in den Bergen

a) Nach ihrer Krankheit Lotte mit ihren Eltern in den Urlaub. (fahren)
   Nach ihrer Krankheit fährt Lotte mit ihren Eltern in den Urlaub.
b) Im Bayerischen Wald sie am ersten Tag mit ihnen in den Bergen. (wandern)
c) Mühsam Lotte die steilen Hänge. (hinaufklettern)
d) Dort sie die schöne Aussicht. (genießen)
e) Ihr Vater ihr sogar ein leckeres Eis. (kaufen)
f) Am späten Nachmittag die Familie wieder. (herabsteigen)
g) Am nächsten Tag Lotte traurig. (sein)
h) Es wie aus Eimern. (regnen)
i) Ihre Eltern sie jedoch wieder. (aufmuntern)
j) Denn sie mit ihr das schöne Schwimmbad. (besuchen)

W 8 Wähle im Folgenden zwischen a) oder b) aus.
a) Trenne die einzelnen Satzglieder in den Sätzen a) bis j) ab. Unterstreiche das Subjekt blau. Schreibe so:
   Nach ihrer Krankheit | fährt | Lotte | mit ihren Eltern | in den Urlaub.
b) Bilde mit den Verben im *Wortspeicher* drei sinnvolle Sätze zum Thema „Ein Ferientag mit meinem besten Freund / meiner besten Freundin". Schreibe sie in dein Heft und markiere die Prädikate rot, unterstreiche die Subjekte blau. Schreibe so:
   In unseren Ferien | fuhren | Nils und ich | mit einer Feriengruppe | weg | an die Nordsee.

hochspringen, umdrehen, weglaufen, dazwischenkommen, wegschwimmen, abbeißen, andeuten, nachgeben, wegfahren, auslachen

ⓘ Das Prädikat

Das Prädikat ist ein **notwendiger Bestandteil** eines vollständigen Satzes und **sagt aus, was getan wird oder was geschieht**. Es wird aus **Verben** gebildet. Das Prädikat kann aus einem oder mehreren Wörtern (**zweiteiliges Prädikat**) bestehen:
Lotte geht gerne in die Schule.
Sie liest im Deutschunterricht gerne Gedichte vor.
In Aussagesätzen steht das Prädikat immer an zweiter Satzgliedstelle.

4.2. Satzglieder bewusst umstellen, um Texte dem Schreibanlass entsprechend zu formulieren –
Subjekt und Prädikat als notwendige Bestandteile eines vollständigen Satzes erkennen

Satzglieder

Die Objekte im Dativ und Akkusativ

1 Schreibe die Sätze a) – h) ab und ergänze jeweils das passende Objekt aus dem *Wortspeicher*, sodass die Sätze einen Sinn ergeben.

a) Der Detektiv stellt *???*
b) Die Radfahrerin weicht *???* aus.
c) Der Junge geht mutig *???* entgegen.
d) Die Fans hören *???* im Stadion zu.
e) Die Radfahrerin beachtet *???*
f) Der Junge fürchtet *???*
g) Der Detektiv lauert *???* auf.
h) Die Fans hören *???* im Stadion singen.

dem Fußgänger
dem bellenden Hund
dem Kaufhausdieb
dem Sänger
den Fußgänger
den bellenden Hund
den Kaufhausdieb
den Sänger

2 Erklärt, mit welchen Fragewörtern ihr feststellen könnt, ob es sich bei den eingesetzten Objekten um ein Dativ- oder ein Akkusativobjekt handelt. Der Merkkasten hilft euch dabei. Markiert dann die verschiedenen Objekte in euren abgeschriebenen Sätzen jeweils in anderen Farben.

3 Setze beim Abschreiben der folgenden Sätze die Dativ- oder Akkusativobjekte im *Wortspeicher* sinnvoll ein und unterstreiche sie mit verschiedenen Farben.

ihrem Sohn,
dem Schüler,
die Aufgabe,
einen Text,
eine Medizin,
seinem Publikum,
einen Gürtel,
dem Kranken

Wem? Wen oder was?

a) Die Mutter schenkte (wem?) (wen/was?) zum Geburtstag.
b) Der Schauspieler liest (wem?) (wen/was?) vor.
c) Die Ärztin flößt (wem?) (wen/was?) ein.
d) Der Lehrer erklärt (wem?) (wen/was?).

✱ **4** Schreibe nun selbst drei Sätze zum Thema „Mein Geburtstag", die unterschiedliche Objekte enthalten, und unterstreiche sie ebenfalls mit verschiedenen Farben.

ⓘ Die Objekte

Viele Prädikate fordern außer dem Subjekt noch weitere Ergänzungen. Solche Ergänzungen können Objekte sein. Sie vervollständigen den Satz:
- Das **Dativ-Objekt** ermittelst du mit der Frage **wem?**:
  Ich helfe (wem?) meinem Freund.
- Das **Akkusativ-Objekt** ermittelst du mit der Frage **wen?** oder **was?**:
  Ich unterstütze (wen?) meinen Freund.
  Ich suche (was?) meinen Schlüssel.

4.2. Dativ- und Akkusativobjekt unterscheiden

Satzglieder

Die Adverbiale

1 Lotte hat ihre Freundin Tabea mit einer Karte zum Geburtstag eingeladen. Doch leider hat Tabea die Karte versehentlich im Regen liegen lassen.
a) Lest euch die Einladung aufmerksam durch.
b) Begründet, warum Lottes Einladung nun kaum noch verständlich ist.

c) Schreibe den Text von Lottes Karte neu auf.
Setze dabei die Satzglieder aus dem *Wortspeicher* an der richtigen Stelle ein, sodass der Text wieder verständlich wird.
d) Unterstreiche die Satzglieder, die du eingesetzt hast.
Verwende für die Zeit- und Ortsangaben unterschiedliche Farben.

um 15.00 Uhr   am 8. März
zuerst   gegen 20 Uhr
auf die Bowlingbahn
dort   zu mir nach Hause

2 Lest die Sätze A – D.
A Ich komme <u>aus Regensburg</u>.
B <u>Dort</u> wohnten wir <u>früher</u>.
C Ich ging <u>in dieser Stadt</u> zur Grundschule.
D Wir sind <u>letztes Jahr</u> umgezogen.

a) Erklärt, mit welchem Fragewort ihr das unterstrichene Satzglied ermitteln könnt.
b) Die unterstrichenen Satzglieder sind Adverbiale.
Klärt mithilfe des Merkkastens, ob in den Sätzen A bis D jeweils ein Temporaladverbial oder ein Lokaladverbial verwendet wird.
c) Schreibt die Sätze dann neu auf.

A Ich komme <u>aus Regensburg</u> → **Woher** komme ich?
  <u>aus Regensburg</u> (= Lokaladverbial)

4.2. Lokal- und Temporaladverbiale richtig verwenden, um Ort und Zeit der Handlung zu konkretisieren

Sprache und Sprachgebrauch

3 Lies die Sätze E – H.

E Wir wohnen heute in Würzburg.
F Ich besuche in dieser Stadt die Realschule.
G Ich gehe morgens zum Bus.
H Ich fahre mit ihm dann in die Schule.

a) Ermittle auch hier die Adverbiale und schreibe sie nach dem Muster von Aufgabe 2 auf.
b) Schreibe aus den Sätzen A – H einen Text, der abwechslungsreich klingt. Verwende dazu die Umstellprobe.

W 4 Wähle im Folgenden zwischen Aufgabe a) oder b) aus.
a) Vervollständige die folgenden Sätze beim Abschreiben mit dem entsprechenden Adverbial aus dem *Wortspeicher*.
Notiere in Klammern dahinter, um welche Art des Adverbials es sich jeweils handelt.

A Die Schüler versammeln sich zu Unterrichtsbeginn *???*.
B Der Lehrer steht *???* und begrüßt die Kinder.
C *???* werden die Hausaufgaben gemeinsam verbessert.
D Auch die Satzglieder werden *???* genau wiederholt und geübt.
E *???* schreiben die Schüler darüber eine Schulaufgabe.

*in einer Woche
anschließend,
vor der Klasse
in dieser Stunde
im Klassenzimmer*

b) Schreibe drei Sätze mit verschiedenen Lokal- und Temporaladverbialen aus dem *Wortspeicher* oben auf.
Gib in Klammern an, um welche Art des Adverbials es sich jeweils handelt.

ⓘ Adverbiale bestimmen

Adverbiale sind Satzglieder, die etwas über Zeit und Ort aussagen:
– **Temporaladverbiale** (Adverbiale der Zeit) kannst du mit **wann, seit wann, wie lange** erfragen:
Niklas war letztes Jahr (wann?) Grundschüler.
Er besucht seit Kurzem (seit wann?) die Realschule.
Er besucht die Schule voraussichtlich sechs Jahre lang (wie lange?).
– **Lokaladverbiale** (Adverbiale des Ortes) kannst du mit **wo, wohin, woher** erfragen:
Er kommt aus Erlangen (woher?).
Er zog nach Würzburg (wohin?).
Er wohnt dort (wo?).

Satzglieder

Satzglieder erkennen und einfügen

1 Setze beim Abschreiben des folgenden Textes die Objekte und Adverbiale aus dem *Wortspeicher* an der passenden Stelle ein.

*einen Esel, dem Tier, auf seinen Rücken, auf seinem Platz,
einen Klaps, in ihrem Garten, den Esel, ihren Eltern*

Der Esel meiner Freundin

A Meine Freundin Nicola hat *(wen oder was?) ???*.
B Der steht meistens *(wo?) ???* und gehört *(wem oder was?) ???*.
C Aber man kann *(wen?) ???* auch reiten.
D Man klettert dann einfach *(wohin?) ???*.
E Dann gibt man *(wem?) ??? (wen oder was?) ???*.
F Meistens bleibt der Esel aber *(wo?) ???* stehen und streikt.

2 Kennzeichne anschließend in jedem Satz die Subjekte blau, die Prädikate rot, die unterschiedlichen Objekte (Dativ und Akkusativ) und Adverbiale (Lokal und Temporal) mit verschiedenen Farben.

3 Hier seht ihr, wie die Geschichte weitergeht.
 • Setze die Wörter in den Klammern im richtigen Kasus ein.
 • Denke auch an den (bestimmten oder unbestimmten) Artikel.
Beispiel: G *Dann muss man … gut zureden.* (**Tier**)
            *Dann muss man **dem Tier** gut zureden.*

G Dann muss man *???* gut zureden. (**Tier**)
H Das kann mehrere Minuten lang oder *???* dauern. (**ganzer Nachmittag**)
I Vielleicht setzt er *???* dann langsam vor den anderen. (**Fuß**)
J Einmal ist uns *???* ausgebrochen. (**Esel**)
K Er ging auf die Straße und legte dort *???* lahm. (**ganzer Verkehr**)
L Wir mussten erst *??? ???* geben, damit es die Straße freigab. (**Tier, Klaps**)
M Auch diese Aktion dauerte fast *???*. (**halber Tag**)

Satzglieder

Überprüfe dein Wissen und Können

1 Entscheide, welche Satzglieder man mit den folgenden Fragen ermitteln kann.
  a) Wem?
  b) Wo?
  c) Wann?
  d) Wen oder was?
  e) Wer oder was?

2 Schreibe die folgenden Sätze ab.
  a) Ermittle mithilfe der Umstellprobe oder Ersatzprobe, aus wie vielen Satzgliedern die folgenden Sätze bestehen. Trenne sie voneinander mit Strichen ab.
   A Der Kater traf eines schönen Tages die Maus auf der Wiese.
   B Im Klassenzimmer der 5c herrscht immer ein großes Chaos.
   C Der Trainer meines Fußballvereines erklärt uns heute den aktuellen Spielplan.
   D Gehen wir heute Abend ins Kino?
  b) Bestimme nun die einzelnen Satzglieder des Satzes. Schreibe ihre jeweilige Bezeichnung darunter.

w 3 Wähle im Folgenden zwischen a) oder b).
  a) Stelle beim Abschreiben der Sätze E – H jeweils ein anderes Satzglied an den Anfang.
  b) Finde für die Sätze E – F jeweils zwei sinnvolle Möglichkeiten, ein anderes Satzglied an den Anfang zu stellen.

   E Mäuse fressen Marder und Eulen besonders gern.
   F Ihren Bau verlässt die Maus bei Kälte selten.
   G Ihre gesammelten Vorräte frisst sie dann auf.
   H Viele Kinder besitzen Mäuse auch als Haustiere.

4 Setze beim Abschreiben die Satzglieder aus dem *Wortspeicher* im richtigen Kasus ein.
   ihr Bruder   sein Vater   ein Besucher   ein Radfahrer   sein Opa

   I Susanne schenkt ??? ein T-Shirt zum Geburtstag.
   J Der Junge hilft ??? im Garten.
   K Die Polizistin beschreibt ??? den Weg.
   L Der Fußgänger musste ??? ausweichen.
   M Das Kind schreibt ??? eine Ansichtskarte.

4.2. Subjekt, Prädikat, Dativ- und Akkusativobjekt, Lokal- und Temporaladverbiale erkennen und richtig verwenden – Satzglieder bewusst umstellen, um Texte ansprechender zu formulieren

GELERNTES ÜBERPRÜFEN

5 Lies den folgenden Text und begründe, warum er noch nicht ganz gelungen ist.

Der verregnete Samstagnachmittag

Am vergangenen Samstag wollte ich mit meinem Freund Ruben ins Freibad gehen. Im Freibad ist es immer sehr lustig, denn sie haben im Freibad eine große Wasserrutsche. Die Wasserrutsche im Freibad ist 300 Meter lang und man ist auf der Wasserrutsche sehr schnell unterwegs. Leider regnete es an diesem Tag so stark, dass unser Plan buchstäblich ins Wasser fiel. Ruben rief mich an und Ruben war sehr enttäuscht. Ruben fragte, was wir denn als Alternative unternehmen könnten. Da kam mir die rettende Idee. Erst vor kurzem hat bei uns in der Nähe ein Bowling-Center eröffnet. Das Bowling-Center veranstaltet jeden Samstag extra für Jugendliche ein Training. Zum Training sind wir schließlich gegangen. So war es doch noch ein spaßiger Tag.

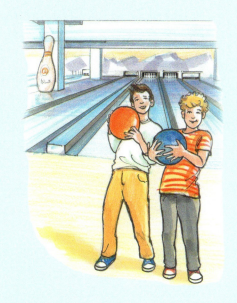

6 Verbessere den Text mit den Möglichkeiten, die du in diesem Kapitel kennengelernt hast. Weise deine Änderungen durch Unterstreichungen aus und erkläre, was du wie verändert hast.

7 Schreibe sinnvolle Sätze zum Thema „Sportfest an der Schule" nach folgenden Satzbauplänen in dein Heft.

a) Lokaladverbial / Prädikat / Subjekt / Akkusativobjekt.
b) Subjekt / Prädikat / Temporaladverbial / Dativobjekt / Akkusativobjekt.
c) Lokaladverbial / Prädikat / Subjekt / Akkusativobjekt / Prädikat.
d) Akkusativobjekt / Prädikat / Subjekt / Temporaladverbial.
e) Temporaladverbial / Prädikat / Subjekt / Akkusativobjekt / Lokaladverbial.
f) Dativobjekt / Prädikat / Subjekt / Temporaladverbial / Lokaladverbial / Akkusativobjekt.

✱ 8 Bilde aus den folgenden Sätzen Fragen:

a) Heute wird der heißeste Sommertag.
b) Der Lehrer gab uns keine Hausaufgaben auf.
c) Samira kommt nicht mit ins Freibad.
d) Ivan verreist in den Herbstferien nach Kroatien.

Welches Satzglied wandert dabei immer an den Anfang des Satzes?

 Portal

4.2. Subjekt, Prädikat, Dativ- und Akkusativobjekt, Lokal- und Temporaladverbiale erkennen und richtig verwenden – Satzglieder bewusst umstellen, um Texte ansprechender zu formulieren

NEUES ENTDECKEN – EINSICHTEN GEWINNEN

Sprache und Sprachgebrauch

Satzarten

PIA SPIELT NICHT MIT

1 Dieser Satz lässt sich auf dreierlei Weise sprechen:
a) Vanessa teilt mit, dass Pia nicht mitspielt.
b) Nils fragt, ob Pia nicht mitspielt.
c) Lisa ruft, dass Pia nicht mitspielt.
Probiert es aus!

2 Findet heraus, wie ihr die drei Arten zu sprechen beim Schreiben verdeutlichen könnt.

3 Denkt euch selbst Sätze aus, die ihr sowohl als Frage als auch als Ausruf und Aussage sprechen könnt.

In diesem Kapitel lernst du (,) …
- wann man einen Aussage-, Frage-, Ausrufe- und Aufforderungssatz verwendet.
- mit welchen Satzschlusszeichen man diese Sätze beendet.
- welche Merkmale ein Hauptsatz und ein Nebensatz besitzen.
- wie man eine Satzreihe und ein Satzgefüge bildet und dabei die Kommas richtig setzt.
- wie Nebensätze mit der Konjunktion „dass" gebildet werden.

Satzarten

Aussagen, Fragen, Ausrufe und Aufforderungen erkennen

1 Lies dir den folgenden Text zunächst einmal leise durch.

a)	Hinterhältig fragt das Fragezeichen den Punkt:	„Wie groß bist du eigentlich ▯"
b)	Und das Ausrufezeichen lästert:	„Dich sieht man ja kaum ▯"
c)	Das Fragezeichen setzt noch eins drauf:	„Wozu bist du eigentlich nütze ▯"
d)	Und das Ausrufezeichen brüllt:	„Ein Nichtsnutz ▯ Ein Taugenichts ▯"
e)	Der Punkt gibt den beiden erst einmal recht:	„Zugegeben, ich sehe wirklich nach nichts aus ▯"
f)	Das Fragezeichen fragt:	„Du gibst es also zu ▯"
g)	Da sagt der Punkt:	„Kein Problem ▯ Was bleibt mir übrig ▯"
h)	Höhnisch lacht das Ausrufezeichen:	„Nichts ▯ Du bist rein gar nichts ▯"
i)	Doch der Punkt ist listig:	„Wie oft kommt ihr beiden wohl in Texten vor ▯"
j)	Das Fragezeichen sagt zum Ausrufezeichen:	„Ich komme jedenfalls öfter als du vor ▯"
k)	Und das Ausrufezeichen schreit:	„Aber ich bin wichtiger ▯"
l)	Da muss der Punkt lachen:	„Geratet ihr euch jetzt etwa in die Haare ▯"
m)	Das Ausrufezeichen brüllt:	„Schweig ▯ Wo ich stehe, da wird gehorcht ▯"
n)	Und das Fragezeichen keift:	„Und wo ich stehe, da wird geantwortet ▯"
o)	Der Punkt muss grinsen:	„Aber wo ich stehe, ist die Geschichte zu Ende ▯"

2 Lest den Text nun mit verteilten Rollen. Ihr braucht vier Leser.
Achtet darauf, dass man aus den wörtlichen Reden heraushört,
ob darin eine Aussage getroffen, eine Frage gestellt oder ein Ausruf oder
eine Aufforderung getätigt wird.
Die Verben in den „Sprecher"-Sätzen helfen euch dabei.

Portal
WES-122961-066

3 Schreibe den Redeteil auf der rechten Seite ab und ergänze mithilfe
des Merkkastens die richtigen Satzschlusszeichen an den markierten Stellen.
<u>Achtung</u>: Manchmal sind auch mehrere Lösungen möglich.

ⓘ Aussage-, Frage-, Aufforderungs- und Ausrufesatz unterscheiden

Aussagesätze beendet man mit einem **Punkt**. Mit ihnen teilt man etwas mit oder stellt
etwas fest, z. B. *Ich gehe heute Abend ins Kino.*
Fragesätze beendet man mit einem **Fragezeichen**. Sie werden verwendet, wenn man etwas
wissen möchte, z. B. *Welche Hausaufgaben haben wir heute auf?*
Mit **Aufforderungssätzen** will man jemanden dazu bewegen, etwas Bestimmtes zu tun,
z. B. *Sprich bitte etwas lauter!*
Ausrufesätze benutzt man, wenn man ein Gefühl, eine Bitte oder einen Wunsch ausdrücken
möchte, z. B. *Ich würde heute gerne ins Kino gehen!* Aufforderungs- und Ausrufesätze werden
mit einem **Ausrufezeichen** beendet.

4.2. Unterschiedliche Satzarten erkennen und nutzen
4.3. Regeln der Zeichensetzung anwenden

Sprache und Sprachgebrauch

4 Die folgenden Sätze sehen alle wie Aussagesätze aus.
Doch einige davon könnten auch als Aufforderungssätze oder Ausrufesätze verstanden werden.

a) Entscheide mithilfe des Merkkastens, wie die Sätze 1–9 deiner Meinung nach zu verstehen sind.
Schreibe sie dann mit entsprechenden Satzschlusszeichen auf.

1) Ich habe heute keine Zeit, mit dir ins Kino zu gehen
2) Das Telefon hat geklingelt
3) Der Fernseher läuft heute schon den ganzen Tag
4) Die meisten meiner CDs habe ich von meinem Vater bekommen
5) Das Bild dort hängt ziemlich schief
6) Gestern hat Bayern München schon wieder gewonnen
7) Moritz und Marie kommen gleich vorbei
8) Das ist ein schönes Auto
9) Äpfel esse ich am liebsten

b) Überlege dir drei weitere Sätze und schreibe sie auf.
Setze dabei die Satzschlusszeichen so, dass klar wird, ob es sich um eine Aussage, eine Aufforderung oder einen Aufruf handelt.

c) Gib deine Sätze deinem Sitznachbarn zum Kontrollieren.

5 Die folgenden Sätze sehen alle wie Fragesätze aus.
Doch einige davon könnten auch als Aufforderungssätze oder Ausrufesätze verstanden werden.

a) Verdeutliche die verschiedenen Absichten, indem du die Sätze mit den passenden Satzschlusszeichen aufschreibst.

1) Kannst du mir bitte deinen Radiergummi leihen
2) Wie spät ist es
3) Bringt ihr bitte morgen eure Sportsachen mit
4) Warum hast du das bloß getan
5) Denkst du an unser Training morgen
6) Du magst doch Schokoladeneis
7) Was soll daran falsch sein
8) Räumst du dein Zimmer bitte auf
9) Weshalb sagst du so etwas

b) Tragt eure aufgeschriebenen Sätze in der Klasse vor.

4.2. Unterschiedliche Satzarten erkennen und nutzen
4.3. Regeln der Zeichensetzung anwenden

6 Bereitet zu zweit den folgenden Text für einen Lesevortrag in der Klasse vor.
- Schreibt dazu den Text zunächst ab und setzt an den richtigen Stellen passende Satzschlusszeichen ein.
- Denkt daran, dass ihr das erste Wort eines Satzes großschreiben müsst. Manchmal gibt es mehrere Möglichkeiten, die Sätze zu beenden.
- Probiert die verschiedenen Varianten aus.

→ **S. 26**
Vorlesezeichen

Portal
WES-122961-067

Welche Hausaufgaben waren nun auf

Gestern waren Felix und sein Freund Jonas mal wieder ratlos welche Hausaufgabe hat Frau Huber denn nun in Mathe aufgegeben sollten sie nun das Kopfrechnen auf dem Arbeitsblatt üben oder doch die Aufgaben zum Bruchrechnen im Buch erledigen sie wussten es nicht mehr, weil sie am Ende der Stunde nicht aufgepasst hatten sie sprachen über das gestrige Fußballspiel ihres Lieblingsvereins 1860 München so ein Pech aber auch sie überlegten gemeinsam, was sie nun tun könnten denn wenn sie die Hausaufgaben diesmal wieder nicht vorzeigen können, müssen sie beide nachsitzen plötzlich kam Jonas die rettende Idee „Komm, wir rufen Anna an die sitzt in der ersten Reihe und hat bestimmt mitbekommen, was zu tun ist", rief er laut schnell sprangen beide Jungs zum Telefon Anna konnte ihnen tatsächlich sagen, welche Hausaufgaben auf waren

✱ 7 Die Geschichte um Felix, Jonas und Anna geht noch weiter.
- Schreibe auch den letzten Teil ab und setze die passenden Satzschlusszeichen an der richtigen Stelle ein.
- Achte besonders auf Annas Tipp. Hier musst du zusätzlich die Zeichen der wörtlichen Rede einsetzen.

→ **S. 282ff.**
wörtliche Rede

Außerdem gab sie ihren Klassenkameraden noch einen Tipp Lernt eifrig wir schreiben mit Sicherheit in der nächsten Stunde eine Stegreifaufgabe dankbar legten Felix und Jonas auf ob Anna wohl Recht behalten wird mit ihrer Aussage

Satzarten

Hauptsätze verbinden: Satzreihe

1 Der folgende Bericht besteht nur aus Hauptsätzen.
Lest ihn laut vor und findet dabei die acht Hauptsätze.

Ein richtiges Schützenfest!

UNSERE MANNSCHAFT QUALIFIZIERTE SICH FÜR DAS FINALE WIR WAREN ALLE GLÜCKLICH ÜBER DIESEN ERFOLG WIR STELLTEN UNS SCHON AUF DEN PLATZ IN DIESEM MOMENT REGNETE ES DER SCHIEDSRICHTER SCHAUTE RATLOS DER HALBE SPORTPLATZ STAND UNTER WASSER DIE WOLKEN WAREN SCHWARZ DIE SONNE LIESS SICH NICHT BLICKEN

2 Schreibe den Text nun in richtiger Groß- und Kleinschreibung auf.
Setze dabei zwischen die einzelnen Sätze immer einen Punkt oder ein Komma.

→ S. 240f.
Prädikat

3 Unterstreiche in den Sätzen alle Prädikate rot.
Erkläre, an welcher Stelle sie immer stehen.

4 Du kannst zwei Hauptsätze auch miteinander verbinden,
indem du folgende Wörter einfügst:
und, oder, denn, aber, doch.
Man nennt diese Wörter Konjunktionen.
Probiere dies bei den Sätzen aus Aufgabe 1 mündlich.

5 Verbinde die Sätze a) – g) mithilfe der Konjunktionen aus Aufgabe 4.
- Schreibe die neu entstandenen Sätze auf.
- Beachte dabei die Anmerkungen im Merkkasten zur Kommasetzung.
- Kreise die verwendete Konjunktion anschließend ein.

a) Endlich hörte der Regen auf. Die Sonne schien wieder vom Himmel.
b) Die Mädchen des gegnerischen Teams wollten spielen. Sie ließen sich nicht sehen.
c) Dann kamen sie aber doch angetrabt. Der Schiedsrichter hatte sie holen lassen.
d) So konnte das Spiel doch noch beginnen. Es wurde ein richtiges Schützenfest.
e) Wir gewannen das Spiel. Einige Verletzte mussten wir leider auch beklagen.
f) Wir freuten uns trotzdem. Die letzten drei Spiele hatten wir verloren.
g) Haben wir das nächste Mal wieder Erfolg? Müssen wir eine Niederlage einstecken?

4.2. Merkmale von Hauptsätzen kennen – Funktion der Satzreihe kennen und nutzen
4.3. Regeln der Zeichensetzung anwenden

Kompetenzen aufbauen, üben und anwenden

W 6 Wähle im Folgenden zwischen a) und b) aus.
a) Formuliere aus den Hauptsätzen A – E eine Satzreihe.
Setze dabei entweder Kommas oder verwende passende Konjunktionen.

A Ich besitze viele Bücher. Ich lese gerne.
   Ich verbringe damit oft stundenlang Zeit.
B Ich spiele gerne Fußball. Ich spiele gerne Basketball.
   Ich bin sehr sportlich.
C Mathe ist mein Lieblingsfach. Ich kann gut rechnen.
   Ich finde Deutsch auch toll.
D Morgen besuche ich meine beste Freundin.
   Wir wollen in den Tierpark gehen.
   Wir gehen ins Schwimmbad.
E Bald sind Ferien. Mit meiner Familie fahren wir dann in die Berge.
   Ich wandere nicht gerne.

b) Schreibe den folgenden Text in dein Heft.
Setze dabei entweder einen Punkt oder ein Komma zwischen die Hauptsätze oder
verbinde sie mit einer geeigneten Konjunktion zu einer Satzreihe.
Denke daran, Satzanfänge großzuschreiben.

Die Mädchen der gegnerischen Mannschaft waren natürlich sehr traurig über ihre Niederlage konnten sie ja auch wirklich nicht glücklich sein über den Regen konnten sie es auch nicht gut gespielt hatten sie nicht das Wetter hatte ihnen die Laune verdorben so fuhren sie wieder ab wir winkten ihnen nach Mitleid hatten wir nicht mit ihnen wir haben selbst schon mit einigen Niederlagen umgehen müssen das gehört beim Sport einfach dazu es ist alles nur ein Spiel.

ⓘ Hauptsätze zu einer Satzreihe verbinden

Ein vollständiger Hauptsatz enthält immer ein Subjekt und ein Prädikat.
Das Prädikat oder der finite Teil des Prädikats steht in einem Aussagesatz an zweiter Satzgliedstelle. Einen Hauptsatz kann man auch daran erkennen, dass er alleine stehen kann.
Hauptsätze können zu einer **Satzreihe** verbunden werden. Diese besteht aus mindestens **zwei Hauptsätzen**, die meistens durch ein **Komma** voneinander getrennt sind:
Ich gehe in die Schule, ich möchte etwas lernen.
Konjunktionen, die zwei Hauptsätze miteinander verbinden, sind:
- **und** und **oder** (vor ihnen muss kein Komma stehen):
  Ich spiele Fußball (,) und ich gewinne oft.
- **denn**, **doch**, **aber** (vor ihnen muss ein Komma stehen):
  Im Fußballspielen bin ich stark, denn ich spiele seit fünf Jahren im Verein.

4.2. Merkmale von Hauptsätzen kennen – Funktion der Satzreihe kennen und nutzen
4.3. Regeln der Zeichensetzung anwenden

Satzarten

Haupt- und Nebensätze verbinden: Satzgefüge

1 Lest euch die folgenden Sätze vor. Macht immer dort eine Pause, wo ein Komma steht.

Computer

Kati verbringt viel Zeit zu Hause, seit sie einen eigenen Computer besitzt. Sie nimmt sich viel Zeit dafür, obwohl sie keine Anfängerin mehr ist. Sie meldet sich sofort, als eine Computer-AG angeboten wird. Sie beteiligt sich an der Herstellung der Klassenzeitung, nachdem sie die Programme beherrscht. Kati wünscht sich sehr einen Beruf als Programmiererin, da ihr Hobby ihr viel Spaß macht.

2 Wiederholt, an welcher Stelle das Prädikat in einem Aussagesatz steht.

3 Schreibe die Sätze aus Aufgabe 1 ab. Unterstreiche dabei das Wort, das unmittelbar nach dem Komma steht, und kreise das Wort am Ende des Satzes ein.
Beispiel: *Kati verbringt viel Zeit zu Hause, seit sie einen eigenen Computer besitzt.*

 Tipp
Lies dazu den Nebensatz einmal ohne den Hauptsatz.

4 Erkläre in Bezug auf den Hauptsatz vor dem Komma,
- wo im Nebensatz das Prädikat steht und
- was der Nebensatz nicht „kann".

5 Verschiebe die Nebensätze aus dem Text oben mithilfe des Merkkastens an den Anfang.
Beispiel: *Seit sie einen eigenen Computer besitzt, verbringt Kati viel Zeit zu Hause.*

6 Vergleicht eure Ergebnisse. Achtet dabei auf die Stellung der Kommas. Sprecht auch darüber, was mit dem Prädikat im Hauptsatz passiert.

ⓘ Haupt- und Nebensatz zu einem Satzgefüge verbinden

Einen **Nebensatz** erkennst du an folgenden Merkmalen:
- Am Anfang steht eine **Konjunktion** (*als, da, weil, nachdem, obwohl …*) oder ein **Relativpronomen** (*der, die, das, dem, den, welcher, welche, welches …*).
- Das **Prädikat** oder der finite Teil des Prädikats steht immer **am Ende** des Nebensatzes.
- Ein Nebensatz **kann nicht alleine stehen**, da er so keinen Sinn ergibt.

Haupt- und Nebensatz bilden gemeinsam ein **Satzgefüge** und werden immer durch ein Komma voneinander getrennt. Der Nebensatz kann an verschiedenen Stellen stehen:
- **nach** dem Hauptsatz: *Anton räumt auf, obwohl er nicht dazu aufgefordert wurde.*
- **vor** dem Hauptsatz: *Obwohl er nicht dazu aufgefordert wurde, räumt Anton auf.*
- **zwischen** Teilen des Hauptsatzes: *Anton räumt, obwohl er nicht dazu aufgefordert wurde, auf.*

4.2. Merkmale von Nebensätzen kennen – Funktionen von Satzgefügen kennen und nutzen – mit Konjunktionen und Relativpronomen variantenreich und sinnvoll Sätze verbinden   4.3. Regeln der Zeichensetzung anwenden

KOMPETENZEN AUFBAUEN, ÜBEN UND ANWENDEN

7 Schreibe die folgenden Sätze ab.
Kennzeichne dabei den Nebensatz und die Konjunktion, die ihn einleitet.

Portal
WES-122961-068

1) Kati fände es gut, wenn sie das Schreiben mit dem Zehnfingersystem beherrschen würde.
2) Vielleicht besucht sie ja bald einen Schreibkurs, sodass sie es lernt.
3) Weil sie daran Freude hat, schreibt sie manchmal einen Text in verschiedenen Schriften.
4) Wenn sie ihn im Blocksatz schreibt, sieht er besonders schön aus.
5) Manchmal fügt sie, obwohl ihr das keiner gezeigt hat, bunte Bilder ein.
6) Ihrer Mutter schenkt sie, als diese Geburtstag hat, eine selbst gestaltete Glückwunschkarte.

8 Die Wörter im *Wortspeicher* sind die häufigsten Konjunktionen, die einen Nebensatz einleiten können.
Bilde zu jeder Konjunktion mündlich ein Satzgefüge.

da – als – bevor – nachdem – obwohl – sodass – während – weil – wenn

9 Nebensätze können auch durch Relativpronomen eingeleitet werden.
a) Schreibe die folgenden Sätze ab und füge passende Relativpronomen ein.
b) Unterstreiche anschließend die Nebensätze in den abgeschriebenen Beispielsätzen.

→ S. 189f.
Relativpronomen

1) Das Geschenk, *???* ich meiner Mutter zum Geburtstag gab, habe ich von meinem Taschengeld gekauft.
2) Ich sitze im Unterricht neben meiner besten Freundin Melanie, *???* ich schon seit drei Jahren kenne.
3) Das Buch, *???* ich gerade lese, ist sehr spannend.
4) Der Junge, *???* mir gestern im Bus gegenüber saß, war Susannes Bruder.
5) Meine Mutter erzählte mir von einem spannenden Film, *???* ich am Wochenende im Kino sehen werde.
6) Dem Mitschüler, *???* ich das Heft gab, gehört die rote Büchertasche.

10 Schreibe die folgenden Sätze ab.
Ersetze dabei die *???* durch Konjunktionen aus Aufgabe 8.

Portal
WES-122961-068

1) Marius wurde vom Spielfeld gerufen, *???* er sehr gut gespielt hat.
2) Jetzt bekam Daniel seine Chance, *???* er als Ersatzspieler aufgestellt worden war.
3) Marius fing zu schimpfen an, *???* er mit bösem Gesicht vom Platz ging.
4) *???* Daniel ein Tor geschossen hatte, siegte die Mannschaft mit 1:0.
5) Doch Marius konnte sich nicht so recht darüber freuen, *???* seine Mannschaft gewonnen hatte.
6) *???* er noch etwas wütend am Spielfeldrand stand, tröstete ihn Jana.

4.2. Merkmale von Nebensätzen kennen – Funktionen von Satzgefügen kennen und nutzen – mit Konjunktionen und Relativpronomen variantenreich und sinnvoll Sätze verbinden   4.3. Regeln der Zeichensetzung anwenden

Sprache und Sprachgebrauch

✱ **11** Schreibe auch diese Sätze ab.
Setze dabei sowohl passende Konjunktionen als auch die fehlenden Kommas ein.

Sie erzählte ihm ein paar Witze ??? er wieder etwas fröhlicher wurde.
Marius lachte tatsächlich ??? er immer noch enttäuscht war.
??? das Turnier zu Ende war ging er mit Jana nach Hause.

🔊 **Portal**
WES-122961-069

12 Durch das Verbinden von Sätzen könnt ihr Texte auch sprachlich verbessern.
- Lest den folgenden Text laut vor oder hört euch die Audiodatei an.
- Beschreibt, wie er auf euch wirkt.

Geburtstagsparty

Ihr könnt etwas Tolles erleben. Ich feiere am Sonntag Geburtstag.
Wir gehen gemeinsam in den alten Steinbruch. Alle Gäste sind angekommen.
Die einen machen eine Schnitzeljagd. Andere reiten auf Ponys.
Dann zünden wir ein Lagerfeuer an. Es regnet nicht.
Danach grillen wir Würstchen. Der Vorrat reicht aus.
Ich habe tolle Preise besorgt. Wir können noch eine Tombola
veranstalten. Wir fahren mit einer Kutsche nach Hause.
Wir haben uns ausgetobt.

13 Verbessere den Text, indem du die beiden Sätze in einer Zeile mündlich
mit den Konjunktionen aus dem *Wortspeicher* verbindest.
Die Stellung der Nebensätze bleibt dabei zunächst dir überlassen.

solange – wenn – während – sobald – nachdem – falls – sodass

💡 **Tipp**
Beachte, dass sich beim Bilden der Satzgefüge der Satzbau ändert.

W **14** Schreibe drei Satzgefüge auf, in denen der Nebensatz immer an einer
anderen Stelle steht. Wähle dafür zwischen Aufgabe a) oder b) aus.
a) Nutze dazu Sätze aus Aufgabe 12.
b) Denk dir eigene Sätze aus.

4.2. Merkmale von Nebensätzen kennen – Funktionen von Satzgefügen kennen und nutzen – mit Konjunktionen und Relativpronomen variantenreich und sinnvoll Sätze verbinden   4.3. Regeln der Zeichensetzung anwenden

Satzarten

Nebensätze mit der Konjunktion „dass"

Auch das Wörtchen *dass* ist eine Konjunktion.
Es leitet ebenfalls Nebensätze ein.
Viele haben das Problem, es richtig zu schreiben.
Außerdem vergessen sie oft, das Komma vor dem *dass* zu setzen.

Portal
WES-122961-070

1 Schreibe den folgenden Text ab. Unterstreiche dabei die Konjunktion *dass* und das Verb, das im Hauptsatz davor steht, mit unterschiedlichen Farben.

Schade!

Ich höre, dass du nicht zu meinem Geburtstag kommst. Wir finden es alle sehr schade, dass du abgesagt hast. Natürlich wissen wir, dass du gerne mit uns feiern würdest. Mein Bruder hat gesagt, dass du ein super Discjockey bist. Wir haben uns schon darauf gefreut, dass du tolle CDs mitbringst. Ich hoffe, dass du es dir noch einmal überlegst.

2 Schreibe den Antworttext ab.
Setze beim Abschreiben die Verben
aus dem *Wortspeicher* sinnvoll ein.

*bedauern, wünschen,
erfahren,
meinen, glauben*

Antwort

Ich *???,* dass ich zu deinem Geburtstag nicht kommen kann. Ich habe aber *???,* dass an diesem Tag unser Tischtennisturnier stattfindet. Ich *???* gern, dass ihr mich alle dabeihaben wollt. Doch ich *???,* dass ihr auch ohne mich tolle Musik machen werdet. Ich *???* euch jedenfalls, dass ihr eine schöne Party habt.

3 Betrachtet die Verben aus Aufgabe 1 und 2.
Erklärt mithilfe des Merkkastens, welche Gemeinsamkeit sie haben.

> ⓘ **Nebensätze mit der Konjunktion *dass* bilden**
>
> Das Wörtchen **dass** ist eine **Konjunktion**, die **Nebensätze** einleitet. **Nebensätze** mit **dass** werden durch **Kommas** vom Hauptsatz getrennt und bilden zusammen mit diesem ein Satzgefüge. Die Konjunktion **dass** steht häufig nach Hauptsätzen, in denen **Verben des Sagens, Denkens und Fühlens** vorkommen, wie z. B. *denken, finden, sich freuen, fürchten, glauben, hoffen, hören, meinen, merken, sagen, sehen, wissen …*

4.2. Funktionen von Satzgefügen kennen und nutzen – mit Konjunktionen variantenreich und sinnvoll Sätze verbinden
4.3. Regeln der Zeichensetzung anwenden

Sprache und Sprachgebrauch

4 Verbinde die beiden Aussagen links und rechts mit der Konjunktion *dass*. Forme dazu den zweiten Satz in einen Nebensatz um und setze die Kommas.

1)	Lotte hat genau gesehen	du hast aus dem Reifen die Luft gelassen.
2)	Warum behauptest du dann	du bist es nicht gewesen.
3)	Jeder merkt doch	du lügst.
4)	Ich finde es wirklich nicht gut	du machst so etwas.
5)	Du sagst doch immer	du willst mein bester Freund sein.
6)	Ich bin enttäuscht	du behandelst mich so.
7)	Ich wünsche mir	du bist in Zukunft wieder netter zu mir.

5 Schreibe mithilfe des Merkkastens selbst fünf Sätze mit Verben des Sagens, Denkens und Fühlens und der Konjunktion *dass* auf. Achte auf die Kommasetzung.

W 6 Die folgenden Aussagenpaare lassen sich alle mit der Konjunktion *dass* zu Satzgefügen verbinden. Wähle zwischen a) oder b) aus.
a) In einigen Sätzen kann man den *dass*-Satz auch an den Anfang verschieben, ohne dass dabei ein Wort verloren geht. Schreibe diese Sätze auf.
b) Notiere dir, bei welchen Sätzen ein Wort bei der „Verschiebung" verloren geht und bei welchen Sätzen man den *dass*-Satz nicht an den Anfang verschieben kann.

1) Wir erinnern uns heute kaum noch daran:	Der erste Motorwagen von Carl Benz hatte nur drei Räder.
2) Es wird gesagt:	Gottlieb Daimler hat seine erste Motorkutsche aus dem Jahre 1886 nie selbst gefahren.
3) Die Geschichte der Autos berichtet:	1907 kam der erste Rolls-Royce auf den Markt.
4) Im Laufe der nächsten 20 Jahre konnten es die Menschen dann selbst erleben:	Das Auto entwickelte sich in rasantem Tempo zu einem Fließbandprodukt.
5) In Deutschland konnte man 1924 sehen:	Die ersten Opel P4 fuhren durch die Straßen.
6) Dieser grüne „Laubfrosch" sah so lustig aus.	Die Menschen mussten darüber lachen.
7) 1936 geschah es dann.	Ferdinand Porsche entwickelte den ersten Volkswagen.
8) Dieses Auto ist so berühmt geworden.	Der VW wurde zum ersten Verkaufsschlager der gesamten Autoindustrie.
9) Über 60 Jahre ging es dann nur noch darum:	Man entwickelte immer größere Autos.
10) Und diese Autos waren so konstruiert:	Sie fraßen immer mehr Benzin.

4.2. Funktionen von Satzgefügen kennen und nutzen – mit Konjunktionen variantenreich und sinnvoll Sätze verbin
4.3. Regeln der Zeichensetzung anwenden

Satzarten

Überprüfe dein Wissen und Können

1 Schreibe die folgenden Sätze ab.
Setze dabei jeweils die passenden Satzschlusszeichen.

1) Ich konnte gestern nicht kommen
2) Was für ein Pech
3) Warum antwortest du mir nicht
4) So ein schöner Tag
5) Ich gehe morgen wieder in die Schule

2 Erkläre anhand der Sätze in Aufgabe 1 die Aufgabe der folgenden Satzzeichen: . ! ?

3 Schreibe die folgenden Sätze ab.
Setze dabei die Kommas an der richtigen Stelle ein.

a) Anton hatte Probleme beim Einschlafen da er immer noch Angst verspürte.
b) Als er schließlich doch einschlief träumte er von Vampiren.
c) Der Vampir war jedoch sehr nett niemandem wollte er etwas tun.
d) Der Name des Vampirs war Rüdiger seine Schwester hieß Anna.

4 Gib an, ob es sich bei den Sätzen in Aufgabe 3 um eine Satzreihe oder ein Satzgefüge handelt.

5 Nenne ein Signal, das auf die Konjunktion *dass* hindeutet.

W 6 Wähle im Folgenden zwischen Aufgabe a) oder b) aus.
a) Schreibe jeweils einen Beispielsatz zu den Begriffen im *Wortspeicher*.
b) In die folgenden Sätze haben sich sechs Fehler eingeschlichen. Korrigiere sie schriftlich. Unterstreiche deine Korrekturen.
Der **Tipp** hilft dir dabei.

Aussagesatz   Satzreihe
Ausrufesatz   Satzgefüge
Konjunktion dass   Fragesatz

1) Mia spielt gern Tennis oder Susanne fährt gern Rad.
2) Max kam zu spät zum Fußballtraining, obwohl er eine Fahrradpanne hatte.
3) Ich erzähle meiner Freundin, das es in dem Haus,
   dass bei uns nebenan steht, spukt.
4) „Beeil dich beim Packen. Hast du das gehört, Marlene!", rufe ich durchs Haus?

💡 Tipp
• Hier wurden die Konjunktion und das Relativpronomen miteinander vertauscht.
• Hier wurde die Satzreihe mit der falschen Konjunktion verbunden.
• Hier sind alle Satzschlusszeichen durcheinandergeraten.
• Hier wurde das Satzgefüge mit der falschen Konjunktion verbunden.

4.2. Funktion von Satzreihe, Satzgefüge und unterschiedlichen Satzarten kennen und nutzen

Rechtschreibung und Zeichensetzung

Aufbau und Schreibung von Wörtern

Strategie: Wörter deutlich mitsprechen

Sprich die Wörter deutlich mit und zerlege sie in Silben. So machst du die einzelnen Buchstaben hörbar und weißt, wo du ein Wort trennen kannst.

Strategie: Kurze und lange Vokale unterscheiden

Sprich deutlich und höre genau hin! Achte darauf, ob der betonte Vokal kurz (_offen_) oder lang (_Ofen_) gesprochen wird.

Strategie: Wörter merken

Manchmal musst du dir die Schreibung der Wörter auch einprägen. Es handelt sich bei diesen Wörtern um Lernwörter. Beispiel: _Maschine, Schnee_

Strategie: Wörter verlängern

Verlängere das Wort, um zu erfahren, ob ein einsilbiges Wort mit einem Doppelkonsonanten oder einem silbentrennenden _h_ geschrieben wird. Beispiel: _hell → hel-ler, Schuh → Schu-he_

Strategie: Wörter ableiten

Wenn du dir nicht sicher bist, ob man ein Wort mit _ä_ oder _e_ bzw. _äu_ oder _eu_ schreibt, suche in der entsprechenden Wortfamilie nach einem Wort mit _a_ oder _au_. Beispiel: _erneuern → neu, säubern → sauber_

Strategie: Auf Wortbausteine achten

Zerlege die Wortzusammensetzungen in Einzelwörter. Beispiel: _Fremdwörterbuch → Fremd-wörter-buch_. Trenne außerdem Prä- und Suffixe vom Wortstamm ab: _Ver-sprech-ung_

Strategie: Signale der Großschreibung von Nomen kennen

Achte auf die Signale der Großschreibung. Überprüfe dabei z. B., ob sich ein Artikel vor das Wort setzen lässt (= Artikelprobe): _das_ Buch, _ein_ spannendes Buch, _beim_ (bei + dem) Schreiben oder das Wort eine typische Nomenendung wie -heit, -keit, -ung, -nis, -schaft besitzt.

 1 Tauscht euch darüber aus, welche Rechtschreibstrategien ihr bereits aus der Grundschule kennt.

In diesem Kapitel lernst du (,) …

- _Rechtschreibstrategien kennen. Sie helfen dir, die richtige Schreibung eines Wortes herauszufinden._

Aufbau und Schreibung von Wörtern

Vokale und Konsonanten unterscheiden

WES-122961-072

1 Schreibe das Gedicht ab oder nutze die Vorlage im Portal.
Ergänze dabei die fehlenden Buchstaben in der Reihenfolge des Alphabets.

Das Räuber-Abc

James Krüss

? ls	? atte	? llen	? erschiedenes
? auer	? m	? istol	? eg,
? hristoff	? ackett,	? uintilius	?
? üwels-	? am	? äuberrabenstätt,	?
? ck	? eider	? tahl	?
? ünf	? it	? aler	
? ulden	? er	? nd	

2 Das Alphabet besteht aus Vokalen und Konsonanten.
Konsonanten kann man nur mithilfe von Vokalen aussprechen,
z. B. spricht man ein *b* zusammen mit einem *e* aus, also *be*.
a) Ordnet das Alphabet nach Vokalen und Konsonanten.
   Vokale sind: a …   *Konsonanten sind: b …*
b) Überlegt, in welche Spalte die Umlaute *ä, ö, ü* und
   die Diphthonge *ai, au, äu, ei, au* einzuordnen sind.
   Der Merkkasten hilft euch dabei.

3 Füge passende Vokale in die Lücken ein und schreibe die Wörter auf.

Pfl*m*nk*mp*tt – M*rm*l*d*nbr*tch*n – Schw*n*br*t*n – *rdb**r*rnt*h*lf*r

✻ **4** Schreibt zu zweit ein eigenes Abc-Gedicht. Präsentiert es abschließend in der Klasse.

ⓘ Vokale und Konsonanten

Die Buchstaben unseres Alphabets werden in Vokale und Konsonanten eingeteilt.
Buchstaben, die allein ausgesprochen werden können, heißen **Vokale** (Selbstlaute):
a, e, i, o, u. Sie klingen im Mund von allein, man muss den Mund nur unterschiedlich
weit aufmachen. Die **Umlaute *ä, ö, ü*** und die **Diphthonge** (Zwielaute) *ai, ei, au, äu,
eu* sind ebenfalls Selbstlaute. Buchstaben, die noch andere Buchstaben brauchen,
damit man sie aussprechen kann, heißen **Konsonanten** (Mitlaute). Um sie auszusprechen, kommen auch die Lippen, die Nase, die Zähne usw. zum Einsatz.

Aufbau und Schreibung von Wörtern

Wörter deutlich mitsprechen

Strategie: Wörter deutlich mitsprechen
Siehe S. 260

Wörter kannst du in Silben zerlegen. So kannst du ein Wort ganz deutlich aussprechen. Das hilft dir dabei, alle Buchstaben eines Wortes zu hören.

1 Untersuche die Anzahl der Silben in den Wörtern im *Wortspeicher*. Der Merkkasten hilft dir dabei.
a) Übertrage die Tabelle und ordne die Wörter ein.

Affenhaus – Zoo Krokodilanlage – Schlangen – Gnu – Elefant – Raubtierhaus – Löwenkäfig – Giraffenplatz – Gorillakäfig – Eisbärgehege

Einsilbige Wörter	Zweisilbige Wörter	Wörter mit drei oder mehr Silben
Zoo	Schlangen	Affenhaus
…	…	…

b) Ergänze die Tabelle um zehn weitere Wörter aus dem Bereich *Tierwelt*.

2 Zerlege die folgenden Wörter in Silben.
Schreibe sie mit Trennstrichen auf: *auf-bau-en*

aufbauen auslachen belügen essbar folgsam glaubhaft glücklich unsauber verplappern vorlesen zerschneiden schmutzig

> Dort schwamm im Krokodilbecken
> ein riesiges Krokodil herum.
> In der großen Unterwasseranlage
> konnten wir Fische beobachten,
> die wir noch nie gesehen hatten.

3 Das Wissen über Silben hilft dir auch, dein Heft ordentlich zu führen.
a) Finde heraus, an welcher Stelle die Wörter, die über den Rand geschrieben wurden, hätten getrennt werden müssen.
b) Schreibe den Text dann sauber auf.

ⓘ Silben ermitteln

Im Allgemeinen trennt man Wörter so, wie es sich beim **langsamen Sprechen** eines Wortes ergibt, also nach **Sprechsilben**. In jeder Silbe kommt entweder ein Vokal (*a, e, i, o, u*), ein Umlaut (*ä, ö, ü*) oder ein Diphthong (*äu, au, ai, ei, eu*) vor. Die zweite Silbe (und auch die dritte und vierte) fängt bei den meisten Wörtern mit einem Konsonanten an: *Fir-**m**a, Tor-**t**e, Recht-**s**chrei-**b**ung, Af-**f**en-**k**ä-fig …*
Wörter mit **ch, ck** und **sch** werden so getrennt: *su-**ch**en, pa-**ck**en, hu-**sch**en …*
Einzelne Vokale dürfen nicht abgetrennt werden: Also **Ele-fant**, nicht *E-le-fant*!

Aufbau und Schreibung von Wörtern

Kurze und lange Vokale unterscheiden

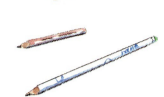

Strategie: Kurze und lange Vokale unterscheiden
Siehe S. 260

1 Sprecht die folgenden einsilbigen Wörter deutlich aus.
a) Ermittelt, in welchen Wörtern ihr den Vokal kurz oder lang aussprecht.
b) Schreibt die Wörter dann sortiert auf.
 Wörter mit langem Vokal: …
 Wörter mit kurzem Vokal: …

Stift   Schatz   Schaf   Weg   Bär   Tür   Hund   Kran   Bild

2 Untersucht bei den Wörtern aus Aufgabe 1, wie viele Konsonanten auf einen kurzen und wie viel auf einen langen Vokal folgen.

3 Lest die zweisilbigen Wörter im *Wortspeicher*.
In den Wortpaaren wird immer der gleiche Vokal betont, aber jeweils unterschiedlich lang gesprochen.
Krone – Sonne – Schemel – Schelme – Säge – Wände – Krümel – Kümmel – sparen – scharren – gaffen – strafen

a) Zerlegt die Wörter in Silben und schreibt sie mit Silbenbögen auf: Kro ne – Son ne …
b) Prüft, welcher Vokal lang und welcher kurz gesprochen wird. Markiert den langen Vokal mit einem Strich, den kurzen mit einem Punkt: Kro ne – Son ne …
c) Beschreibt mithilfe des Merkkastens, wie euch Silben beim Erkennen von langen und kurzen Vokalen helfen können.

ⓘ Kurze und lange Vokale unterscheiden

Wenn du die Silben eines Wortes untersuchst, erkennst du, ob du den Vokal lang oder kurz sprechen musst.

Geschlossene Silben: Kurze Vokale
Das Wort *Sonne* besteht aus zwei Silben: Son ne
Die erste betonte Silbe endet auf einem Konsonanten, dem Buchstaben *n*, und wird dadurch geschlossen. Der Vokal wird kurz gesprochen.

Offene Silben: Lange Vokale
Das Wort *Krone* besteht aus zwei Silben: Kro ne
Die erste betonte Silbe endet auf einem Vokal, dem Buchstaben *o*, und bleibt dadurch offen. Der Vokal wird lang gesprochen.

Beachte: *ch, ck* und *sch* gelten als **ein Laut**. Sie können daher nicht wie die Doppelkonsonanten *nn, mm* … getrennt werden. Die Silbe bleibt daher **offen**. Der **Vokal** wird in diesen Wörtern aber trotzdem **kurz gesprochen** (z. B. *la-chen, ba-cken* und *lau-schen*).

4.3. Individuelle Fehlerschwerpunkte erkennen – Rechtschreibstrategien und -techniken nutzen – Regeln der Dehnung und Schärfung anwenden

Aufbau und Schreibung von Wörtern

Einfache und Doppelkonsonanten richtig schreiben

Strategie: Kurze und lange Vokale unterscheiden Siehe S. 260

1. Lest euch die Wörter rechts gegenseitig vor.
   a) Beschreibt, wie ihr den Vokal in der ersten Silbe aussprecht.
   b) Verdoppelt jetzt den Konsonanten in der Mitte.
      Dabei entstehen natürlich neue Wörter mit einer anderen Bedeutung.
      Schreibt sie auf. Achtet dabei auf die Groß- und Kleinschreibung.
   c) Erklärt, wie ihr den Vokal in der ersten Silbe nun aussprecht.

   be-ten
   Qua-len
   ra-ten
   Hü-te
   Scha-ren
   Scha-len
   Ha-sen

2. Schreibe die folgenden Wörter in Paaren auf – eines mit einem langen Vokal und eines mit einem kurzen Vokal und Doppelkonsonanten.

   Schafe Ofen kämen schaffe offen kämmen Nase Krume Polen Schotten krumme flügge Flüge Pollen nasse Schoten

 Tipp
Wenn du unsicher bist, ob ein Wort am Ende mit einem Doppelkonsonanten geschrieben wird, verlängere es (Strategie).

3. Suche jeweils das Gegenteil. Alle Lösungswörter haben Doppelkonsonanten.
   leer – v...   gerade – k...   Flut – E...
   dunkel – h...   dick – d...   trocken – n...
   langsam – sch...   außen – i...   verlieren – ge...

4. Auch *tz* und *ck* sind Doppelkonsonanten. Lies die Verse.
   a) Ermittle, wie du die Vokale vor *tz* und *ck* aussprichst.
   b) Schreibe die markierten Wörter mit Trennstrichen auf. Lies dazu den Merkkasten.

   <u>Fritz</u> hat Angst vor allen <u>Katzen</u>,   Eine <u>Mücke</u> <u>keck</u> und <u>dick</u>,
   die <u>plötzlich</u> mit den <u>Tatzen</u> <u>kratzen</u>.   fliegt dem <u>Bäcker</u> ins <u>Genick</u>.

★ 5. Übernimm die Tabelle und ergänze immer mindestens zwei Reimwörter.

Platz	Block	Jacke	petzen	schmecken
…	…	…	…	…

⚠ Einfache und Doppelkonsonanten richtig schreiben

Wird der **betonte Vokal** in der ersten Silbe **lang** gesprochen, dann wird der Konsonant in der Mitte **nicht verdoppelt**.
Ist der **Vokal** der ersten betonten Silbe **kurz**, so wird der Konsonant beim Schreiben verdoppelt. Wenn du nach einem kurzen Vokal *z* oder *k* verdoppelst, schreibst du *tz* bzw. *ck*.
<u>Beachte</u>: Bei der Worttrennung bleibt **ck** zusammen: *Ja-**ck**e, Na-**ck**en* …
Für *tz* gilt hingegen wie für Doppelkonsonanten, dass die beiden Konsonanten getrennt werden: *Kat-ze, Metz-ger* …

Kompetenzen aufbauen, üben und anwenden

Aufbau und Schreibung von Wörtern

Zwei Arten von *h* unterscheiden

Strategie
Kurze und lange Vokale unterscheiden
Siehe S. 260

Das Dehnungs-h

1 Untersuche das *h* in den Wörtern rechts.
 a) Überprüfe, welche Konsonanten dem *h* folgen.
 b) Lege eine Tabelle nach dem Muster unten an und schreibe die Wörter in die richtigen Spalten.
 c) Bestimme, zu welcher Silbe das *h* in den zweisilbigen Wörtern gehört.

*Bahn fahren fehlen Fohlen führen
ihm ihr kahl Kahn kühl lahm mehr
nehmen ohne Ohr rühren Sahne sehr
Sohn stehlen wehren wohl wohnen
Zahl zahlen zählen zahm zehn*

Wörter mit *hl*	Wörter mit *hm*	Wörter mit *hn*	Wörter mit *hr*
fehlen	…	…	…

2 Ergänze den Merkvers. Schreibe ihn auf.

Nach langem *, *, * und *
steht manches Mal ein Dehnungs-h.
Doch schreibe es nicht gar zu schnell!

Es steht nur vor *, *, *, *:
bei *Lehm* und *Ohren*, *Mohn* und *sehr*,
bei *Zahl* und *wohnen* und noch *mehr*.

3 Füge die Wörter rechts beim Abschreiben an den passenden Stellen in die Geschichte ein.

*berühmtesten – wohnhaft – Jahr –
Befehl – ohne – Ohr – ihm – sehr –
Ohren – belohnt – wohl – Ruhm*

Portal
WES-122961-073

Grimassen-Künstler

Einer der **1** Grimassen-Künstler, **2** in London, ist Mike Plumm. Er hat es dadurch zu **3** großem **4** gebracht, dass er mit seinen **5** wackeln kann wie **6** kein anderer. Im letzten **7** wurde er für sein Training auf der Grimassen-Olympiade **8**. Dort gelang **9**, was noch kein anderer geschafft hatte. Er wackelte abwechselnd auf **10** mit dem rechten oder dem linken **11** einzeln, **12** dabei sein Gesicht zu verziehen.

⚠ Das Dehnungs-h

In manchen Wörtern steht ein Dehnungs-h. Es macht darauf aufmerksam, dass der vorausgehende **Vokal lang ausgesprochen** wird. So kann man die Wörter *in* und *ihn* gut unterscheiden. Das Dehnungs-h steht **nur vor** den Konsonanten **l, m, n, r**.
Bei der **Silbentrennung** steht dieses *h* **immer bei dem Vokal**: fe̱h-len, Sa̱h-ne …
Tipp: Einmal h, immer h! Das Dehnungs-h bleibt innerhalb einer Wortfamilie immer bestehen.

4.3. Individuelle Fehlerschwerpunkte erkennen – Rechtschreibstrategien und -techniken nutzen – Regeln der Dehnung und Schärfung anwenden

Das *h*, mit dem wir Silben trennen

1 Lest die Verse. Was stellt ihr fest?

In manchen Flüssen kann man seen
bis auf den Grund, doch nicht drauf steen.

Im Walde laufen manchmal Ree,
Verheiratete führen eine Ee.

2 Schreibt die Verse ab. Fügt dabei das fehlende *h* ein.

3 Schreibe die folgenden Wörter mit Silbenbögen auf.
Schreibe so: *Ru he*

Ruhe	sehen	Schuhe
Höhe	Mühe	wehen
beinahe	früher	ruhig
krähen	verleihen	Reihe

W 4 Wähle im Folgenden zwischen a) oder b) aus.
a) Verlängere die einsilbigen Wörter mithilfe des Merkkastens zu zweisilbigen.
Schreibe sie dann mit Trennungsstrichen auf: *droht – dro-hen*

droht	blüht	geht
zieht	steht	glüht
flieht	Floh	Kuh

b) Schau dir die folgenden Wörter genau an.
Entscheide, ob es sich um ein Dehnungs-*h* oder ein silbentrennendes *h* handelt. Achte dazu auf die Vokale und die eventuell folgenden Konsonanten.

Föhn	ruhig	Ohr
fliehen	zählen	fehlen

ⓘ Das silbentrennende h

Endet eine Silbe auf einem Vokal und beginnt die nächste Silbe mit einem Vokal, so wird dazwischen meistens ein *h* eingefügt.
Dieses *h* wird als silbentrennendes *h* bezeichnet. Es gehört zur zweiten Silbe.
Bei einsilbigen Wörtern weiß man oft nicht, ob man sie mit *h* schreibt oder nicht.
Verlängere diese Wörter, um eine Entscheidung zu treffen.
Bilde bei Nomen den **Plural**: *Schuh – Schu-he*
Bilde bei Verben den **Infinitiv**: *er steht – ste-hen*
Ergänze zu einem **Adjektiv ein Nomen**: *früh – der frü-he Morgen*

4.3. Individuelle Fehlerschwerpunkte erkennen – Rechtschreibstrategien und -techniken nutzen – Regeln der Dehnung und Schärfung anwenden

Kompetenzen aufbauen, üben und anwenden

Aufbau und Schreibung von Wörtern

Wörter mit *ie* und Doppelvokal erkennen

Strategie: Kurze und lange Vokale unterscheiden
Siehe S. 260

i oder *ie*

1 Lies das Gedicht.

Das ästhetische Wiesel

Christian Morgenstern

Ein <u>Wiesel</u>
saß auf einem <u>Kiesel</u>
Wisst ihr
weshalb?
Das Mondkalb
verriet es mir im <u>Stillen</u>:
Das raffinierte Tier
tat's um des Reimes <u>willen</u>.

ästhetisch
Adjektiv: schön, ansprechend

2 Schreibe aus dem Gedicht die unterstrichenen Wörter mit Silbenbögen auf.
  a) Stelle fest, ob es sich um offene oder geschlossene Silben handelt.
  b) Beschreibe, wie der *i*-Laut deshalb ausgesprochen werden muss.

3 Manchmal wird das lange *i* aber auch nur mit *i* gekennzeichnet.
  a) Schreibe die Wörter mit einfachem *i* aus der *Wörterschlange* auf.
    Präge dir deren Schreibung gut ein.
    Es sind **Lernwörter**!
    ROSINEVIOLINEMASCHINEAUGENLIDVAMPIRBLONDINEKINOBLEISTIFT
    MINEPRIMAAPFELSINEGARDINEKROKODILTIGERIGELBIBERBENZIN
    LAWINETURBINEKANINCHEN

Strategie: Wörter merken
Siehe S. 260

�֍ b) Bilde mit den Wörtern aus der Wortschlange Sätze.

ⓘ Wörter mit *ie* erkennen

Der **langgesprochene *i*-Laut** wird in der offenen betonten Silbe **meist mit *ie***
geschrieben: *nie-sen, Rie-sen* …
Bei einsilbigen Wörtern ermittelst du die richtige Schreibung, indem du eine
zweisilbige Form bildest: Steht das lange *i* am Ende der ersten offenen Silbe,
wird es meist mit *ie* geschrieben: *Tier → Tie-re* … **Strategie: Wörter verlängern**
<u>Beachte</u>: Manchmal wird der lange *i*-Laut aber nur mit *i* geschrieben:
Maschine, mir, Apfelsine …

4.3. Individuelle Fehlerschwerpunkte erkennen – Rechtschreibstrategien und -techniken nutzen –
Regeln der Dehnung und Schärfung anwenden

Doppelvokale

1 Schreibe aus dem Gitterrätsel die 15 Wörter mit Doppelvokal heraus. Ordne sie nach *aa, ee, oo* und unterstreiche den Doppelvokal.

WES-122961-074

X	S	E	E	L	M	O	O	R	P
T	K	R	E	E	T	K	T	E	E
A	L	L	E	E	I	E	H	Z	S
K	X	E	D	I	W	W	E	S	C
A	E	D	P	A	A	R	K	B	H
F	M	T	S	A	A	L	U	E	N
F	O	A	A	M	G	R	A	R	E
E	H	A	A	R	E	K	L	E	E
E	U	S	T	A	A	T	M	K	W
Z	O	O	R	U	B	O	O	T	A

💡 Tipp
Elf der Wörter stehen waagerecht und vier Wörter stehen senkrecht. Manchmal überschneiden sie sich auch.

2 Übernimm die Tabelle rechts und ergänze sie mit Reimwörtern zu den zwei Worten darin.

Fee	Meer
…	…

✱ 3 Schreibe lustige Reime mit den gefundenen Wörtern. Trage sie deiner Klasse vor: *Eine Fee im Schnee isst Klee.*

AT → S. 290f.
Nachschlagen

4 In den folgenden Text haben sich 14 Fehler eingeschlichen. Korrigiere ihn, indem du die Wörter mit *h*, Doppelvokal und *i* genau prüfst. Verwende im Zweifelsfall das Wörterbuch.

Am Wochenende wollte ich mit meiner Freundin ins Kieno. Aber wie es der Zufall wollte, kam mier etwas dazwischen. Ich sollte für meine Mutter auf dem Markt ein halbes Kielo Behren holen. Sie wollte nähmlich Marmelade kochen. Auf dem Rückweg liehf ich über einen Feldweg. Der Boden dort war sehr leemig. Als ich zu Hause wahr, waren meine Schuhsoolen ganz schmutzieg. Da war erst einmaal Putzen angesagt. Das dauerte so lang, dass ich den Film vergessen konnte – ganz schön dohf. Meine Freundin und ich beschlossen dafür, einen DVD-Ahbend zu machen. So wurde es doch noch ein schöhnes Wochenende.

⚠ Doppelvokale

Bei einer kleinen Gruppe von Wörtern werden die **langgesprochenen Vokale a, e und o verdoppelt**.

4.3. Individuelle Fehlerschwerpunkte erkennen – Rechtschreibstrategien und -techniken nutzen – Regeln der Dehnung und Schärfung anwenden

Aufbau und Schreibung von Wörtern

Zwischen s, ß oder ss unterscheiden

Strategie: Kurze und lange Vokale unterscheiden
Siehe S. 260

Den s-Laut kann man stimmhaft (summend wie eine Biene) wie in *brausen* oder stimmlos (zischend wie eine Schlange) wie in *Maus* aussprechen.
Diese Unterscheidung ist wichtig für die Rechtschreibung.

1 Lest die folgenden Wörter und bestimmt, ob das s stimmhaft oder stimmlos ist.

Hasen – hassen *reisen – reißen*
Riesen – genießen *Strauß – Maus*
lasen – lassen *Preis – heiß*

2 Bei einsilbigen Wörtern kann man nicht hören, ob sie am Ende mit s oder ß geschrieben werden. Erst wenn du das Wort verlängerst, hörst du, ob das s stimmhaft oder stimmlos ist.
  a) Bilde zu den einsilbigen Wörtern eine längere Form und entscheide, wie der s-Laut verschriftlicht wird.
  Fu? *Gla?* *Hau?* *hei?*
  Prei? *Spa?* *die?* *Krei?*
  b) Formuliere einen Merksatz, wann man am Wortende ein s schreibt, obwohl der s-Laut stimmlos gesprochen wird.

3 Bilde Sätze, in denen möglichst viele Wörter mit s und ß vorkommen. Es dürfen auch Unsinnssätze sein, wie z. B.:
  Der Kloß grüßt, grinst und genießt das Eis.

4 Sprich die Wörter deutlich aus. Erkläre, wann man ss und wann ß schreibt. Achte dabei auf die Vokale.

Klasse *Straße* *Fässer* *Gefäß*
Flüsse *Füße* *Schlösser* *Größe*
Nüsse *Maße* *Gasse* *Klöße*

ⓘ Stimmhaftes und stimmloses s

In unserer Sprache gibt es zwei verschiedene s-Laute.
Du kannst sie gut unterscheiden, wenn du dir beim Sprechen die Ohren zuhältst.
In einem Wort wie *reisen* kannst du dann das s in deinen Ohren summen hören.
Diesen Laut nennt man **stimmhaftes s**. Er wird immer **als s geschrieben**.
In einem Wort wie *reißen* hörst du den s-Laut nur leise zischen.
Deswegen nennt man ihn **stimmloses s**. Das stimmlose s kann als *s, ß* oder *ss* geschrieben werden. Mithilfe der Verlängerungsprobe kannst du herausfinden, welche Schreibung am Wortende richtig ist. **Strategie: Wörter verlängern**

Rechtschreibung und Zeichensetzung

5 Sprich diese Wörter deutlich aus und entscheide dich mithilfe des Merkkastens für die richtige *s*-Schreibung.
a) Schreibe die Wörter richtig auf.
b) Markiere in den Wörtern die langen Vokale mit einem Strich darunter.

*Schü*e*   *Grü*e*   *Ta*e*   *Spro*e*   *Fü*e*   *Stö*e*   *Kü*e*   *Flo*e*   *Ka*e*

6 Die folgenden Verben werden wegen ihrer besonderen *s*-Schreibung häufig falsch geschrieben. Übertrage die Tabelle in dein Heft und vervollständige sie.

Präsens	Präteritum	Perfekt
ich esse		
	ich goss	
		ich habe gebissen
ich zerreiße		

ⓘ Die Schreibung der s-Laute

Die Schreibung von *ss* und *ß* richtet sich nach dem vorausgehenden Vokal.
Ist der **Vokal lang**, schreibt man **ß**: *Grü-ße*   Ist der **Vokal kurz**, schreibt man **ss**: *Küs-se*
Auch *ei, ie, au, äu, eu* gehören zu den langen Vokalen:
Nach ihnen steht niemals ein *ss*: *beißen, fließen, draußen, äußerlich, scheußlich* …

→ **S. 257f.**
Nebensätze mit „dass"

→ **S. 190f.**
Relativpronomen

7 Fülle beim Abschreiben die Lücken mit *das* oder *dass*.
Begründe anschließend deine Wahl mithilfe des Merkastens.

> Lieber Ahmet,
> ich höre, ??? du dich erkältet hast. ??? finde ich sehr schade.
> So kannst du gar nicht mit auf unsere Freizeitfahrt.
> Ich weiß ja, ??? du gerne mit uns gefahren wärst.
> Mein Bruder hat gesagt, ??? man aber auch noch nachkommen kann.
> Vielleicht wäre ??? ja möglich. Ich hoffe auf jeden Fall sehr,
> ??? es dir schnell besser geht.
> Viele Grüße – Dein Severin

ⓘ das oder dass

Vielen fällt es schwer, zu entscheiden, wann man *das* mit *s* oder *ss* schreibt.
Du kannst aber ganz leicht feststellen, wann ein *das* nur mit einem *s* geschrieben wird:
Wenn du **dies, dieses** oder **welches** einsetzen kannst, dann schreibst du ***das***.
Ist dies nicht möglich, dann schreibst du ***dass***. Die Konjunktion *dass* steht außerdem häufig nach Verben des Sagens, Fühlens oder Denkens: *Ich denke, dass du gerade träumst.*

4.3. Individuelle Fehlerschwerpunkte erkennen – Rechtschreibstrategien und -techniken nutzen – Regeln der Dehnung und Schärfung anwenden – s-Laute richtig schreiben

Aufbau und Schreibung von Wörtern

ä und *äu* von *e* und *eu* unterscheiden

Strategie Wörter ableiten
Siehe S. 260

1 Lies die Wörter. Schreibe sie als Wortpaare auf: *jährlich – Jahr …*

sauber	jährlich	mächtig	ernähren	Verkäuferin	baden	Traum
läuten	zähmen	verlängern	kämmen	laut	säubern	lang
Kamm	kaufen	Nahrung	Macht	zahm	Jahr	träumen	Bäder

2 Hier haben sich fünf Wortfamilien vermischt. Schreibe sie geordnet auf:
Angst, ängstlich, angstvoll …

Angst	länger	ängstlich	angstvoll	Alte
arm	zählen	am längsten	Alter	verlängern
lang	ärmer	am ärmsten	verarmt	gezählt
Zahl	älter	am ältesten	ärmlich	länglich
Ängste	bezahlen	erzählen	beängstigend	veraltet

W 3 Wähle im Folgenden zwischen a) oder b) aus.
a) Suche zu den folgenden Wörtern andere mit *ä* oder *äu*.
  Beachte, dass es zu vier Wörtern kein verwandtes Wort mit *a* oder *au* gibt.
  Sie werden daher mit *e* beziehungsweise *eu* geschrieben.
  ä? Schl*fer, gef*hrlich, l*cherlich, s*lten, w*hlerisch, F*lder, n*chtlich, erkl*ren
  äu? aufr*men, einz*nen, l*ten, vorl*fig, d*tlich, Geb*de, B*te, Tr*me

b) Schreibe aus dem Text die unterstrichenen Wörter heraus und
entscheide, ob sie mit *ä* oder *e*, *äu* oder *eu* geschrieben werden.

Auf Sportpl*tzen tr*mt schon manch einer davon, als
gef*hrlicher Torj*ger gefeiert zu werden. Dafür darf man
nicht *ngstlich sein und sollte tats*chlich ein sehr schneller L*fer sein, der B*lle abf*lscht und immer vorw*rts
dr*ngt. N*sse und K*lte halten ihn nicht davon ab, andere auch mal zu t*schen und die Fußb*lle aus Vers*hen
über einen dieser n*en hohen Z*ne zu schießen.

⚠ Wörter mit ä und äu von e und eu unterscheiden

Die meisten Wörter mit **ä** und **äu** stammen von Wörtern ab, die in ihrer Kurzform
(in ihrem Wortstamm) mit **a** oder **au** geschrieben werden: *ängstlich* von *Angst*,
säuerlich von *sauer*. Wenn du nicht sicher bist, ob ein Wort mit *ä* oder *äu* geschrieben wird, suchst du in der **Wortfamilie** nach einem Wort mit *a* oder *au*.

Aufbau und Schreibung von Wörtern

Vorsilben (Präfixe) richtig schreiben

Strategie: Auf Wortbausteine achten
Siehe S. 260

→ S. 217
Ableitungen mit Präfixen

Vor viele Verben, Nomen usw. kann man Vorsilben (Präfixe) setzen.
Dann bekommen die Wörter eine andere Bedeutung:
raten: er-raten, ver-raten, be-raten, ab-raten
Präfixe sind also immer vom Wortstamm abtrennbar, und zwar ohne
dass das Wort (Verb …) dann gar keine Bedeutung mehr hat,
z. B. *ver-tiefen* im Gegenteil zu *fer-tig*.

1 Setzt die folgenden Wörter mündlich zusammen und sprecht sie deutlich aus.

ver-	-raten, -rückt	an-	-nehmen, -nageln
zer-	-reißen, -reiben	weg-	-gehen, -geben
ab-	-brechen, -biegen	un-	-nötig, -nachgiebig
er-	-reichen, -richten		

a) Beschreibt, wie oft ihr beim Sprechen des jeweiligen Wortes die Buchstaben *r, b, g* und *n* hört.
b) Überlegt, warum dies zu Rechtschreibfehlern führen kann, und formuliert daraus einen Rechtschreibtipp.

Die Vorsilbe *ent-* und der Wortstamm *end-*

2 Setze die Wörter zusammen und sprich sie deutlich aus.
- Schreibe die Wörter ab. Achte auf die Großschreibung der Nomen.
- Überprüfe, auf welcher Silbe die Betonung liegt. Markiere sie.

ent-/Ent-	-kommen	-gegen	-fernung	-setzlich	-werfen
	-scheidung	-laufen	-führen	-lang	-deckung
	-täuschung	-spannen	-schuldigung	-zwei	

3 Setze die Wörter beim Abschreiben zusammen.
- Achte auf die Großschreibung der Nomen.
- Überprüfe, auf welcher Silbe nun die Betonung liegt.

End-/end-	-spiel	-stand	-los	-station
	-gültig	-runde	-ergebnis	-lauf

⚠ ent- und end- unterscheiden

Das Präfix **ent-** bedeutet oft so etwas wie *weg, fort*, z. B. bedeutet das Verb *entlaufen weglaufen*. Das Präfix *ent-* bleibt **unbetont**.
Der Wortstamm **end-** hat etwas mit dem Wort *Ende* zu tun: *Endlauf, endlos*.
Wörter, die mit *end-* zusammengesetzt sind, werden immer auf dem *end-* **betont**.

Kompetenzen aufbauen, üben und anwenden

Aufbau und Schreibung von Wörtern

Nachsilben (Suffixe) richtig schreiben

Strategie: Auf Wortbausteine achten
Siehe S. 260

1 Lest die beiden Sätze deutlich. Beschreibt, wie ihr die Wörter auf *-ig* und *-lich* ausspricht. Lest den Tipp, wenn ihr unsicher seid.

Ein König im Teich – richtig fröhlich, aber ungewöhnlich!
Ein Sittich im Käfig – wie traurig, aber wirklich alltäglich!

2 Wörter mit den Nachsilben *-ig* und *-lich* werden manchmal falsch geschrieben, weil ihre Endungen beim alltäglichen Sprechen ähnlich klingen.
- Schreibe den Text rechts ab.
- Ergänze dabei mithilfe des Merkkastens jeweils *-lich* oder *-ig*.

Timmi ist ehr*, anständ* und höf*. Doch manchmal ist er ein bisschen ungeduld*.
Er kann sogar unglaub* empfind* sein, wenn ihn jemand ärgert.
Doch meistens ist er fried* und oft sogar richt* witz*.

W 3 Bilde aus den folgenden Wörtern Adjektive, indem du die angegebenen Suffixe anfügst. Achte auf die richtige Rechtschreibung: Berg – bergig; Eis – …
- *-ig:* Berg, Eis, Matsch, Lust, Sonne
- *-lich:* Ärger, Feind, Absicht, Freund

Wähle nun zwischen a) oder b) aus.
a) Setze jedes Adjektiv zwischen ein Nomen mit seinem Artikel aus der folgenden Liste.
  die Landschaft   der Winter   der Boden   der Blick
  die Geschichte   der Nachmittag   der Reporter   das Verhalten
b) Verwende fünf der Adjektive in Sätzen.

4 In den folgenden Wörtern hörst du ein **l**. Dennoch werden nicht alle diese Wörter mit *-lich* geschrieben. Schreibe die Wörter richtig auf.
ärgerli-?   gemütli-?   gruseli-?
langweili-?   fürchterli-?   bläuli-?

AT → S. 290f.
Nachschlagen

5 Die folgenden Wörter haben eine Besonderheit. Sicher fällt euch diese auf. Bildet aus diesen Wörtern Adjektive. Zu welchem Wortteil gehört bei diesen Wörtern das **l**?
Nebel   Kitzel   Kringel   Stachel   Krümel   Schwindel   Winkel   Ekel

⚠ Die Nachsilbe -lich und die Endung -ig richtig schreiben

Mit den Wortbausteinen *-ig* und *-lich* kannst du aus manchen Nomen Adjektive bilden.
Wenn du unsicher bist, ob ein Wort mit *-ig* geschrieben wird, kannst du es verlängern.
Dann hörst du das **g** deutlich: berg**ig** – berg**ige** Landschaft.
Wenn du ein **l** im Wort hörst, wird es meistens mit *-lich* geschrieben.

4.3. Individuelle Fehlerschwerpunkte erkennen – Rechtschreibstrategien und -techniken nutzen – häufige Vor- und Nachsilben richtig schreiben

→ S. 175ff.
Nomen

Aufbau und Schreibung von Wörtern

Nomen erkennen und richtig schreiben

1 Wer die folgenden fünf Wörter nicht kennt, kann nicht wissen, ob es Nomen sind oder nicht. Überlegt, welche Nomen sein könnten.

NACHEN   ERLEN   RÜMPFEN   LUNTEN   PIRSCHEN

2 Jetzt stehen dieselben Wörter in Sätzen.

A Ein NACHEN ist ein kleiner Kahn.
B Die ERLEN sind Bäume, die am Bach stehen.
C Wenn Kinder etwas nicht mögen, dann RÜMPFEN sie die Nase.
D Die LUNTEN sind die Schwänze von Füchsen.
E Die Jäger PIRSCHEN sich an die Wildschweine heran.

So kann man schon viel besser erkennen,
welche der Wörter Nomen und welche Verben sind.
Schreibe die Sätze ab und unterstreiche die Wörter,
an denen du das Nomen erkannt hast.

> ⚠ **Nomen**
>
> Nomen kann man im Satzzusammenhang meist an bestimmten Signalen erkennen.
> Solche **Signale** stehen im Satz vor den Nomen.

→ S. 177ff.
Artikel

Signal: bestimmter und unbestimmter Artikel

3 In diesem Text sind alle Nomen kleingeschrieben.
Vor jedem Nomen steht ein Artikel als sein Begleiter.
Suche die Artikel, das folgende Wort ist dann ein Nomen. Es sind 16.

Hungrige Flugobjekte

Kaum ist die torte auf dem tisch, summen die gäste über die terrasse. Sie sind zwar ungebeten, aber das stört die tiere nicht. Der obstkuchen hat die wespen angelockt. Schnell noch eine runde gedreht, und ein sturzflug auf die beute beginnt. Wenig später verschwindet ein tier mit einem brocken aus einer frucht. Das ziel ist das nest, in welchem sich die königin befindet.

4 Schreibe die Nomen aus Aufgabe 3 richtig auf. Ordne sie dabei nach den Artikeln.
bestimmter Artikel + Nomen: die Torte …
unbestimmter Artikel + Nomen: eine Runde …

5 Schreibe den folgenden Text in der richtigen Groß- und Kleinschreibung auf. Der Merkkasten hilft dir dabei. Beachte, dass man auch Satzanfänge großschreibt.

der honig war schon immer begehrt

der bienenhonig wurde von den menschen schon immer begehrt. der honig war zum beispiel in der antike nicht nur ein lebensmittel. er diente auch der schönheitspflege und der heilung. mit dem honig konnte man damals sogar die schulden, die man gemacht hatte, bezahlen. der bienenhonig blieb auch in den jahren danach wertvoll. wer einen baum fällte, der von einem bienenschwarm bewohnt wurde, wurde hart bestraft. das kostete ihn eine hand oder das vermögen. da können wir heute froh sein, dass in dem supermarkt von nebenan das honigregal gut gefüllt ist.

ⓘ Der Artikel als Signal für die Großschreibung

Artikel weisen auf Nomen hin: **der** Lauf, **ein** Lauf; **die** Kerze, **eine** Kerze; **das** Spiel, **ein** Spiel …
Die **Artikelprobe** besagt: Kann man einen **bestimmten** oder einen **unbestimmten** Artikel vor ein Wort setzen, dann ist das Wort ein Nomen und muss großgeschrieben werden.
Beachte: Nicht immer folgt unmittelbar nach dem Artikel das Nomen!
Zwischen Artikel und Nomen kann sich ein Adjektiv (Eigenschaftswort) schieben:
der schnelle _Lauf_, _die_ brennende _Kerze_

Signal: versteckter Artikel

6 Im folgenden Text sind die meisten Artikel versteckt. Schreibe sie mithilfe des Merkkastens auf: _ins Auge_ …

Glück gehabt

Das wäre beinahe ins Auge gegangen. Wie jeden Montag ging Elias zum Training. Als er vom Einmeterbrett ins Wasser sprang, war er beim Eintauchen nur knapp vom Beckenrand entfernt. Zum Glück konnte er sich noch rechtzeitig im Flug zur Seite drehen. Für diese Reaktion wurde er vom Trainer gelobt. Erneut probierte er den Sprung vom Einmeterbrett. Er ging aufs Sprungbrett, konzentrierte sich vorm Sprung noch einmal und brachte den Kopfsprung diesmal sauber ins Becken.

ⓘ Der versteckte Artikel als Signal für die Großschreibung

Die Wörtchen, die einen versteckten Artikel enthalten, muss man sich gut einprägen.
Strategie: Wörter merken Sie sind häufig Signale für die Großschreibung von Wörtern:

am = an dem	**ins** = in das	**ans** = an das	**vom** = von dem
zum = zu dem	**im** = in dem	**zur** = zu der	**beim** = bei dem

Signal: Possessiv- und Demonstrativpronomen

→ **S. 183ff.**
Pronomen

7 In diesem Text gibt es 16 Nomen. Vor acht davon stehen Pronomen. Schreibe sie heraus und markiere das Pronomen und den ersten Buchstaben des Nomens: *sein K*önigreich …

Der Zaunkönig

Klein ist sein Königreich und seine Körpermaße sind winzig. Doch die Stimme und die Töne, die aus seiner Kehle kommen, sind beeindruckend. Dieser Zwerg schafft es, 19 dieser Töne in einer Sekunde zu zwitschern. Der Winzling kann sein Revier sowohl in einem Park als auch an einem See oder auch in den Bergen haben. Zu seinem Schutz bevorzugt er allerdings die Gebüsche in diesen Gegenden.

8 In den Sätzen A bis F fehlen Pronomen.
Setze die Pronomen aus dem *Wortspeicher* richtig ein.

ihr, dieser, ihr, ihre, sein, unserer, dieser

Die Singdrossel

A   Die Singdrossel lässt Töne besonders gern in den Abendstunden erklingen.
B   Dabei sitzt sie auf einer Baumspitze und flötet von dort Lied.
C   Platz ermöglicht es, dass Gesang weit zu hören ist.
D   Vogel liebt es, sehr lange ganz unterschiedliche Melodien zu singen.
E   Gesang ist meistens dreimal hintereinander zu hören.
F   Singdrosseln lieben Bäume, die in älteren Parks oder in Gärten Städte stehen.

9 Schreibe den folgenden Text richtig in dein Heft.

„Diese katze fängt gerne meine vögel, vor allem in meinem garten!", beklagt sich unser nachbar. Er jammert, dass unser haustier seinem jagdtrieb einfach nicht widerstehen kann. Ich erkläre ihm dann, dass unsere katze ihr jagdgeschick trainieren muss und doch gar nicht ihren hunger stillen will. Damit verderbe ich ihm dann noch mehr seine laune. Aber das ist doch nicht meine schuld, oder?

ⓘ Pronomen als Signal für die Großschreibung

Pronomen signalisieren, dass das Wort nach ihnen ein Nomen ist und somit großgeschrieben werden muss:
Possessivpronomen: *mein* Fahrrad, *ihr* Geschenk, *seine* Angst, *unsere* Freunde …
Demonstrativpronomen: *diese* Tasche …
Beachte: Nicht immer folgt unmittelbar nach dem Pronomen das Nomen!
Zwischen Pronomen und Nomen kann sich ein Adjektiv (Eigenschaftswort) schieben:
mein neues Fahrrad, diese kaputte Tasche

4.3. Individuelle Fehlerschwerpunkte erkennen – Rechtschreibstrategien und -techniken nutzen – Regeln der Großschreibung anwenden

Signal: Suffix (Nachsilbe)

schön – schönheit
sendung – senden
finsternis – finster
sauber – sauberkeit
erben – erbschaft
reichtum – reichtum
erzeugen – erzeugnis

→ **S. 218ff.**
Ableitungen mit Suffixen

10 Seht euch die sieben Wortpaare an.
Ein Wort davon ist immer ein Nomen und muss großgeschrieben werden.
Es hat ein „eingebautes" Signal.
Benennt die Nomen.

11 Schreibe die Nomen aus Aufgabe 10 geordnet nach den verschiedenen Signalen auf.
Ergänze die Übersicht durch je drei weitere Beispiele.
-**ung**: *Sendung, Erzählung* … -**heit**: … -**keit**: …
-**nis**: … -**tum**: … -**schaft**: …

12 Nomen mit den Suffixen *-ung, -heit, -keit, -nis, -tum, -schaft* stammen von Verben oder Adjektiven ab.
Ordne die Nomen unten danach, ob sie von einem Verb oder einem Adjektiv abstammen. Schreibe die Nomen mit ihren Artikeln auf und unterstreiche das jeweilige Suffix.

Zeichnung Frechheit Hoffnung Dummheit Flüssigkeit Erlaubnis Erzählung Sauberkeit Fröhlichkeit Verzeichnis Werbung Ergebnis Rechnung Seltenheit Krankheit Geheimnis Reichtum

Abstammung vom **Verb**: *die Zeichnung → zeichnen* …
Abstammung vom **Adjektiv**: *die Flüssigkeit → flüssig* …

✱ 13 Lies den folgenden Text mit den Fantasiewörtern.
Schreibe die Wörter, die du als Nomen erkannt hast, zusammen mit den Signalen auf.

fantastische nomen

Nomy schribbelte einen bruff an ihre limste fründane. Nomy bunitzte dagur einen nüen fugger. Den hatte Nomy beim vorlusenwebwab am wochante geworren. Nomys leiseltung hatte die zulauscherer begustert. Nomy beschribbelte ihrer fründane im bruff, wie der webwab abgerullert war.

⚠ Suffixe als Signale für die Großschreibung

Manche Wörter erkennt man sofort als Nomen, weil sie über ein „eingebautes" Signal verfügen. Dieses Signal für die Großschreibung nennt man Suffix (Nachsilbe).
Das Suffix ist an das Ende des Wortstammes angefügt:

meld(en) + **-ung** → *Meldung*   *sicher* + **-heit** → *Sicherheit*   *reich* + **-tum** → *Reichtum*
sauber + **-keit** → *Sauberkeit*   *erleb(en)* + **-nis** → *Erlebnis*   *erb(en)* + **-schaft** → *Erbschaft*

Aufbau und Schreibung von Wörtern

C Eine Rechtschreibkartei anlegen

Mithilfe einer Rechtschreibkartei kannst du die richtige Schreibweise von Wörtern trainieren.

1 **Für eine Rechtschreibkartei brauchst du:**
- Karteikarten,
- einen Kasten zum Aufbewahren,
- zwei Trennkarten, sodass drei Fächer entstehen.

2 **Lege für jedes Fehlerwort eine Karteikarte an.**
Das erste Wort ist immer das Problemwort. Was du zusätzlich auf die Karte schreibst, um die Schreibung zu üben, kannst du selbst entscheiden. Hier sind Vorschläge:

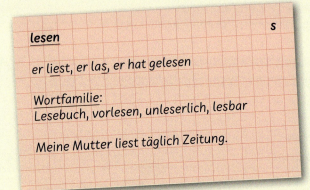

3 **So kannst du mit deiner Kartei üben: Alle neu angelegten Karten kommen in das erste Fach. Mit diesen Karten solltest du am nächsten Tag üben.**

💡 **Einzelarbeit:** Lies dir das Wort durch. Drehe dann die Karte um. Schreibe das Wort auf und kontrolliere es. Übe mit anderen Sätzen, in denen das Fehlerwort vorkommt, weiter.

💡 **Partnerarbeit:** Arbeitet zu zweit: Sucht euch je vier Karten aus und diktiert euch abwechselnd gegenseitig, was auf einer Karte steht.

💡 **Patenhilfe:** Ein sicherer Rechtschreiber diktiert einem schwächeren die Wörter und Sätze. Er achtet dabei darauf, ob auch alles richtig ist, und macht sofort auf Fehler aufmerksam.

4 **Wenn du die Wörter richtig geschrieben hast, kommen die Karten in das zweite Fach. Mit den Karten aus diesem Fach solltest du erst üben, wenn dort 15–20 Karten gesammelt sind.**
Es gilt:
Wenn das Wort richtig geschrieben ist: ⟶ nächstes Fach!
Wenn das Wort falsch geschrieben ist: ⇢ zurück ins erste Fach!
Wenn du auch die Wörter aus dem dritten Fach richtig geschrieben hast, kannst du diese Karten aus der Kartei entfernen.

4.3. Individuelle Fehlerschwerpunkte erkennen – Rechtschreibstrategien und -techniken nutzen

GELERNTES ÜBERPRÜFEN

Aufbau und Schreibung von Wörtern

Überprüfe dein Wissen und Können

1 Im folgenden Text sind 18 Fehler enthalten.
Schreibe den gesamten Text verbessert in dein Heft.

Claudia verbringt die Ferien bei ihrer Tante in Italien am Mehr. Ihre Tante ist eine leidenschafftliche Köchin. Am ersten Abend kocht sie für Claudia ein interesantes Gericht, das diese gleich neugirig probiert. Das Essen wird in einer großen Pfane auf den Tisch gestellt. Claudia nimmt sich einen Löfel und kostet davon. Zuerst schmekt es süslich, dann sehr stark nach Kohl und Walnüssen. Plötzlich fengt es in ihrem Mund an zu brennen. Pfefer! Claudias Lippen werden feuerot. Dieses Essen ist höllisch scharf, Claudia beginnt, vom Kopf bis zu den Zeenspitzen zu schwitzen. Sie rennt zum Küchenschranck, hohlt sich ein Glas und füllt es mit Wasser. In großen Schlucken trinkt sie es aus. Doch erst als ihre Tante ihr Broot reicht, hört es allmählich auf zu brennen. Nach ein par Minuten geht es ihr schon ein bischen besser.

 Tipp
Achte besonders auf Doppelkonsonanten, Doppelvokale, auf die s- Schreibung, auf Wörter mit h, i oder ie und auf Wörter mit a oder e.

2 Welche drei Aussagen sind richtig?
Schreibe die entsprechenden Buchstaben auf.
a) Ein Verb weist darauf hin, dass das nachfolgende Wort ein Nomen ist und großgeschrieben werden muss.
b) Ein Artikel weist darauf hin, dass das nachfolgende Wort ein Nomen ist und großgeschrieben werden muss.
c) Alle Wörter, bei denen das Suffix *-lich* am Ende des Wortstammes steht, sind Nomen und werden großgeschrieben.
d) Versteckte Artikel sind häufig ein Signal für die Großschreibung von Nomen.
e) Pronomen wie *sein*, *dieser* begleiten Nomen und weisen auf deren Großschreibung hin.

3 Im folgenden Text sind fünf Fehler enthalten.
Finde sie und schreibe die Wörter mit den Signalen richtig auf.

Verschlafen?

Ich bin jemand, der am morgen gerne einmal verschläft. Meine Eltern besitzen seit Jahren einen schönen, alten Wecker. Den haben sie mir geschenkt, und den stelle ich nun jeden Abend brav auf 6:30 Uhr. Es ist schon eine richtige gewohnheit geworden. Eines Tages wurde ich durch das laute geräusch des Weckers aus meinen schönen träumen gerissen. Ich wollte schon aus dem Bett springen, da fiel mein Blick auf den Wecker: Es war erst 3:30 Uhr! Sicherlich hatte ich ihn gestern vor lauter Müdigkeit falsch gestellt. Da war ich aber froh. Jetzt hieß es nur noch: Bettdecke bis an die Nase ziehen und noch drei stunden schlafen.

 Portal

WES-122961-075

NEUES ENTDECKEN – EINSICHTEN GEWINNEN

Zeichensetzung

KOMM WIR GRILLEN OMA

KOCHEN WIR JETZT MAMA

PETER RUFT

NICK WILL MONA NICHT

DIE FRAU SAGT DER MANN KANN NICHT AUTO FAHREN

1 Lest die Sätze oben aus dem Stegreif laut vor.

2 Erklärt, bei welchen zwei Sätzen es zu ganz besonderen Reaktionen kommen wird und warum das so ist.

3 Haltet <u>all</u> eure Möglichkeiten, die Sätze zu sprechen fest – also auch die unsinnigen.
Entscheidet dann, wie ihr die verschiedenen Aussageabsichten mithilfe von Satzzeichen verdeutlichen könntet, z. B. so:
Peter ruft?, Peter ruft! …

In diesem Kapitel lernst du (,) …
- wie du deine Absicht mithilfe von Satzschlusszeichen verdeutlichst.
- die wörtliche Rede richtig zu kennzeichnen.
- das Komma in Aufzählungen, Satzreihen und Satzgefügen richtig zu setzen.

Zeichensetzung

Satzschlusszeichen

So sehen ein Aussage-, Frage- und Ausrufesatz mit Punkt, Fragezeichen und Ausrufezeichen aus:

→ **S. 249 ff.**
Aussagen, Fragen, Ausrufe und Aufforderungen

Aussagesatz: Paula holt das Mountainbike aus der Garage.
Fragesatz: Holt Paula das Mountainbike aus der Garage?
Aufforderungssatz: Paula, hol das Mountainbike aus der Garage!

1 Bilde mit diesen Wörtern einen Aussage-, einen Frage- und einen Aufforderungssatz:

Paul   schreiben   an   die   Tafel   den   Satz   richtig

2 Probiere beim folgenden Text aus dem Stegreif, die richtigen Satzschlusszeichen einzusetzen.
Schreibe dazu den Text ab und setze die Zeichen richtig ein.

Nächtliche Geräusche

Lukas war bei seiner Tante in einem alten Bauernhaus zu Besuch
Er war müde und wollte zu Bett gehen
Aber hatte er da nicht eben ein Geräusch gehört
Lukas saß kerzengerade in seinem Bett
Ob er sich getäuscht hatte
Nein, nein
Da war es wieder
Deutlich konnte er jetzt das Klirren von Eisenketten hören
Das sind doch Einbrecher
Lukas horchte ins Dunkel hinaus
Blitzschnell verschwand Lukas unter seiner Bettdecke
Bloß nichts hören
Doch dann war es wieder ruhig und er schlief ein
Beim Frühstück fragte er seine Tante:
„Was war denn das heute Nacht für ein komisches Klirren "
Die Tante sagte, das seien die Kühe gewesen
„Hattest du etwa Angst "
Da sagte Lukas:
„Ja, aber erzähl das bloß niemandem "

Zeichensetzung

Zeichen der wörtlichen Rede

Sophie: *Der Vokabeltest war ziemlich leicht.*

Lucas: *Aber nicht für mich!*

Anna: *Weißt du noch, wie viele Vokabeln du gewusst hast?*

Wenn man aufschreiben will, was Sophie gesagt hat, dann schreibt man das so.
Sophie sagte: „Der Vokabeltest war ziemlich leicht."

1 Schreibe auf, was Lucas und Anna gesagt haben.
Orientiere dich an dem Beispiel oben.
Verwende in den beiden Redebegleitsätzen die Verben *rufen* und *fragen*.

ⓘ Die Zeichen der wörtlichen Rede

Die wörtliche Rede besteht aus zwei Teilen:
Wer etwas sagt, steht im **Redebegleitsatz**.
Was gesagt wird, steht in der **wörtlichen Rede**. Sie ist ein selbstständiger Satz mit passenden Satzschlusszeichen.

Es gibt drei Möglichkeiten, den Redebegleitsatz und die wörtliche Rede anzuordnen.
1. Möglichkeit: Der Redebegleitsatz steht **VOR** der wörtlichen Rede:
Nach dem Redebegleitsatz steht ein **Doppelpunkt**. Er kündigt die wörtliche Rede an.
Vor der wörtlichen Rede stehen die **Anführungszeichen unten**.
Nach dem Satzschlusszeichen der wörtlichen Rede stehen die **Anführungszeichen oben**.
Beachte: Das erste Wort der wörtlichen Rede wird großgeschrieben!

Redebegleitsatz	**wörtliche Rede**
Sophie meint:	„Die Mathearbeit war ziemlich schwer."
Anna will wissen:	„Was kam denn in der 2. Aufgabe heraus?"
Lucas ruft:	„Hört bloß auf damit!"

4.3. Regeln der Zeichensetzung bei der wörtlichen Rede (vorangestellter, eingeschobener und nachgestellter Begleitsatz) korrekt anwenden

KOMPETENZEN AUFBAUEN, ÜBEN UND ANWENDEN

2 Schreibe das, was Lucas, Maria und Carl zum Vokabeltest gesagt haben, mit den richtigen Satzzeichen auf. Ergänze ein Verb für den Redebegleitsatz.

Lucas	Wie viele Wörter habt ihr gewusst
Maria	Ich habe zehn Wörter gewusst
Carl	Oh, da habe ich mehr, nämlich vierzehn

3 Schreibe die folgenden Sätze ab oder nutze die Vorlage im Portal.
- Unterstreiche die Redebegleitsätze und unterkringle die wörtliche Rede.
- Setze dann die fehlenden Zeichen: Doppelpunkt, Anführungszeichen, Satzschlusszeichen.

Portal
WES-122961-076

Vater fragt Max	Was wünschst du dir zum Geburtstag
Max antwortet	Mein größter Wunsch ist eine Trompete
Da ruft der Vater entsetzt	Und wie soll ich bei diesem Lärm arbeiten können
Max beruhigt ihn	Ich spiele nur dann, wenn du schläfst

4 Schreibe den folgenden Text ab und ordne dabei den wörtlichen Reden die passenden Redebegleitsätze aus dem *Wortspeicher* zu.
Setze anschließend die fehlenden Zeichen: Fragezeichen, Ausrufezeichen, Anführungszeichen, Komma.
Orientiere dich dabei an der 2. Möglichkeit im Merkkasten.

In einer Gaststätte

Herr Ober, was macht die Fliege in meiner Suppe	*erklärt der Ober.*
Chef, kommen Sie bitte mal an Tisch zwei	*beschwert sich ein Gast.*
Der Gast fragt, was die Fliege in der Suppe macht	*meint der Chef.*
Für mich sieht es aus wie Rückenschwimmen	*ruft der Ober.*

ⓘ Die Zeichen der wörtlichen Rede

2. Möglichkeit: Der Redebegleitsatz steht **NACH** der wörtlichen Rede:
Wer jeweils spricht, kann auch nach der wörtlichen Rede stehen.
Zwischen dieser und dem nachgestellten Redebegleitsatz steht nach den Anführungszeichen oben immer ein **Komma**. Nach dem Komma schreibt man klein weiter:

wörtliche Rede	Redebegleitsatz
„Kannst du mir mal helfen?",	fragt Mutter.
„Ich komme gleich!",	ruft Peter.
„Das wäre schön",	meint Mutter.

Beachte: Zwischen der wörtlichen Rede und dem nachgestellten Redebegleitsatz gibt es **nie** einen **Punkt**!

4.3. Regeln der Zeichensetzung bei der wörtlichen Rede (vorangestellter, eingeschobener und nachgestellter Begleitsatz) korrekt anwenden

Rechtschreibung und Zeichensetzung

W 5 Wähle im Folgenden zwischen a) oder b) aus.

a) Schau dir die Bildfolge genau an. Schreibe dann das Gespräch zwischen Hägar und seinem Sohn Hamlet als Text auf. Gehe dabei so vor:
- Stelle den Redebegleitsatz vor, nach oder in die Mitte der wörtlichen Rede.
- Vermeide das Wort *sagen*. Verwende stattdessen die Worte *antworten, nachfragen, erwidern, fragen, knurren, murmeln, nörgeln, nuscheln, verkünden ...*
- Achte auch auf die entsprechenden Satzschlusszeichen.

b) In dem folgenden Dialog fehlen alle Satzzeichen. Setze sie beim Abschreiben an den richtigen Stellen ein: Punkt, Fragezeichen, Ausrufezeichen, Komma, Doppelpunkt, Anführungszeichen.

Ben sagt zu seinem Vater Können wir einmal über einen neuen Vertrag verhandeln Was soll denn das heißen fragt der Vater Wir sollten über eine Erhöhung des Taschengeldes sprechen erklärt Ben Der Vater schaut seinen Sohn erstaunt an und fragt Wieso Taschengeld Ich habe meint der Junge seit einem Jahr keine Erhöhung mehr erhalten Wenn das so ist sagt der Vater dann müssen wir wohl verhandeln

---

⚠ Die Zeichen der wörtlichen Rede

3. Möglichkeit: Der Redebegleitsatz steht **IN DER MITTE**:
Der Redebegleitsatz kann aber auch in die wörtliche Rede eingeschoben werden. Dabei wird er von **Kommas** eingeschlossen:

wörtliche Rede: Teil 1	Redebegleitsatz	wörtliche Rede: Teil 2
„Da haben Sie mir",	stöhnt der Gast,	„eine tolle Suppe vorgesetzt."
„Möchten Sie",	fragt der Gast,	„dass ich die Fliege mitesse?"
„Es ärgert mich",	knurrt der Gast,	„dass Sie mich nicht ernstnehmen!"

4.3. Regeln der Zeichensetzung bei der wörtlichen Rede (vorangestellter, eingeschobener und nachgestellter Begleitsatz) korrekt anwenden

Zeichensetzung
Das Komma bei Aufzählungen

1 Die folgenden Sätze zeigen euch, wann man beim Aufzählen von einzelnen Wörtern Kommas setzt – und wann nicht. Besprecht das miteinander.

Sprungwettbewerbe sind Weitsprung, Dreisprung, Hochsprung, Stabhochsprung.
Sprungwettbewerbe sind Weitsprung und Dreisprung, Hochsprung und Stabhochsprung.

2 Schreibe den folgenden Text ab und setze die fehlenden Kommas ein. Orientiere dich dabei an den drei unteren Beispielsätzen im Merkkasten.

Sportarten

Meine Freundin Maria geht gern reiten segeln wandern und schwimmen. Sebastian guckt im Fernsehen am liebsten Tischtennis Rugby Ringen Boxen und Tennis. Carl ist sehr sportlich und spielt gern Volleyball Basketball Völkerball Handball oder Fußball. Mia fährt gerne Ski Schlitten sowie Snowboard.

3 Lass im folgenden Text an einigen Stellen **und/oder** weg, damit die Sätze besser klingen. Achte beim Abschreiben auf die Kommasetzung.

Viel beschäftigt

Zum Hockeytraining gehe ich montags und mittwochs und freitags. Zum Reiten fahre ich dienstags und donnerstags oder manchmal sonntags. Jeden dritten Dienstag und jeden Samstag und jeden Feiertag besuche ich meine Oma. Sie bietet mir heißen Kakao oder süßen Apfelsaft und frischen Mohnkuchen und selbstgemachtes Himbeereis an.

> ⓘ **Das Komma in Aufzählungen**
>
> In Aufzählungen werden Wörter und Wortgruppen durch Kommas abgetrennt:
> **Wörter**: *Marathon, Sprint, Staffellauf sind bekannte Laufdisziplinen.*
> und **Wortgruppen**: *Vier Marathonläufer, drei Sprinter, fünf Staffelläufer sind am Start.*
> Man setzt aber **kein** Komma, wenn zwischen den aufgezählten Wörtern oder Wortgruppen **und/oder/sowie** stehen:
> *Sprint, Marathon **und** Staffellauf sind bekannte Laufwettbewerbe.*
> *Sprint, Marathon **oder** Staffellauf sind bekannte Laufwettbewerbe.*
> *Sprint, Marathon **sowie** Staffellauf sind bekannte Laufwettbewerbe.*

4.2. Wörter und Wortgruppen sinnvoll mithilfe von Konjunktionen verbinden
4.3. Regeln der Zeichensetzung bei Aufzählungen korrekt anwenden

→ S. 252 f.
Satzreihe

Zeichensetzung

Das Komma zwischen Sätzen

Das Komma zwischen Hauptsätzen

1 Auch Sätze können aufgezählt und aneinandergereiht werden.
a) Beschreibe die Bilder und schreibe die drei Sätze auf.
b) Verbinde alle drei Sätze zu einem Satz. Achte auf die Kommas!

Rauch steigt auf.   Der Vulkan bricht aus.   Lava läuft den Berg hinunter.

2 Schreibe den folgenden Text in der richtigen Groß- und Kleinschreibung ab.
Setze zwischen die Hauptsätze immer einen Punkt oder ein Komma.
Beachte dabei den Merkkasten unten.

IM INNEREN DER ERDE IST ES SEHR HEIß DAS GESTEIN SCHMILZT DORT ZU MAGMA DIE HITZE VERURSACHT EINEN GROßEN DRUCK RAUCH UND MAGMA DRÄNGEN DANN ÜBER VULKANE NACH OBEN AN DIE ERDOBERFLÄCHE NUN HEIßT DAS MAGMA LAVA MANCHMAL QUILLT DAS MAGMA NUR AUS DEM VULKAN MANCHMAL SPRITZT ES ABER AUCH IN GROßEN FONTÄNEN HERAUS DER ÄTNA AUF SIZILIEN IST MIT 3343 METERN DER HÖCHSTE VULKAN EUROPAS AM 3. DEZEMBER 2015 EREIGNETE SICH DORT EINER DER BISHER STÄRKSTEN AUSBRÜCHE DER LETZTEN 20 JAHRE IN JENER NACHT SPUKTE ER AUS SEINEM KRATER EINE MEHR ALS EINEN KILOMETER HOHE LAVAFONTÄNE EINIGE GESTEINSBROCKEN SOLLEN SOGAR BIS ZU DREI KILOMETER IN DIE HÖHE GESCHLEUDERT WORDEN SEIN DIE SIZILIANISCHE STADT MESSINA WURDE DABEI MIT EINER ASCHESCHICHT BEDECKT MENSCHEN WAREN ABER ZUM GLÜCK NICHT GEFÄHRDET

ⓘ Das Komma zwischen Hauptsätzen

Zwischen Hauptsätzen kannst du anstelle eines Punktes auch ein Komma setzen. Hauptsätze können zu einer **Satzreihe** miteinander verbunden werden. Eine Satzreihe besteht aus mindestens zwei Hauptsätzen. Sie werden durch Kommas voneinander getrennt. Vor *und* bzw. *oder* muss kein Komma stehen.

4.2. Merkmale von Haupt- und Nebensatz unterscheiden – Sätze sinnvoll mithilfe von Konjunktionen verbinden
4.3. Regeln der Zeichensetzung bei Satzreihen, bei einfachen Satzgefügen, bei Aufzählungen korrekt anwenden

Das Komma zwischen Haupt- und Nebensatz

→ S. 254 ff.

Satzgefüge

3 Lest jeden der folgenden Sätze vor.
a) Benennt die Stellen, an denen ihr eine kurze Pause beim Lesen macht.
b) Notiert die Wörter, die nach den Kommas stehen.
✻ c) Findet heraus, welcher Wortart diese Wörter angehören.

1) Früher war es üblich, dass die Menschen nur mit den Fingern aßen.
2) Sie lachten sogar, als im 18. Jahrhundert die Gabel „erfunden" wurde.
3) Sie fanden sie unpraktisch, weil sie mit ihr zu wenig in den Mund stopfen konnten.
4) Später aber brauchte man die Gabel, nachdem die Halskrause in Mode gekommen war.
5) Die Gabel wurde zum verlängerten Finger, damit die Halskrause sauber blieb.

4 Schreibe die sechs Sätze ab.
a) Unterstreiche jeweils das Signalwort.
b) Setze dann die Kommas mithilfe des Merkkastens.

1) Ich konnte heute nicht in die Schule gehen weil ich verletzt bin.
2) Ich bin mit dem linken Fuß umgeknickt als ich die Straße überquerte.
3) Mutter die immer alles besser weiß sagte: „Das kommt davon wenn man nicht aufpasst."
4) Ich aber bin der Meinung dass es nur Pech war.
5) Beim Arzt musste ich lange warten bis ich an der Reihe war.
6) Jetzt muss ich meinen Knöchel der sehr geschwollen ist kühlen.

> ⓘ **Das Komma zwischen Haupt- und Nebensatz**
>
> Hauptsatz (HS) und Nebensatz (NS) werden durch ein Komma getrennt.
> Beide zusammen bilden ein **Satzgefüge**.
>
> | **Hauptsatz (HS)** | **Nebensatz (NS)** |
> |---|---|
> | *Die Gabel wurde zum verlängerten Finger,* | *damit die Halskrause sauber blieb.* |
> | | **Konjunktion** — **finites Verb** |
>
> Der Nebensatz kann
> - **vor** dem HS stehen: *Wenn ich zu Hause bin, rufe ich dich sofort an.*
> - **nach** dem HS stehen: *Ich rufe dich sofort an, wenn ich zu Hause bin.*
> - oder **im** HS eingebettet sein: *Ich rufe dich, wenn ich zu Hause bin, sofort an.*
>
> **Konjunktionen** sind *als, bis, damit, dass, nachdem, ob, obwohl, weil, wenn …*
> **Relativpronomen** sind *der, die, das, dessen, dem, den …*
> Konjunktionen und Relativpronomen sind **Signalwörter** für die Kommasetzung!

4.2. Merkmale von Haupt- und Nebensatz unterscheiden – Sätze sinnvoll mithilfe von Konjunktionen verbinden
4.3. Regeln der Zeichensetzung bei Satzreihen, bei einfachen Satzgefügen, bei Aufzählungen korrekt anwenden

Rechtschreibung und Zeichensetzung

5 Kombiniere die beiden Sätze in einer Zeile miteinander.
- Verwende dazu die Konjunktion am Zeilenende und füge das Komma ein.
- Achte darauf, dass in den Nebensätzen das finite Verb am Ende steht.
- Kennzeichne abschließend den Haupt- und den Nebensatz mit unterschiedlichen Farben.

1) *Das Fußballspiel musste ausfallen, weil es zu stark geregnet hatte.*

Zwei Sätze kombinieren

1) Das Fußballspiel musste ausfallen. Es hatte zu stark geregnet. — *weil*
2) Max bekam den Bus nicht mehr. Er hatte verschlafen. — *da*
3) Wir haben es gestern erfahren. Tabea musste ins Krankenhaus. — *dass*
4) Wir wussten es heute früh noch nicht. Wir schreiben eine Mathearbeit. — *ob*
5) Im Haus hörte ihn niemand. Er klingelte viermal. — *obwohl*
6) Jakob bummelte auf dem Weg zur Schule. Er kam zu spät. — *sodass*
7) Wir fahren nach Hause. Das Unwetter ist vorbei. — *wenn*

W 6 Wähle im Folgenden zwischen a) oder b) aus.

a) Schreibe die Sätze ab. Setze die Signalwörter und die Kommas ein. Erkläre, wo in den Sätzen mit dem Hauptsatz am Anfang das Komma stehen muss. Formuliere dazu einen kurzen Merksatz.

1) Der Unfall wäre nicht passiert … Carl sein Fahrrad geschoben hätte.
2) … sein Fahrrad kein Licht hatte fuhr er abends auf der Straße.
3) … ein Pkw ihn nicht rechtzeitig gesehen hatte musste er scharf bremsen.
4) Wir sahen nur noch … Carl auf der Straße lag.
5) … zum Glück nichts Ernstes passiert war konnten wir bald weiterfahren.
6) Wir kamen sogar noch rechtzeitig an … wir den Anfang nicht verpassten.

b) Vertausche die beiden Sätze in 7 – 12 jeweils so, dass die Sätze mit dem Signalwort am Anfang stehen. Erkläre, wo genau in diesen Sätzen das Komma stehen muss. Formuliere dazu einen kurzen Merksatz.

1) *Ich stolperte, als ich in den Bus einstieg.*
   → *Als ich in den Bus einstieg, stolperte ich.*

Signalwörter an den Anfang

7) Ich stolperte, als ich in den Bus einstieg.
8) Wir trainieren jeden Tag, damit wir das Spiel gewinnen.
9) Er ging auf die andere Straßenseite, als er mich sah.
10) Ich bin Sascha nicht böse, obwohl er mich geärgert hat.
11) Max ärgert sich, weil er nicht Rad fahren durfte.
12) Ich gehe mit dir ins Kino, wenn ich mit den Hausaufgaben fertig bin.

4.2. Merkmale von Haupt- und Nebensatz unterscheiden – Sätze sinnvoll mithilfe von Konjunktionen verbinden
4.3. Regeln der Zeichensetzung bei Satzreihen, bei einfachen Satzgefügen, bei Aufzählungen korrekt anwenden

Zeichensetzung

Überprüfe dein Wissen und Können

1 Notiere die drei richtigen Aussagen.
a) Wörter wie *als, bis, dass, nachdem, ob, obwohl, sodass, wie* und *wenn* sind Konjunktionen und damit Signalwörter für die Kommasetzung.
b) Wörter wie *jetzt, bereits, etwas, sogar* und *dagegen* sind Relativpronomen und auch Signalwörter für die Kommasetzung.
c) Ein Satzgefüge besteht aus einem Hauptsatz und einem Nebensatz.
d) Ein Nebensatz wird durch Konjunktionen oder Relativpronomen eingeleitet.

2 Schreibe die zwei Sätze ab und setze die Kommas.
a) Ich gehe gerne am Strand spazieren sammle Muscheln und beobachte das Meer.
b) Manchmal kaufe ich mir dort ein Eis oder eine Waffel eine Cola oder eine Limonade.

3 Schreibe das Gespräch der beiden Katzen ab. Ergänze dabei Begleitsätze mit passenden Verben und alle notwendigen Zeichen.

Von meinem Herrchen bekomme ich täglich eine Dose herrliches Katzenfutter Ach, das ist doch bloß was für Schmusekätzchen Du bist doch nur neidisch Ich? Keine Spur Kriegst du vielleicht was Besseres Hm, ich fange jeden Tag leckere Mäuse Igittigitt, was für ein tierischer Fraß

4 Füge beim Abschreiben der Sätze die Signalwörter im *Wortspeicher* an der richtigen Stelle ein und setze die Kommas.

*dass wenn weil
da die denn*

a) Hast du schon einmal geträumt du plötzlich fliegen kannst?
b) Und wie fühlst du dich du gegen Ungeheuer kämpfst?
c) Aber am Morgen erinnerst du dich zum Glück nicht mehr du den Traum vergessen hast.
d) Manchmal ist das aber schade der Traum so schön war.
e) Träume besonders schön waren sollten wahr werden.
f) Aber manchmal erinnert man sich an den Traum er war so schrecklich.

5 In drei der folgenden Sätze sind Kommafehler enthalten.
Schreibe diese Sätze richtig ab.
a) Im Zoo können die Besucher die lebenden Tiere sehen, hören, und riechen.
b) Dieses Erlebnis kann ihnen durch Filme, Fernsehsendungen, oder Radioreportagen nicht vermittelt werden.
c) Sie können solche exotischen Tiere wie Flachlandgorillas und Lippenbären, Tannenzapfenechsen Seepferdchen, oder Tomatenfrösche „in echt" erleben.
d) Tannenzapfenechsen z. B. fressen keine Tannenzapfen, sondern laben sich an Blüten, Kräutern und Beeren.

Portal

*4.2. Wörter, Wortgruppen und Sätze sinnvoll mithilfe von Konjunktionen verbinden   4.3. Regeln der Zeichensetzung
bei der wörtlichen Rede, bei Satzreihen, bei einfachen Satzgefügen, bei Aufzählungen korrekt anwenden*

NEUES ENTDECKEN – EINSICHTEN GEWINNEN

Arbeitstechniken
Im Wörterbuch nachschlagen

Ein Wort in einem Wörterbuch möglichst schnell finden zu können, das gehört zu den ganz wichtigen Arbeitstechniken, die du lernen musst.
Dafür ist dreierlei wichtig:
1. Du musst dich so gut **im Alphabet auskennen**, dass du ein Wort rasch findest.
2. Du musst **wissen, welches Wort** du nachschlagen möchtest.
3. Du musst auch **nachschlagen wollen**.

Mit einigen Tipps für das Üben soll dir das Nachschlagen erleichtert werden.

 ### 1. Tipp: Im Wörterbuch blättern

Du musst dich mit deinem Wörterbuch vertraut machen.
Blättere darin herum. Lies einmal hier, einmal dort, was du darin findest.
Vielleicht interessiert dich ja ein Wort besonders. Dann lies, was dazu im Wörterbuch steht. Du musst nicht alle Abkürzungen gleich verstehen.
Wichtiger ist, dass du dich erst einmal etwas besser auskennst.

 ### 2. Tipp: Sich auf einer Wörterbuchseite zurechtfinden

Auf einer einzelnen Seite findest du schon eine ganze Menge Wörter.
Manche sind **fett** gedruckt, manche dünn.
Die fett gedruckten sind die wichtigsten „Stichwörter".
Die anderen sind Erklärungen dazu.

3.3. Mithilfe von Nachschlagewerken offene Fragen klären
4.3. Das Wörterbuch nutzen – Aufbau eines Wörterbuchartikels verstehen

3. Tipp: Wörter nach dem Alphabet suchen:
Der erste Buchstabe eines Wortes
Die Wörter im gesamten Wörterbuch stehen in der Reihenfolge des Alphabets.
So stehen die Wörter mit **A** ganz vorn und die mit **Z** ganz hinten.

 4. Tipp: Nach dem Alphabet suchen:
Der zweite und dritte Buchstabe eines Wortes
Mit **P** zum Beispiel gibt es viele Wörter. Sie alle sind auch noch einmal nach dem Abc geordnet: vorn die mit **Pa** und ganz hinten die mit **Py**. Die Wörter unter **P** sind also nach dem zweiten oder sogar nach dem dritten Buchstaben in eine Reihenfolge gebracht. Und auch die Wörter auf den einzelnen Seiten sind nach der Reihenfolge des zweiten und dritten Buchstabens geordnet.

 5. Tipp: „Kopfzeichen" helfen dir beim Suchen
In allen Wörterbüchern stehen oben auf der Seite links und rechts Wörter oder Zeichen. Auf unserem Wörterbuchauszug links heißen die Wörter:
Perspektive – Pfeiler – Pferd – Pfund.
Sie zeigen an, welches Wort das erste und welches Wort das letzte auf der jeweiligen Seite ist.

 6. Tipp: Ein Wort möglichst schnell finden
Wer für die Suche nach einem Wort zu lange braucht, der gibt bald wieder auf. Das rasche Auffinden von Wörtern muss also geübt werden.

 7. Tipp: Wenn du unsicher bist, wie ein Wort geschrieben wird …
Alles Üben hilft im Ernstfall nichts, wenn du keinen Zweifel hast.
Nur wer unsicher ist, wie ein Wort geschrieben wird, der schlägt auch nach. Also: Hab Mut zur Unsicherheit!

 8. Tipp: Wenn du die Rechtschreibung üben willst …
Das Wörterbuch kann dir natürlich auch helfen, die Rechtschreibung zu üben – zum Beispiel, wenn du Wortfamilien zusammenstellen sollst. Unter dem Stichwort **Pflicht** findet man im Wörterbuchauszug links z. B. **Pflicht**bewusstsein, **Pflicht**erfüllung, Ver**pflicht**ung … als Mitglieder der Wortfamilie **Pflicht**.

 9. Tipp: Wenn du wissen willst, was ein Wort bedeutet …
Manchmal liest du ein Wort und weißt nicht, was es bedeutet, – oder du weißt es nicht ganz genau. Dann kannst du die Bedeutung dieses Wortes im Wörterbuch nachschlagen. Bei den meisten seltenen Wörtern steht nämlich eine Erklärung dabei. Im Wörterbuchauszug links erfährst du z. B., was Petroleum ist.

3.3. Mithilfe von Nachschlagewerken offene Fragen klären
4.3. Das Wörterbuch nutzen – Aufbau eines Wörterbuchartikels verstehen

NEUES ENTDECKEN – EINSICHTEN GEWINNEN

Arbeitstechniken

Wörter berichtigen – berichtigte Wörter üben

Wenn du in einem Diktat oder Aufsatz Fehler machst, musst du sie später berichtigen. Schließlich möchte man aus diesen Fehlern lernen. Hier sind Sätze, in denen jeweils ein Fehler gemacht wurde:
Wir sind an eine alte Buhde gekommen.
Wir waren alle etwas engstlich.

Zuerst muss man natürlich wissen, wie diese Wörter richtig geschrieben werden. Wenn sie noch nicht berichtigt wurden, muss man sie im Wörterbuch nachschlagen. Und dann bekommt man heraus, dass sie so aussehen:
Bude und **ängstlich**

Mit den folgenden Tipps kannst du berichtigte Wörter üben, um in Zukunft Fehler zu vermeiden.

 Abschreiben, Fehlerstelle unterstreichen
Schreibe die Wörter ab und unterstreiche die Stelle, die du falsch geschrieben hast: *ängstlich …*

 Wörter in Sätzen verwenden
Bilde mit jedem Wort einen kurzen Satz, am besten einen anderen als im Diktat:
Dieser Hund war sehr ängstlich.

 Wortfamilien zusammenstellen
Besonders gut übt man Wörter dadurch, wenn man verschiedene Formen von einem Wort bildet. Dabei seht ihr, dass die Wörter einer Wortfamilie oft ähnlich aussehen: *ängstlich, Angst, beängstigend, angstvoll …*

 Eine Regel angeben
Bei manchen Wörtern kannst du auch eine Regel angeben, die du schon gelernt hast. Vielleicht weißt du ja schon, dass das **ä** von *ängstlich* von dem **a** von *Angst* abstammt. Dann kannst du schreiben: *Das ä bei ängstlich kommt vom a bei Angst.*

 Wörter mit gleichen Vor- und Nachsilben suchen
Manchmal musst du auf die Vorsilben oder Nachsilben von Wörtern achten. Da kann es hilfreich sein, wenn du mehrere Wörter mit solchen Wortbausteinen sammelst, die genau gleich sind. Unterstreiche die gleichen Wortbausteine: *ängstlich, freundlich, glücklich …*

> ⚠ **Falsche Wörter berichtigen, z. B. *zehlten*:**
>
> 1. Das Fehlerwort richtig aufschreiben und die Fehlerstelle unterstreichen: *zählten*
> 2. Einen Satz mit dem Fehlerwort schreiben: *Sie zählte ihr Geld.*
> 3. Einige Wörter der Wortfamilie heraussuchen: *zählen, zählt, Zahl, bezahlen*
> 4. Wenn du eine Regel kennst, schreibe sie auf: *Das ä in zählen kommt von dem a in Zahl.*

Arbeitstechniken

Lernwörter üben

Wenn du besonders schwierige Wörter üben möchtest, dann bringt es nicht viel, sie einfach mehrere Male hintereinander abzuschreiben, denn das hieße:
Üben, ohne nachzudenken!

Nehmen wir einmal an, du möchtest die unten stehenden Lernwörter üben. Wir haben sie in vier Spalten eingeordnet; in jeder Spalte stehen sechs Wörter. Damit haben wir kleine „Übungshäppchen" gebildet, damit man nicht zu viel auf einmal übt.
Denn: **Lieber dreimal 20 Minuten üben – als einmal eine ganze Stunde lang!**

Nimm dir also vor, nur eine bestimmte Zeit lang zu üben.
Halte diese Zeit aber auch ein! Suche dir einige für dich passende Übungen aus.
Konzentriere dich ganz auf diese Übungen!

Natur	*Herbst*	*Zahnpasta*	*Fabrik*
Apfelsine	*Schokolade*	*Luftballon*	*Toilette*
Lineal	*Musik*	*Gardine*	*Regal*
Mogelei	*Plakat*	*Wurst*	*Balkon*
Reißverschluss	*Rakete*	*Marmelade*	*Vanillepudding*
Kerzen	*Frisur*	*Geheimnis*	*Meerschweinchen*
Polizei	*Tapete*	*Durst*	*Schmerzen*

💡 **Wörter nach dem Alphabet ordnen:**
Du kannst die Wörter einer Spalte nach dem Abc ordnen: *Apfelsine, Kerzen, Lineal ...*

💡 **Wörter mit Silbentrennungsstrichen aufschreiben:**
Du kannst die Wörter in Silben zerlegen und mit Silbentrennungsstrichen aufschreiben: *Fa-brik, Ap-fel-si-ne, Li-ne-al ...*

💡 **Wörter nach der Anzahl der Buchstaben aufschreiben:**
Du kannst die Buchstaben der Wörter zählen und sie nach ihrer Länge aufschreiben:
fünf Buchstaben: Natur ...   *sechs Buchstaben: ...*

💡 **Zu einem Wort ein verwandtes Wort aufschreiben:**
Zu manchen Wörtern kannst du ein zweites aufschreiben, das damit verwandt ist:
Natur – natürlich, Mogelei – mogeln

💡 **Einen Satz mit drei Wörtern bilden:**
Du kannst dir immer drei Lernwörter aussuchen und mit ihnen einen Satz bilden.
Es können auch Witzsätze sein: *Das Regal auf unserer Toilette hat einen Balkon.*

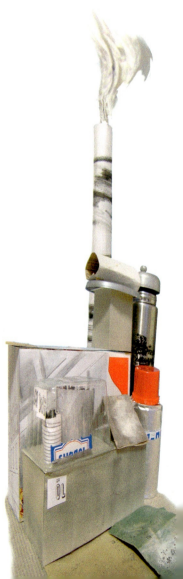

4.3. Rechtschreibstrategien und -techniken einsetzen

Neues entdecken – Einsichten gewinnen

Arbeitstechniken

Texte sprachlich überarbeiten

Johanna sind in ihrem Aufsatz einige Fehler unterlaufen. Sie sind im Text unterstrichen. Die Tipps helfen dir dabei, ihre Fehler zu berichtigen.

Der Bär und die Bienen

Der Bär kam eines Tages wie jeden Morgen aus seiner Höhle, in der es sich der Bär gemütlich gemacht hatte, und ging zum Waldrand. Denn dort war ein hohler Baum, das Zuhause der Bienen, und der Bär wusste, wie er dort an Honig kam. Schon oft hatte sich der Bär, ohne zu fragen, bei den Bienen bedient.

Der Waldbewohner rüttelte unsanft an dem hohlen Baumstamm. Die aufgeschreckten Bienen schwirrten aufgeregt herum. Der Bär steckte seine Tatze in ein Astloch. Die Bienen bekamen es mit der Angst zu tun. Die Insekten verließen den Bienenstock schnell durch eine andere Öffnung.

Nur die Bienenkönigin stellt sich dem Bär entgegen und sagt: „Was willst du?" Der Bär erwidert genervt: „Sei leise und gib mir all deinen Honig, sonst könnt ihr was erleben!" Doch die Königin lässt sich nicht verscheuchen.

„Du Depp hast uns alle vertrieben! Dafür soll ich dir Honig geben? Das ist ja wohl voll unmöglich von dir. Das geht wirklich zu weit!", antwortete die Bienenkönigin furchtlos.

Die Binenkönigin sumte leise. Kurz darauf kamen plözlich Hunderte Bienen_ die den Bären in sein hinterteil stachen. Brüllend rannte der Bär dafon und die Bienen flogen erleichtert zurück in ihren Bienenstock. „Da hat der Bär aber blöd geschaut!", lachte eine der fleisigen Bienen. Die Bienenkönigin antwortete: „Wer alles will, geht am Ende oft leer aus!"

- Vermeide unnötige **Wortwiederholungen**, indem du wiederkehrende Ausdrücke durch gleichbedeutende Begriffe oder Pronomen ersetzt.
Beispiel: *Der Bär ging in den Wald.* → *Das gefräßige Tier ging in den Wald.*

- Achte auf einen abwechslungsreichen **Satzbau** durch **Umstellen** und **Konjunktionen**:
Beispiel: *Der Bär ging eines Morgens in den Wald. Er hatte Hunger.* → *Eines Morgens ging der Bär in den Wald, weil er Hunger hatte.*

- Halte das geforderte **Tempus** ein.
Beispiel: *Der Bär geht morgens in den Wald. (falsch)* → *Der Bär ging morgens in den Wald. (richtig)* In wörtlichen Reden sind alle Zeitformen erlaubt.

- Vermeide **Umgangssprache**.
Beispiel: *mal, was, nen, spitze, super, cool (falsch)* → *einmal, etwas, einen, gut (richtig)*

- Überprüfe die **Rechtschreibung und Zeichensetzung** in deinem Text.
Lies dazu deinen Aufsatz mindestens einmal von vorne und noch einmal rückwärts, von hinten nach vorne, durch. Rechtschreibfehler springen dir dabei eher ins Auge.

3.3. Eigene und fremde Texte überarbeiten

Arbeitstechniken

Schreibkonferenz

Bei einer **Schreibkonferenz** besprecht und überarbeitet ihr gemeinsam in der Klasse oder in mehreren kleinen Gruppen eure selbst verfassten Texte.
Geht dabei folgendermaßen vor:

1. Schreibt eure Geschichten auf Blätter mit ausreichend Korrekturrand.
2. Findet euch anschließend mindestens in Dreiergruppen zusammen.
   Verteilt in der Gruppe Expertenrollen.
   Seht euch dazu die Erklärungen unten genauer an.
3. Verteilt die Texte aller Schüler so, dass jede Gruppe ungefähr
   gleich viele Texte hat, die sie korrigieren soll.
4. Jeder Experte markiert zu verbessernde Stellen im Text und
   kennzeichnet diese am Rand mit den entsprechenden Korrekturzeichen.
5. Achtet darauf, dass jeder Text von jedem Experten gelesen wurde.
6. Nach dem Verbessern werden die Texte an den Autor zurückgegeben,
   der die Anmerkungen beim Verbessern seines Textes berücksichtigen kann.
7. Sollte der Verfasser des Textes eine Anmerkung nicht verstehen,
   kann er jederzeit bei den Experten nachfragen.

Der **Rechtschreibexperte** achtet bei den Texten seiner Mitschüler vor allem auf *Rechtschreib-* und *Satzzeichenfehler* und markiert diese.
Korrekturzeichen der Rechtschreibexperten:
R: *Rechtschreibfehler*   **SZ:** *Satzzeichenfehler*

Der **Sprachexperte** sieht sich Satzbau und Wortwahl im Text genau an und markiert: *umgangssprachliche Ausdrücke*, *Wortwiederholungen*, *Zeitfehler* und einen *falschen oder eintönigen Satzbau*.
Korrekturzeichen der Sprachexperten:
GR: *Grammatikfehler*   **SB:** *Satzbau*   **Z:** *Zeitfehler*
A: *Ausdruck (z. B. Umgangssprache)*   **W:** *Wortwiederholung*

Der **Inhaltsexperte** ist dafür zuständig, dass die Textsortenmerkmale eingehalten werden. Er sollte sich die Merkkästen zu der Textsorte, zu der ihr gerade einen Text schreibt, noch einmal genau ansehen und unpassende Stellen in euren Texten markieren. Zudem sollte er auf eine sinnvolle Abfolge der Erzählschritte achten. Hinter dem Korrekturzeichen gibt der Inhaltsexperte immer an, was genau verbessert werden sollte, z. B. ST (Einleitung weckt keine Neugier).
Korrekturzeichen der Inhaltsexperten:
AB: *Aufbau, z. B. wenn die Einleitung fehlt (Erklärung in Klammern dahinter)*
ST: *Sprachstil (Erklärung in Klammern dahinter)*
I: *inhaltlicher Fehler (Erklärung in Klammern dahinter)*

3.3. Eigene und fremde Texte überarbeiten – Schreibkonferenz

Arbeitstechniken

Ein Heft ordentlich führen

Hier siehst du eine Seite aus Louis' Deutschheft.
Hätte er sich an die 13 Regeln zur Heftführung gehalten,
sähe seine Seite bestimmt ordentlicher aus.

Die 13 wichtigsten Regeln zur Heftführung:

1. Sauber und lesbar mit Füller schreiben.

2. Nicht über den Rand schreiben.

3. Für jeden Tag das Datum gerade an den Rand schreiben.

4. Überschriften mit einem Lineal unterstreichen.

5. Falsch geschriebene Wörter mit einem Lineal einmal waagerecht durchstreichen.
Oder: Falsch geschriebene Wörter mit Tintenkiller entfernen.

6. Keine Tintenkleckse ins Heft machen.

7. Nichts auf den Rand malen.

8. Keine Notizen auf den Heftrand schreiben.

9. Genau auf der Zeilenlinie schreiben.

10. Jede Zeile möglichst ganz vollschreiben.

11. Merksätze farbig kennzeichnen oder mit Lineal einen Kasten um den Merksatz zeichnen.

12. Zwischen zwei Texten oder Aufgaben Zeilen freilassen.

13. Keine „Eselsohren" in die Heftseiten machen.

3.1. In gut lesbarer Handschrift und nach formalen Regeln schreiben

Arbeitstechniken

Einen Text am Computer schreiben und gestalten

Um einen Text, wie du ihn rechts siehst, am Computer zu gestalten, benötigst du ein Textverarbeitungsprogramm, z. B. *Word*.

1. **Rufe das Textverarbeitungsprogramm auf:** Starte das Programm, indem du auf dem *Desktop* oder im *Startmenü* das passende Symbol anklickst.

2. **Richte dein Dokument ein:** Wähle zwischen *Hoch-* und *Querformat*. Richte auch die *Seitenränder* ein.

3. **Stelle Schriftart und Schriftgröße ein.**

4. **Lege die Textausrichtung fest:** links- oder rechtsbündig, zentriert oder Blocksatz.

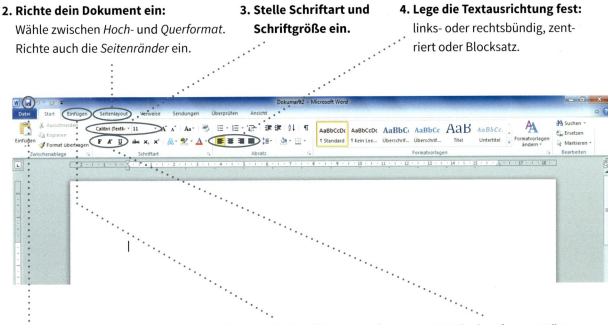

5. **Speichere dein Dokument ab und gib ihm einen Namen.**

6. **Füge Symbole, Bilder usw. ein:** Wähle *Einfügen* über die Menüzeile.

7. **Hebe bestimmte Wörter oder Textteile hervor.**

8. **Achte auf den Zeilenumbruch:** Am Zeilenende gelangst du automatisch in eine neue Zeile. Drücke nur *Enter*, wenn du einen Absatz oder eine Leerzeile erzeugen möchtest.

9. **Korrigiere Tippfehler.**

10. **Drucke deinen Text aus:** Klicke in der Menüleiste *Datei* an und wähle dann *Drucken* aus.

💡 **Eine Tabelle am Computer zu erstellen ist übrigens auch ganz leicht:**
Klicke in der Menüleiste auf *Einfügen*, dann auf *Tabelle*. Wähle, wie viele *Spalten* und *Zeilen* deine Tabelle haben soll. Du kannst auch im Nachhinein noch Zellen über die rechte Maustaste oder die Symbolleiste hinzufügen, entfernen usw.

3.1. Nach formalen Regeln schreiben – ein Textverarbeitungsprogramm nutzen

Arbeitstechniken

Die 5-Schritt-Lesemethode anwenden

Die 5-Schritt-Lesemethode hilft dir dabei, Texte zu erschließen.

Schritt 1: *Thema des Textes: Schimpansen.*

Schritt 2: *Schimpansen sind Affen.*
Wo leben sie?
Was fressen sie?
…

Schritt 3:

Schimpansen

Schimpansen sind die wohl bekanntesten und beliebtesten Affen. Wir kennen sie meistens nur aus dem Zoo oder aus Tierfilmen. Was sie so interessant macht, ist ihre ==Ähnlichkeit mit uns Menschen==. Ihre ==Heimat== ist ==Afrika==. Sie leben dort im dichten ==Regenwald==. Die meiste Zeit verbringen sie ==auf Bäumen==. Man findet sie aber auch in der ==Savanne==, wo es nur kleine Büsche und wenige Bäume gibt. Dort bewegen sie sich meistens ==am Boden im „Knöchelgang"==: Sie laufen auf allen vieren und stützen sich dabei auf die abgeknickten Finger ihrer Hände. (…)

Schritt 4 und 5:

> <u>Schimpansen sind Menschen ähnlich</u>
> - interessant für Menschen
>
> <u>Schimpansen leben in Afrika</u>
> - im Regenwald – auf Bäumen in der Savanne (Grassteppe)
> - bewegen sich auch am Boden, gehen im „Knöchelgang"

> ⓘ **Die 5-Schritt-Lesemethode anwenden**
>
> **1. Schritt: Sich einen Überblick verschaffen:** Lies die Überschrift und betrachte die Abbildungen, Fotos etc. genauer. Vermute, worum es in dem Text gehen könnte.
>
> **2. Schritt: W-Fragen an den Text stellen:** Denke über das Thema des Textes nach: Was weiß ich schon? Was möchte ich noch wissen? Formuliere dann W-Fragen (Was …? Wer …? Wo …? Wann …? Wie …? Warum …?) zum Inhalt des Textes.
>
> **3. Schritt: Den Text genau lesen:** Lies dir den Text gründlich durch und markiere dabei Schlüsselstellen. Das sind Stellen, die dir den Text „aufschließen". Meist geben sie dir Antworten auf deine W-Fragen. Achte darauf, nicht zu viele Stellen zu markieren. Kennzeichne auch Wörter und Textstellen, die du nicht verstehst. Erschließe dir ihre Bedeutung aus dem Textzusammenhang oder schlage in einem Wörterbuch nach.
>
> **4. Schritt: Den Text gliedern und Informationen festhalten:** Gib den einzelnen Abschnitten sinnvolle Überschriften. Lege einen Notizzettel an, auf dem du die Überschriften festhältst. Ergänze zu den einzelnen Abschnitten weitere Stichwörter auf dem Notizzettel. Sie ergeben sich meistens aus den markierten Schlüsselstellen.
>
> **5. Schritt: Den Text wiedergeben:** Gib den Text mithilfe deines Notizzettels in eigenen Worten wieder.

Arbeitstechniken

Inhalte anschaulich darstellen – das Plakat

Mithilfe eines Plakats kannst du Informationen anschaulich darstellen. Bevor du ein Plakat erstellst, solltest du dir anhand einer Skizze Gedanken zur Gestaltung deines Plakats und insbesondere zur Platzeinteilung machen.

Schimpansen
von Lena, Klasse 5b

Lebensraum: mittleres Afrika, leben in Savannen auf Bäumen

Arten: (gewöhnlicher) Schimpanse und Bonobo (Zwergschimpanse)

Nahrung: Allesfresser, aber vorwiegend Pflanzen

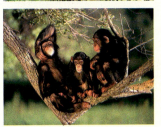

Sonstiges: sind dem Menschen sehr ähnlich, werden in freier Wildbahn bis zu 40 Jahre alt, Bedrohung der Tierarten nimmt durch den Menschen zu

Größe und Format: Wähle ein DIN-A3- oder DIN-A2-Format, denn der Inhalt deines Plakats muss auch von weiter weg gut erkennbar sein. Ob sich ein Hoch- oder- Querformat besser anbietet, überprüfst du, indem du deine erstellte Skizze mit deinen Ideen abgleichst.

Illustration / Bilder: Wenn du mit Bildern arbeiten möchtest, achte unbedingt auf eine gute Qualität. Selbst angefertigte Zeichnungen und eigene Fotos sind besonders ansprechend.

Gliederung: Eine übersichtliche Gliederung hilft dir dabei, dein Plakat vorzustellen. Auch der Betrachter des Plakats kann sich leichter orientieren, wenn du auf eine übersichtliche Darstellung achtest. Dein Plakat sollte nur wesentliche Informationen enthalten.

Schrift: Schreibe leserlich. Verzichte auf unnötige Verzierungen und schreibe ausreichend groß. Wichtige Informationen kannst du durch Farbe oder Unterstreichungen hervorheben.

⚠ Ein Plakat gestalten

Skizziere deine Plakatidee zunächst auf einem leeren Blatt.
Denke dran, dass nur die **wichtigsten Informationen** auf ein Plakat gehören.
In einem gelungenen Plakat passen Format, Text und Bild gut zusammen.
Alles muss gut lesbar, übersichtlich, fehlerfrei und ansprechend gestaltet sein.
Wenn du einen Vortrag hältst, erwähne alles, was auf deinem Plakat zu sehen ist.

1.2. Inhalte veranschaulichen
2.3. Untersuchungsergebnisse präsentieren

Neues entdecken – Einsichten gewinnen

Arbeitstechniken

Diagramme und Tabellen lesen und auswerten

Im Deutschunterricht, aber auch in anderen Unterrichtsfächern werden Informationen nicht immer in Textform, sondern auch in Form von Diagrammen vermittelt. Das sind Schaubilder, auf denen Informationen als Zahlen und Werte dargestellt sind. Sie ermöglichen schnelle Vergleiche und machen Veränderungen nachvollziehbar. Man unterscheidet drei Formen:

1. Säulendiagramm

2. Balkendiagramm

3. Kreisdiagramm

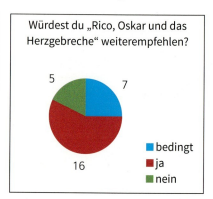

Auch in Form von Tabellen können Zahlenwerte übersichtlich aufgelistet werden.

	Mädchen	Jungen
Mir hat „Rico, Oskar und das Herzgebreche" gut gefallen.	13	10
Mir hat „Rico, Oskar und das Herzgebreche" überhaupt nicht gefallen	2	3

Um Diagramme und Tabellen richtig zu verstehen, muss man auf bestimmte Punkte achtgeben (Thema des Diagramms, Art des Diagramms …). Der folgende Merkkasten hilft dir, Diagramme und Tabellen richtig auszuwerten.

⚠ Diagramme oder Tabellen auswerten

Benenne zuerst die **Diagrammform**. Erkläre dann, worum es in dem Diagramm geht. Dabei hilft dir häufig die **Überschrift**. Erläutere, wofür die beiden **Achsen** stehen, was die Farben bedeuten und wofür die Zahlen stehen (z. B. für Menschen, Punkte, Mengen …). Beschreibe dann, welche **Werte** auffällig sind, z. B. besonders hoch oder niedrig. Erkläre abschließend, was in dem jeweiligen Schaubild deutlich wird und zu welchem **Ergebnis** es kommt.

2.1. Diskontinuierliche Texte lesen
2.3. Diskontinuierliche Texte auswerten

Arbeitstechniken

Ideen und Gedanken übersichtlich festhalten

Mithilfe einer Ideensammlung kann man im Deutschunterricht, aber auch in anderen Unterrichtsfächern, Ideen z. B. aus einem Brainstorming festhalten und veranschaulichen.

Für das Brainstorming schreibt man das Thema, zu dem man verschiedene Ideen sammeln möchte, in die Mitte eines leeren Blattes. In unserem Beispiel geht es um einen **Besuch im Freizeitpark**. Nun schreibt man die einzelnen Einfälle, die man zu dem Thema hat, rundherum und verbindet sie, wenn man möchte, mit Linien.

ⓘ Ideen und Gedanken in einer Ideensammlung festhalten

Eine Ideensammlung hilft dir dabei, **Ideen und Einfälle** zu sammeln und **übersichtlich** aufzuschreiben. Das kann hilfreich sein, wenn du z. B. eine Erzählung oder ein Gedicht schreiben möchtest. So gehst du dabei vor:
1. Schreibe in die Mitte eines Blattes das Thema oder einen Oberbegriff.
2. Um das Thema bzw. den Oberbegriff herum schreibst du dann all das auf, was dir dazu einfällt.
3. Deine Ideen kannst du einkreisen und mit Linien zum Thema bzw. zum Oberbegriff verbinden.

Arbeitstechniken

Rückmeldung geben

Im Unterricht gibt es viele Situationen, in denen man Texte vorliest, vorträgt oder szenisch darstellt. Im Anschluss daran ist es für den Vortragenden sehr hilfreich, wenn ihm seine Zuhörer eine Rückmeldung mit Lob und Verbesserungsvorschlägen geben. So kann man sich fürs nächste Mal verbessern.

Die folgenden Ratschläge helfen dabei, eine gewinnbringende Rückmeldung zu formulieren:

 1. Werde nie persönlich und verletzend.

 2. Schildere deine Beobachtungen genau. Beginne immer mit etwas, das dir positiv aufgefallen ist, z. B.: „Mir hat gut gefallen, dass du alle Fremdwörter erklärt hast."

 3. Sprich dann deine Kritikpunkte an und begründe deine Meinung. Du könntest beispielsweise sagen: „Die Stelle ... habe ich leider nicht so gut verstanden, weil du etwas zu leise / zu undeutlich / zu schnell gesprochen hast."

  4. Formuliere zum Abschluss auch Verbesserungsvorschläge, z.B.: „Es wäre gut, wenn du das nächste Mal etwas lauter / deutlicher / langsamer sprichst."

Bei einem Rollenspiel trägt man nicht nur einen Text vor, sondern man stellt auch die Gefühle und Gedanken einer Person dar. Dazu nutzt man neben der Sprache auch körpersprachliche Mittel, z. B. Gesten, Gesichtsausdrücke.

Wenn man zu einem Rollenspiel eine Rückmeldung gibt, sollte man also nicht nur auf Aussprache, Lautstärke oder Tempo der Textpassagen eingehen. Man muss auch auf die körpersprachliche Darstellung von Gefühlen, Gedanken usw. eingehen.

Die folgenden Fragen helfen dir dabei, eine gute Rückmeldung zu geben:
- Unterstützen die körpersprachlichen Mittel die Stimmung?
- Kommen durch Gesten, Gesichtsausdrücke usw. die Gefühle gut zum Ausdruck?
- Kommt die Stimmung der Szene insgesamt gut herüber?

So könntest du deine Beobachtungen dann äußern:
Wenn du gesprochen hast, konnte man die Gefühle deiner Rolle toll in deinem Gesicht erkennen. In den Sprechpausen war das leider nicht immer so. Achte doch beim nächsten Mal darauf.

1.1. und 1.2. Gründe für Nichtverstehen benennen – Rückmeldung geben und nutzen
1.4. Rückmeldung zu einzelnen Aspekten der szenischen Darstellung geben

Arbeitstechniken

Ein Rollenspiel vorbereiten und durchführen

Als Rollenspiel bezeichnet man ein kleines Schauspiel, bei dem man in eine andere Rolle schlüpft (z. B. in Personen aus einer Erzählung). Dabei spielt man bestimmte Szenen nach oder man erfindet eigene Szenen zu einem bestimmten Thema. Durch ein Rollenspiel kann man sehr viel über die Gedanken und Gefühle anderer Personen lernen oder auch üben, wie man sich in bestimmten Situationen richtig verhält. Damit das Rollenspiel gelingt, muss man sich gut vorbereiten und bestimmte Dinge beachten. Hier findest du einige wichtige Tipps dazu:

1. Vorbereitung
- Lies dir zusammen mit deinen Mitspielern die Anweisungen für euer Rollenspiel genau durch.
- Macht euch klar, worum es in eurer Szene genau geht.
- Klärt, was ihr nicht genau verstanden habt. Wichtig ist vor allem, dass du genau verstehst, was für eine Szene dargestellt werden soll.
- Überlege dir, was deine Figur in der vorgegebenen Situation empfinden könnte.
- Denk darüber nach, was der Figur im Moment Sorgen bereitet, gefällt, was sie freut, was sie traurig macht usw. Überlege auch, wie du selbst in der gleichen Situation reagieren würdest und was in dir vorginge.
- Besprecht eure Ideen dann untereinander.
- Beratet und diskutiert, wie die Gedanken und Gefühle der zu spielenden Person jeweils am besten von euch dargestellt werden können. Denkt dabei an die Körperhaltung, die Mimik und Gestik, die Lautstärke eurer Stimmen usw.
- Überlegt auch, welche Gegenstände ihr für das Rollenspiel einsetzen möchtet.
- Schreibt eure Dialoge auf. Macht euch zu eurem Text Notizen, wie ihr ihn sprechen möchtet.
- Organisiert, wie und wann euer Rollenspiel stattfinden soll.

Übt nun euer Rollenspiel.

2. Spielphase
- Bereitet gemeinsam die „Bühne" so vor, dass ihr optimale Spielbedingungen habt.
- Geht noch einmal euren Text durch und übt leise in eurer Gruppe auf der Bühne.
- Stellt die ausgewählte Szene so realistisch wie möglich dar.

Nach eurem Rollenspiel folgt die Auswertung in der Klasse.

3. Nachbereitung
- Hört euch die Rückmeldungen eurer Mitschüler aufmerksam an.
- Beantwortet eventuell entstandene Fragen.
- Sprecht auch über die Gedanken und Gefühle, die ihr in eurem Rollenspiel besonders herausstellen wolltet. Erklärt, warum euch gerade das so wichtig erschien.
- Fasst zusammen und diskutiert, was man aus der gespielten Situation lernen kann.

1.4. Im szenischen Spiel die Rolle realer Personen oder literarischer Figuren übernehmen

Fachausdrücke
Grammatik und Rechtschreibung

Ableitung: Art der → Wortbildung. Durch Vorsilben (→ Präfixe) kann die Bedeutung eines Wortes verändert werden *(Spiel → Nachspiel, schreiben → abschreiben …)*. Durch Nachsilben (→ Suffixe) kann die Wortart eines Wortes verändert werden *(Schrift → schriftlich, wohnen → Wohnung …)*. → 216ff.

Adjektiv: Wortart (→ flektierbar). Adjektive können die Eigenschaften von Dingen näher bezeichnen *(schön, schnell, witzig …)*. Wörter, die als Attribut zwischen Artikel und Nomen stehen können, sind Adjektive: *das schnelle Auto*. Viele Adjektive können auch an anderen Stellen im Satz stehen: *Das Auto fährt schnell* (Adjektiv als → Adverbial). Viele Adjektive lassen sich steigern: *groß, größer, am größten.* → 203–207

Adverbial: Satzglied (auch: adverbiale Bestimmung). Adverbiale können aus Adverbien, Adjektiven oder längeren Ausdrücken bestehen. Es gibt Adverbiale der Zeit (temporal: *wann: gestern, am frühen Morgen*), und Adverbiale des Ortes (lokal: *wo: hier, auf der Straße*). → 243f.

Akkusativ: 4. Fall des Nomens, Artikels, Pronomens und Adjektivs, Wenfall: *den Brief, an den Schüler, an ihn, an einen netten Menschen.* → 180f., 184, 186

Akkusativ-Objekt: Satzglied. Das Akkusativ-Objekt kann man mit den Fragen wen oder was ermitteln: *Die Lehrerin lobt* (wen?) *den Schüler. Der Spieler trifft* (wen oder was?) *den Ball.* → 242

Anführungszeichen: Anführungszeichen kennzeichnen den Anfang und das Ende eines wörtlichen Redesatzes: *„Wir fahren morgen früh",* sagte er, *„nach München."* → 282ff.

Artikel: Wortart. Begleiter des → Nomens. Man unterscheidet den → bestimmten Artikel *(der, die, das)* und den → unbestimmten Artikel *(ein, eine)*. Die Artikel geben an, ob ein Nomen → Maskulinum *(der Löffel),* → Femininum *(die Gabel)* oder → Neutrum *(das Messer)* ist. → 177–181

Aufforderungssatz: Satzart, mit der man jemanden zu etwas auffordert oder ihn um etwas bittet *(Geh mir aus dem Wege! Gib mir bitte dein Heft!)* oder mit der man einen nachdrücklichen Wunsch äußert *(Käme er doch einmal pünktlich!)*. Nach Aufforderungssätzen steht im Allgemeinen ein Ausrufezeichen. → 249ff.

Aussagesatz: Satzart, mit der man eine Aussage macht: *Ich war gestern im Kino.* Am Ende des Aussagesatzes steht ein Punkt. → 249ff.

Begleitsatz: Satz, der bei einer wörtlichen Rede steht. Er kann vorausgestellt sein *(Sie sagte: „Ich habe nicht die geringste Lust dazu."),* er kann nachgestellt sein *(„Ich habe nicht die geringste Lust dazu", sagte sie.),* er kann eingeschoben sein *(„Ich habe", sagte sie, „nicht die geringste Lust dazu.").* → 282ff.

Bestimmter Artikel: Der bestimmte Artikel gibt in einem Text oder in einer Situation an, dass das zu ihm gehörende Nomen bereits bekannt oder vorher schon einmal genannt worden ist: *Vor der Tür steht das Taxi, auf das wir gewartet hatten.* → 177–181

Bestimmungswort: Der erste Teil eines zusammengesetzten Wortes (→ Kompositum). Das Wort *Haus* in der Zusammensetzung *Haustür* bestimmt näher, um welche Art von Tür es sich handelt. → 213ff.

Dativ: 3. Fall des Nomens, Artikels, Pronomens und Adjektivs, Wemfall: *dem Brief, in dem Briefkasten, in einem kleinen Kästchen.* → 180f., 184, 186

Dativ-Objekt: Satzglied. Das Dativ-Objekt kann man mit der Frage wem ermitteln: *Die Lehrerin hilft* (wem?) *dem Schüler.* → 242

Dehnungs-h: Ein *h*, das einen langen betonten Vokal besonders auffällig macht. Das Dehnungs-h steht nur in einigen Wörtern vor den Buchstaben *l, m, n, r (fehlen, nehmen, gähnen, fahren)*. Es steht aber auch in diesen Fällen niemals nach Silbenanfängen mit *sch (schälen), t (tönen), qu (quälen), gr (grölen), sp (sparen), kr (kramen), p (pulen).* → 265

Deklination: Beugung von → Nomen, → Adjektiven und → Pronomen nach den vier → Kasus. Nominativ: *mein neuer Freund,* Genitiv: *meines neuen Freundes,* Dativ: *meinem neuen Freund,* Akkusativ: *meinen neuen Freund.* → 180f., 184, 186

Diphthonge: Laute (→ Vokale), die aus zwei Lauten bestehen und entsprechend mit zwei Buchstaben geschrieben werden: *ai, au, äu, ei, eu: Waise, Haut, Säule, Meise, Kreuz.* Obwohl das *ie* auch aus zwei Buchstaben besteht, zählt man es nicht zu den Zwielauten, weil es beim Sprechen nur aus einem langen *i* besteht. → 261, 267f., 271

Dialekt: Erscheinungsform der Sprache; Unterart der Sprache, die seit früheren Zeiten in mehr oder weniger großen Regionen gesprochen (selten geschrieben) wird, z. B. *Plattdeutsch, Berlinerisch, Bayrisch, Sächsisch.* → 18f.

Doppelkonsonant: → Konsonant, der beim Schreiben verdoppelt wird, wenn in Wörtern mit zwei Silben der vorausgehende betonte Vokal kurz ist. Bei Worttrennung steht der Trennungsstrich zwischen den beiden Konsonanten *(kom-men, bit-ten …).* → 264

Doppelpunkt: Der Doppelpunkt steht nach einem Satz, der einen zweiten Satz eröffnet: *Ich sehe das so: Er hat recht.* Nach dem vorausgehenden → Begleitsatz wird eine wörtliche Rede eröffnet; deswegen steht danach ein Doppelpunkt: *Sie lachte ihn an und sagte: „Das ist doch Unsinn!"* Folgt auf einen Doppelpunkt ein vollständiger Satz, schreibt man den Anfang groß. → 282ff.

Femininum: Grammatisches Geschlecht des Nomens, weiblich: *die Katze, die Gabel, die Wut.* → 177

Fragesatz: Satzart, mit der man eine Frage stellt *(Kommst du? Warum kommst du nicht?).* Am Ende eines Fragesatzes steht ein Fragezeichen. → 249ff.

Fragezeichen: Satzschlusszeichen nach einem Fragesatz. → 249ff., 281

Futur I: → Zeitform des Verbs, mit der man auf etwas hinweist, das in der Zukunft geschieht oder das unsicher ist. Es wird mit dem Hilfsverb *werden* gebildet: *Morgen werde ich mitspielen. Du wirst wohl recht haben.* → 199ff.

Gebeugte (finite) Verbform: nach Person, Zahl und Zeit veränderte Form des → Verbs, auch finite Verbform: *du sprichst, wir hielten an, er ist gekommen.* Die finite Verbform ist also die Verbform, die sich ändert, wenn das Subjekt vom Singular in den Plural gesetzt wird (oder umgekehrt). Beispiel: *Das Kind hat gegessen.* → *Die Kinder haben gegessen.* Gegensatz: ungebeugte Verbform (infinite Verbform, z. B. Grundform): *sprechen, anhalten, kommen.* → 192ff.

Genitiv: 2. Fall des Nomens, Artikels, Pronomens und Adjektivs, Wesfall: *Das Auto des Vaters / meines Vaters / meines lieben Vaters.* Einige Präpositionen stehen mit dem Genitiv: *wegen des Wetters.* → 180f., 184, 186

Geschlossene Silbe: Die betonte Silbe eines Wortes kann auf einem Konsonanten enden, dann nennt man sie geschlossene Silbe – im Gegensatz zu einer offenen Silbe: *En-de, Mor-gen, lus-tig …* Der Vokal in geschlossenen Silben ist in der Regel kurz. → 263

Gesprochene – geschriebene Sprache: Die gesprochene Sprache ist von unvollständigen Sätzen, Wiederholungen, Unterbrechungen und spontan verwendeten Ausdrücken geprägt; der Sprecher hat wenig Zeit für seine Formulierungen. Die geschriebene Sprache dagegen besteht im Wesentlichen aus vollständigen Sätzen und aus Ausdrü-cken, die treffend gewählt sind; der Schreiber hat hinreichend Zeit für seine Formulierungen. → 231f.

Grammatisches Geschlecht: Nomen haben ein grammatisches Geschlecht, das durch die Artikel *der,*

Grammatik und Rechtschreibung

die, das bestimmt wird: → Maskulinum *(der Löffel)*, → Femininum *(die Gabel)*, → Neutrum *(das Messer)*. Das grammatische Geschlecht hat mit dem natürlichen Geschlecht nichts zu tun. Nur noch an wenigen Wörtern wird das natürliche Geschlecht deutlich *(der Mann, die Frau, der Kater, der Hahn, die Henne, der Ochse, die Kuh, die Sau …)*. → 177

Großschreibung: Großgeschrieben werden Namen, → Nomen und das erste Wort in einem Satz: *Der kleine Felix ist ein großer Angeber.* Welche Wörter Nomen sind und großgeschrieben werden, kann man meistens an „Erkennungszeichen" sehen: → Artikel *(das Glück)*, versteckte Artikel *(zum Glück)*, Adjektive *(großes Glück)*, → Pronomen *(dein Glück)* und an bestimmten Endungen *(Fröhlichkeit, Gesundheit, Verwandtschaft, Zeichnung, Ärgernis, Eigentum)*. → 175–181, 274–277

Grundwort: Hauptteil einer Wortzusammensetzung, eines → Kompositums, der die Grundbedeutung des Wortes bestimmt (im Gegensatz zum → Bestimmungswort): *Fußball, Fußballspiel*. → 213ff.

Hauptsatz: Ein Hauptsatz ist ein Satz, der mindestens ein Subjekt und ein Prädikat enthält und allein stehen kann. In einem Hauptsatz steht das → Prädikat in der Regel an zweiter Stelle: *Wir kommen. Wir kommen morgen.* Im Gegensatz dazu steht der → Nebensatz. → 252–256, 286–288

Hilfsverb: Die Wörter *haben, sein, werden* nennt man Hilfsverben, weil sie dabei „helfen", das Perfekt, das Futur oder das Passiv zu bilden: *Sie ist gekommen, sie hat geweint, es wird sich geben, sie wird gelobt.* → 194–201

Infinitiv: Grundform des Verbs mit dem Wortbaustein *-en: geb/en, fahr/en, lauf/en …* In Wörterbüchern sind alle Verben im Infinitiv (in der Grundform) aufgeführt. → 193

Jugendsprache: Sprache, die Jugendliche in ihrer Gemeinschaft sprechen; sie verbindet sie nach innen. → 18f.

Kasus: Nomen sind flektierbar und können in vier Kasus vorkommen: → Nominativ *(der Hund)*, → Akkusativ *(den Hund)*, → Dativ *(dem Hund)*, → Genitiv *(des Hundes)*. → 180–181

Komma: Satzzeichen zwischen Aufzählungen *(Kai, Lore, Tina spielen, lachen, toben miteinander.)* und zwischen Haupt- und Nebensatz *(Sie waren immer zusammen, als sie Ferien hatten.)*. Auch zur Hervorhebung von Wörtern werden Kommas gesetzt *(Sven, nun komm endlich! Nein, nicht schon wieder!)*. → 252–258, 285–288

Komparativ: Steigerungsform des Adjektivs, auch: Vergleichsstufe, Steigerungsstufe *(näher, weiter, größer)*. Der Komparativ wird mit dem Vergleichswort *als* gebildet: *Sie ist größer als ich.* → 206f.

Kompositum: Zusammensetzung von selbstständigen Wörtern: *Fuß/ball, Fuß/ball/spiel, Fuß/ball/welt/meister.* → 213–215

Konjugation: Verben können gebeugt (konjugiert) werden. Eine solche Beugung (Veränderung) der Verben geschieht vor allem durch Anfügen von → Wortbausteinen. Die wichtigsten Konjugationsformen sind die der Personalformen: *hol/st, hol/t …* und der Zeitformen: *hol/te, ge/hol/t.* → 192–201

Konjunktion: Wortart (unflektierbar). Mit Konjunktionen werden einzelne Wörter oder Sätze miteinander verbunden. Man unterscheidet nebenordnende Konjunktionen wie *und, oder, denn …* und unterordnende Konjunktionen *wie als, weil, dass, wenn …: Lotte und Tina können sich gut leiden, weil sie viel gemeinsam haben.* → 252–258, 286–288

Konsonant: Konsonanten (Mitlaute) sind Laute, bei denen Lippen, Zunge oder Zäpfchen mitschwingen, wenn wir sie aussprechen. Die Buchstaben für Konsonanten sind *b, c, d, f, g, j, k, l, m, n, p, q, r, s, t, v, w, x, z*. Sie bilden den Gegensatz zu den → Vokalen. → 261

Kurzform: Die meisten Wörter unserer Sprache sind zweisilbig *(träumen, läuten, Fläche, Fächer)*.

Bildet man von solchen Wörtern eine Kurzform, kann man zum Beispiel meistens erkennen, wie sie geschrieben werden *(träumen → Traum, läuten → laut, Fläche → flach, Fächer → Fach).* → 271

Langform: Die Langform eines Wortes mit einer Silbe ist die zweisilbige Form *(Kuss – Küsse).* Bei Wörtern, die mit *b, d, g* enden, kann man an der Langform hören, wie sie geschrieben werden *(schabt → schaben, wild → wilder, schlägt → schlagen).* → 266, 267, 269

Maskulinum: Grammatisches Geschlecht des Nomens, männlich: *der Nachbar, der Löffel, der Mut.* → 177

Nachsilbe: Gemeint sind damit Suffixe. Nachsilben sind zum Teil keine wirklichen Sprechsilben, sondern → Wortbausteine, die an den → Wortstamm angefügt werden: *lieb/lich, Wahr/heit* (Hier sind die Suffixe zugleich Silben.), *witz/ig, Lad/ung* (Hier sind die Suffixe keine echten Silben, denn die Wörter werden nach Sprechsilben anders getrennt: *wit-zig, La-dung.*). → 205, 218f., 273, 277

Nebensatz: Ein Nebensatz ist, wie der → Hauptsatz, ein Satz, der mindestens ein Subjekt und ein Prädikat enthält. Im Gegensatz zum Hauptsatz steht das Prädikat im Nebensatz an letzter Stelle. Nebensätze werden in der Regel durch ein Wort eingeleitet, das Haupt- und Nebensatz miteinander verbindet (→ Konjunktion oder → Pronomen). So erstrecken sich Nebensätze von dem Verbindungswort am Anfang bis hin zum Prädikat am Ende: *Weil sie gestern krank im Bett lag, konnte sie nicht trainieren.* Ein Nebensatz kann vor oder nach dem Hauptsatz stehen; er kann auch zwischen dem Anfang und dem Ende des Hauptsatzes stehen: *Weil sie krank im Bett lag, konnte sie nicht trainieren. – Sie konnte nicht trainieren, weil sie krank im Bett lag. – Sie konnte, weil sie krank im Bett lag, nicht trainieren.* → 252–256, 286–288

Neutrum: Grammatisches Geschlecht des Nomens, sächlich: *das Kind, das Messer, das Glück.* → 177

Nomen: Wortart (auch: Dingwort, Hauptwort). Mit Nomen bezeichnet man Lebewesen *(Kind, Affe),* Dinge *(Haus, Buch),* Gedanken und Gefühle *(Wut, Idee, Ferien).* Nomen haben einen → Artikel *(der Hammer, das Haus, die Langeweile).* Dieser ist abhängig vom Genus (→ Grammatisches Geschlecht: → Maskulinum, → Femininum, → Neutrum). Nomen können in den vier → Kasus gebraucht werden *(der Hund, des Hundes, dem Hund, den Hund).* Nomen schreibt man groß. → 175–181, 274–277

Nominativ: 1. Fall des Nomens, Artikels, Pronomens und Adjektivs. Subjekte stehen stets im Nominativ: *Der Hund bellt.* → 180f., 184, 186

Oberbegriff – Unterbegriff: Die Wörter eines Wortfeldes haben eine Art „Überschrift". Ein Wort, das über einem solchen Wortfeld steht, nennt man „Oberbegriff": *gehen: laufen, rennen, spazieren, bummeln … – Möbel: Stuhl, Tisch, Bett, Sessel …* Wörter wie *laufen, rennen …* oder *Stuhl, Tisch …,* die unter einem Oberbegriff stehen, nennt man „Unterbegriffe". → 223–227

Numeralien: Wortart. Mit Numeralien kann man Mengen angeben. Man unterscheidet Kardinalzahlen: *eins, zwei, drei, … 100, …;* Ordnungszahlen: *die zweite Woche, die vierte Spielminute …;* unbestimmte Zahl- oder Mengenangaben: *wenige, ein paar …* → 210

Objekt: Satzglied (auch: Ergänzung). Objekte können aus einem oder mehreren Wörtern bestehen: *Sie füttert ihn. Sie füttert den Kater. Sie hilft dem kleinen Kind.* Man unterscheidet → Dativ- und → Akkusativ-Objekt. → 242

Offene Silbe: Die betonte Silbe eines Wortes kann mit einem Vokal enden, dann nennt man sie offen (Gegensatz → geschlossenen Silbe, die mit einem Konsonanten endet): *sa-gen, kau-fen, leben …* Der Vokal in der offenen Silbe ist lang. → 263

Grammatik und Rechtschreibung

Partizip Perfekt: Form des Verbs. Es gibt zwei Partizipien: das Partizip Präsens, das mit *-d* gebildet wird: *rasend, laufend …*, und das Partizip Perfekt, das mit *ge-* am Anfang und mit *-en* oder *-t* am Ende gebildet wird: *geglaubt, gelaufen …* Das Partizip Perfekt dient vor allem zur Bildung des → Perfekts und → Plusquamperfekts: *sie ist / war über den Platz gelaufen, sie hat / hatte ihm geglaubt.* → 194ff.

Perfekt: → Zeitform des Verbs, mit der man auf etwas hinweist, das schon vergangen ist. Zusammengesetzte Vergangenheitsform, die mit den → Hilfsverben *haben* und *sein* gebildet wird: *Ich habe ihn vorhin gesehen. Ich bin gerade gekommen.* Das Perfekt kommt besonders häufig in der mündlichen Rede vor. → 194ff.

Plural: Anzahlform des Nomens (auch: Mehrzahl). Gegensatz zum → Singular. Der Plural gibt an, dass es sich um mehr als eins handelt: *die Kinder, die Autos, die Frauen, die Bäume.* → 176

Plusquamperfekt: → Zeitform des Verbs. Mit dem Plusquamperfekt weist man darauf hin, dass etwas vor der Vergangenheit geschah, von der man erzählt. Vergangenheit: *Als ich zur Haltestelle kam,* Vorvergangenheit: *war der Bus schon abgefahren.* Das Plusquamperfekt wird mit *war* oder *hatte* und dem → Partizip Perfekt gebildet: *war abgefahren, hatte geholt.* → 197f.

Positiv: Grundstufe des Adjektivs *(nahe, weit, groß)* – im Vergleich zum → Komparativ und → Superlativ. Der Positiv wird mit dem Vergleichswort *wie* gebildet: *Sie ist genauso groß wie ich. Sie ist doppelt so groß wie ich.* → 206f.

Prädikat: Satzglied (auch: Satzaussage). Jeder Satz enthält ein Prädikat. Das Prädikat ist der Mittelpunkt oder Kern eines Satzes. Man unterscheidet Prädikate, die nur aus einer Verbform und die aus mehreren Verbformen bestehen: *Die Kinder spielen. Joschi hat den Ball bekommen. Er spielt ihn Felix zu. Der hat sich erschrocken.* → 240f.

Präfix: Sogenannte „Vorsilbe" von Wortstämmen. Präfixe dienen dazu, die Bedeutung des Wortes zu verändern. Aus *zählen* wird *er-zählen, ab-zählen, ver-zählen, aus-zählen …* Es gibt zwei Arten von Präfixen: 1. unselbstständige, die nicht allein stehen können, wie *be-, er-, ver-, un-: ver-zählen* → *sie ver-zählt sich;* 2. selbstständige Präfixe, die vom Wort abgetrennt werden können, wie *ab-, aus-: abzählen* → *sie zählt ab.* → 217, 272

Präsens: → Zeitform des Verbs, mit der man auf etwas hinweist, das in der Gegenwart geschieht (auch: Gegenwartsform): *Sie fährt Rad.* Oft weist man mit dem Präsens auch auf etwas hin, das erst in der Zukunft geschieht: *Morgen habe ich Geburtstag.* → 194ff., 199ff.

Präteritum: → Zeitform des Verbs, mit der man auf etwas hinweist, das schon vergangen ist (auch: einfache Vergangenheitsform im Gegensatz zum → Perfekt, der zusammengesetzten Vergangenheitsform): *Sie fuhr Rad.* Das Präteritum wird vor allem in geschriebener Sprache gebraucht. → 194ff.

Pronomen: Wortart (auch: Fürwort). Pronomen stehen entweder vor einem Nomen *(mein Fahrrad)* oder anstelle eines Nomens *(Tina kommt zu Besuch. Sie bleibt bis Sonntag.).*

- Anredepronomen: Die Anredepronomen *Sie, Ihre, Ihnen …* werden großgeschrieben: *Ich gebe Ihnen hiermit Ihre Schlüssel zurück.*
- Demonstrativpronomen: Die Demonstrativpronomen (Hinweispronomen) *dieses, jenes, das …* weisen mit Nachdruck auf etwas hin: *Dieser Text ist von mir.*
- Personalpronomen: Die Personalpronomen *ich, du, sie, wir …* stehen stellvertretend für ein → Substantiv: *Das Haus gefällt mir, weil es so geräumig und hell ist.*
- Possessivpronomen: Die Possessivpronomen (besitzanzeigende Pronomen) *mein, dein, sein, unser …* weisen auf einen Besitz oder eine Zuge-

hörigkeit zu etwas hin: *Mein Freund sagt mir, dass unser Bus heute ausfällt.*
- Relativpronomen: Die Relativpronomen (Beziehungspronomen) *der, die, das …* leiten Relativsätze ein, die sich auf ein → Substantiv beziehen, das im Hauptsatz vorausgeht: *Ich sehe das Mädchen, das dort drüben steht.*
→ 166, 183–190

Punkt: Satzschlusszeichen. Der Punkt steht am Ende eines Aussagesatzes. Nach dem Punkt wird großgeschrieben. → 249ff., 281

Redesatz: Der Teil eines Textes, in dem etwas wiedergegeben wird, das jemand gesagt hat. Der Redesatz wird durch → Anführungszeichen hervorgehoben: *Sie war damit nicht einverstanden und rief: „Das glaube ich nicht!"* → 282ff.

Satz: Sprachliche Form eines abgeschlossenen Gedankens. Mit jedem Satz in einem Text beginnt ein neuer Gedanke. Beim Sprechen macht man nach einem Satz eine Pause. Beim Schreiben setzt man danach einen Punkt. Sätze bestehen in der Regel mindestens aus Subjekt und Prädikat: *Der Apfel schmeckt. Die Blume blüht.* → 234–245, 248–258

Satzglied: Teil eines Satzes, den man umstellen kann. Ein Satzglied kann aus einem oder aus mehreren Wörtern bestehen: | *Manche Kinder* | *essen* | *am liebsten* | *Bratwurst mit Ketchup* |. → | *Am liebsten* | *essen* | *manche Kinder* | *Bratwurst mit Ketchup* |. Man unterscheidet vier verschiedene Arten von Satzgliedern: → Subjekt, → Prädikat, → Objekt, → Adverbial. → 234–245

Silbe: Teil eines Wortes. Beim Sprechen kann man Wörter durch kleine Pausen in ihre Silben zerlegen *(Ja|nu|ar, Ok|to|ber).* Beim Schreiben trennt man die Silben durch Silbentrennungsstriche ab *(Ja-nu-ar, Ok-to-ber).* Eine Silbe besteht aus mindestens einem Vokal, der von einem oder mehreren Konsonanten eingerahmt wird. In jedem Wort gibt es eine betonte Silbe *(Já-nu-ar, Ok-tó-ber).* → 262ff.

Silbentrennung: Am Ende einer Zeile kann man beim Schreiben Silben abtrennen *(Apfel-baum, Ap-felbaum).* → 262ff.

Silbentrennendes h: Wenn in einem zweisilbigen Wort zwei → Vokale nacheinanderstehen, so steht zwischen ihnen oft ein silbentrennendes *h (se-h-en, Schu-h-e).* Dieses *h* gehört beim Trennen des Wortes zur zweiten Silbe *(se-hen, Schu-he).* → Dehnungs-h → 266

Singular: Anzahlform des Nomens (auch: Einzahl). Gegensatz zum → Plural. Der Singular gibt an, dass es sich um etwas Einzelnes handelt: *ein Kind, das Auto, die Frau, ein Baum.* → 176

S-Laute: Die *s*-Laute können in unserer Sprache stimmhaft *(reisen)* oder stimmlos *(reißen)* ausgesprochen werden. Den stimmhaften *s*-Laut schreibt man immer als *s (rasen, Riesen, sausen).* Den stimmlosen *s*-Laut kann man auf dreierlei Weise schreiben: 1. nach langem Vokal mit *ß (aß),* 2. zwischen zwei kurzen Vokalen mit *ss (essen),* 3. am Wortende mit *s,* wenn er von einem stimmhaften *s*-Laut abstammt *(Mäuse → Maus).* Darüber hinaus gibt es eine Fülle von Wörtern mit *st, sp* usw., die mit *s* geschrieben werden *(Fest, Wespe).* → 269f.

Steigerung: Viele Adjektive lassen sich steigern (→ Komparativ / Superlativ): *groß, größer, am größten.* Bei einigen Adjektiven ist aber eine Steigerung nicht möglich *(viereckig, täglich, tot …).* Bei einem Vergleich mit einem gesteigerten Adjektiv verwendet man das Wort *als (Sie ist größer als ich.).* Ist das Adjektiv aber nicht gesteigert, verwendet man das Wort *wie (Sie ist genauso groß wie ich. Sie ist doppelt so groß wie ich.).* → 206f.

Subjekt: Satzglied (auch: Satzgegenstand). Fast jeder Satz enthält ein Subjekt. Das Subjekt steht meistens am Anfang eines Satzes. Mit ihm wird gesagt, wer etwas tut, von wem eine Handlung ausgeht: *Der Jäger schießt einen Hasen.* Das Sub-

Grammatik und Rechtschreibung

jekt kann aus einem → Nomen, → Pronomen oder mehreren Wörtern bestehen, die zu dem Nomen gehören: *Jakob geht in die 5. Klasse. Er geht in die 5. Klasse. Der aufgeweckte Schüler Jakob geht in die 5. Klasse.* → 239

Substantiv: → Wortart (auch Nomen); Substantive bezeichnen Lebewesen, Gegenstände, Gedanken, Gefühle und Zustände. Sie werden immer großgeschrieben: *der Mensch, die Brille, die Wut, das Warten …* → 175–181, 274–277

Suffix: Sogenannte „Nachsilbe" von Wortstämmen. Suffixe dienen dazu, ein Wort in eine andere Wortart zu überführen: *Spiel* (Nomen) → *spiel-bar* (Adjektiv). Die gebräuchlichsten Suffixe von Nomen sind *-ung, -heit, -keit, -tum,* die von Adjektiven *-lich, -ig, -sam, -bar.* Es gibt besondere Suffixe für Nomen (*Freiheit, Zeitung, Dankbarkeit, Finsternis, Eigentum, Wirtschaft*) und Adjektive (*gelblich, eklig, langsam, dankbar, kindisch*). Manche Nachsilben sind keine echten Silben, weil man sie allein nicht abtrennen kann (*Zei-tung, kin-disch*). → 205, 218f., 273, 277

Superlativ: Steigerungsform des Adjektivs. Höchststufe: *Sie ist am größten von allen.* → 206f.

Umgangssprache: Die Umgangssprache ist die Sprache, die wir im täglichen Umgang mit anderen Menschen mündlich verwenden. Bestimmte umgangssprachliche Ausdrücke werden in der Schriftsprache oftmals nicht akzeptiert und in Wörterbüchern mit dem Vermerk ugs. versehen: *klauen* (statt *stehlen*), *runtermachen* (statt *schlechtmachen*). → 18f., 231f.

Umlaut: Umlaute nennt man diejenigen Buchstaben (Vokale), die zwei Pünktchen haben: *ä, ö, ü, äu.* Sie heißen Umlaute, weil sie meistens von Wörtern mit *a, o, u, au* umgelautet sind: *Bad – Bäder, Ohr – Öhrchen, Hut – Hüte, Baum – Bäume.* → 201

Umstellprobe: Die Umstellprobe wird auch Verschiebeprobe genannt: Probe zur Ermittlung der Satzglieder. Einzelne Wörter oder Wortgruppen, die man gemeinsam im Satz verschieben kann, ohne dass sich der Sinn verändert, sind Satzglieder. Die Umstellprobe dient auch der Verbesserung von Texten: *Er | hatte | heute | keinen Appetit.* → *Heute | hatte | er | keinen Appetit.* → 235ff.

Unbestimmter Artikel: Der unbestimmte Artikel gibt in einem Text oder in einer Situation an, dass das → Nomen, zu dem er gehört, vorher noch nicht genannt oder noch unbekannt ist: *Vor dem Haus steht ein Taxi. Auf wen wartet das nur?* → 177ff.

Verb: Wortart (auch Zeitwort, Tätigkeitswort). Mit Verben kann man Tätigkeiten (*laufen, arbeiten*) oder Zustände (*blühen, schlafen*) bezeichnen. Verben können in den verschiedenen Zeitformen gebraucht werden (*lügen, log, hat gelogen*). Viele von ihnen können das Passiv bilden (*er wird belogen*). Verben bilden das → Prädikat eines Satzes. → 192ff.

Vokal: Vokale sind Selbstlaute, im Gegensatz zu den → Konsonanten (Mitlauten). Sie werden ohne die Unterbrechung von Lippen, Zähnen, Zäpfchen und Zunge zum Klingen gebracht. Die Buchstaben für Vokale sind *a, e, i, o, u.* Die → Umlaute *ä, ö, ü* gehören genauso zu den Vokalen wie die → Diphthonge *ei, au, eu.* Vokale können lang und gedehnt ausgesprochen werden wie in *Hüte, Qualen, Schoten* oder kurz und knapp wie in *Hütte, Quallen, Schotten.* → 261, 263, 267f., 271

Vorsilbe: Gemeint sind damit Präfixe, die vor einem → Wortstamm stehen: *Ver/kauf, un/geheuer, zer/reißen …* Es gibt Vorsilben (Präfixe), die man vom Wort abtrennen kann (*ab-, um-, durch- …*): *ab/fallen* → *das Laub fällt ab, um/kehren* → *sie kehrt um …,* und solche, die man nicht abtrennen kann: *zer/reißen.* Man kann nicht sagen: *Er reißt zer.* Präfixe sind immer auch echte Silben, die bei der Silbentrennung mit einem Silbenstrich abgetrennt werden können: *ab-fallen …* → 217, 272

Wortart: In der deutschen Sprache gibt es verschiedene Wortarten: 1. Nomen, 2. Artikel und

Pronomen, 3. Adjektive, 4. Verben, 5. Adverbien, 6. Konjunktionen, 7. Präpositionen, 8. Numerale. Sie unterscheiden sich nach grammatischen Merkmalen und nach der Bedeutung. → 174–211

Wortbaustein: Wortbausteine sind Teile von Wörtern, die an den → Wortstamm angefügt werden. Es gibt Wortbausteine, die der Bildung von Wörtern dienen, wie → Präfixe und → Suffixe *(an/spiel/bar, über/heb/lich …)*, und solche, die der Beugung von Wörtern dienen *(ge/komm/en, ge/hol/t …)*. → 216ff.

Wortbildung: Ein → Wortstamm wie *-zahl-* kann auf verschiedene Arten erweitert werden: durch → Präfixe, die seine Bedeutung erweitern: *ab-zahlen, be-zahlen, ein-zahlen …*, sowie durch → Suffixe, durch die der Stamm zu einer anderen Wortart wird: *Zahl-ung, zahl-bar …* Es können auch zwei selbstständige Wortstämme aneinandergefügt werden, so etwas heißt → Kompositum: *Lotto/zahl, Zahlen/reihe …* → 212ff.

Wortfamilie: Eine Wortfamilie besteht aus Wörtern, die den gleichen → Wortstamm haben: *fahr: Fahrt, Fähre, gefährlich, Fährte, Gefährte …* → 221f.

Wortfeld: Ein Wortfeld besteht aus Wörtern, die etwas Ähnliches bedeuten: *gehen, laufen, rennen, stapfen, rasen, marschieren …* → 223ff.

Wörtliche Rede: Die wörtliche Rede ist derjenige Teil eines Textes, in der ein anderer spricht als der Erzähler selbst: *Gestern war ich im Kino. Als der Film zu Ende war, sagte mein Freund: „Der Film war aber ziemlich langweilig!" Ich war aber ganz anderer Meinung.* Die wörtliche Rede wird durch → Anführungszeichen aus dem übrigen Text herausgehoben. → 282ff.

Wortstamm: Der Wortstamm ist der Kern oder Mittelpunkt eines Wortes: *Er-fahr-ung, ge-fähr-lich.* → 216ff.

Zeitform: Form des Verbs (auch: Tempus). Unsere Sprache kennt sechs Zeitformen: 1. Präsens *(du schläfst)*, 2. Perfekt *(du hast geschlafen)*, 3. Präteritum *(du schliefst)*, 4. Plusquamperfekt (du hattest geschlafen), 5. Futur I *(du wirst schlafen)*, 6. Futur II *(du wirst geschlafen haben)*. → 194–201

Zusammensetzung: Zusammensetzungen dienen der Bildung neuer Wörter. Im Gegensatz zu → Ableitungen werden bei der Zusammensetzung Wortstämme aneinandergefügt: *Spiel/feld, Fuß/ball, hell/blau …* → 213ff.

Zwielaut: → Diphthonge → 261, 267f., 271

Literatur

Akrostichon: Gedichtform, bei der die Anfänge (Buchstaben bei Wortfolgen oder Wörter bei Versfolgen) hintereinander gelesen einen Sinn, beispielsweise einen Namen oder einen Satz, ergeben. → 69

Beschreibung: sachlicher Text, in dem zum Beispiel Tiere, Menschen, Wege, Gegenstände oder Orte anschaulich dargestellt werden, damit andere sie sich genau vorstellen können. → 154–161

Diagramme: Bildliche Darstellungen von Informationen. Mit ihnen kann man Zahlen aus einem Text anschaulich darstellen. Sie helfen dabei, sich etwas besser vorzustellen. Die Zahlen, mit denen man ein Diagramm erstellt, werden auch als Werte bezeichnet. Die senkrechte Achse bezeichnet man als die y-Achse, die waagerechte Achse nennt sich x-Achse. Auf der y-Achse werden die Werte festgehalten, sodass der Balken senkrecht nach oben geht. Die x-Achse zeigt den Inhalt der Werte, die sogenannten Rubriken an. Es gibt ganz verschiedene Arten von Diagrammen: *Säulen-, Kreis-, Balkendiagramm …* → 131, 300

Dialog: *(griech. dialogos = Unterredung)* Damit wird die von mindestens zwei Personen abwechselnd geführte Rede und Gegenrede (oder auch Frage und Antwort) bezeichnet. Ein Dialog dient dem Austausch von Meinungen oder Informationen.

Digitale Medien: elektronische Hilfsmittel, mit denen Informationen übermittelt werden. Das sind z. B. *Computer, E-Mail, DVD, CD-ROM, Videospiel, Computerspiel, Handy …* → 128–141

Einstellungsgröße: Die Einstellungsgröße eines Bildes bestimmt, wie groß eine Figur oder ein Gegenstand auf der Leinwand zu sehen ist. Die sieben wichtigsten Einstellungsgrößen sind *Weit, Totale, Halbtotale, Halbnah, Nah, Groß* und *Detail*. Jede Einstellungsgröße hat ihre eigene Funktion und Wirkung. → 138f.

Elfchen: Diesen Gedichten liegen bestimmte Regeln zugrunde: Die erste Zeile besteht aus einem Wort, die zweite aus zwei Wörtern, die dritte aus drei Wörtern, die vierte Zeile enthält vier Wörter und die fünfte enthält ein Wort. Elfchen erzählen immer eine kurze Geschichte, deren Schluss – also die fünfte Zeile – auch überraschend sein darf. → 69

Erzählung: In einer Erzählung wird mündlich oder schriftlich der Verlauf von Geschehnissen dargestellt, die tatsächlich passiert oder aber erdacht sind. Auch der Akt des Erzählens an sich wird als „Erzählung" bezeichnet. → 142–153

Fabel: *(lat. fabula = Erzählung)* Eine Fabel ist eine Erzählung, die in gereimter oder ungereimter Form verfasst sein kann. Tiere sind in einer Fabel die Hauptfiguren, die in der Regel sprechen und handeln wie Menschen. Die Tiere verkörpern in Fabeln menschliche Charaktereigenschaften, z. B. der listige Fuchs, der mächtige Löwe, der dumme Esel. In Auseinandersetzungen und Streitsituationen siegt oft der Stärkere oder der Listigere. Wir Menschen sollen aus Fabeln Lehren für unser eigenes Verhalten gegenüber anderen Menschen ziehen. → 32–34

Figur: Figuren nennt man die Personen, die in literarischen Texten vorkommen. Man nennt sie Figuren, da es sich bei ihnen um erfundene Personen, oft auch um Tiere (wie in Fabeln) oder um Hexen und Geister (wie in Märchen) handelt.

Gedankenrede: Im Gegensatz zu wörtlichen Reden, in denen die Figuren miteinander sprechen, bringen in Texten die Figuren oft auch ihre Gedanken zum Ausdruck, von denen nur die Leser etwas erfahren: Sie sagte zu ihm (wörtliche Rede): *„Du hast mich belogen!"* (Gedankenrede:) *Was sollte er dazu sagen? Er hatte doch die reine Wahrheit gesagt! Nie und nimmer würde er sie belügen!*

Gestik: Hand- und Fußbewegungen, die die gesprochenen Worte unterstützen oder ohne Worte etwas ausdrücken. → 38f., 303

Haiku: *(jap. = Scherz, Posse)* Ein Haiku ist eine reimlose japanische lyrische Kurzform aus drei Zeilen zu 5–7–5, also zusammen 17 Silben. In einem Haiku wird ein Gegenstand (ein Thema) sehr knapp erfasst. → 69

Ich-Erzähler: Der Autor eines Romans oder einer Erzählung schlüpft in die Rolle eines erzählenden Ichs und erzählt, was er sieht und von den anderen Figuren hört. Er kann aber auch erzählen, was er selbst dabei denkt und fühlt.

Kameraperspektive: Mit dem Begriff Perspektive ist der Blickwinkel gemeint, aus dem die Zuschauer – durch die Kamera – Figuren, Gegenstände oder Räume sehen. Die Perspektive ist für die Wirkung eines Filmbildes von großer Bedeutung. Neben der *Normalsicht* gibt es die *Frosch-* und die *Vogelperspektive*. → 138f.

Kreuzreim: Den Kreuzreim bezeichnet man auch als „Wechselreim", eine paarweise gekreuzte Reimstellung, sodass sich der erste Vers mit dem dritten, der zweite mit dem vierten und so weiter reimt (Reimfolge: *a b a b c d c d*). → 63

Lautmalerei: Sprachliches Gestaltungsmittel. Bei einer Lautmalerei wird versucht, einen bestimmten Klang durch Wörter wiederzugeben *(klatschen, patschen …)*, die so ähnlich wie das Geräusch selbst klingen. → 66

Lineare Texte: Texte, die ihre Informationen in einem fortlaufenden Text, der in der Regel „von oben nach unten" zu lesen ist, vermitteln.

Literarische Texte: Als solche werden lyrische Texte (Gedichte), epische Texte (Romane) und dramatische Texte (Dramen) bezeichnet.
→32–43, 44–59, 60–73, 74–91, 95–101

Lyrik (das Lyrische): Eine der drei Grundformen der Dichtung neben Drama und Prosa. Diese Form besteht im Wesentlichen aus vier Elementen: 1. aus der regelmäßigen Zeilenanordnung wie → Versen, → Strophen; 2. aus Klängen wie → Reim und Lautmalerei, 3. aus regelmäßiger Bewegung wie Metrum und Rhythmus; 4. aus Bildern wie Vergleichen und Metaphern. → 60–71

Lyrisches Ich: Es bezeichnet das Ich, 1. Person Singular. In lyrischen Gedichten ist es das erlebende, empfindende und aussagende Subjekt in der Sprecher-Perspektive. Es kann – muss aber nicht zwingend – mit dem Autor des Gedichtes übereinstimmen.

Märchen: *(zu mhd. maere = Kunde)* Märchen sind unterhaltende Prosaerzählungen von fantastischwunderbaren Begebenheiten. Sie sind frei erfunden und ihre Erzählweise folgt dem Muster der Wiederholung (oft Dreizahl). Märchen sind zeitlich und räumlich nicht festgelegt. Man kann sie an ihren häufig formelhaften Anfängen *(„Es war einmal …")* und Schlussformeln *(„… und lebten glücklich bis an ihr Ende.")* erkennen. Oftmals findet man in Märchen redende und Menschengestalt annehmende Tiere, auch Riesen, Zwerge, Drachen, Feen, Hexen und Zauberer. Häufig wird der Held durch gute oder böse Mächte geprüft, das Gute wird belohnt, das Böse bestraft.
→ 35, 44–59

Medien: Dinge, die genutzt werden, um Informationen von einer Person zur anderen zu übermitteln. Das sind z. B. Körpersprache, Höhlenmalereien, Zeitungen oder Filme. → 128–141

Mimik: Veränderung des Gesichtsausdrucks, um Gefühle, Stimmungen und Wünsche zu zeigen.
→ 38f., 303

Nichtlineare Texte: Grafiken, Tabellen, Diagramme … Bei ihnen ist die Leserichtung nicht vorgegeben, das heißt man kann von oben nach unten oder von links nach rechts lesen.

Paarreim: Ein Paarreim bezeichnet die einfachste und beliebteste Form der Reimbindung von jeweils zwei aufeinanderfolgenden Versen: *aa bb cc* usw.
→ 63

Literatur

Personifikation: Darunter wird die „Vermenschlichung" z. B. von Dingen, Tieren, Pflanzen verstanden: *Der Wind zieht seine Hosen an.* → 67

Reim(-e): Als „Reim" wird der Gleichklang von zwei oder mehr Wörtern vom letzten betonten Vokal an bezeichnet: *Haus – hinaus, sinken – trinken.* → 61, 62f.

Sachtexte: Texte in Sachbüchern, journalistische Sachtexte (z. B. Zeitungsberichte), Lexikonartikel, Kochrezepte, Bastel- und Spielanleitungen, Schaubilder und Diagramme. Sachtexte informieren über bestimmte Themen. Manche Sachtexte wollen auch zu etwas anleiten und auffordern. Die Sprache im Sachtext ist klar und sachlich. Gefühle oder Gedanken finden sich hier in der Regel nicht. Sachtexte lassen sich mit der 5-Schritt-Lesemethode gut erschließen. → 114–127

Souffleur: *(franz. = Einflüsterer)* Ein Souffleur ist ein „Einhelfer": jemand, der im mittleren vorderen Bühnenrand in einem Sitzkasten sitzt und die Schauspieler durch leises, aber deutliches Vorsprechen vor dem Steckenbleiben im Text bewahrt. → 71

Sprachliche Bilder: Viele Dichter „malen" häufig mit der Sprache, sodass Bilder und Vorstellungen in den Köpfen entstehen, die bestimmte Bereiche veranschaulichen, hervorheben oder spannender machen. Zu sprachlichen Bildern gehören manchmal Redewendungen, die durch das Bild, welches sie uns vor Augen führen, eine bestimmte Aussage haben: *Schmetterlinge im Bauch.* → 64, 66f.

Strophe: *(griech. = Wendung)* Als Strophe bezeichnet man die einzelnen Absätze eines Gedichtes. → 61

Umarmender Reim: Ein Reimpaar wird von einem anderen umschlossen *(a b b a c d d c).* → 63

Vers: *(lat. = versus)* Als Vers bezeichnet man die einzelne Zeile eines Gedichtes. → 61

Quellen

Texte

Seite 25: Die beiden Radfahrer. Wolfgang Menzel nach Johann Peter Hebel

Seite 27: http://www.spiegel.de/panorama/gesellschaft/schoenau-am-koenigssee-urlauberin-findetgoldbarren-a-1047832.html 12.08.2015 asc/dpa/AFP (Zugriff: 01.06.2016 10:57 Uhr)

Seite 29: Monika Seck-Aghte: Das freche Schwein. Aus: Überall und neben dir. Hrsg. von Hans-Joachim Gelberg, Beltz Verlag, Weinheim und Basel 1986

Seite 33: Der Löwe und die Maus. Nach: Äsop: Der Löwe und die Maus. Aus: Äsop. Fabeln. Hrsg. von Rainer Nickel. Artemis Winkler, Düsseldorf 2007

Seite 35: Die Bremer Stadtmusikaten. Nacherzählung eines Märchens der Brüder Grimm. Nach: Brüder Grimm: Die Bremer Stadtmusikanten.
Aus: Jacob und Wilhelm Grimm: Zaubermärchen. Ausgewählt von Elisabeth Scherf. Hrsg. v. Walter Scherf. Loewes Verlag, Bayreuth 1979

Seite 36: Äsop: Die beiden Frösche. Aus: Einhundert Fabeln. Hamburger Lesehefte. Heft 118. Husum / Nordsee o.J.

Seite 38: Der Fuchs und der Ziegenbock. Nach: Äsop: Der Fuchs und der Ziegenbock. Aus: Äsop. Fabeln. Hrsg. von Rainer Nickel. Artemis Winkler, Düsseldorf 2007

Seite 40: Der Affe als Schiedsrichter. Aus: Einhundert Fabeln. Hamburger Lesehefte. Heft 118. Husum / Nordsee o.J.

Seite 45: Brüder Grimm: Frau Holle. Aus: Die schönsten Märchen der Brüder Grimm. Bearbeitet von Renate Lüpke und Waltraud Villaret. Alle Rechte dieser Ausgabe bei Bertelsmann Reinhard Mohn OHG, Gütersloh

Seite 48: Der Schmied Butec. Slowakisches Volksmärchen, nacherzählt von Wolfgang Menzel

Seite 54: Karl Spiegel: Märchen aus Bayern. Selbstverlag des Vereins für bayrische Volkskunde und Mundartforschung, Würzburg 1914, Seite 42. Digitale Volltext-Ausgabe bei Wikisource, URL: https://de.wikisource.org/w/index.php?title=Seite:Spiegel_Maerchen_aus_Bayern.djvu/44&oldid=2645190 (Version vom 4.5.2016) (Text mit Auslassungen)

Seite 59: Die drei Wünsche. Volksmärchen aus den Pyrenäen. Aus: Französische Märchen. Hrsg. von Ré Soupault. Diederichs, Düsseldorf 1963

Seite 60: Joachim Ringelnatz: Bumerang. Aus: Joachim Ringelnatz: Das Gesamtwerk in sieben Bänden. Diogenes, Zürich 1994

Seite 61: http://gedichte.xbib.de/Drewing%2C+Ingrid+Herta_gedicht_Nebel.htm

Seite 62: Joachim Ringelnatz: Im Park. Aus: Joachim Ringelnatz: Das Gesamtwerk in sieben Bänden. Diogenes, Zürich 1994

Seite 62: Christian Morgenstern: Das Nasobēm. Aus: Christian Morgenstern: Alle Galgenlieder. 14. Auflage. Insel-Taschenbuch Nummer 6, Frankfurt am Main 1996

Seite 62: Heinz Erhardt: Die Schnecke. Aus: Heinz Erhardt. Die Gedichte. Mit Illustrationen von Jutta Bauer. Lappan Verlag, 2015. © 2015 Lappan Verlag GmbH, Oldenburg

Seite 63: Peter Hacks: Der Walfisch. Aus: Ders.: Der Flohmarkt. Eulenspiegel Verlag, Berlin 2001, Seite 30

Seite 65: Erwin Moser: Gewitter. Aus: Hans-Joachim Gelberg (Hg.): Überall und neben dir. Gedichte für Kinder. © 1986, 1989 Beltz Verlag, Weinheim und Basel. Programm Beltz & Gelberg, Weinheim

Seite 66: James Krüss: Das Feuer. Aus: Ders.: Der wohltemperierte Leierkasten. Mit einem Nachwort von Erich Kästner. © Sigbert Mohn Verlag, Gütersloh 1961

Seite 68: Ilse Kleberger: Sommer. Aus: Hans-Joachim Gelberg: Die Stadt der Kinder. Georg Ritter Verlag, Recklinghausen

Seite 70: Georg Britting: Goldene Welt. Aus: Sämtliche Werke. Band 2 (1996)

Seite 75: Astrid Lindgren: Wie Ole seinen Hund bekam (Auszug). Aus: Astrid Lindgren: Die Kinder aus Bullerbü. Übersetzt von Else von Hollander-Lossow und Kurt Peters. Oetinger Verlag, Hamburg 1970

Seite 77: H. B. Cave: Arktisches Abenteuer. Aus: Gisela Hartmann: Das neue große Buch der Erzählungen. Union-Verlag, Stuttgart 1961

Seite 80: Hannelore Voigt: Der Vater. Aus: Was für ein Glück. Neuntes Jahrbuch der Kinderliteratur. Hg. von Hans-Joachim Gelberg. © 1993 Beltz Verlag, Weinheim und Basel. Programm Beltz & Gelberg, Weinheim

Seite 83: Gina Ruck-Pauquèt: Ist ja auch nichts für ein Mädchen. Aus: Wir sind Freunde. KinderBilderLeseBuch. Elefanten Press, Berlin 1983

Seite 85: Erika Krause-Gebauer: Morgens zwischen sieben und acht. Aus: Das achte Weltwunder. Fünftes Jahrbuch der Kinderliteratur. Hg. von Hans-Joachim Gelberg. © 1997 Beltz Verlag, Weinheim und Basel. Programm Beltz & Gelberg, Weinheim

Seite 88: Otto Waalkes: Die verflixte Rechenaufgabe. Aus: Ders.: Das zweite Buch OTTO. Heyne Taschenbuchverlag, München 1984

Seite 95: Andreas Steinhöfel: Rico, Oskar und das Herzgebreche. Mit Bildern von Peter Schössow. Carlsen Verlag, Hamburg 2009, 2013. Seite 9 – 13. © 2009, 2013 Carlsen Verlag GmbH, Hamburg

Seite 99ff.: Andreas Steinhöfel: Rico, Oskar und das Herzgebreche. Mit Bildern von Peter Schössow. Carlsen Verlag, Hamburg 2009, 2013. Seite 90f., 103f., 155f. © 2009, 2013 Carlsen Verlag GmbH, Hamburg

Seite 114: Schüler fahren zur Kanzlerin. Aus: Nordbayrischer Kurier vom 04.06.2011 (vgl. http://www.nordbayerischer-kurier.de/nachrichten/schueler-fahren-zur-kanzlerin_25451)

Seite 116: Straßenhunde in Moskau im Beutezug. Nach: GEOlino, Heft 12, Dezember 2013

Seite 118: Unterwegs nach Afrika. Frei nach: Wolfgang Menzel.

Seite 122: Chamäleons – Meister der Verwandlung. http://www.geo.de/GEOlino/

natur/tiere/echsen-chamaeleons-meister-der-verwandlung-53303.html (Auszug)

Seite 123: Ein besonderes Raubtier. http://www.geo.de/GEOlino/natur/tierlexikon/saeugetiere/tierlexikon-puma-78273.html (Text von Anika Hillmann)

Seite 126: Faszinierende Meeresjäger. Nach: WAS IST WAS. Band 95. Haie und Rochen. Von Vitus B. Dröscher. Tessloff Verlag, Nürnberg 2001

Seite 131: Diagramm „Am wenigsten verzichten kann ich auf …" – Auszug aus der KIM-Studie 2014 (Seite 16)

Seite 134: nach: www.flimmo.de (Programmauszug für den 28.05.2016)

Seite 135: Programmauszug aus den Homepages von KiKA und Nickelodeon – Programmübersicht vom 26.06.2016 – abgerufen am 20.06.2016

Seite 138: Andreas Steinhöfel: Rico, Oskar und das Herzgebreche. Mit Bildern von Peter Schössow. Carlsen Verlag, Hamburg 2009, 2013. Seiten 240f. © 2009, 2013 Carlsen Verlag GmbH, Hamburg

Seite 155: Auszug aus einem Tierlexikon. Nach: http://www.kindernetz.de/oli/tierlexikon/hund//id=74994/vv=steckbrief/nid=74994/did=82146/hkptqf/index.html)

Seite 179: Der Hasenhüter. Nach Ludwig Bechstein: Deutsche Märchen und Sagen. Aufbau Verlag, Berlin 1959 (Auszug)

Seite 182: Der Fuchs und die Trauben. Nach http://www.hekaya.de/fabeln/der-fuchs-und-die-trauben--aesop_20.html

Seite 189: Gummibärchen als geeignetes Nahrungsmittel. Nach: http://gesund.co.at/naschereien-gesundheit-12558/

Seite 201: Die drei Fragezeichen, Todesflug. Auszug aus: Alfred Hitchcock und Ben Nevis: Die drei Fragezeichen, Todesflug. Franckh-Kosmos Verlag, 2000

Seite 225: Josef Guggenmos: Hauchte, wetterte, sprach, brüllte. Aus: Josef Guggenmos: Wenn Riesen niesen. Uebereuther, Wien und Heidelberg 1980

Seite 261: James Krüss: Das Räuber-Abc. Aus: Ders.: Mein Urgroßvater und ich. Süddeutsche Zeitung – Junge Bibliothek. München 2005.
© Verlag Friedrich Oetinger, Hamburg 1959

Seite 267: Christian Morgenstern: Das ästhetische Wiesel. Aus: Gesammelte Werke in einem Band. Hrsg. v. M. Morgenstern. Piper, München 1965.

Quellen

Bilder

Umschlagfoto: alamy images, Abingdon/Oxfordshire (Wal); plainpicture, Hamburg (Mädchen mit Fernglas)

Seite 4 links, Seite 92 unten rechts, Seite 93: Carlsen Verlag GmbH, München (Cover zu Andreas Steinhöfel: Rico, Oskar und das Herzgebreche – mit Bildern von Peter Schössow)

Seite 4 rechts, Seite 94 links: Carlsen Verlag GmbH, München (Dirk Steinhöfel)

Seite 5 oben links, Seite 125 unten links: Picture-Alliance GmbH, Frankfurt/M. (KPA)

Seite 5 unten links, Seite 129 unten 2.v.r.: Carlsen Verlag GmbH (DVD-Cover „Rico, Oskar und das Herzgebreche")

Seite 5 unten links, Seite 129 rechts: Gruner + Jahr GmbH & Co. KG (Cover GEOlino November 2009)

Seite 5 unten links: Franckh-Kosmos Verlags-GmbH & Co. KG, Stuttgart (Checker Can: Der Technik Checker)

Seite 5 oben Mitte, Seite 157 oben: Shutterstock.com, New York (Martin Valigursky) (Koala)

Seite 5 oben rechts, Seite 157 unten: fotolia.com, New York (Nicole Kühl) (Riesentukan)

Seite 5 rechts unten, Seite 158: Shutterstock.com, New York (Komodowaran)

Seite 7 unten links, Seite 284: Bulls Pressedienst GmbH, Frankfurt am Main

Seite 27: Picture-Alliance GmbH, Frankfurt/M.

Seite 44 Mitte: akg-images GmbH, Berlin; **links:** akg-images GmbH, Berlin; **rechts:** bpk–Bildagentur, Berlin (Ditmar Katz)

Seite 45 links und Mitte: Keystone Pressedienst, Hamburg; **rechts:** akg-images GmbH, Berlin

Seite 70: Friedrich Hechelmann Kunsthalle im Schloss Isny, München (Friedrich Hechelmann. Isny im Allgäu)

Seite 92 oben links: Verlag Friedrich Oetinger GmbH, Hamburg (Cover zu Antonia Michaelis: Die Nacht der gefangenen Träume); **oben 2.v.l.:** Carl Hanser Verlag, München (Cover zu Raquel J. Palacio: Wunder. Übersetzt aus dem Englischen von André Mumot, München 2013); **oben 2.v.r.:** Thienemann-Esslinger Verlag GmbH, Stuttgart (Cover zu Michael Ende: Momo); **oben rechts:** Deutscher Taschenbuch Verlag GmbH & Co. KG - DTV, München (Cover zu Joachim Masannek: Die wilden Kerle. Die Legende lebt); **unten links:** Baumhaus Verlag in der Bastei Lübbe AG, Köln (Cover zu Jeff Kinney: Gregs Tagebuch 10. So ein Mist!); **unten 2.v.l.:** cbj Kinder- und Jugendbücher, München (Lea Schmidbauer/Kristina M. Henn: Ostwind. Aufbruch nach Ora); **unten 2.v.r.:** Rowohlt Verlag GmbH, Reinbek (Cover zu David Walliams: Gangsta-Oma)

Seite 94: Andreas Steinhöfel, Rico, Oskar und die Tieferschatten. Mit Illustrationen von Peter Schössow. © Carlsen Verlag GmbH, Hamburg 2008
Seite 95, 97 und 100: Illustrationen von Peter Schössow aus: Andreas Steinhöfel: Rico, Oskar und das Herzgebreche, Carlsen Verlag, München 2009)
Seite 106: Originalbeitrag von Birgit Kern
Seite 114 unten: TESSLOFF Verlag, Nürnberg (aus: Was ist Was? Band 104 Wölfe. Im Revier der grauen Jäger, 2013, Seite 6)
Seite 115: fotolia.com, New York (Brad Pict)
Seite 116 oben: Picture-Alliance GmbH, Frankfurt/M. (TASS); **unten:** Picture-Alliance GmbH, Frankfurt/M. (Aleksey Nikolskyi/RIA Novosti)
Seite 119 oben: fotolia.com, New York (Joachim Neumann); **Mitte:** fotolia.com, New York (petiast); **unten:** fotolia.com, New York (dimonspb777)
Seite 120 oben: iStockphoto.com, Calgary (Simon Phipps); **unten:** Naturfotografie Bettina & Christian Kutschenreiter, Raubling
Seite 121 oben: mauritius images GmbH, Mittenwald (Ronald Wittek); **Mitte:** Biosphoto, Berlin (Fabien Bruggmann & Bruno Fouillat); **unten:** iStockphoto.com, Calgary (Stephane Hachey)
Seite 122: fotolia.com, New York (Cathy Keifer)
Seite 123: fotolia.com, New York (baranov_555)
Seite 124 links: Shutterstock.com, New York (Mary Ann McDonald); **rechts:** fotolia.com, New York (Astrid Gast)
Seite 125 oben: INTERFOTO, München (Danita Delimont /Keren Su); **2.v.o.:** fotolia.com, New York (aussieanouk); **unten links:** Shutterstock.com, New York (Erni) (Schneefuchs); Shutterstock.com, New York (Gertjan Hooijer) (Raubmöve); Shutterstock.com, New York (Dmytro Pylypenko) (Seeleopard); Picture-Alliance GmbH, Frankfurt/M. (blickwinkel) (Pinguin); Shutterstock.com, New York (Doptis) (Wal); **unten rechts:** fotolia.com, New York (issalina) (Wal); fotolia.com, New York (joebakal) (Möwen); fotolia.com, New York (Al) (Pinguine); 2 & 3d design Renate Diener, Wolfgang Gluszak, Düsseldorf (Robbe und Eisbär);
Seite 126 oben: Picture-Alliance GmbH, Frankfurt/M.; **unten:** fotolia.com, New York (Andrea Izzotti)
Seite 127: fotosearch.com, Waukesha
Seite 128: Picture-Alliance GmbH, Frankfurt/M.
Seite 129: ZDF GmbH, Mainz (LOGO!); Talpa Content B.V., Berlin (the Voice Kids); **unten:** Blinde Kuh e.V. / www.blinde-kuh.de, Hamburg (Blinde Kuh)
Seite 129 und Seite 136: Bayerischer Rundfunk, München (radio Mikro)
Seite 130 oben: wikimedia commons (Evan-Amos/VideoGames); **Mitte:** fotolia.com, New York (Natalia Merzlyakova); **unten:** fotolia.com, New York (Fatman73)
Seite 132: (Anna): Shutterstock.com, New York (Be Good); (Lisa): Shutterstock.com, New York (Dmytro Vietrov); (Manuel): Shutterstock.com, New York (nelea33); (Tim): Shutterstock.com, New York (wckiw)
Seite 133: Shutterstock.com, New York (Kudla)
Seite 134 oben links: fotolia.com, New York (Marcito); **oben rechts:** plainpicture, Hamburg (Maskot)

Seite 135 oben: KIKA – Der Kinderkanal von ARD und ZDF. 2015 licensed by ZDF Enterprises GmbH Mainz, Erfurt (KIKA); **unten:** Viacom International Inc., Berlin (© 2016 All rights reserved.Nickelodeon and all related titles, logos and characters are trademarks of Viacom International Inc.)

Seite 137 oben links: dreamstime.com, Brentwood (Olga Polyakova); **oben rechts:** fotolia.com, New York; **unten:** Colourbox.com, Odense

Seite 138f.: 20th Century Fox of Germany, Frankfurt/M. (alle Bilder)

Seite 154 oben links : fotolia.com, New York (anankkml); **oben rechts:** Shutterstock.com, New York (Oldrich); **2.v.o. links:** Shutterstock.com, New York (Eric Isselee); **2.v.o. rechts:** Shutterstock.com, New York (Maxim Kulko); **2.v.u. links:** Shutterstock.com, New York (Eric Isselee); **2.v.u. rechts:** iStockphoto.com, Calgary (Karel Broz); **unten links:** Shutterstock.com, New York (Patryk Kosmider); **unten rechts:** Shutterstock.com, New York (Jaroslava V)

Seite 155: Colourbox.com, Odense

Seite 156: fotolia.com, New York (Dogs)

Seite 161 oben (2): Frank Derer, Steinenbronn; **unten links:** vario images, Bonn; **unten rechts:** iStockphoto.com, Calgary (Andyworks)

Seite 201: Franckh-Kosmos Verlags-GmbH & Co. KG, Stuttgart (Mit freundlicher Genehmigung des Kosmos Verlages Auszüge entnommen aus: Nevis, Die drei ??? Todesflug, Stuttgart 2000)

Seite 206: fotolia.com, New York (© Kletr)

Seite 298: fotolia.com, New York

Seite 299 oben: Wildlife Bildagentur GmbH, Hamburg (S. Cordier); **unten:** Helga Lade Fotoagenturen GmbH, Frankfurt/M. (Tim Davis)